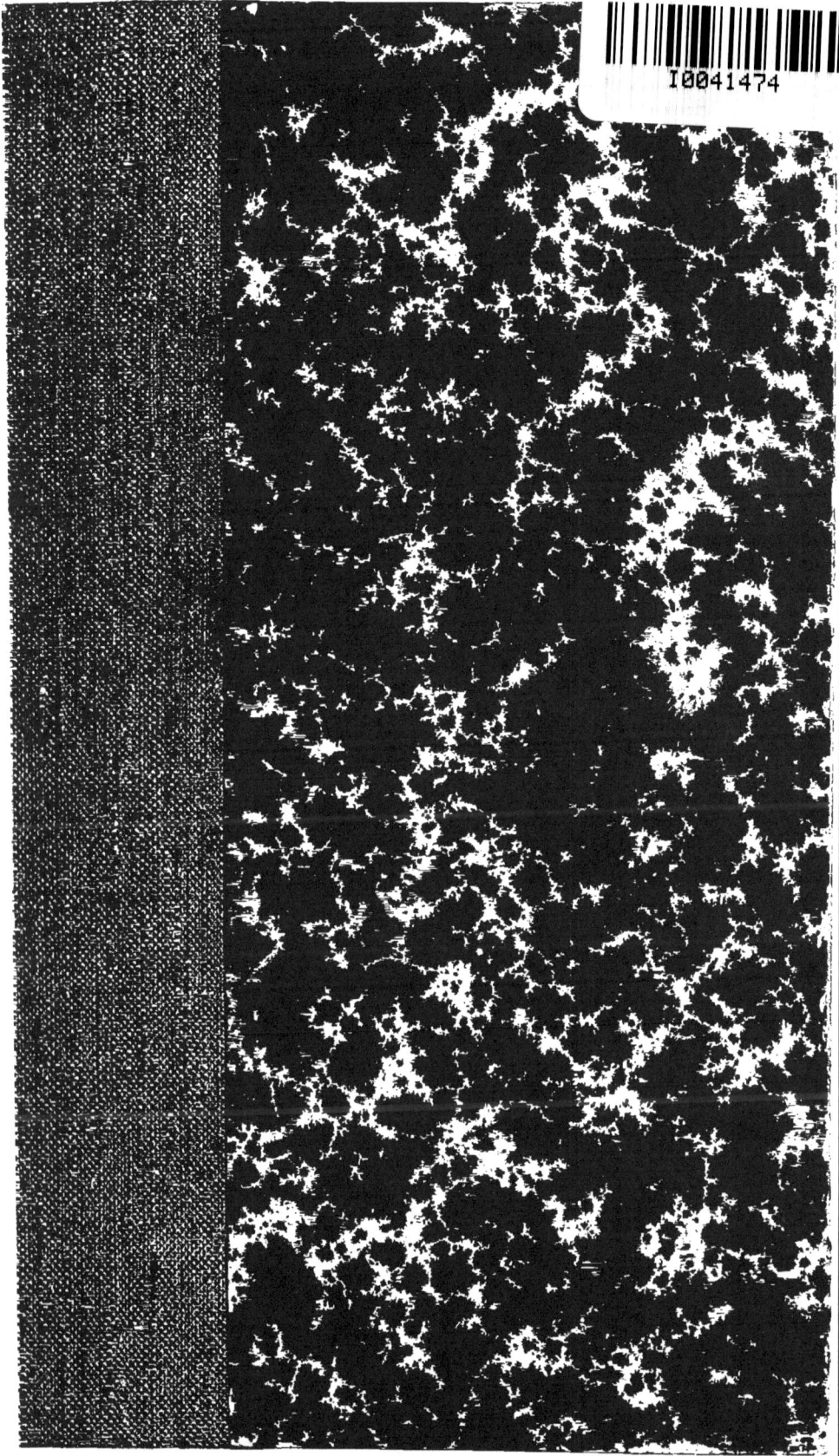

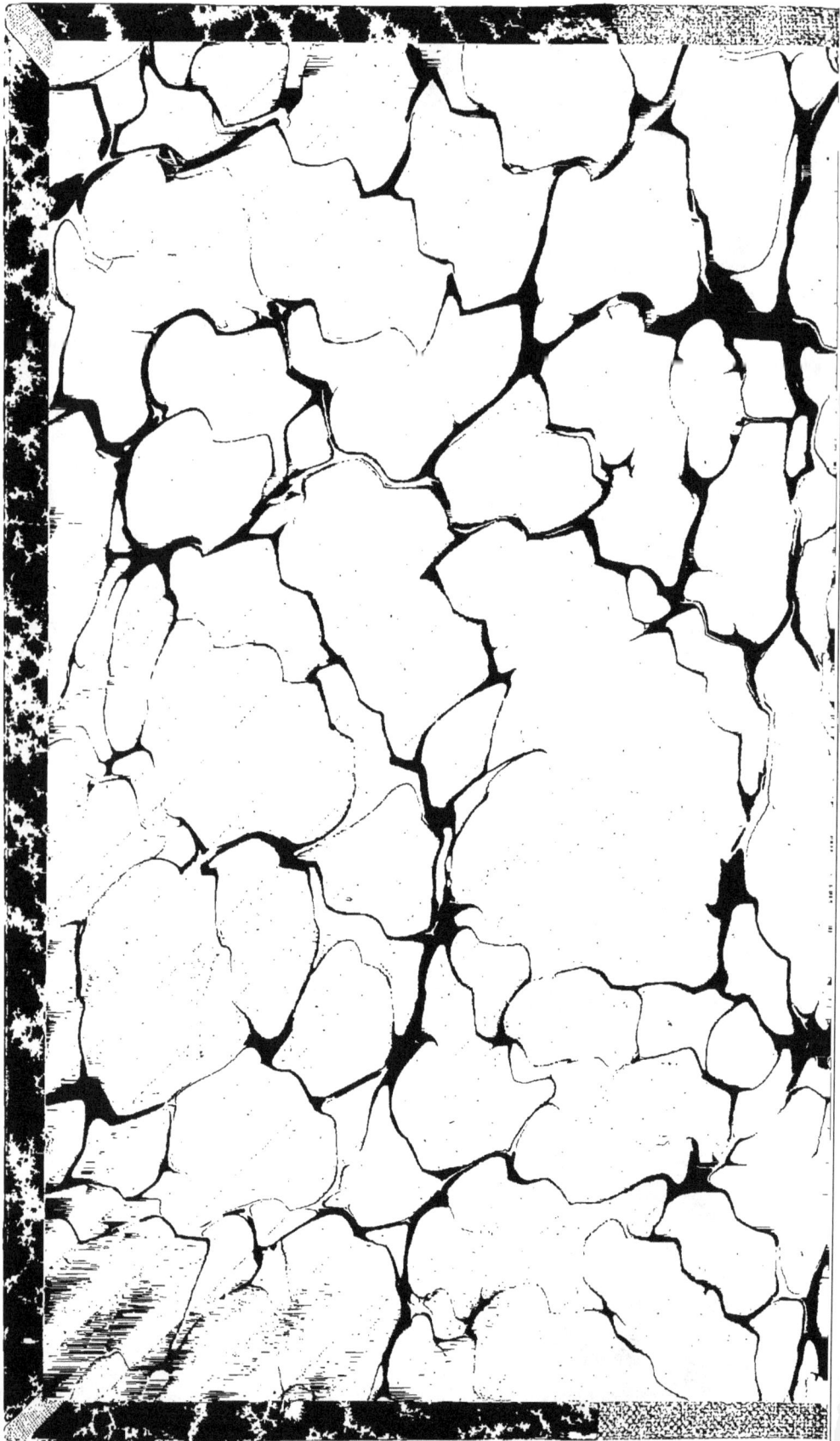

LES

USAGES LOCAUX

DU

DÉPARTEMENT DE LA SOMME,

PUBLIÉS

AVEC L'AUTORISATION DE M. J. CORNUAU, CONSEILLER D'ÉTAT, PRÉFET
DE LA SOMME, COMMANDEUR DE L'ORDRE IMPÉRIAL
DE LA LÉGION-D'HONNEUR,

Sous la Direction de

J. L. Alexandre BOUTHORS,

CONSEILLER DE PRÉFECTURE, ANCIEN GREFFIER EN CHEF DE LA COUR IMPÉRIALE.

———❈◆❈———

AMIENS,
ALFRED CARON, IMPRIMEUR-ÉDITEUR,
Rue des Trois-Cailloux, 54.

1861.

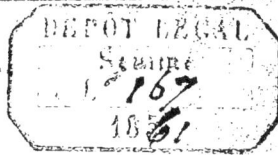

LES
USAGES LOCAUX

DU

DÉPARTEMENT DE LA SOMME,

PRÉCÉDÉS

D'UN ESSAI D'APPLICATION DES USAGES RURAUX DU NORD DE LA
FRANCE AU PROJET DE CODE RURAL ;

PUBLIÉS

AVEC L'AUTORISATION DE M. J. CORNUAU, CONSEILLER D'ÉTAT, PRÉFET
DE LA SOMME, COMMANDEUR DE L'ORDRE IMPÉRIAL
DE LA LÉGION-D'HONNEUR,

Sous la Direction de

J. L. Alexandre BOUTHORS,

CONSEILLER DE PRÉFECTURE, ANCIEN GREFFIER EN CHEF DE LA COUR IMPÉRIALE.

AMIENS,
ALFRED CARON, IMPRIMEUR-ÉDITEUR,
Rue des Trois-Cailloux, 54.

—

1861.

ESSAI D'APPLICATION

DES

USAGES LOCAUX DU NORD DE LA FRANCE

AU

CODE RURAL,

ÉTUDE FAITE EN COMMUN PAR LES RAPPORTEURS DES COMMISSIONS

CENTRALES DU NORD, DU PAS-DE-CALAIS ET DE LA SOMME,

AVEC UN AVANT-PROPOS

PAR

J. L. ALEXANDRE BOUTHORS,

Membre du Conseil de Préfecture de la Somme.

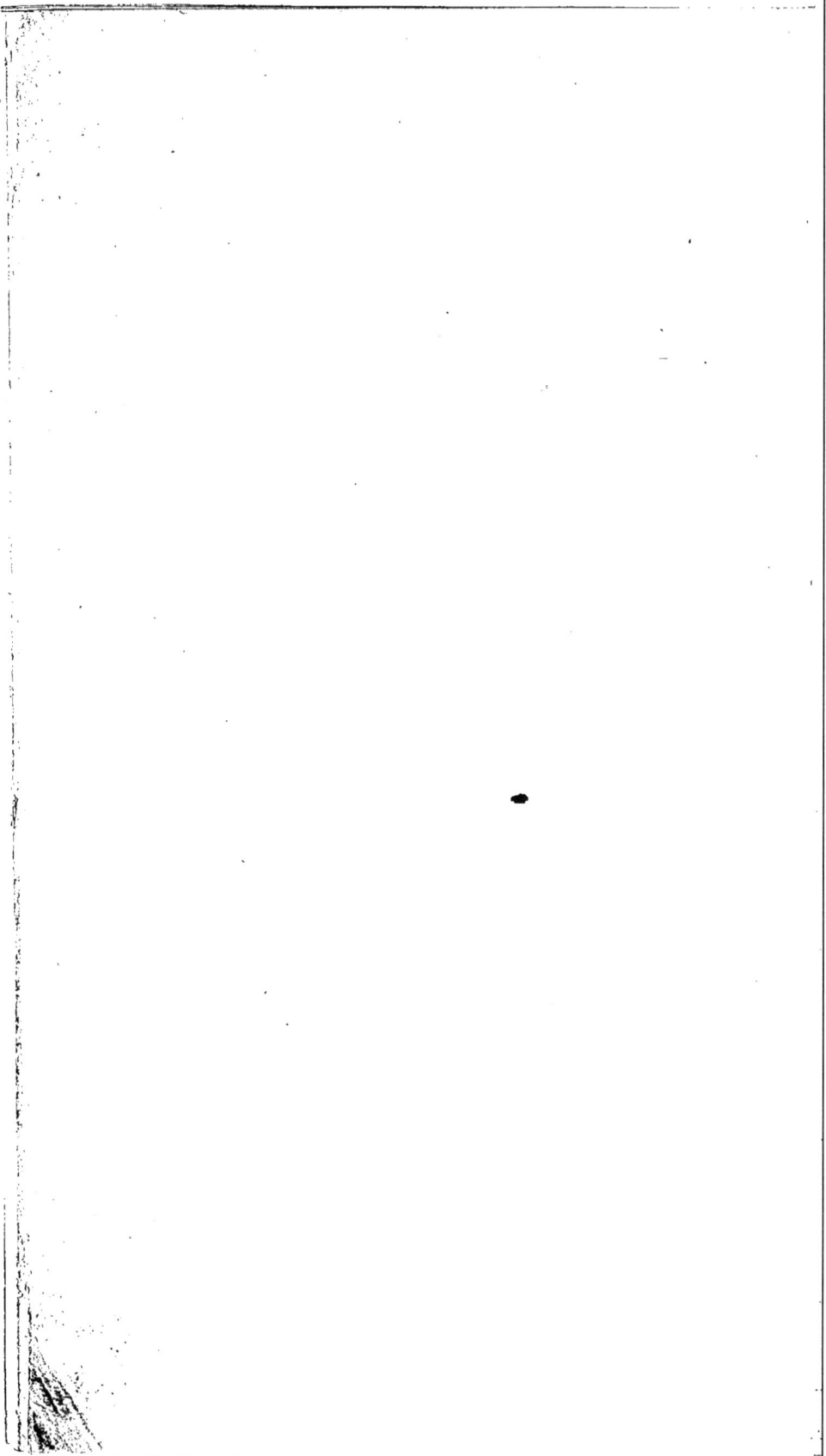

AVANT-PROPOS.

---

1. Ce que doit être le Code rural.

2. Moyen de le concilier avec la diversité des usages.

3. Usages qu'il est impossible d'abolir sans dénaturer l'objet auquel ils s'appliquent.

4. Marais et pâtis communaux.

5. Droit de chasse : usage nouveau dont il faut tenir compte.

6. Vaine pâture : usages nouveaux qui indiquent les réformes à opérer dans la loi du 28 septembre 1791.

7. Louage des services ruraux : généralité de l'usage qui rétribue le service d'été plus chèrement que le service d'hiver. Avantages du salaire en nature.

8. Présomption de durée du bail à ferme sans écrit. De la tacite réconduction et du *droit de marché* dans le Santerre.

9. But que se sont proposé les auteurs de l'Essai sur les usages locaux du nord de la France.

10. Conclusion qu'il faut tirer de ce travail.

1. Le code rural ne peut être autre chose que l'exposé méthodique des principes révélés par la constatation des usages ruraux qui présentent un caractère de généralité. Mais on ne doit pas, pour cela, écarter les usages particuliers qui, à raison de leur diversité, ne sont pas de nature à y trouver place. Un grand nombre de ces derniers sont le complément nécessaire de la loi, dans une foule de cas que la loi ne saurait soumettre à l'application d'une règle uniforme. Quoique exposés aux variations que le temps fait subir à toute chose, ils n'en sont pas moins obligatoires

tant qu'ils conservent leur raison d'être, et c'est à l'autorité administrative qu'il appartient de les sanctionner par des règlements temporaires, renouvelables périodiquement, afin de pouvoir y introduire les changements que les circonstances auront rendus nécessaires (1).

2. Voilà bientôt soixante-dix ans que la France est dans l'enfantement d'un code rural, car on ne peut donner ce nom à la loi du 28 septembre 1791, qui a été bâclée, à la hâte (2), au milieu des orages de la tourmente révolutionnaire. Depuis cette époque, le pays n'a cessé de demander l'abrogation de cette loi, et attend toujours qu'on la remplace par une autre qui réponde mieux à ses besoins. Un premier projet, élaboré en 1808, a été abandonné après les désastres de 1814 et de 1815 ; un second projet dont les bases ont été discutées au Sénat, pendant trois sessions consécutives, a été renvoyé à l'examen du Conseil d'Etat, il y a quelques années ; mais rien n'annonce qu'il doive être prochainement soumis aux délibérations du Corps législatif. Ces retards à donner satisfaction aux intérêts agricoles, n'ont peut-être pas d'autre cause que la difficulté de concilier la réglementation de la ruralité avec les principes, un peu trop absolus, auxquels on voudrait l'assujettir. Un grand pays comme la France ne se courbera pas facilement sous le niveau d'une uniformité systématique (3). La diversité des

(1) L'une des commissions consultatives, instituées par le décret de Bayonne du 19 mai 1808, celle de Rennes, demandait que la partie réglementaire du Code rural fût laissée à l'administration, sous la seule condition que la loi indiquerait, d'une manière formelle, les différentes matières qui seraient jugées susceptibles d'être traitées par des règlements.

(2) Le comité d'agriculture, nommé le 2 septembre 1791, n'a eu que vingt-cinq jours pour faire son rapport à l'Assemblée constituante.

(3) La commission nommée par la Chambre des députés, en 1834, n'a

climats, la variété des productions du sol, la force des habitudes prises sous l'influence de nécessités toutes locales, ont donné naissance à des usages différents dont il faudra tenir compte. Il en est, dans le nombre, que la loi n'hésitera pas à s'approprier parce qu'ils sont fondés sur un principe de justice et d'équité naturelle. Il en est d'autres aussi qu'elle sera forcée de respecter jusqu'à ce qu'elle soit assez puissante pour dénaturer l'objet auquel ils s'appliquent, ou pour changer l'état ou les conditions climatériques des lieux où ils se sont enracinés.

3. Quelque effort que l'on fasse pour abolir les usages qui grèvent les propriétés forestières ou qui règlent la jouissance des biens communaux, il n'y a que le défrichement des unes et l'amodiation ou l'allotissement des autres qui pourront y mettre un terme. Les bois cesseront d'ombrager les côteaux, les rivières d'arroser les vallées, avant qu'on parvienne à rendre efficaces les peines édictées contre les dévastateurs des forêts, contre les fauteurs des délits de chasse et de pêche nocturnes, qui, de génération en génération, bravent les sévérités de la police correctionnelle en invoquant pour excuse cette maxime caractéristique d'un usage aussi ancien que le monde : *quand on est de bois on vit de bois ; quand on est d'eau on vit d'eau.* Pour ces délinquants éternellement récidivistes, qui considèrent comme biens sans maître toutes les choses auxquelles la main de l'homme n'a pas imprimé le signe de l'appropriation pri-

jamais fait connaître le résultat de ses travaux. On prétend que ses efforts n'auraient abouti qu'à une déclaration d'impuissance et qu'elle serait arrivée à cette conclusion que, dans l'état actuel, la confection d'un Code rural est impossible. Le mot *uniforme* doit-il être sous entendu dans la circulaire publiée en 1835 ? Oui, si elle n'a voulu parler que d'une impossibilité relative.

vative, le temps n'a point marché, la civilisation est restée stationnaire. L'opiniâtreté avec laquelle ils persévèrent dans leurs coupables habitudes nous reporte à l'époque de barbarie où les bêtes fauves, le bois sec et les fruits des forêts, ainsi que les poissons des rivières, appartenaient, par droit de conquête, au premier occupant.

C'est sans doute en vertu du même préjugé, que les habitants de notre littoral maritime, il n'y a pas bien longtemps encore, trompaient par de perfides signaux les navires en détresse que les tempêtes poussaient vers les écueils du rivage, dans l'espoir qu'en les y brisant, elles leur livreraient les dépouilles des malheureux naufragés : comme si la nature sauvage des landes stériles au milieu desquelles le hasard les a fait naître suffisait pour justifier ceux qui pratiquaient cette abominable coutume ! comme si la nécessité de chercher leurs moyens d'existence à travers les périls de la mer, avait pu les autoriser à s'emparer de tout ce qu'elle rejette de son sein , à disputer aux flots et aux légitimes possesseurs tout ce qu'elle menace d'engloutir dans ses jours de colère !

4. Les marais, les pâtis communaux qui n'ont point été aliénés, partagés, transformés en vertu des lois révolutionnaires, sont restés, jusqu'à ce jour, soumis à un mode de jouissance dont les abus sont d'autant plus difficiles à déraciner que l'abolition de la féodalité a fait disparaître la sanction des usages qui en assuraient la répression. C'est précisément parce que rien ne remplace le pouvoir qui percevait le tribut de la dépaissance commune et le profit des amendes, que nous en sommes venus à regretter que la transformation n'ait pas été plus complète ; car la police du

pâturage est moins bien faite aujourd'hui qu'elle ne l'était avant 1789. Les conseils municipaux, auxquels la loi du 18 juillet 1857 a donné le droit d'en régler souverainement les conditions, n'en ont usé, en général, que pour s'opposer à tous les projets d'amélioration qui froissent les intérêts personnels trop souvent engagés dans ces sortes de questions. C'est pourquoi l'aliénation n'atteint guère que les excédants de largeur des chemins vicinaux ; l'amodiation n'a lieu que pour un temps très-court, et lorsqu'il s'agit de pourvoir à quelque dépense communale extraordinaire; le produit des taxes de pâturage, quand par hasard elles sont votées, dépasse rarement le chiffre de la contribution foncière et de l'impôt de main-morte réunis.

Maintenant, qu'une loi toute récente arme le Gouvernement du moyen de remédier à ce fâcheux état de choses, peut-on prévoir quel sera l'effet des mesures qui vont être prises ? Si on les dirige vers un autre but que l'accroissement de la ressource du pâturage, n'est-il pas à craindre que la mise en valeur des biens communaux ne porte un coup fatal à l'élevage du bétail ? Sans doute, il faut forcer les communes à se créer des revenus pour subvenir à leurs charges, et ne pas souffrir plus longtemps que les fruits d'un bien qui appartient à tous tournent au profit exclusif de quelques privilégiés qui en jouissent gratuitement. Mais ce n'est pas une raison suffisante pour que les prairies naturelles, si utiles à la production de la viande et du laitage, soient partout remplacées par des terres en culture. On peut obtenir d'aussi beaux, d'aussi bons résultats des taxes de pâturage que de l'amodiation, pourvu qu'elles soient établies de manière à représenter à peu près la valeur locative des terrains livrés à la dépaissance, et proportionnellement au nombre et à l'espèce des bestiaux de chacun des usagers participants. Le produit de ces taxes, prélèvement fait des contributions de l'immeuble, pourrait être employé à colmater les bas-fonds, à drainer les parties humides, à construire des vannages et des canaux d'irrigation. La propriété, rendue ainsi plus fertile, pourrait être aménagée de façon à permettre de restreindre, dans de justes limites, l'étendue des terrains abandonnés au libre parcours des bestiaux, et de réserver une partie des herbes pour être vendues sur pied au profit de la commune, ou pour être distribuées entre les usagers par portions affouagères.

Les meilleures mesures, assurément, ne sont pas celles qui dénaturent ou détruisent pour innover, mais celles qui conservent pour corriger et perfectionner. C'est dans cette vue, évidemment, qu'a été promulguée la loi du 28 juillet 1860. Cette loi veut que les marais soient *desséchés, assainis, mis en valeur*. Mais, nulle part, on n'y voit écrit que la mise en valeur est incompatible avec la communauté de jouissance. Seulement elle en subordonne le maintien à une déclaration préalable d'utilité.

5. La chasse au gibier de plaine dont la loi fait un droit privatif inhérent à la propriété, tend, par la force des choses, à devenir un droit de communauté, puisque déjà, dans un certain nombre de communes, il s'afferme au profit de la caisse municipale du consentement des propriétaires. Pour généraliser cet usage qui se propage de plus en plus, il faudrait intervertir le principe de la loi, déclarer qu'à moins de réserve expresse de la part du propriétaire qui possède un fonds rural d'une certaine importance, le gibier

de plaine est la propriété collective des exploitants qui le nourrissent. S'il en était ainsi, un très-grand nombre de fermiers, dont le bail ne contiendrait pas de stipulations restrictives à cet égard, consentiraient volontiers à ce que la commune louât la chasse des terres qu'ils exploitent, pourvu que le prix de la location servît à alléger le fardeau des prestations qu'ils sont tenus de fournir ou de payer pour l'entretien des chemins vicinaux. Les échanges entre propriétaires, à l'effet de réunir les parcelles qu'ils possèdent dans les différents cantons d'un même territoire, seraient, par cela même, rendus plus faciles; les uns y seraient excités par le désir de conserver leur droit de chasse et de l'exercer avec plus de sécurité, les autres par la considération des avantages que leur procurerait la culture d'un domaine aggloméré.

Ce qui se passe aujourd'hui par rapport au droit de chasse, justifie l'observation du publiciste italien que l'usage précède la loi, qu'il l'éclaire de son fanal pour lui indiquer la marche qu'elle doit suivre (1).

6. La loi du 28 septembre 1791, qui accorde à tous les exploitants le droit de vaine pâture sur les terres entièrement dépouillées de leurs récoltes et d'y faire garder, par troupeaux communs ou séparés, un nombre de bêtes à laine proportionnel à l'étendue de leurs exploitations, laisse dans le doute le principe qui a servi de base à cette loi. La vaine pâture est-elle un droit privatif ou un droit de communauté? Si c'est un droit de communauté, pourquoi per-

---

(1) L'usage, dit Beccaria, est le plus ancien législateur des nations. Il précède les lois écrites, il les suit; quelquefois même, il prévaut sur elles.

met-elle la concurrence des troupeaux particuliers ? pourquoi n'interdit-on pas aux propriétaires forains d'envoyer leurs bestiaux sur les terres qu'ils cultivent hors du territoire de leur domicile ? Si c'est un droit privatif, inhérent à l'exploitation, pourquoi la loi le déclare-t-elle incessible ? pourquoi laisse-t-elle aux mandataires de la communauté politique le soin de déterminer les cantonnements et le contingent proportionnel ?

Sur tous ces points, l'usage est en contradiction manifeste avec la loi. La loi prescrit l'observation des arrêtés de cantonnement. L'usage, à cause des déplacements continuels du parc qui doit aller sur toutes les terres des ayants-droit, veut que les cantonnements ne soient point observés en temps de parcage. La loi interdit de céder le droit de vaine pâture ; l'usage, lorsque quelques-uns des exploitants n'ont pas fourni leur contingent à la répartition, tolère que les autres, pour la formation du troupeau commun, complètent par le nombre de leurs bêtes à laine, la part attribuée à ceux qui s'abstiennent ; et cela a lieu tous les jours, nonobstant la jurisprudence du Conseil d'État, en vertu de laquelle l'interdiction de céder ses droits s'applique au communier qui réside sur les lieux aussi bien qu'à celui qui demeure ailleurs.

L'usage, il faut bien le reconnaître, est plus logique que la jurisprudence, car si la vaine pâture n'exclut pas la liberté d'association, la communauté du troupeau implique nécessairement confusion des intérêts individuels qu'elle réunit ; par conséquent la cession que la loi interdit de particulier à particulier doit être une chose licite, quand elle a pour objet le troupeau commun, puisqu'elle s'opère de plein droit et sans qu'aucune convention intervienne, au profit de la masse des associés.

La loi ferait peut-être plus sagement de s'approprier l'usage que condamne la jurisprudence, en déclarant que la renonciation ou l'abstension d'un communier profitera à la communauté, et que le renonçant participera, dans une certaine mesure, au bénéfice des nuits de parc du troupeau commun affecté au cantonnement où ses propriétés sont situées. De cette manière, tous les intérêts seraient sauvegardés. Ce ne serait plus l'étendue de l'exploitation, mais l'étendue du territoire qui déterminerait le nombre des bêtes à laine à répartir. La vaine pâture ne serait plus une servitude onéreuse pour la propriété, puisque ceux qui y prendraient part paieraient à ceux qui s'abstiendraient la juste indemnité qui leur serait due pour le terrain qu'ils abandonneraient à la dépaissance. Cette indemnité, consistant en nuits de parc, serait d'autant plus facile à fournir que, chaque commune étant intéressée à avoir autant de moutons que son territoire en peut nourrir, le parcage augmenterait dans la même proportion et pourrait distribuer alternativement ses engrais sur toute l'étendue du sol arable. Des propriétaires, ainsi que cela se pratique déjà dans un canton de l'arrondissement d'Abbeville (1), semeraient des prairies artificielles et consentiraient à les laisser pâturer sur place, à la charge d'un dédommagement en nuits de parc.

Si la vaine pâture, en vertu de la vieille maxime : *qui*

_____

(1) Dans le canton de Gamaches, les nuits de parc sont distribuées, au prorata du nombre de moutons possédés par chaque habitant.

Il y a souvent échange ou cession de nuits entre les usagers qui, dans certaines localités, sont obligés de fournir des verdures.

n'a labourage n'a pâturage, est un droit qui n'appartient qu'aux exploitants, il en résulte que les conseils municipaux n'ont pas à s'immiscer dans les questions qui se rattachent à l'exercice de ce droit. L'usage qu'ils font du pouvoir anormal que la loi leur accorde, démontre la nécessité de le leur enlever. C'est pourquoi nous voudrions que la répartition du contingent proportionnel et la fixation des cantonnements fussent réglés par des commissions syndicales présidées par le maire et composées de membres choisis, en nombre égal, parmi les propriétaires des troupeaux communs et particuliers et parmi les exploitants non nourrisseurs. Les intérêts des uns et des autres, débattus par des mandataires de leur choix, seraient sans doute protégés par une justice plus impartiale que celle qu'ils peuvent attendre du caprice et du mauvais vouloir des mandataires de la commune.

Le Gouvernement doit être maintenant convaincu que l'interdiction de la compascuité ne répond pas aux vœux des corps délibérants qui représentent les intérêts agricoles, et que la loi du 28 septembre 1791 a besoin d'une refonte totale des dispositions du titre Ier, section IV. Déjà le Conseil général de la Somme et la Chambre consultative de l'arrondissement d'Amiens ont fait entendre des protestations énergiques contre le projet d'abolir la vaine pâture dans les lieux où elle s'exerce de temps immémorial. La dernière, dans sa session du 27 décembre 1856, n'hésite pas à déclarer que « la suppression absolue de cet usage » n'est pas compatible avec l'état actuel de l'agriculture ; » qu'elle empêcherait d'utiliser les précieuses ressources » que présente à l'espèce ovine le libre parcours des champs

» après la récolte ; que, dans nos cantons de propriété et
» de jouissance si morcelées, l'agriculteur ne pourrait plus
» arriver à ses propres terres ; que l'effet d'une semblable
» mesure serait d'anéantir les troupeaux communs sans
» créer les troupeaux particuliers ; qu'à une époque où les
» saines doctrines commencent à prévaloir, où la produc-
» tion des engrais et de la viande occupe une place si
» élevée dans l'échelle des besoins à satisfaire, la loi du
» 28 septembre 1791 est un véritable anachronisme ; que
» de larges modifications sont indispensables, surtout sous
» ce rapport que les intérêts de l'agriculture sont dans la
» dépendance d'assemblées dont les membres sacrifient,
» trop souvent, l'intérêt général aux mesquines passions
» qui s'agitent jusque dans les plus humbles régions du
» pouvoir. »

Sans être aussi explicites sur l'étendue des réformes à
opérer, nos autres Chambres d'agriculture sont cependant
forcées de reconnaître que l'infériorité du département de
la Somme, par rapport à la propagation de l'espèce ovine,
tient à la cause qui vient d'être indiquée, aux restrictions
systématiques que les conseils municipaux, dans la plupart
des communes, apportent à la formation des troupeaux
particuliers. C'est l'intérêt général qui doit déterminer le
nombre des bêtes à laine que chaque territoire peut entretenir. Le droit de fixer ce nombre qui appartient aujour-
d'hui aux représentants électifs des municipalités, serait
mieux placé dans les mains de commissions syndicales *ad
hoc*, nommées par l'assemblée générale des exploitants,
dans chaque commune et annexe de commune ayant un
territoire séparé. Ces commissions seraient aussi capables

de fixer le contingent des troupeaux et la séparation des pâturages, que les sociétés de hertiers le sont déjà pour régler l'assiette du parc et la distribution des nuits, proportionnellement à l'effectif de leurs *hertes* respectives ou à la quantité d'hectares exploités par chacun d'eux (1).

Voilà donc deux usages qui indiquent les changements qu'il conviendrait d'introduire dans le régime du vain pâturage. Le premier accorde aux exploitants qui se réunissent pour la formation d'un troupeau commun, le droit de se mettre au lieu et place de ceux qui n'ont point fourni leur contingent à la répartition; le second conduit à la reconnaissance du principe que le troupeau qui profite de la vaine pâture doit parquer toutes les terres de son cantonnement, dans la proportion de la nourriture qu'il y trouve. Ces deux usages, qui sont corrélatifs, procèdent tous deux de la nécessité de concilier la satisfaction des besoins de l'agriculture avec les difficultés de la situation que lui fait le morcellement des exploitations.

7. Le Code Napoléon, sous les articles 1780 et 1781, ne contient que deux dispositions très-courtes sur le louage des domestiques et ouvriers. De ce qu'il ne renvoie pas aux anciens règlements et usages locaux, doit-on en conclure qu'il a voulu les abroger, et n'admettre d'autres raisons de décider que celles qui résultent des conventions des parties? La réponse est dans les articles 1159 et 1160, où le législateur déclare que *ce qui est ambigu s'interprète par ce qui est d'usage dans le pays où le contrat est passé;* qu'on doit

(1) La *herte* est le lot qui forme le contingent de chacun des associés participants, dans le troupeau commun. (Voir nos *Proverbes* du droit rural traditionnel, page 194, n° 115.)

suppléer, dans le contrat, les clauses qui y sont d'usage, quoiqu'elles ne soient point exprimées.

A plus forte raison doit-on recourir à l'usage lorsqu'il n'existe pas de conventions écrites pour interpréter celles qui sont relatives au louage des domestiques et ouvriers attachés à une exploitation agricole. Les usages locaux en cette matière, quoique très-nombreux et très-divers, sont presque tous fondés sur le principe que les travaux d'été doivent être plus chèrement rétribués que les travaux d'hiver, et que l'indemnité de la résiliation, quand il y a lieu de la prononcer au profit du maître comme au profit de l'ouvrier, doit être plus ou moins forte, selon l'époque de l'année où l'engagement est rompu par le fait de l'un d'eux (1).

Ce principe, dont le législateur romain ne paraît pas avoir eu la révélation et qui n'a pu surgir qu'à l'époque où le travail libre a remplacé le travail des esclaves, dans la culture de la terre, est entré dans toutes les combinaisons qui, depuis un temps immémorial, ont été imaginées pour sauvegarder les intérêts engagés dans le contrat de louage des services agricoles. Cependant, les usages qui découlent de ce principe si universellement accepté, cesseront bientôt d'être la règle des rapports entre maîtres et ouvriers. Ceux dont la tradition s'était conservée jusqu'à ce jour, dans le

(1) Si la résiliation a lieu pendant le cours du louage, et du 1er mai au 31 octobre, l'indemnité, si elle est due par le domestique, est du tiers des gages de toute l'année ; si elle est due par le maître, elle est moitié moindre.

Au contraire, si elle a lieu du 1er novembre au 30 avril, le domestique ne doit qu'une indemnité égale au sixième de ses gages, et le maître une indemnité double.

(Usages ruraux de l'arrondissement de Château-Gontier, département de la Mayenne, art. 90, §es 2 et 3).

nord de la France, disparaissent à mesure que l'industrie se répand dans les campagnes. On n'engage plus les domestiques de ferme et les moissonneurs à l'année ; le salaire des premiers est payable, mois par mois et même par fractions de douzièmes, quelle que soit la saison de l'année où le contrat est rompu. Les moissonneurs travaillent moyennant un prix fait à tant par hectare. Bientôt il ne restera plus trace de l'ancien mode de rétribution en nature qui élevait leur service à la hauteur d'un contrat de société en participation. Mais les inconvénients de ce nouvel état de choses sont déjà manifestes pour tout le monde. Les chefs d'exploitations un peu importantes ne peuvent plus remplacer les ouvriers que le travail industriel leur enlève. Les récompenses que les comices décernent aux plus longs services accomplis chez le même maître, sont impuissants à ramener au rude labeur des champs, une génération de travailleurs qui s'en éloigne tous les jours davantage.

Il y a cependant deux moyens d'empêcher que le travail industriel nuise au travail agricole. Le premier dépend du Gouvernement, le second des cultivateurs eux-mêmes.

Le Gouvernement a la ressource des lois de douane. Avec cette clé qui ouvre ou ferme la porte d'entrée des produits de l'étranger, il peut faire rentrer l'industrie manufacturière dans les villes et rendre à l'agriculture, avec les cours d'eau qui lui sont indispensables pour féconder les vallées, les bras dont elle a besoin pour satisfaire aux exigences de la consommation générale. L'agriculture ne demande pas, ne demandera jamais qu'on éloigne d'elle les industries qui préparent ses productions à être livrées au commerce. Elle trouve, au contraire, très rationnel que les plantes textiles saccharines et oléagineuses subissent leurs premières, transformations à proximité des lieux où elles sont cultivées. Mais elle est en droit de s'étonner que sa rivale jouisse d'un privilège de protection qui lui permet de répandre, de multiplier dans les campagnes, des procédés de fabrication incompatibles, à raison du grand nombre d'ouvriers dont ils nécessitent l'emploi, avec les conditions d'existence des exploitations rurales. La place naturelle de l'industrie manufacturière est dans les villes ou aux abords des villes. L'intérêt qui lui a fait quitter cette position s'est beaucoup amoindri depuis que la vapeur remplace, plus utilement, la force motrice des cours d'eau. Le moment n'est peut-être pas éloigné où elle sentira le besoin, pour économiser les frais de transport, de se rapprocher des magasins d'approvisionnement de matières premières et de combustible, des points de rayonnement des voies ferrées, et, pour diminuer le coût de la main d'œuvre, de convertir en vastes établissements de tissage à la mécanique cette foule de petits ateliers de tissage à la main qui, en se multipliant outre mesure, ont deshabitué les populations agricoles de leurs occupations traditionnelles. La levée des prohibitions et l'abaissement des tarifs protecteurs ne peuvent que hâter cette transformation dont l'effet inévitable sera de donner à l'agriculture, comme à l'industrie, le moyen d'accomplir les brillantes destinées que l'avenir leur réserve.

Les agriculteurs de leur côté n'ont rien fait pour prévenir la redoutable concurrence dont ils se plaignent aujourd'hui. Au contraire, ils l'ont favorisée par leur imprévoyance ; car le malaise qu'ils éprouvent, par suite de la rareté des ouvriers provient, surtout de ce que certains chefs d'exploitation ont donné l'exemple de l'abandon des anciens usages, lorsqu'ils ont commencé, il y a déjà plus de vingt ans, à imposer à leurs auxiliaires la condition du salaire en argent au lieu du salaire en nature, d'un engagement révocable à la volonté des parties au lieu d'un engagement à l'année qui ne pouvait être rompu qu'à la charge d'une indemnité réciproque. Ceux qui, par suite d'un faux calcul, ont introduit cette dangereuse innovation ne devaient pas tarder à en apercevoir les inconvénients. A mesure que des manufactures se sont établies dans leur voisinage, le prix de la journée de travail s'est élevé progressivement, et bientôt des ouvriers qui avaient toujours vécu des travaux des champs, ont préféré, même avec un salaire égal, l'occupation mieux suivie, plus commode et moins fatigante de l'atelier industriel.

Autrefois, les moissonneurs, moyennant un salaire en nature proportionnel au rendement de la récolte, s'engageaient à faire, dans le courant de l'année de leur louage, certains travaux accessoires pour lesquels ils n'avaient droit qu'à la nourriture seulement ; mais depuis que le lin, le colza, les œillettes, la betterave ont remplacé la jachère, ils n'ont plus voulu faire gratuitement des corvées qui ne profitaient pas directement à la récolte des céréales sur laquelle devait s'exercer leur prélèvement. Ils ne se sont plus engagés que pour le temps de la moisson. La courte durée de ce genre de travail a mis ceux qui s'y livraient dans la nécessité de chercher une autre occupation pour le restant de la campagne ; mais une fois engagés dans l'industrie qui exige un labeur continu, il ne leur a plus été possible de l'interrompre à l'époque de la maturité des grains.

Le service intermittent des exploitations agricoles ne peut être soumis au même mode de rémunération que le service plus régulier des établissements industriels. Celui-ci se paie plus ou moins cher selon le travail que l'ouvrier peut faire dans le cours de sa journée ; l'autre est subordonné aux vicissitudes des saisons, au caprice des éléments. C'est pourquoi un cultivateur qui loue un valet de charrue ou un berger à l'année, lui donne des gages moins forts en hiver qu'en été, et exige de ses moissonneurs, pendant la morte saison, un service gratuit de corvée pour des travaux relatifs à la récolte qu'ils doivent faire. Par ce moyen, il s'assure que le concours des uns et des autres ne lui fera pas défaut au moment où il lui sera le plus utile.

Il est encore d'usage aujourd'hui d'accorder aux valets de charrue, aux bergers et même aux servantes de basse-cour engagés à l'année, outre leurs gages ordinaires, certains profits éventuels, tels que *droits de vin, droits de queue, de licol* et autres semblables que les acheteurs de bestiaux et de certaines denrées vendus dans la ferme, payent en sus du prix d'acquisition. Ces profits, autrefois, n'étaient acquis définitivement au domestique, qu'à l'expiration de son engagement. Jusque-là, le maître les gardait dans ses mains pour s'indemniser, le cas échéant, du préjudice que pouvait lui causer l'abandon de son serviteur en temps inopportun et sans cause légitime. Malheureusement cet usage a cessé d'être une garantie pour les maîtres, depuis que ceux-ci se font un scrupule d'opérer les retenues qui le rendaient efficace.

Les diverses façons qu'il faut donner à la terre, soit pour y distribuer les engrais, soit pour la nettoyer des mauvaises herbes et activer la végétation de la plante, ne s'exécutent plus que par des journaliers. Ces travaux s'accompliraient plus avantageusement pour le maître et ses ouvriers, si ceux-ci étaient rétribués, comme autrefois, au moyen d'un prélèvement en nature sur tous les fruits sans distinction qu'ils auraient contribué, par leurs soins, à faire venir à maturité. Le louage des moissonneurs, dans ces conditions, serait un véritable contrat de société en participation qui aurait pour effet d'intéresser l'ouvrier au succès d'une entreprise dont il partagerait les profits, et d'épargner au maître, outre l'ennui d'une surveillance incessante, les pertes de temps et les gaspillages inséparables d'un travail à la tâche ou à la journée.

Quand les cultivateurs voudront entrer franchement dans cette voie, ils n'auront plus à redouter la concurrence du travail industriel, la difficulté qu'ils éprouvent à trouver des moissonneurs intelligents et dévoués aura disparu : l'expectative des avantages qu'ils leur offriront suffira pour ôter à ceux-ci la pensée de changer leur position contre celle de fileur ou de tisseur, ou d'abandonner leur chaumière pour aller chercher fortune dans les villes.

Trouver une combinaison qui ennoblisse le travail des champs en le confiant, non plus à des mercenaires salariés vivant au jour le jour, sans souci du lendemain, mais à des auxiliaires qui, attendant de l'avenir le dédommagement de leurs peines dans le présent, mesurent l'énergie de leurs efforts à l'importance du résultat qu'ils espèrent obtenir, dans l'exploitation à laquelle ils sont attachés, tel est le but auquel doivent tendre les agriculteurs qui comprennent bien leurs intérêts, s'ils veulent empêcher les populations ouvrières de quitter leur service pour s'enrôler dans des établissements industriels où elles perdent bientôt le goût et l'habitude du travail en plein air. Un dernier progrès reste à accomplir pour couronner l'œuvre de rénovation sociale commencée, il y a six siècles, par l'abolition du servage de la glèbe, c'est de faire participer, d'une manière plus digne et dans une proportion plus large, le prolétariat agricole à la jouissance des fruits que son labeur quotidien fait produire à la terre. De la solution de ce problème dépend peut-être le moyen de préserver la société d'un bouleversement général.

8. Si la disparition des anciens usages est un fait regrettable en ce qui touche le louage des services ruraux, la désuétude dont sont menacés ceux qui déterminent la présomption de durée du bail sans écrit, ne doit pas nous inspirer les mêmes regrets. Quand il n'y aura plus de fonds rural se conduisant par soles et saisons, quand toutes les terres labourables produiront une récolte chaque année, le 5° § de l'article 1774 du Code Napoléon sera une lettre morte dans la loi, et les tribunaux civils n'éprouveront plus d'embarras pour le règlement des questions relatives au renouvellement des baux à ferme. Par cela même que la durée du bail verbal et de la tacite réconduction sera d'un an, l'entrée et la sortie des fermiers aura lieu dans des conditions plus égales. Celui qui quitte une exploitation pour en prendre une autre, sera assuré de trouver, dans son nouvel établissement, les mêmes avantages qu'il laissera à son successeur, et le propriétaire n'aura plus à attendre

l'expiration du triennal commencé, pour faire cesser une jouissance préjudiciable à ses intérêts.

On sait à quel nombre infini de procès donne lieu le système suranné de l'assolement ternaire, lorsque le bail prend fin et qu'il s'agit d'appliquer les usages qui fixent le délai des congés et les droits et obligations respectives *des fermiers entrant et sortant.* Aucun pays, plus que le nôtre, n'a eu à déplorer les abus qui en résultent. Dans le Santerre, par exemple, l'impossibilité de ménager une transition pacifique entre le bail qui finit et le bail qui commence, est telle que la tacite réconduction y est presque toujours forcée. Les fermiers, comme s'ils jouissaient en vertu d'un bail sans terme qui ne peut jamais subir d'augmentation, ont la prétention de ne pouvoir être évincés de ce qu'ils appellent leur *droit de marché,* que moyennant une indemnité qu'ils évaluent au quart, au tiers, quelquefois même à la moitié de la valeur vénale de l'immeuble affermé. Depuis plus de deux siècles, cet usage s'est maintenu en dépit des lois et des mesures les plus rigoureuses, et la relocation des terres, à un autre que le fermier sortant, sans l'agrément de celui-ci, a toujours mis en péril la fortune et la vie du fermier entrant.

Il est à remarquer, cependant, que l'introduction de la culture industrielle dans le pays tend à relâcher le terrible lien de solidarité qui a toujours uni les habitants du Santerre à la cause du fermier *dépointé* contre le fermier *dépointeur.* Il semble que la production des plantes saccharines, textiles et oléagineuses, en procurant à la classe ouvrière des campagnes une occupation plus lucrative et plus suivie, a fait germer chez elle, avec le désir de participer aux avantages de ce nouveau mode d'exploitation, un sentiment plus égoïste et plus indépendant de l'intérêt des exploitants. Moins énergiquement soutenus dans leur résistance à consentir l'augmentation du prix de leur bail, les fermiers, depuis une quinzaine d'années, se montrent, en général, plus disposés à traiter avec les propriétaires du rachat de leur jouissance. Aussi le droit de marché qui a déjà disparu dans quelques communes perd insensiblement de sa valeur dans les autres. A mesure que l'industrie agricole fait des progrès, les grandes exploitations se divisent, et le renouvellement des baux devient moins difficile, parce que les cultivateurs trouvent, même parmi les petits ménagers qu'ils engagent pour faire leur moisson, des compétiteurs disposés à louer en détail, pour leur compte, les terres que le fermier sortant refuse de reprendre à un prix plus élevé que celui de l'ancien bail.

L'abolition du droit de marché n'est plus qu'une question de temps. Le nombre des immeubles qui sont encore grevés de cette servitude diminue de jour en jour et, pour ainsi dire, à chaque mutation, par l'effet des aliénations et des transactions qui opèrent la confusion du droit de propriété et du droit de jouissance. Le sage parti que prennent un assez grand nombre de propriétaires, de stipuler, dans leurs baux, la reconnaissance du paiement d'une somme déterminée, à titre de pot de vin, remboursable, à la sortie du fermier, s'il n'est pas maintenu dans sa jouissance, doit avoir pour conséquence d'empêcher l'abus de s'étendre hors du cercle où il a toujours été circonscrit, et d'assurer, pour l'avenir, la sécurité des propriétaires qui sont parvenus à s'en affranchir.

9. Ces réflexions que je livre pour ce qu'elles valent expriment mon opinion personnelle sur quelques-unes des questions traitées dans le mémoire qui fait suite à cet avant-propos, et me conduisent naturellement à m'expliquer sur le but que se sont proposé ses auteurs, en formant le projet, non réalisé, de l'adresser à S. Exc. M. le Ministre des Travaux publics et de l'Agriculture. Ce mémoire a été inspiré par le désir de provoquer des études semblables, dans chacune de nos grandes circonscriptions régionales, afin de centraliser les résultats de l'enquête de 1855, de mettre en relief les constatations qui présentent un caractère de généralité, et d'indiquer le mode de sanction qu'il conviendrait de donner aux usages d'une application plus restreinte. J'ai trop à me féliciter de m'être rencontré, sur quelques points, en parfaite conformité de vues avec mes deux honorables collaborateurs, pour m'étonner que nous n'ayons pas été d'avis unanime sur quelques autres qui sont de nature à diviser les corps délibérants auxquels l'examen en sera peut-être bientôt déféré. J'ai réussi à leur faire partager ma conviction sur l'opportunité d'une déclaration législative qui prescrirait de constater, par des actes de notoriété renouvelables périodiquement, les usages que le Code Napoléon a expressément réservés aux titres de l'usufruit et du contrat de louage. Ce succès, quelque minime qu'il soit en apparence, est assez considérable pour adoucir le regret que j'éprouve de ce que l'un d'eux n'ait pas voulu étendre un peu plus l'effet de cette résolution.

10. La conclusion qu'on peut tirer de ce travail est celle-ci :

Il y a nécessité d'introduire dans le Code rural les usages qui présentnt un caractère de généralité, et de prononcer l'abrogation de ceux qui ne sont plus en harmonie avec les besoins et les mœurs de notre époque. Mais il en est d'autres, très nombreux et très divers, qu'il n'est pas possible de réglementer législativement, quoi qu'ils aient conservé leur raison d'être. La loi qui les rend obligatoires, autorise implicitement les Préfets à en ordonner la constatation par écrit (1). Ce n'est pas assez. Cette mesure inefficace parce qu'elle est facultative, doit être prescrite impérativement et renouvelée, tous les cinq ou dix ans, afin de pouvoir suivre les variations de ceux de ces usages qui changent ou se modifient selon les temps, les lieux et les circonstances. C'est par ce moyen que le législateur de la ruralité arrivera à cimenter son œuvre, à la tenir constamment à la hauteur des besoins de l'industrie agricole, à la rendre perpétuellement perfectible, sans qu'elle subisse d'altération dans ses principes essentiels.

Juillet 1861.

A. BOUTHORS,

Membre du Conseil de Préfecture de la Somme,

---

(1) Une mesure semblable a été prise en 1852, pour un arrondissement de la Mayenne, en vertu d'un arrêté de M. J. Cornuau, alors Sous-Préfet de Château-Gontier, aujourd'hui Conseiller d'Etat et Préfet du département de la Somme. La lettre circulaire du 24 octobre 1850, par laquelle ce fonctionnaire manifeste l'intention de provoquer la révision et la refonte, en un seul, des deux recueils d'usages ruraux applicables à trois cantons de son arrondissement, contient la preuve que ces recueils, quoique publiés moins de cinq ans auparavant, ne répondaient déjà plus d'une manière suffisante à l'état de l'agriculture, dans ce pays, à cause des nombreux et importants progrès qui s'y étaient accomplis dans l'intervalle. (Recueil des usages ruraux de l'arrondissement de Château-Gontier, 2ᵉ édition, pages 2 et 3).

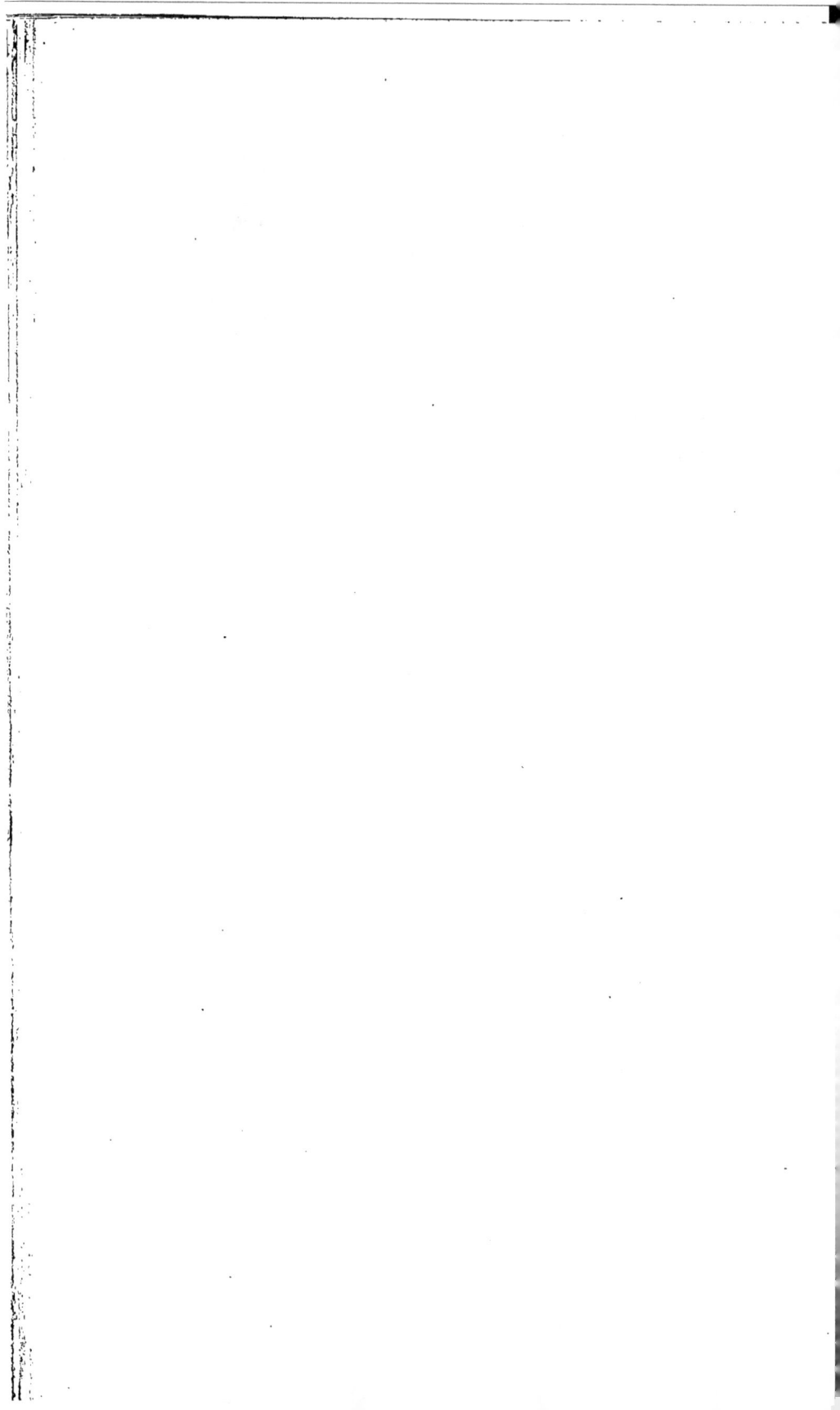

ESSAI D'APPLICATION

DES

USAGES LOCAUX DU NORD DE LA FRANCE

AU CODE RURAL.

OBSERVATIONS PRÉLIMINAIRES.

---

11. Motif qui a conduit les rapporteurs des commissions centrales du
Nord, du Pas-de-Calais et de la Somme à se réunir pour la rédaction d'un travail d'ensemble sur les usages locaux du nord de la
France.
12. Travaux des commissions cantonales.
13. Résolutions des commissions départementales.
14. Anciens règlements justificatifs des constatations de l'enquête de 1855.
15. Division des usages.

11. Les rapporteurs des commissions centrales des trois
départements du Nord, du Pas-de-Calais et de la Somme,
après s'être communiqué réciproquement le travail de vérification des usages locaux auquel ils ont eu l'honneur de
coopérer, ont résolu de réunir, dans un mémoire commun,
leurs appréciations sur l'utilité que ces documents peuvent
présenter pour la préparation du Code rural et la réglemen-

tation des intérêts civils que le Code Napoléon subordonne
à l'usage des lieux (1).

Malheureusement, le projet qu'ils avaient formé d'associer à leurs efforts les rapporteurs des commissions de
l'Aisne et de l'Oise, n'a pu se réaliser, car dans le premier
de ces deux départements, les usages n'ont point été re-

(1) Je croirais manquer à un devoir de justice et de reconnaissance si
je ne faisais pas connaître ici les noms et les titres littéraires de mes
deux honorables collaborateurs, et le riche tribut d'observations qu'ils
ont apporté à l'œuvre commune. Le premier, M. V. Balson, ancien
avocat à la cour royale de Paris, ancien secrétaire général, est aujour-
d'hui doyen du conseil de Préfecture à Lille. L'expérience qu'il a ac-
quise en exerçant successivement ses fonctions dans l'est, le midi et le
nord de la France, lui a valu l'honneur d'être nommé président et
chargé du rapport de la commission centrale des usages locaux d'un
département qui a toujours marché le premier dans la voie du progrès
industriel et agricole. Son travail a été imprimé par les soins et aux
frais de l'administration départementale du Nord, en vertu d'un crédit
voté par le Conseil général. Le second, M. H. Clément, ancien avocat à
Arras, juge de paix du canton de Beaumetz-lès-Loges, a publié, comme
rapporteur de la commission centrale, un *Essai sur les usages locaux du
Pas-de-Calais,* que la Société d'agriculture de ce département a distingué
en décernant une médaille en argent à son auteur. La Société impériale
et centrale d'agriculture de France a aussi reconnu le mérite de cet ouvrage, en accordant une médaille d'or à M. Clément.
Les extraits suivants de notre correspondance prouveront que j'ai
été bien inspiré en sollicitant leur concours, en faisant appel à leurs lumières :

« Arras, le 25 juillet 1857.

» Monsieur,

» L'homme pratique, qui ne se laisse point séduire par les théories
» spéculatives, sera facilement convaincu que l'unité, en matière de
» législation rurale, est une véritable utopie. Le bon sens des masses a
» créé ou conservé des usages marqués au coin de la sagesse que le
» législateur ne peut se dispenser de sanctionner, sous peine de voir
» l'ordre public troublé. D'autres usages, au contraire, doivent dispa-
» raître à raison de leur rare application ou de la désuétude dont ils
» sont frappés. Nous devons donc nous appliquer à discerner ceux qui
» ne sont plus en harmonie avec nos mœurs et nos besoins pour les
» écarter, d'avec ceux qui, à cause de leur caractère de généralité ou
» d'utilité, peuvent être convertis en loi et placés dans le Code rural.
» Ne soyons donc ni abolitionnistes, ni conservateurs quand même.
» Sachons anéantir, s'il est nécessaire, les usages que le Code a res-
» pectés, et maintenir ceux qu'il a proscrits. Ainsi, par exemple,
» l'art. 681 donne naissance à une foule de procès. Les usages anciens
» qui n'ont point été conservés, pourraient aider les décisions de la jus-
» tice, car ils sont clairs et précis, tandis qu'en s'en tenant à la lettre du
» Code Napoléon, on est toujours dans l'indécision. Interrogez le pre-

cueillis, et dans le second, aucun rapport général n'a été fait sur les procès-verbaux des commissions cantonales. Mais le travail de la commission de la Marne, dont les constatations offrent la plus grande analogie avec celles de la Somme et du Pas-de-Calais, autorise les auteurs de ce mémoire à penser que les usages connus ne peuvent diffé-

» mier paysan venu sur l'étendue de l'égoût d'un toît en chaume, il vous
» dira que la gouttière doit avoir 75 centimètres. Je ne veux pas dire
» que l'on doive adopter cette règle, mais il est désirable que le législa-
» teur fixe une étendue invariable, uniforme.

» Pour les plantations, je suis d'avis qu'il faut faire, pour l'avenir,
» table rase des anciens usages, et établir, pour les plantations nouvelles,
» une distance fixe.

» Ainsi, d'un côté, je reprends un usage abrogé par la loi, de l'autre,
» j'en écarte un qu'elle maintient en vigueur.

» Je cite ces exemples pour vous faire bien comprendre ma pensée.

» J'ai pris connaissance de la lettre que vous avez adressée à
» M. Balson, et j'approuve le mode d'exécution de travail en commun,
» dont elle contient les bases. Chacun de nous devra faire un résumé sur
» chaque matière et formuler ses conclusions, afin que nous puissions
» les coordonner dans un travail d'ensemble.

» Vous avez remarqué, comme moi, l'excessive variété des usages
» agricoles, et j'applaudis à l'excellente idée que vous nous communiquez
» d'investir les préfets du soin de les réglementer, pour assurer l'exécu-
» tion de la loi et fixer la jurisprudence à cet égard. Il est évident que,
» sous bien des rapports, il ne peut y avoir d'uniformité dans les usages
» du midi et ceux du nord, et qu'il n'y a que ceux ayant un caractère
» général et pouvant s'appliquer à tous les points de la France, qui peu-
» vent entrer dans l'économie d'un code rural.

» Agréez, etc.

» H. Clément,

» Juge-de-paix. »

» Lille, 27 juillet 1857.

» Monsieur,

» La diversité d'intérêts, de vues qui préoccupent chaque individu,
» chaque localité, chaque région d'un pays, fait qu'on ne pourra jamais
» s'entendre sur une question donnée. Rappelez-vous ce qui est arrivé,
» en 1808, pour le code rural. Toutes les commissions consultatives ont
» procédé comme nous ; chacune d'elles a discuté à son point de vue
» local, égoïste. Quel a été le résultat de toutes ces discussions ? Vous le
» savez, quelque chose comme la tour de Babel. Le législateur ne doit se
» préoccuper que des intérêts les plus généraux.

» Est-ce donc que l'augmentation de la population, le progrès de l'agri-
» culture, etc., n'ont rien changé aux routines de nos pères ? Est-ce que
» la plupart de nos vieux usages n'ont pas disparu pour faire place à de
» nouveaux qui se sont produits depuis la création du code ? Quoi que
» l'on fasse, il y aura toujours, suivant la diversité des intérêts et des
» besoins, une manière différente d'interpréter la loi. Laissons donc à la

rer essentiellement de ceux qui restent à connaître dans le rayon territorial soumis autrefois à la juridiction réglementaire du Parlement de Paris.

En présentant ici le résultat de leurs communes impressions, ils croient entrer dans les intentions du Gouvernement, et concourir au but qu'il s'est proposé, en prescrivant

» loi les cas les plus généraux et abandonnons les détails au règlement
» local.

. . . .
» Vos deux articles sur la vaine pâture et les biens communaux sont
» parfaitement faits, mais l'opinion est fixée sur ce point, et cette opinion
» est fondée sur une expérience de 60 ans, sur un progrès qui marche à
» pas de géant. La voix de l'intérêt privé ou localisé n'y changera rien.
» Les terres vaines et vagues disparaîtront bientôt du sol. Dans le Nord,
» pays agricole par excellence en même temps qu'industriel, il ne reste
» presque plus d'anciens usages. Partout, la terre *s'industrialise,* les ins-
» truments se multiplient, se perfectionnent, la population grandit et
» s'améliore, les mœurs se modifient, les manufactures couvrent le sol ;
» tout cela ne nous dit-il pas que les idées doivent aussi changer et qu'une
» nouvelle voie plus large nous est aussi ouverte ?
» Rien n'empêche, au surplus, qu'au point de vue didactique et légal
» qui nous occupe, nous n'échangions nos sentiments sur le projet du
» Gouvernement ; mais, pour cela, il me faudrait votre travail achevé,
» afin que je puisse en saisir tout l'ensemble. . . . .
» Agréez, etc.
                                                » V. Balson,
                            » *Doyen du Conseil de Préfecture du Nord.* »

On comprend qu'après l'échange de ces premières communications, j'ai dû modifier le plan que je me proposais de suivre, en examinant chaque partie du sujet séparément. Connaissant les points sur lesquels je devais m'attendre à rencontrer de l'opposition de la part de mes collaborateurs, j'ai pris le parti de leur présenter un projet de travail embrassant l'ensemble des matières à traiter, qui se rapprochât, autant que possible, des vues de chacun d'eux. En évitant d'émettre mon avis sur les questions que je prévoyais devoir aboutir à un résultat négatif, j'ai eu le bonheur de voir ce travail adopté, par M. Clément, sans restriction, et, par M. Balson, avec des conditions et des réserves auxquelles il m'a été facile de satisfaire, comme on le verra par la lettre suivante :

                                        « Lille, le 3 novembre 1857.
          » Monsieur,

» J'ai lu avec un vif intérêt et une grande attention le mémoire que
» que vous m'avez communiqué. C'est un beau et bon travail : je ne puis
» que l'approuver, sauf, cependant, quelques petites observations de dé-
» tail que vous trouverez ci-jointes et que je vous prierais de mettre en
» notes, au bas des pages, dans les endroits indiqués.
» Vous comprendrez qu'il ne m'est pas permis de déserter les opinions
» et les vœux de la Commission centrale du Nord, dont je suis le prési-
» dent, et que je dois les réserver.

la recherche et la constatation des usages locaux. Puisse cette étude consciencieuse et désintéressée alléger d'autant le travail qu'exigera le dépouillement des procès-verbaux des 86 départements !

TRAVAUX DES COMMISSIONS CANTONALES.

12. La commission départementale du Nord ne relève ni lacunes ni omissions dans les procès-verbaux qui ont été soumis à son examen.

Celles du Pas-de-Calais, de la Somme et de la Marne font remarquer l'absence de direction et d'homogénéité dans les travaux des commissions cantonales de leurs départements. Elles expriment le regret qu'un questionnaire n'ait pas été présenté pour faciliter les investigations et obvier à des omissions qui rendent les renseignements incomplets à l'égard de certains cantons. Par exemple, lorsqu'il y a, pour quelques localités d'un même canton, des usages dif-

---

» Au lieu de donner à ce travail la forme d'une pétition ou d'un mé-
» moire, je le présenterais comme un procès-verbal. Je supprimerais
» simplement les mots : *Monsieur le Ministre,* partout où ils sont, et je
» ferais une lettre d'envoi explicative, en forme de préface.

» Je distinguerais les matières par titres et paragraphes, etc.

» Et, comme dans ce travail il y a deux parties, la spéculation et les
» faits historiques, je reporterais, en notes, tous les actes qui tendent à
» justifier la doctrine au lieu de les intercaler dans le texte, ce qui déta-
» cherait mieux la rédaction.

» Sous le bénéfice de ces observations, je ne puis qu'approuver un
» travail aussi consciencieusement fait.

» J'ai indiqué très-sommairement mes idées dans les notes que je vous
» envoie, sauf à les développer, si vous le désirez. D'ailleurs, je vous
» laisse toute liberté, pourvu que le fond des idées reste.

» Veuillez agréer, etc.

» V. BALSON. »

M. Clément, de son côté, m'a adressé, sur la présomption de durée du bail sans écrit, sur les formalités de l'expulsion des lieux pour les loyers de minime importance et sur le louage des services agricoles, des observations qui trouveront aussi leur place dans ce mémoire.

La rédaction définitive a été arrêtée dans une réunion qui a eu lieu, à Arras et à Lille, au mois de décembre 1857.

III

férents, les procès-verbaux négligent d'indiquer les communes où ces divergences se font remarquer. D'un autre côté, la diversité des résultats obtenus, dans des cantons placés dans des situations identiques, par rapport aux anciens ressorts de justice, est aussi un indice qu'il y a des lacunes à combler, lorsque les procès-verbaux des uns relèvent, comme résultant des coutumes provinciales ou des anciens règlements, des usages que les procès-verbaux des autres cantons ont passé sous silence ; ces lacunes sont d'autant plus regrettables qu'elles enlèvent à certains usages leur caractère de généralité, leur principal titre à l'attention du législateur.

Les procès-verbaux de la Somme ne se sont point expliqués suffisamment sur certains usages qui ont été consacrés par les coutumes ou par les anciens règlements : quelques-uns des présidents des commissions cantonales seulement, auxquels les fonctions dont ils sont revêtus imposent le devoir de les appliquer, en ont signalé l'existence. D'autres commissions de ce même département ont confondu les usages relatifs à la vaine pâture avec ceux qui concernent la compascuité des communaux, au point que la commission centrale a été obligée de demander aux présidents des comités cantonaux des explications qui lui permissent de les distinguer.

Enfin, la plupart des constatations, dans les quatre départements de la Marne, de la Somme, du Pas-de-Calais et du Nord, paraissent avoir été rédigées sous l'influence d'une idée exclusive, d'une préoccupation systématique dont le travail des commissions de vérification a dû nécessairement se ressentir. On se borne à dire ou que les usages ont disparu, ou qu'ils n'existent que dans quelques localités, comme si le Gouvernement ne demandait que le relevé des usages susceptibles d'une application genérale, ou ne voulait accueillir, comme renseignements utiles à ses vues pour l'avenir, que ceux que la loi a expressément réservés.

Ainsi, un grand nombre de procès-verbaux ne parlent point des usages qui fixent la distance des toits en chaume, à la campagne, parce qu'ils considèrent ces usages comme contraires à l'article 681 du Code Napoléon, qui n'en contient pas la réserve. D'autres déclarent que les usages, prévus par l'article 671 du même Code, tombent de jour en jour en désuétude, parce que, selon eux, l'alternative que la loi a posée dans cet article, ayant eu pour but de fixer la règle de l'avenir, rend l'usage inapplicable aux plantations nouvelles : erreur d'appréciation d'autant plus grave qu'elle est partagée, dans la pratique, par des personnes dont l'opinion a la même autorité que les jugements dont elles sont les organes.

Le rapporteur du Pas-de-Calais : « La désuétude dans
» laquelle sont tombés les anciens usages sur la distance
» des plantations, est un fait avéré et patent. Cette raison
» seule doit en faire prononcer l'abrogation. »

Le rapporteur du Nord, au nom de la commission centrale de ce département, émet le même vœu. « Il est sans
» doute incontestable, dit-il, que les usages préexistants
» et auxquels le Code Napoléon a conservé leur action sur
» l'avenir, doivent être maintenus , s'ils sont constatés
» par des règlements administratifs, par des actes judi-

» ciaires ou par la notoriété publique ; mais on ne saurait
» méconnaître que ceux de ces usages qui, depuis la pu-
» blication du Code, ont cessé d'être invoqués et appliqués
» pendant un espace de temps égal à la plus longue pres-
» cription, ne pourraient revivre aujourd'hui, étant abro-
» gés, *ipso facto*, par une espèce de désuétude qui est
» l'abrogation tacite des Romains » (1).

Résolutions des commissions centrales.

13. Les rapports des commissions départementales du
Nord, du Pas-de-Calais et de la Marne, ont reçu une publicité plus ou moins officielle. Celle de la Somme n'a point
voté l'impression du sien, en se fondant sur ce que la publication officielle donnerait une sorte de force obligatoire à
des usages qui manquent de précision et de certitude. Elle
a pensé qu'ils ne pouvaient avoir d'utilité, quant à présent,
que pour la préparation du Code rural, et que, s'il y a lieu
de promulguer, comme le propose le rapport du Sénat à
l'Empereur, les usages qui mériteront d'être conservés,
cette mesure devra être précédée de tous les moyens d'in-

(1) La commission centrale de la Somme (pages 27 et 28), qui s'est aussi
trouvée en présence de vœux émis, dans le même sens, par plusieurs commissions cantonales de ce département, ne les a point accueillis, parce
que l'usage de planter à 5 pieds les arbres à haute tige, étant constant et
général en Picardie, à l'époque de la promulgation du Code Napoléon, ne
peut pas, plus que la loi qui le maintient en vigueur, être abrogé par la
désuétude. Elle a pensé que l'usage non contesté oblige pour le présent
aussi bien que pour l'avenir ; qu'en matière de plantation surtout, il y
aurait un très-grand inconvénient à introduire une règle qui ne ferait que
rendre plus incertains les signes de la délimitation des propriétés et qui
obligerait, pendant longtemps encore, à recourir à des enquêtes judiciaires, pour constater l'âge des plantations, lorsqu'il ne l'aurait pas été
par des procès-verbaux contradictoires. Il ne faut pas que le besoin d'uniformité dans la législation nous fasse oublier qu'une loi abrogative des
anciens règlements jetterait la perturbation dans les rapports de voisinage. La commission de la Somme n'a pas voulu être plus téméraire que
les rédacteurs de l'art. 671 du Code Napoléon.

vestigation propres à en fixer les termes, et à déterminer les cantons ou les localités dans lesquels leur application devra être circonscrite. Afin de donner plus d'autorité à ceux de ces usages dont il est possible d'établir la filiation traditionnelle, elle a joint, à son rapport, un travail supplémentaire contenant la copie ou l'extrait des coutumes générales ou particulières, des sentences ou arrêts de règlements et autres actes juridiques ou administratifs, qui font connaître des usages que les procès-verbaux ont omis de signaler, ou qu'ils ne caractérisent que d'une manière vague et incertaine.

Les commissions départementales ont eu également à apprécier les vœux formulés par un grand nombre de comités locaux.

Celle du Nord s'y est associée par un vote en demandant :

1° Que l'article 663 du Code Napoléon, relatif à la hauteur des clôtures dans les villes et faubourgs, soit rendu obligatoire nonobstant tout usage contraire ;

2° Que l'article 671 devienne également la règle générale sans exception ;

3° Que la question des constructions nuisibles entre voisins, rappelée dans l'article 674, soit étudiée, et la nature de ces constructions mieux déterminée ;

4° Que l'article 681 soit développé de manière à ce qu'il puisse être rendu applicable aux constructions rurales, en ce qui concerne l'égoût des toits ;

5° Que l'exception d'usage contraire soit supprimée dans l'article 105 du Code forestier, relatif aux affouages, et dans la loi du 14 floréal an xi, sur le curage des rivières non navigables ;

6° Que la loi intervienne pour expliquer et caractériser le bail à loyer sans écrit, et déterminer notamment :

La présomption de durée ;

Les termes du paiement ;

Les conditions et le délai des congés ;

La tacite réconduction.

7° Que le parcours, la vaine pâture et le glanage soient abolis ;

8° Que les rapports entre maîtres et domestiques soient mieux caractérisés, en obligeant ces derniers à avoir des livrets sur lesquels seraient inscrits leur engagement et la durée de leurs services.

Cette mesure est aussi réclamée par un vœu de la commission départementale de la Marne, pour les domestiques et ouvriers de l'agriculture.

La commission centrale du Pas-de-Calais n'a exprimé aucun vœu.

Celle de la Somme n'a pas cru devoir s'expliquer sur les vœux des commissions cantonales qui avaient pour objet de changer la loi ou de réformer des usages établis. Mais elle a accueilli, par un vote favorable, ceux qui signalent des abus ou des lacunes que le pouvoir administratif peut faire disparaître par des dispositions réglementaires.

Toutefois, l'une de ses quatre sous-commissions ayant proposé d'émettre le vœu que les ouvriers agricoles fussent astreints à la formalité du livret, elle n'a pu se dispenser d'aborder cette question. Adoptant les motifs de la majorité des commissions consultatives auxquelles a été renvoyé l'examen du projet de Code rural de 1808, elle a été d'avis que, pour tout ce qui concerne la durée des engagements, les époques d'entrée et de sortie, le délai des congés, les obligations respectives des maîtres et des domestiques, les anciens règlements et les usages locaux offrent des règles dont une longue expérience avait démontré l'efficacité, qu'il ne s'agit que de constater les uns et de modifier les autres, afin de les approprier aux besoins de la société et de les faire strictement exécuter.

La commission centrale du Pas-de-Calais a adopté, autant comme méthode de classement que pour faciliter le travail du législateur, la division des usages *en obligatoires* et *non obligatoires*, en s'appliquant à les placer, autant que les matières le permettraient, en regard les uns des autres, sous la rubrique et les articles des lois et décrets auxquels ils doivent se référer.

DES ANCIENS RÈGLEMENTS.

14. L'enquête de 1855 révèle aussi un fait qui ajoute un nouveau degré d'importance aux résultats qu'elle a produits. La plupart des usages relevés par les commissions cantonales ont leurs précédents historiques dans le droit romain, le droit germanique, le droit coutumier et la jurisprudence réglementaire. Le même moyen de contrôle doit exister pour les autres parties de la France; car partout, depuis l'époque de Beaumanoir, les commentateurs des coutumes et des arrêts des parlements signalent des usages qui ne sont pas encore tombés en désuétude.

Aucun pays, sous ce rapport, n'offre une mine plus féconde à explorer que la Picardie, l'Artois et la Flandre. Les coutumes générales et particulières, les bans municipaux des échevinages, les statuts des wattringues, les actes de notoriété, les sentences et arrêts de règlement qu'on y rencontre, pour ainsi dire à chaque pas, mentionnent des usages relatifs à la vaine pâture, au droit de parcours, à la dépaissance des communaux, aux cours d'eau et rivières, aux travaux de défense contre la mer et les dunes, aux signes de délimitation de la propriété rurale, à la hauteur des clôtures dans les villes et les faubourgs, à la distance des plantations, des ouvrages intermédiaires et de l'égoût des toits, au mode de jouissance des haies mitoyennes, aux baux à loyer et à ferme, au louage d'ouvrage et de services. Faut-il s'en étonner ? La Flandre et l'Artois, qui sont entrés avant nous dans la voie de la liberté, ont trouvé le moyen d'approprier à leurs coutumes et à leurs usages, les principes du droit romain et du droit germanique, et de les faire fructifier par l'esprit d'association. Les Flamands, surtout, qui ont été nos précepteurs et nos maîtres dans l'art de l'agriculture, l'ont été également dans la science du gouvernement et de la protection des intérêts ruraux. Depuis plus de trois siècles, leurs nombreux recueils de coutumes ont enregistré des usages analogues à ceux qui ont toujours régi nos provinces, mais dont nous ne pouvons constater l'existence qu'en interrogeant la tradition populaire et les infortiats de nos vieux jurisconsultes. Chez eux, ces usages sont devenus des lois ; chez nous, ils semblent tombés dans l'oubli ; nous ne voulons même plus nous soumettre à ceux que le Code Napoléon nous commande de respecter. L'enquête de 1855 témoigne de la répugnance avec laquelle ils ont été recueillis ; on serait tenté de croire que nous hésitons à leur donner de la publicité dans la crainte de ressusciter, avec eux, le régime suranné qui a été si longtemps un obstacle à la reconstitution de l'unité nationale.

Soyons plus justes envers le moyen-âge ; ce qu'il a produit de bon et d'utile ne doit pas périr avec lui.

La féodalité et le fractionnement provincial, sous l'ancienne monarchie, n'ont exercé qu'une action très-secondaire sur la ruralité, principalement dans les pays d'Etats. Ce sont les nécessités climatériques, la situation des lieux, la nature du sol, la multiplicité de ses productions, et les habitudes des populations soumises à leur influence, qui ont multiplié et localisé les usages. La meilleure preuve qu'on puisse donner qu'ils n'ont point été établis par une volonté tyrannique et capricieuse, c'est que nulle part ils ne présentent plus de diversité que dans les contrées les mieux partagées sous le rapport des franchises communales; car les relations d'affaires et d'intérêts qui sont la cause déterminante de ces usages, se multiplient à raison même du progrès de l'industrie et de la liberté qu'on lui accorde.

DIVISION DES USAGES.

15. Les usages se distinguent en usages généraux et particuliers. Les premiers peuvent entrer dans l'économie d'un code rural, parce qu'ils sont fondés sur des principes de justice et d'équité qui trouvent partout leur application ; les seconds ne peuvent être sanctionnés que par des arrêtés administratifs, parce qu'ils pourvoient à des nécessités locales ou parce qu'ils se modifient et se transforment à mesure que des besoins nouveaux se font sentir.

PREMIÈRE PARTIE.

Usages susceptibles d'être convertis en lois.

16. Points sur lesquels les usages locaux présentent le plus d'uniformité.
17. Vaine pâture : résolution alternative.
18. Régime des eaux : la loi pose le principe, les usages en déduisent les conséquences.
19. Curage des rivières : l'obligation d'y contribuer doit s'étendre à toutes les propriétés, riveraines ou non, qui y ont intérêt.
20. Le droit de prise d'eau n'appartient qu'au riverain.
21. Partage des eaux : la préférence est due aux droits acquis.
22. Endiguements, travaux de défense contre la mer : précédents historiques; principes de la législation des polders.
23. La mitoyenneté de la clôture, dans l'intérieur des villages, doit-elle être rendue obligatoire ?
24. La clôture mitoyenne, dans les faubourgs, doit-elle être de la même nature que celle des cours et jardins des villes.
25. De la défensabilité des clôtures : usage des communes rurales.
26. Mode de jouissance des haies mitoyennes consacré par l'usage.
27. Plantations : distance des haies vives.
28. Idem des arbres à haute tige.
29. Branches qui avancent sur le voisin.
30. Récolte des fruits des arbres.
31-32. Vignes et houblonnières : distance du fonds voisin.
33. Tourbières : distance du fonds voisin.
34. Du contrat de louage.
35. Louage des choses : vœux émis par la commission du Nord.
36. Présomption de durée du bail à ferme sans écrit : observations du Rapporteur du Pas-de-Calais.
37. Expulsion de lieux : observations des Rapporteurs du Pas-de-Calais et de la Somme.
38. Louage des services agricoles : observations des Rapporteurs du Nord et du Pas-de-Calais.
39. Police rurale : embrigadement des gardes-champêtres.
40. Idem. Prud'hommes ruraux : observations des Rapporteurs de la Somme et du Nord.

16. La vaine pâture, la dépaissance des communaux, les clôtures, quelques servitudes sont les points sur lesquels les usages offrent le plus d'uniformité. La loi du 28 septembre 1791, le Code forestier se sont déja approprié ceux de ces usages qu'on a cru pouvoir concilier avec les besoins généraux et les tendances de l'époque. Il y en a

d'autres que le législateur de la ruralité ne doit pas accueillir avec moins de faveur, s'il veut donner à son œuvre une perfection qui ne se rencontre pas dans celle de ses devanciers.

§ 1er. — VAINE PATURE, PATURAGES COMMUNS.

17. Les auteurs de ce mémoire ne se prononcent pas pour la suppression ou le maintien de la vaine pâture et du régime actuel des communaux, parce qu'ils sont d'une opinion différente sur ces deux graves questions, dont la première divise les conseils généraux et les chambres consultatives d'agriculture, et dont l'autre touche à un intérêt économique de la plus haute importance.

Ils n'ont donc pu s'entendre sur ces deux points que pour formuler une résolution alternative :

Si on veut supprimer la compascuité, aussi bien sur les terres dépouillées de leurs récoltes, que sur les terrains vains et vagues, il faut anéantir les anciens usages et abroger la loi de 1791 ; au contraire, si l'intérêt général exige la conservation du vain pâturage et des pâtis communaux, on ne peut s'écarter des règles traditionnelles qui ont toujours été observées. Conserver la chose, c'est s'obliger à en maintenir le mode de jouissance ; car, en semblable matière, on ne rompt point la chaîne des temps, on la continue.

« *Le Rapporteur du Nord* adopte cette conclusion sous
» la réserve des vœux émis par la commission centrale de
» son département pour l'abolition de la vaine pâture et
» la patrimonisation des biens communaux. »

Le Rapporteur du Pas-de-Calais : « Nos chambres
» d'agriculture ne veulent pas l'abolition de la vaine pâ-
» ture. Les communaux devront faire l'objet d'une loi
» spéciale. Sur ces diverses questions, dit-il, bornons-nous
» à constater que nous ne sommes point d'accord. »

§ 2. — RÉGIME DES EAUX.

18. La police et la jouissance des eaux ne comportent
point de règles absolues. La loi pose les principes généraux
et laisse aux arrêtés administratifs et aux usages locaux
le soin d'en développer les conséquences.

CURAGE DES RIVIÈRES ET COURS D'EAU.

19. L'obligation de contribuer au curage et à l'entretien du lit des rivières non navigables n'a pas de relation
nécessaire avec le droit de prise d'eau. La première a sa
cause dans un intérêt collectif qui est défini par la loi du
14 floréal an XI, le second dans un intérêt privatif et individuel que l'article 644 du Code Napoléon a voulu protéger.

Dans le premier cas, la loi veut que la quotité de la
contribution de chaque imposé aux travaux de curage soit
toujours proportionnelle au degré d'intérêt qu'il aura à
leur confection. Or, un riverain dont la propriété, par sa
position naturelle et son élévation au-dessus des berges de
l'autre rive, est à l'abri des inondations, n'a pas d'intérêt
aux travaux qui ont pour but de les prévenir, tandis qu'un
non riverain dont la propriété est submersible, a le même
intérêt que le riverain immédiat qui le sépare du cours d'eau
à se garantir du dommage que ses débordements pour-

raient occasionner aux propriétés adjacentes. Ce principe est consacré par des coutumes qui étendent l'obligation de contribuer au curage à toutes les propriétés menacées riveraines ou non riveraines en vallée (1). La loi doit d'autant moins hésiter à l'ériger en règle générale, qu'il a sa raison d'être partout où la nature et la situation des lieux commandent l'association de toutes les propriétés que l'encombrement du lit expose à un danger commun.

Le Rapporteur du Nord : « La loi de floréal an XI a
» voulu pourvoir à un double intérêt, celui de la salubrité
» et celui de l'agriculture. C'est à l'administration qu'il
» appartient de leur donner satisfaction, car la ma-
» tière est d'ordre public. Il ne lui est pas échappé que
» des propriétés éloignées pouvaient avoir intérêt au cu-
» rage ; mais les difficultés pratiques d'un nivellement,
» pour caractériser cet intérêt, et la présomption que
» l'encombrement du ruisseau est le fait des riverains
» qui en usent plus immédiatement et plus directement,
» l'a déterminée à mettre le curage à la charge de ces
» derniers, conformément aux anciens règlements ; et la
» commission centrale du Nord pense que c'est le meilleur
» moyen d'assurer l'exécution de la loi. »

Le Rapporteur de la Somme : « Dans la Seine-Inférieure,
» chaque cours d'eau un peu important a son règlement
» particulier qui spécifie les diverses catégories d'intéres-
» sés. Les règlements de la Somme laissent aux commis-
» sions syndicales la plus grande latitude à cet égard. »

(1) *Cout. loc. du bailliage d'Amiens.* tome 1er, p. 488, 17.

DU DROIT DE PRISE D'EAU.

20. Dans l'état actuel de la législation civile, le droit de prise d'eau est, en quelque sorte, inhérent à la propriété riveraine. Celui-là seul, dont la propriété borde une eau courante, peut la détourner et s'en servir pour l'irrigation. Ce n'est même qu'à titre de servitude, et moyennant indemnité, que la loi du 20 avril 1845 permet de faire passer sur le terrain d'autrui les eaux dont on a le droit de disposer. Mais cette loi qui n'a pas osé s'expliquer sur la question de propriété du lit des petits cours d'eau, semble néanmoins la préjuger puisqu'elle accorde au riverain la jouissance exclusive d'une chose qui, de sa nature, n'est pas susceptible d'appropriation à titre privatif.

Autrefois, les cours d'eau étaient si peu une dépendance du domaine des seigneurs que le feudataire qui ne tenait pas de son fief la qualité de haut ou moyen justicier, n'y pouvait prétendre aucun droit de seigneurie. Ce n'était pas le domaine mais la juridiction qui se divisait et se limitait *au milieu du droit fil de l'eau*. Les rivières, de même que les chemins, étaient une propriété publique. L'abolition de la féodalité ne peut donc avoir eu pour effet de rendre les uns aux communes et les autres aux riverains.

MODE D'IRRIGATION, PARTAGE DES EAUX.

21. En matière de prise d'eau, il n'y a pas de transaction possible entre l'usage du Midi qui restreint l'irrigation à la proportion du litre continu, par seconde, et la pratique du flottage dont les irrigateurs des départements septentrionaux réclament le maintien. Il faut respecter les usages

qui sont fondés sur la différence des climats, sous peine de rendre inexécutable la loi qui n'en tiendrait pas compte.

L'intérêt d'une industrie nécessaire aux besoins d'une contrée est aussi sacré que l'intérêt de l'agriculture. Lorsqu'il y a concurrence pour le partage des eaux, entre l'usinier et l'irrigateur, le droit le plus respectable est celui du premier occupant. L'eau qui a toujours été employée par une usine ne peut être revendiquée par des riverains qui n'en ont jamais eu la jouissance. Celle qui a servi de temps immémorial à féconder des prairies irrigables ne peut être confisquée au profit d'une usine nouvellement autorisée. Multiplier le nombre ou augmenter la force motrice des établissements industriels sur des rivières assujetties à des prises d'eau pour l'irrigation, c'est restreindre l'exercice d'un droit acquis par prescription, c'est prononcer une expropriation qui n'a pas l'utilité publique pour excuse.

Entre l'agriculture et l'industrie, quand elles se trouvent en rivalité, il ne peut y avoir qu'une question de préférence. C'est la dernière venue sur le terrain qu'elles se disputent qui doit céder la place à l'autre. C'est du côté du droit d'aînesse qu'il faut faire pencher la balance.

Le Rapporteur du Nord : « Nous pensons, au contraire, » que l'agriculture est la première industrie, puisqu'elle » fournit la matière première aux autres. C'est donc elle » qui doit avoir la préférence, toutes choses égales. La loi » doit contenir des dispositions de police très sévères et » concilier, autant que possible, l'intérêt de l'agriculture » et celui de l'industrie, ce que n'ont pu faire les règle- » ments jusqu'à ce jour. »

Le Rapporteur du Pas-de-Calais : « Les règlements des
» usines contiennent toujours la réserve des droits des
» tiers, c'est assez dire qu'ils ne peuvent préjudicier aux
» droits acquis. »

ENDIGUEMENTS ET TRAVAUX DE DÉFENSE CONTRE LA MER.

22. Les digues et levées contre la mer et les torrents,
les travaux de canalisation qui ont pour objet le dessèchement ou l'assainissement des terrains marécageux, exigent
la réunion de tous les propriétaires intéressés. Le législateur, pour régler les conditions de leur association, ne peut
rien faire de mieux que d'interroger les usages des pays où
ces sortes de travaux ont été expérimentés.

Le Rapporteur du Nord : « La loi du 16 septembre 1807,
» tout imparfaite qu'elle soit, a pourvu à cette matière
» d'ordre public et d'intérêt général. Il suffira de la modi-
» fier et de la faire entrer dans le Code rural. »

L'insuffisance de la loi du 16 septembre 1807 est procla-
mée depuis longtemps, et c'est pour cela qu'on recommande
aux méditations des corps délibérants qui auront mission de
la réviser :

1° La loi hollandaise du 10 mai 1810 sur le nombre de
voix nécessaire pour former la majorité dans les assemblées de participants aux travaux des polders, et sur les
moyens de contrainte à employer vis à vis des minorités
dissidentes (1) ;

2° L'article 18 du *règlement du grand canal de Blan-
kenberghe,* pays du Franc de Bruges, qui prescrit la décla-

(1) Verneilh, *Projet de code rural,* tome IV, p. 233.

ration et l'inscription, dans l'année, sur le registre matricule du syndicat, de toutes les mutations par vente, donation ou partage, des propriétés situées dans la circonscription du canal (1) ;

3° L'avis de la commission consultative des Bouches de l'Escaut qui propose, par forme d'addition au projet de Code rural de 1808, de rendre cette mesure obligatoire pour toutes les propriétés soumises à l'administration des polders (2) ;

4° L'article 3 de la coutume locale de Saigneville, canton de Saint-Valery-sur-Somme, qui constate qu'il existait, dans cette commune, dès 1507, des renclôtures dont les propriétaires ne payaient point de censive seigneuriale, en considération de ce qu'ils étaient tenus de contribuer à l'entretien des digues et canaux de desséchement, et dont le retrait, quand elles étaient vendues, devait avoir lieu en dedans la tierce marée après la saisine baillée à l'acheteur (3) ;

5° Le décret du 4 thermidor an XIII, sur les endiguements, aux termes duquel nul propriétaire ne peut, dans le cours d'une année, être taxé au delà du quart de son revenu net, déduction faite de ses autres contributions ;

6° Enfin, un placard des Etats de la Frise du 9 mai 1774 qui règle les droits et les obligations des usufruitiers appelés à participer à des travaux d'intérêt commun (4).

---

(1) Legrand, *Lois et coutumes de la Flandre,* tome II, p. 152. *(Bruges.)*

(2) Verneilh, *Code rural,* tome IV, p. 851.

(3) *Coutumes locales du bailliage d'Amiens,* tome Ier, p. 419.

(4) Voir cette pièce à l'appendice des usages du régime des eaux ; elle est aussi mentionnée par Verneilh, *Projet de code rural ,* tome IV, page 173.

Les travaux de défense contre la mer ont une très grande importance dans les cantons de Rue et de Saint-Valery. Les règlements des associations syndicales du *Marquenterre* et de Saint-Valery sont de véritables lois de sûreté publique, en ce qu'ils imposent des obligations et des devoirs auxquels il n'est pas permis de se soustraire, sous peine de compromettre l'existence même des propriétés situées dans l'enceinte des endiguements. On conçoit dès lors qu'il faille tenir compte aux possesseurs des charges qu'ils supportent pour cette cause. C'est pour cela que la coutume de Saigneville les exemptait du paiement de la censive annuelle, et que le décret du 4 thermidor an XIII commande de ne comprendre les contribuables, dans la répartition de la dépense des endiguements contre les torrents et rivières, que dans la proportion du quart de leur revenu net d'une année. Si les coutumes flamandes, si les lois hollandaises exigent impérieusement la déclaration de toutes les mutations de la propriété, c'est évidemment pour que les syndicats sachent toujours où trouver les propriétaires qu'ils ont besoin d'appeler à leurs délibérations, et de faire participer à leurs dépenses. C'est par le même motif que la coutume de Saigneville obligeait le parent lignager, en cas de vente d'un terrain endigué, à en opérer le rachat dans le court délai de 56 heures. L'intérêt de la conservation des digues, exigeant le concours actif et incessant du propriétaire, ne permettait pas de laisser plus longtemps incertaine la propriété d'une chose dont une marée d'équinoxe peut compromettre l'existence.

La loi n'a pas seulement à se préoccuper des terrains actuellement renclos, elle aura aussi à assurer le moyen de seconder, autrement que ne le fait la loi du 16 septembre 1807, les associations qui se formeront, soit pour conquérir de nouveaux terrains sur la mer, soit pour dessécher les lacs, assainir les marais fangeux et pestilentiels, soit enfin pour défricher les landes et fixer les dunes. Puisque le morcellement et la division des propriétés sont un obstacle aux utiles entreprises que sollicite l'intérêt de l'agriculture, c'est le cas d'emprunter à nos voisins les expédients à l'aide desquels ils les ont réalisées.

La loi hollandaise du 10 mai 1810 nous fait connaître que le droit des majorités réunissant les deux tiers des voix, peut aller jusqu'à contraindre les minorités opposantes aux mesures concernant les polders, à faire le sacrifice de leur propriété et à la leur céder après estimation contradictoire. Cette loi, en apparence si exorbitante du droit commun, est évidemment la consécration d'un très antique usage dont le principe est formulé dans la loi des XII Tables : *sodales legem quam volent, dum ne quid ex publica corrumpant, sibi ferrunto.*

Le placard des Etats de la Frise du 9 mai 1774 accorde à l'usufruitier et au nu-propriétaire le droit réciproque de rachat, et autorise même la dépossession du propriétaire fiduciaire et la conversion de son titre en rente sur l'Etat.

En France, nous ne reconnaissons point le caractère d'utilité publique à l'expropriation qui ne profite qu'à des particuliers. C'est peut être un tort.

Il est certain que les Hollandais et les Flamands ont enseigné à l'Europe l'art de créer et d'administrer les polders, de fixer les dunes par des semis et des plantations. Si nous voulons perfectionner la législation du régime des eaux, c'est à eux, c'est à leurs statuts et règlements que nous devons demander des préceptes et des exemples.

Ainsi, la circonstance que les comités cantonaux n'ont relevé qu'un très petit nombre d'usages relativement à cet objet, n'est pas une raison suffisante de conclure à l'abrogation de tous les usages maintenus par la loi du 14 floréal an XI. Ceux qui dérivent de la situation des lieux ne peuvent être modifiés ou abolis, qu'autant que les lieux eux-mêmes ont subi des changements qui ne permettent plus de les appliquer.

Le Rapporteur du Nord : « La commission centrale du » Nord n'a rien conclu du silence des comités, mais de » leur affirmation relativement à l'usage des eaux.

» Il y a ici un peu de confusion, car la loi du 14 floréal » an XI ne s'occupe que du curage des ruisseaux, et les » desséchements et endiguements sont des matières d'ordre » public qui appartiennent au règlement administratif. »

CLÔTURES.

25. On reconnaît deux espèces de clôtures. La clôture mitoyenne et la clôture simple ou ordinaire.

Le Code Napoléon, au titre des servitudes, détermine les conditions et les signes de reconnaissance de ces deux différentes sortes de clôtures.

Tous murs, tous fossés entre deux héritages sont présumés mitoyens, s'il n'y a titre ou marque du contraire. Il en est de même de la haie qui les sépare ; quand il n'y en a qu'un seul en état de clôture, la présomption est qu'elle n'est pas mitoyenne.

La clôture mitoyenne est forcée dans les villes, elle

n'est encore que facultative dans les campagnes : *Nul ne clôt son héritage qui ne veut,* dit un vieil adage coutumier.

A l'origine des sociétés, tous les héritages sans distinction étaient séparés et isolés les uns des autres. A Rome même, dans les premiers temps de la République, chaque propriété formait une île, *insula.* Un espace vide de deux pieds et demi que la loi des XII Tables appelle *ambitus parietis,* était ménagé entre les habitations, afin de laisser aux propriétaires la liberté d'en faire le tour, sans passer les uns sur les autres. Mais cet usage tomba bientôt en désuétude. Les maisons furent jointes ensemble par des murs communs.

Les clôtures mitoyennes n'ont été adoptées que fort tard dans les villes de la Belgique. C'est la substitution des bâtiments en pierre aux constructions en bois, qui a fait comprendre la nécessité de les rendre obligatoires dans l'ancienne capitale de la Flandre (1).

Le placard de 1672, quoique décrété spécialement pour la ville de Gand, indique comment on est arrivé, dans les villes, à faire de la clôture mitoyenne une condition obligatoire. La tolérance des constructions en bois commandait

(1) Un placard de 1672, interprétatif des articles 22 et 23, rubrique 18, de la coutume de Gand, prouve que, jusqu'à cette époque, les maisons, conformément à un usage général en Allemagne, étaient séparées par des *entre-deux (tuschen wegen)* de 2 pieds 1/2 destinés à isoler les maisons et à recevoir l'égoût des eaux pluviales. Aux termes de ce règlement, le propriétaire qui veut bâtir une maison en pierres ou briques est autorisé à prendre tout le terrain de l'entre-deux pour y établir son pignon, à moins que le propriétaire contigu ne déclare qu'il a l'intention d'en bâtir une aussi dans l'année, auquel cas le premier ne peut prendre que la moitié de l'entre-deux. Si le second laisse passer le terme qui lui est imparti, il est passible d'une amende de 60 livres et de dommages-intérêts proportionnels à la valeur de la moitié du terrain de l'entre-deux (Le Grand. *Lois et coutumes de la Flandre,* tome 1er. *(Gand).*

l'isolement des habitations. Les pignons en maçonnerie permirent de supprimer les intervalles. D'abord, on accorda la faculté de bâtir jusqu'à la ligne séparative ; puis, on força les voisins à se clore en matières incombustibles, et à se débarrasser de leurs eaux à frais communs, en fournissant chacun la moitié du terrain.

La mitoyenneté est une nécessité du progrès de la civilisation. Le terrain devient trop précieux pour qu'on ne cherche pas le moyen de l'exonérer des servitudes qui le rendent improductif. Quand on aura fait disparaître les toitures en chaume, l'isolement des habitations, des jardins et des vergers agglomérés n'aura plus raison d'être, et, dans les campagnes ainsi que dans les villes, les bâtiments et les haies vives de clôture pourront être placés sur la limite.

Il faut que le code rural pose en principe que chacun peut contraindre son voisin, dans l'intérieur des villages, à la confection, à frais communs, d'une clôture mitoyenne en haie vive ou palissade ; que si l'un des voisins refuse de contribuer à l'édification d'un mur mitoyen, l'autre sera autorisé à le placer sur la limite, savoir : une moitié sur son terrain, et l'autre sur le terrain contigu ; que si, dans la suite, le voisin veut s'appuyer sur cette clôture, il sera tenu de payer la moitié des frais de construction jusqu'au plus haut point d'attachement, ou seulement jusqu'à la hauteur de deux mètres, s'il s'approche du mur séparatif de manière à faire considérer sa propriété comme fermée.

L'idée d'appliquer aux héritages ruraux les dispositions combinées des articles 661 et 663 du Code Napoléon, a déjà été recommandée par les commissions consultatives du premier projet de code rural, notamment par celles d'Ajaccio, de Bruxelles, d'Amiens, de Liége, de Paris et de Pau ; toutes les autres se sont prononcées pour le maintien des usages locaux. Le législateur n'a pas, en effet, d'autre alternative. Il doit opter pour l'un ou l'autre système.

Quant aux clôtures extérieures joignant sans moyen des terres labourables, quel que soit le mode de fermeture, on prescrirait une distance de 82 centimètres, afin de faciliter la culture jusqu'à la ligne séparative, et de laisser ainsi, entre les propriétés closes et les champs, l'espace nécessaire à la circulation, qui s'établit forcément autour de l'enceinte des villages dans un sentier désigné sous le nom de *Tour-de-Ville*. Ce sentier, qui est d'un usage général, dans un très-grand nombre de communes, doit être maintenu, à titre de servitude d'utilité publique, parce qu'il n'est pas créé uniquement pour la commodité des piétons, mais aussi pour faciliter les rondes des gardes-champêtres et la surveillance des propriétaires aboutissants ou limitrophes.

La faveur due aux clôtures est un motif de permettre d'établir celles en haies vives et en murs sur la limite, lorsque les terrains sont de même nature et également susceptibles d'être clos. Il ne peut y avoir d'exception que pour les clôtures isolées, dans les plaines de terres arables, parce que là, évidemment, elles n'ont d'autre but que de soustraire la propriété à la vaine pâture. Mais, si elle est fer - mée par des haies vives, ces haies doivent être assujetties à un maximum de hauteur et être rabattues périodique- ment, comme celles qui bordent les chemins vicinaux.

CLÔTURES DANS LES VILLES ET FAUBOURGS.

24. Il n'y a aucun inconvénient à ce que l'art. 663 du Code Napoléon, relatif à la hauteur des clôtures dans les villes, soit, ainsi que le demande la commission départementale du Nord, rendu obligatoire nonobstant tout usage contraire (1). Mais il faut que la loi s'explique sur la nature des clôtures dans les faubourgs ; car la disposition de l'art. 663 est trop rigoureuse, en ce sens qu'elle semble exclure les haies vives et les palissades. Dans la plupart des départements, les propriétés situées dans l'intérieur des villes ne sont en rien assimilables aux propriétés des agglomérations suburbaines. Obliger à fermer celles-ci par des murs en pierres ou en briques, serait imposer aux propriétaires un trop lourd sacrifice, parce que, relativement à l'étendue des terrains qu'il faudrait enclore par des travaux de maçonnerie, ce serait une dépense hors de proportion avec les ressources des petits cultivateurs et des ménagers qui habitent les faubourgs (2).

Le Rapporteur du Nord : « La Commission centrale du
» Nord n'a pas cru distinguer là où la loi ne distingue pas.
» D'ailleurs, on ne voit pas bien la différence qu'il peut y
» avoir entre la ville et les faubourgs qui sont compris

---

(1) Choppin, sur la coutume d'Anjou, § 11, n° 3, est d'avis que la clôture n'est pas moins nécessaire dans les villages que dans les villes, mais qu'il faut faire une distinction en attribuant les clôtures de murailles aux cours et jardins des villes, et les clôtures de haies et palis aux villages, ou autre semblable clôture légère, suivant l'usage des lieux, comme murs de terre, cailloux, blocailles et murailles sèches sans mortier.

(2) Buridan, sur l'art. 270 de la coutume de Vermandois, se demande si le droit de contraindre un voisin à construire un mur de clôture à frais communs doit être accordé aux habitants des faubourgs comme aux habitants des villes. Ce droit, dit-il, a pu être attribué à la ville de Paris, *où les faubourgs sont de la même nature que la ville.*

» dans le même rayon d'octroi, font partie de la ville et
» jouissent des mêmes avantages, et sont soumis au même
» régime administratif. Dans un intérêt de sûreté publique,
» les prescriptions de la loi sont peut-être plus nécessaires
» dans les faubourgs, où la surveillance est moins active
» et plus difficile. »

DE LA DÉFENSABILITÉ DES CLÔTURES.

25. D'après un usage universel, immémorial, consacré par de nombreuses coutumes, les héritages fermés de haies vives ou de haies sèches n'étaient réputés défensables que depuis le 15 mars ou le 1er avril, jusqu'à la récolte des fruits inclusivement. En tout autre temps, ils étaient livrés à la circulation des piétons qu'y s'y frayaient des passages pour communiquer d'un quartier à un autre. Tous les ans, à la mi-mars, les autorités locales enjoignaient à chaque habitant, par ban et publication à l'église, de reclore, *sur front de rue,* toutes les ouvertures de leurs haies sous peine d'une amende.

Cet usage, qui se justifiait par le mauvais état de la voirie vicinale, existe encore dans un grand nombre de communes, quoique l'amélioration des chemins le rende à peu près inutile. L'empire de cet usage est tel que les propriétaires des vergers et manoirs s'empressent, aux approches de la mauvaise saison, d'enlever les haies sèches et barrières qui pourraient faire obstacle à la circulation, évitant ainsi aux passants l'occasion de commettre, en brisant ces clôtures, le délit prévu et réprimé par l'art. 41, titre II, de la loi du 28 septembre 1791.

Il est donc indispensable que le code rural s'explique sur

les conditions nécessaires pour qu'un héritage clos soit réputé défensable ; « car l'introduction dans une propriété » fermée constitue un genre de délit particulier qui est » plus ou moins grave, selon la saison et le genre de clô- » ture. Ainsi, le passage en hiver est moins dommageable » que le passage en été ; l'escalade d'un mur est plus pu- » nissable que la rupture ou la disjonction d'une haie. Il » faut que l'état de clôture soit déterminé d'une manière » générale et précise, pour qu'on puisse en déduire toutes » les circonstances relatives. » (1)

Il y a dans la loi sur la police de la chasse un précédent qu'il est bon de rappeler, parce qu'il pose en principe qu'il n'y a de propriété véritablement close que celle dont la clôture forme obstacle continu.

JOUISSANCE DES HAIES MITOYENNES.

26. Il existe, sur l'aménagement des haies mitoyennes, un usage très-répandu et presque général dans le Pas-de-Calais et dans la Somme, en vertu duquel la haie ne se divise pas dans le sens de sa longueur, mais en deux parties d'égale étendue, dont chacun des voisins taille et exploite l'une, des deux côtés et quand bon lui semble. Les deux voisins n'en sont pas moins propriétaires du terrain qui est de leur côté, jusqu'au pied de la haie, et ce n'est qu'à titre de servitude qu'ils supportent l'égoût du bout qui ne leur appartient pas. Ce mode de division pour la jouissance ne détruit pas la mitoyenneté de la clôture ; seulement, les arbres qui y croissent cessant d'être communs

(1) Opinion de la commission consultative de Grenoble.

par l'effet d'une convention tacite et réciproque, il en résulte que celui qui les a dans son bout n'est pas tenu de les abattre pour satisfaire au caprice ou au mauvais vouloir d'un voisin tracassier.

Cet usage est fondé sur ce que les riverains d'une haie mitoyenne qui voudraient jouir autrement ne pourraient jamais s'entendre sur l'époque de la coupe et le partage des branches et des arbres. Les commissions cantonales, qui le signalent comme un abus, ne se rendent peut-être pas bien compte des raisons qui le justifient. Les arbres qui croissent dans les haies mitoyennes sont un capital qu'un père de famille prévoyant tient en réserve pour doter un enfant ou pour l'éventualité d'un sinistre possible. Cette précieuse ressource manquerait bientôt aux habitants des campagnes, si une pratique constante et séculaire, fondée sur la réciprocité des avantages, ne plaçait pas les haies séparatives des héritages hors des conditions ordinaires de la mitoyenneté.

La jouissance par bouts, qui laisse à chacun des voisins un usage plus sensible et plus libre des fruits que la haie est susceptible de produire, donne lieu à des difficultés lorsque les héritages subissent des divisions par suite de partage ; mais cet inconvénient, qui n'était pas à craindre sous l'empire du droit coutumier, parce que les manoirs étaient indivisibles, serait facilement évité si la loi pouvait obliger ceux qui président aux arrangements de famille, à former les lots de manière à concilier la division des héritages avec le mode d'aménagement des haies de clôture consacré par l'usage.

DISTANCE DES PLANTATIONS. — HAIES VIVES.

27. L'art. 671 du Code Napoléon, en fixant la distance des haies vives non mitoyennes à 50 centimètres, lorsqu'il n'existe point de règlements ni d'usages locaux constants et reconnus, n'a fait qu'adopter la règle qui était le plus généralement suivie (1). Cette règle souffre néanmoins quelques exceptions. Ainsi, lorsque la haie borde une terre labourable, conformément à l'art. 169 de la coutume de Boulonnais, on ne peut planter qu'à la distance de deux pieds et demi (82 centimètres). Dans un assez grand nombre de localités de la Somme, du Pas-de-Calais et du Nord, on observe encore un usage qui mérite d'autant plus d'être signalé, qu'il a été consacré par de nombreuses coutumes. La haie, du côté qui abrite le voisin contre les vents de la mer, doit être plantée à 82 centimètres de la limite, tandis que du côté qui lui dérobe le soleil levant et du midi, le rejet ne doit être que de 50 centimètres (2).

Un commentateur de l'art. 166 de la coutume de Boulonnais attribue la cause de cet usage à l'influence des vents de mer ; ces vents, dit-il, étant plus impétueux que les autres, poussent la haie et la font drageonner dans le sens opposé à leur direction. C'est, en effet, une opinion très-accréditée, chez les paysans du littoral de la Manche,

---

(1) On ne peut, dit Guy Coquille (*Instit. au droit français,* p. 66), planter haie vive plus près que de pied et demi de la limite.

D'après la jurisprudence du parlement de Paris, et l'art. 10 d'un arrêt de règlement du parlement de Rouen, rendu le 17 août 1751, les haies à pied peuvent être plantées à pied et demi du voisin.

(2) Coutumes du bailliage d'Hesdin, art. 44, — du bailliage de St-Omer, art. 18, — du bailliage d'Aire, art. 68, — du Boulonnais, art. 168, — de Montreuil (1507), art. 30. — La même, réformée, art. 13, — de Bergues-Saint-Vinox, rub. XV, art. 5, — et le règlement du magistrat de Bergues, du 21 avril 1717.

que les vents du nord et de l'ouest déposent sur les plantes forestières des parties salines dont l'action corrosive détruit les jeunes pousses du côté de la mer, et que la végétation se développe avec d'autant plus de force, vers l'est et le sud, que le soleil par sa chaleur et sa lumière attire à lui les branches et les racines. C'est pourquoi la haie doit avoir un rejet plus étendu du côté qui reçoit plus directement ses rayons.

Les commissions cantonales de la Somme, qui ont relevé cet usage, ne l'apprécient pas de la même manière. Les unes constatent qu'il est encore en vigueur ; les autres énoncent qu'il tombe en désuétude ou qu'il n'est plus applicable qu'aux plantations anciennes faites avant la promulgation du Code, lorsqu'il s'agit de la délimitation des propriétés en cas de litige, ou de leur division en cas de partage. Cette dernière interprétation est évidemment contraire au texte et à l'esprit de la loi ; car jamais usage n'a été plus constant ni mieux reconnu que celui dont il est ici question. L'article 671 préfère à la distance générale qu'il prescrit, celle qui est déterminée par les règlements et les usages locaux des différentes provinces.

Au surplus, la facilité avec laquelle on accepte aujourd'hui, comme règle, la disposition de l'art. 671 démontre peut-être la nécessité de la consacrer d'une manière absolue. En outre, nous sollicitons de tous nos vœux une mesure législative qui déclare qu'à l'avenir toutes les haies nouvelles entre héritages, prés et vergers seront mitoyennes et que tout propriétaire d'une haie ancienne non mitoyenne sera réputé l'être du terrain de son égoût ; que les haies formant la ceinture extérieure des villages, dans les pays de plaine, lorsqu'elles aboutiront à des terres labourables, ne pourront être plantées qu'à la distance de 82 centimètres de la limite, et que le propriétaire de la haie aura la faculté de la reporter sur la ligne séparative, lorsque le voisin voudra clore le champ contigu ; car, si la circulation autour des haies des communes rurales est d'une indispensable nécessité, ainsi que semble l'attester un usage généralement pratiqué, c'est à celui qui déplace le *tour de ville,* par la plantation d'une haie nouvelle, à fournir, au-delà de sa clôture, le terrain sur lequel le passage doit s'exercer (1).

ARBRES A HAUTE TIGE.

28. La distance des plantations des arbres à haute tige était, dans les pays de droit écrit, déterminée moins par l'usage que par une disposition du droit romain, qui obligeait de planter les figuiers et les oliviers à 9 pieds de la ligne séparative et les autres arbres à 5 pieds.

Un arrêt du parlement de Paris, du 1ᵉʳ août 1750, connu sous le nom d'*arrêt de Saint-Christophe,* a fixé, pour tout son ressort, qui comprenait la Picardie et un assez grand nombre de communes de la province d'Artois, une égale distance de cinq pieds, pour les arbres à haute tige, sans établir de distinction entre leurs différentes espèces.

Un arrêt de règlement du parlement de Normandie, du mois d'août 1751, prescrit une distance de sept pieds pour

(1) Se aucuns font enclos ou rallongement de ville ou de jardins, ils doibvent, par l'usage du pays, tout clore, de liste et de bout, de vives haies ou mortes par dedans les bornes de deux pieds et demi (*Coutumes de Boulonnais,* art. 172).

les pommiers, poiriers et autres arbres plantés dans les héritages et masures.

Dans le ressort du parlement de Grenoble, un règlement de 1612 défend à tout propriétaire de faire des plantations d'arbres, à moins de six pieds de la limite de sa propriété.

Enfin, la coutume d'Orléans défendait de planter des ormes, des noyers et des chênes, à moins de quatre toises des champs plantés en vignes.

Ainsi chaque parlement, s'inspirant des besoins des pays placés sous sa juridiction, avait adopté une règle particulière. Le Code Napoléon, en fixant, par mesure générale et sans déroger aux usages, la distance à deux mètres ou six pieds, semble avoir voulu prendre le terme moyen entre la jurisprudence du parlement de Rouen qui exige sept pieds et celle du parlement de Paris qui se contente de cinq.

La plupart des commissions cantonales de la Somme paraissent avoir ignoré l'existence du règlement de 1750 et même celle de l'arrêt de la cour royale d'Amiens du 21 décembre 1821, qui est venu lui donner une nouvelle confirmation. Or, ce règlement, par l'effet même de la disposition de l'art. 671 qui le maintient en vigueur, a encore aujourd'hui toute l'autorité que la loi a voulu lui conserver. Il est donc applicable aux plantations nouvelles aussi bien qu'aux plantations anciennes.

Sans doute, l'uniformité est une chose très-désirable dans la législation. Mais en convertissant, en principe absolu, ce qui n'est qu'une alternative dans la loi, nous allons contre les intentions de ses auteurs qui ont respecté les usages et les règlements établis, pour éviter la confusion dans la jurisprudence des tribunaux. Les arbres à haute tige se plantent tantôt à cinq pieds, tantôt à deux mètres, selon qu'on adopte ou qu'on rejette le statut réglementaire, de sorte qu'un jour viendra où, lorsqu'il y aura contestation sur la délimitation des héritages, les arbres de ceinture, plantés depuis la promulgation du Code, ne pourront plus servir à déterminer la ligne divisoire. Si des procès-verbaux contradictoires ne prouvent pas qu'ils sont à la distance de deux mètres, la présomption légale sera en faveur de la distance prescrite par le règlement de 1750.

La conservation des usages, en matière de plantations, a eu surtout pour but de rendre immuables les signes de la délimitation.

Les règlements généraux édictés par les parlements n'étaient pas exclusifs des usages particuliers qui y dérogeaient, car les arbres des manoirs n'ont souvent d'autre rejet que celui de la haie dans laquelle ils sont plantés. Or, ce fait qu'on regarde comme le résultat d'une simple tolérance, se reproduit trop souvent pour qu'on n'y voie pas tous les caractères d'un usage constant et reconnu qu'on peut prouver, à défaut du témoignage écrit d'une coutume ou d'un règlement, par l'état comparatif des clôtures d'une même circonscription, par la disposition, la force, la grosseur et l'âge différent des arbres qui en composent l'aménagement.

Dans les prairies, dans les terrains humides et marécageux, l'usage autorise la plantation des arbres montants à une distance moindre de cinq pieds (1 m. 66 c.) Or, cet usage qui est constaté pour le département de la Somme, est notoire dans le département du Nord. Un arrêt de la cour de Douai, du 9 juin 1847, décide que, dans l'arron-

dissement de Lille, il est permis de planter à 90 centimètres, et que les coutumes voisines du lieu de la plantation
doivent être appliquées préférablement à la loi. Dans les
arrondissements d'Hazebrouck et de Dunkerque on suit la
coutume et le règlement du magistrat de Bergues, du 21
avril 1717, qui ne prescrit, pour les arbres et les haies
vives, qu'une distance de 61 centimètres au sud et à l'est,
et de 50 centimètres au nord et à l'ouest.

Evidemment, les usages que rappellent l'arrêt de Douai
et la coutume de Bergues, ont eu pour cause déterminante la
nature du sol et l'influence du climat. Ce qui le prouve,
c'est que, dans la partie basse du canton de Saint-Valery-
sur-Somme, dont la constitution géologique et la position
par rapport à la mer offre tant d'analogie avec celle de la
Flandre maritime, les arbres à haute tige ont le même rejet
que la haie et se plantent à une distance qui varie suivant
leur orientation.

En administration rurale, il ne faut point de système
absolu ou exclusif, parce que la nature n'en comporte pas.
Les plantations sont nuisibles ou utiles suivant les localités.
Dans les terrains exposés aux vents de mer on ne saurait
trop multiplier les abris qui arrêtent leur impétuosité.
Dans les terrains marécageux les arbres absorbent, par le
développement de leur végétation, les exhalaisons, les
miasmes délétères qui s'y développent au moment des chaleurs. Les plantations sont beaucoup moins nécessaires dans
les plaines d'où l'intérêt de l'agriculture commande de les
éloigner. Il est reconnu, en effet, que les plantations en
rase campagne servent d'asile aux oiseaux qui sont le fléau
des récoltes. C'est pour cela, sans doute, que la coutume

d'Orléans défendait de planter des ormes, des noyers et des chênes à moins de quatre toises des vignes, et que l'article 32 de la coutume de Rilberg, en Westphalie, exige une distance de vingt pieds pour les plantations faites dans un terrain sur lequel ou à proximité duquel il n'existait pas d'arbres auparavant (1).

Les mêmes raisons n'existent pas pour les plantations de l'intérieur des villages. La défense de planter à moins de deux mètres de la limite enlèverait aux petits ménagers les ressources qu'ils trouvent dans les haies de leurs manoirs et augmenterait la rareté des bois qui leur fournissent le chauffage et le moyen de reconstruire leurs chaumières incendiées.

« Dans une foule de cas, dit l'exposé des motifs de l'article 32 du projet de Code rural, dans une foule de cas » que la loi ne saurait préciser, on doit permettre de planter près de la limite, et même de n'observer aucune distance, quand il n'en résulte pas de dommage pour le » voisin, afin de ne pas perdre un terrain d'autant plus » précieux que le besoin de planter se fait sentir d'une » manière plus pressante (2) ».

Aussi le plus grand nombre des commissions consultatives, qui ont été appelées à donner leur avis sur ce projet, n'ont pas hésité à conclure au maintien pur et simple de l'art. 671. « C'est avec la plus profonde sagesse — fait » observer celle de Grenoble — que le Code Napoléon a » réservé les anciens règlements et leur a donné la préfé- » rence sur une uniformité spéculative, non-seulement

(1) Grimm, *Weisthümer*, tome III, p. 103.
(2) Verneilh, tome Ier, p. 73.

» parce que le système des plantations existantes a été
» dirigé par les règlements, mais encore parce qu'ils ont
» influé sur le système des limitations et des clôtures qui
» se rattache lui-même, plus ou moins, à celui des plan-
» tations. »

Dans tous les cas, si l'on doit adopter une règle uniforme pour l'avenir, la loi voudra ménager la transition de l'ancien système au nouveau, en ordonnant que l'état actuel des clôtures, la distance du rejet des haies vives et la distance des arbres à haute tige plantés en bordure, seront constatés dans toutes les communes par des actes de notoriété, afin de fixer les limites et les droits des propriétaires d'une manière certaine et invariable.

BRANCHES QUI AVANCENT SUR LE VOISIN.

29. L'obligation imposée au propriétaire des arbres, par l'art. 672 du Code Napoléon, de retrancher toutes les branches sans exception qui dépassent et surplombent la ligne séparative, est en quelque sorte la négation du droit qu'accorde l'art. 671 de planter à deux mètres. Car il n'y a guère d'arbres à haute tige qui n'étendent beaucoup plus loin leurs rameaux, en sorte que, pour satisfaire à la loi, on est forcé de tailler en éventail, du côté du voisin, ce qui est très nuisible aux plantations que ces retranchements successifs et souvent répétés exposent à périr. Il est vrai que les propriétaires se montrent, en général, très-tolérants, à cet égard, vis-à-vis les uns des autres. Comprenant qu'il est de leur intérêt commun de maintenir les rapports de bon voisinage, ils n'usent de ce droit rigoureux qu'à la dernière extrémité, lorsqu'ils y sont poussés par un besoin de

représailles. Mais il n'en est pas de même quand la propriété contiguë est une route ou un chemin de grande
communication. Tous les arbres de bordure, quels que
soient leur âge, leur espèce et la hauteur de leur cîme,
même lorsqu'ils ont été plantés en dehors de la distance
prescrite, sont fatalement condamnés à subir la mutilation
des branches qui dépassent la ligne verticale de la limite.
La loi romaine, pour concilier l'intérêt de la propriété riveraine avec celui des plantations, n'exigeait le retranchement des branches que jusqu'à quinze pieds au-dessus
du sol du fonds voisin : *si arbor in vicini fundum im-
pendet, XV pedes altiùs sublucatur* (1). Une élévation de
quinze pieds est, en effet, suffisante pour donner passage à
l'air et à la lumière, car il est prouvé par l'expérience
qu'il n'y a que l'ombre continue qui soit nuisible aux productions inférieures. L'extension des racines leur est bien
plus préjudiciable.

La dérogation au droit traditionnel que consacre l'art.
671 ne se justifie pas par le double intérêt que l'art. 672
a voulu ménager. Ce qui importe au voisin, c'est que les
arbres, plantés en ligne contre sa propriété, le soient à la
distance prescrite par les lois et règlements, et élagués à
une hauteur suffisante pour que leur ombre ne lui soit pas
trop incommode. Le Code rural, en exigeant que les arbres
soient séparés par un intervalle de dix à douze mètres, et
élagués tous les trois ans jusqu'aux deux tiers de leur
hauteur, peut lui donner une garantie qui compensera le
minime préjudice résultant de l'extension des branches.

(1) D. lib. IV, *ad legem* XII, tub. *de jurib. prædiorum.*

FRUITS DES ARBRES.

30. Celui sur la propriété duquel avancent les arbres du voisin peut-il s'approprier les fruits des branches dont il n'a pas exigé le retranchement? Telle est la question que fait naître l'interprétation de l'article 672. La jurisprudence la résout d'après les principes généraux du droit civil, sans avoir égard aux usages qu'elle considère comme ayant été abolis par la loi du 30 ventôse an XII; mais le Code rural peut les remettre en vigueur ou les combiner dans ses dispositions de manière à ôter tout prétexte au doute et à l'incertitude.

Ces usages sont au nombre de quatre, savoir deux diamétralement opposés et deux autres qui ne sont que le moyen terme de ceux-ci.

Les premiers proviennent évidemment de deux sources différentes.

L'un est conforme à la règle de la Loi des XII Tables : *si glans in vicini fundum caduca siet, domino legere jus esto.* Ainsi, dans les cantons d'Ault et d'Ailly-le-Haut-Clocher (Somme), chacun recueille sans contestation les fruits de l'arbre planté sur son terrain, même lorsque les branches pendent sur celui du voisin. La loi romaine *de glande legendâ* (1) accordait trois jours au propriétaire pour aller les ramasser en payant l'indemnité du passage.

Le second est fondé sur ce principe du droit germanique que les fruits sont le dédommagement du préjudice occasionné par l'extension des branches dont on n'exige pas le

_____

(1) D. L. unique, lib. III, titre 28.

retranchement (1). Ainsi, dans le canton de Rue, le propriétaire du fonds au-dessus duquel avancent les branches de l'arbre du voisin a droit à la récolte des fruits qu'elles portent.

Le troisième, qui est en vigueur dans les cantons du département du Nord, régis autrefois par la coutume de Bergues-Saint-Vinox (2), accorde au voisin le droit de faire couper les branches qui avancent sur lui ou de réclamer la moitié des fruits. Cet usage, comme le précédent, porte le cachet d'une tradition allemande ; car, d'après un vieux weisthum de Schwelm (Westphalie), lorsque des arbres fruitiers existent sur la propriété de quelqu'un et que les fruits tombent sur l'héritage du voisin, ces fruits doivent être partagés par moitié entre le propriétaire des arbres et le propriétaire du terrain où ils sont tombés (3). L'attribution de la moitié des fruits au voisin semble être l'indemnité à laquelle il a droit, à raison de la servitude de passage.

Enfin, le quatrième usage, tel qu'il est formulé par les commissions cantonales de Gamaches, de Crécy, de Hallencourt, de Moyenneville, de Nouvion et d'Hornoy (Somme), est celui qui se concilie le mieux avec le principe posé dans l'article 547 du Code Napoléon ; car il laisse au propriétaire de l'arbre les fruits qui y pendent et n'abandonne au voisin, que ceux qui tombent naturellement sur son héritage, ce qui implique que celui-ci n'est pas autorisé à les faire tomber ou à les détacher des branches dont il peut deman-

(1) Par le droit Saxon, dit Basnage, les branches qui pendent sur le fonds du voisin lui appartiennent comme aussi les fruits. (*Coutume de Normandie*, t. II, p. 497.)

(2) Rub. 15, art. 23.

(3) Grimm, *Weisthümer*, tome III, p. 29, § 4.

der le retranchement, et que l'autre doit s'arranger de manière à les cueillir, sur l'arbre, sans franchir la limite de sa
propriété.

Ce dernier usage est le plus général et le plus équitable.
C'est pourquoi le rédacteur du projet définitif du Code
rural avait proposé la rédaction suivante de l'article 67 :

« Le propriétaire d'un arbre planté au bord de son héri-
» tage, n'a point droit de suite sur les fruits, ni sur les
» feuilles et le menu bois qui tombent naturellement sur
» le fonds du voisin, mais il peut exercer ce droit sur le
» chemin public contigu à sa propriété. »

Peut-être faudrait-il ajouter :

Et sur le terrain non clos du voisin, s'il s'agit de fruits
qu'on est dans l'usage d'abattre à l'époque de la maturité,
lorsque la déclivité du sol et la disposition des lieux ne permettront pas de les récolter autrement.

VIGNES ET HOUBLONNIÈRES. — DISTANCE DU FONDS VOISIN.

51. Le défaut de constatation ou de vérification des
usages locaux, dans les deux départements de l'Aisne et de
l'Oise, ôte tout moyen de préciser les distances à observer
pour la plantation des vignes, genre de culture depuis longtemps abandonné dans le Nord, le Pas-de-Calais et la
Somme. Mais la grande majorité des vignerons, dans la
Marne, plantent sur bornes. Lorsqu'on laisse une distance,
elle varie de 16 à 33 centimètres, excepté dans le canton
de Dormans où l'on exige, comme pour le rejet de la haie
vive, 50 centimètres, si la propriété voisine est une terre
labourable.

52. La culture du houblon, qui s'exerce dans le département du Nord et dans quelques localités de la Somme, per-

mettait d'espérer que les commissions cantonales des pays
où cette industrie est pratiquée s'expliqueraient sur les
conditions de l'établissement d'une houblonnière. Leur
silence à cet égard peut faire supposer qu'il n'existe point
d'usage. Cependant il n'est point vraisemblable qu'on autorise à planter jusqu'à la ligne séparative, quand la propriété voisine est une prairie, une terre cultivée ou un
jardin. Quelle peut donc être la distance ? est-elle la même
ou plus grande que celle de la haie vive ? La coutume de
Poperingue (Nord) qui renferme huit articles sur le commerce du houblon n'en contient qu'un seul sur les conditions de la plantation. Elle impose au propriétaire ou fermier, qui convertit une prairie en houblonnière, l'obligation
de se clore par une haie de défense, d'où l'on peut inférer
que le rejet de la haie est une distance suffisante. Pour
trouver un précédent sur cet objet, il faut encore interroger
les coutumes de l'Allemagne. En effet, les échevins de
Rietberg (Westphalie) à qui on pose la question, la résol-
vent en ces termes : — D. Lorsque deux voisins ont leurs
champs contigus et que l'un d'eux veut établir un plant de
houblon près de la limite, à quelle distance doit-il s'éloigner
du voisin ? — R. Il doit laisser un espace de six pieds (1).

Ainsi, la distance serait la même que pour les arbres à
haute tige.

TOURBIÈRES. — DISTANCE DU FONDS VOISIN.

33. L'extraction de la tourbe, dans les vallées de la
Somme et de ses affluents, se fait généralement jusqu'à
l'extrême limite de la concession, ce qui donne lieu à de

(1) Grimm, *Weisthümer*, tome III, p. 106, 33.

fréquents débats devant les justices de paix. D'une part, on prétend obliger l'extracteur à laisser un talus de quarante-cinq degrés, selon la profondeur de la tranchée, pour obvier aux éboulements qui sont la conséquence de ce mode d'exploitation ou au moins le contraindre à payer une indemnité préalable; de l'autre part, on dit que l'usage de tirer à pic jusqu'au terrain tourbeux du voisin est fondé sur la facilité avec laquelle ces terrains se soutiennent naturellement, sur l'importance des valeurs qu'ils renferment et la réciprocité d'intérêt. Il n'y a d'exception à l'usage dont s'agit que lorsque la tourbière touche à des terrains cultivés ou plantés. Dans ce cas, on laisse une distance qui varie de 1 mètre à 2 mètres selon la profondeur de la tourbière et la solidité du terrain voisin.

Il a semblé à la commission centrale de la Somme que tout ce qui peut intéresser la sécurité et la conservation des propriétés voisines des tourbières en exploitation, rentre dans les attributions des préfets, aux termes des articles 85 et 86 de la loi du 21 avril 1810, sur *les mines, minières et carrières.*

DU CONTRAT DE LOUAGE.

34. Le louage des choses et des services est soumis, à la ville comme à la campagne, à des usages très nombreux et très variés qu'il peut être utile de recueillir afin que les intéressés y puissent trouver des règles de conduite ; mais tous ne sont pas de nature, à cause de leur diversité, à être utilement remplacés par des dispositions du Code rural. On se bornera donc à indiquer les points sur lesquels les commissions départementales appellent l'attention du législateur.

LOUAGE DES CHOSES.

35. La commission centrale du département du Nord émet le vœu que la loi intervienne pour déterminer 1° la présomption de durée du bail sans écrit, 2° les termes de paiement, 3° le délai du congé, 4° le mode d'expulsion de lieux pour les locations de minime importance, 5° enfin la tacite réconduction des baux ruraux.

PRÉSOMPTION DE DURÉE DU BAIL SANS ÉCRIT.

36. *Le Rapporteur du Pas-de-Calais* propose de modifier en ces termes l'article 1774 du Code Napoléon :

Art. 1774. Le bail sans écrit D'UN FONDS RURAL *est censé fait pour un an.*

« Les terres labourables, dit-il, ne se divisent plus en
» soles et saisons. Grâce au progrès agricole, on ne voit
» plus une même parcelle de terre produire alternative-
» ment des céréales dans la première année, de l'orge, de
» l'avoine et des trémois dans la seconde, puis se reposer,
» au moyen de la jachère, dans la troisième année. Cette
» dernière sole a disparu ; presque partout elle est rem-
» placée, soit par des prairies artificielles, soit par des
» cultures intercalaires de plantes textiles, oléagineuses et
» saccharines. On ne rencontre de *jachères mortes* que dans
» les grandes exploitations où la sole se divise en deux
» parties dont l'une est cultivée et l'autre sans ensemence-
» ment, de manière que chaque partie de l'exploitation se
» repose tous les six ans. Mais ce système de demi-jachères
» n'existe qu'à l'état d'exception, et dans quelques cantons
» où la culture laisse encore à désirer. Toujours est-il que
» l'assolement triennal n'est plus pratiqué et que ses effets,

» par rapport à la durée des baux et à la tacite réconduc-
» tion, n'ont plus de raison d'être.

» A la vérité, on objecte que, pour obtenir des fruits
» abondants, il faut répandre sur la terre des engrais dont
» la force nutritive met plusieurs années à se produire ;
» qu'il serait injuste de priver le fermier des avantages
» qu'il en peut tirer, ce qui arriverait infailliblement si la
» durée du bail par tacite réconduction était réduite de
» trois ans à un an.

» Mais il ne faut pas oublier qu'aujourd'hui, et partout,
» la terre ne se repose plus, qu'elle produit des fruits cha-
» que année ; que dès lors on peut dire, avec l'art. 1774,
» que le bail sans écrit d'un fonds rural, dont les fruits se
» recueillent en entier dans le cours d'une année, est censé
» fait pour un an et qu'il en doit être de même pour le bail
» par tacite réconduction.

» Depuis la disparition de la jachère, il n'y a plus de
» différence entre le bail d'une terre labourable et celui
» d'une vigne ; car les engrais confiés à la terre par le
» vigneron ont, comme ceux jetés par le laboureur, un
» effet qui dure plus d'un an. La terre produisant sans se
» reposer, il n'y a pas de raison pour que la durée du bail
» verbal ne soit pas la même dans les deux cas. »

EXPULSION DE LIEUX.

37. Sur le mode d'expulsion de lieux pour les baux à
loyer de minime importance,

Le même Rapporteur propose l'article suivant :

Si le locataire d'une maison ou d'un appartement, dont le
loyer annuel est inférieur à 100 fr., continue sa jouissance,

après l'expiration du bail, malgré l'opposition du bailleur, celui-ci pourra, sans recourir à justice, reprendre la jouissance de sa chose, pourvu qu'il ne touche ni à la personne, ni aux meubles du locataire, et qu'il soit assisté d'un huissier ou d'un agent de l'autorité locale.

« Lorsqu'un bail de minime importance a pris fin, il » arrive souvent qu'un locataire insolvable qui n'a rien à » perdre veut se perpétuer dans sa jouissance. Le proprié- » taire, pour obtenir l'expulsion de lieux, est forcé, d'après » la loi, de recourir à justice. A ce mode de procéder très- » dispendieux, ne conviendrait-il pas de substituer un » moyen beaucoup plus simple qui se pratique en Ecosse » et dans quelques contrées de la France, malgré cette » règle fondamentale de notre droit qui défend de se faire » justice à soi-même ?

» Lorsque le preneur, à l'expiration du terme ou par suite » de résiliation, ne veut pas sortir des lieux loués, le bail- » leur fait alors enlever portes, fenêtres et toitures, bou- » cher les cheminées et autres ouvertures, en présence du » garde-champêtre ou d'un agent de police, en prenant soin » de ne toucher ni à la personne ni aux meubles du loca- » taire récalcitrant. Il peut dire, pour son excuse, qu'il ne » s'attaque qu'à sa propre chose et sur laquelle il peut » exercer son droit de propriété de la manière la plus » absolue. Le locataire peut-il se plaindre qu'on le trouble » dans sa jouissance ou qu'on lui occasionne un dommage ? » Sa possession a cessé de plein droit par l'expiration du » bail. Le dommage, s'il en éprouve, est son propre fait et » ne peut être imputé qu'à son entêtement. »

Le Rapporteur de la Somme : Ce mode d'exécution sommaire, qui rappelle ce qui se pratiquait au moyen-âge à l'égard du censitaire en retard, peut ne pas paraître extraordinaire dans les pays où il est encore en usage ; mais, partout ailleurs, il serait difficile d'y avoir recours sans provoquer des scènes de violence, et un scandale dont la loi doit éviter de fournir l'occasion. Il est même permis de douter que les frais d'expulsion, quelque dispendieux qu'ils soient pour le propriétaire, puissent égaler en importance ceux qu'il aurait à débourser pour réparer les dégâts de sa maison et la rendre habitable.

La seule chose qu'il y aurait à faire serait de simplifier les formalités de l'expulsion de lieux, pour les petits loyers à la semaine ou au mois ; car, si le droit du propriétaire était mieux protégé par la loi, celui-ci n'aurait pas besoin, en prévision des non-valeurs et des frais qu'il aura à payer pour expulser un locataire insolvable, de louer à raison de 25 ou 30 pour cent de la valeur de l'immeuble, et, par conséquent, le prix des loyers de la classe ouvrière ne s'élèverait point à un taux exorbitant relativement aux autres locations.

DU LOUAGE DES SERVICES.

38. La commission centrale du Nord émet pareillement le vœu que tous les ouvriers et domestiques attachés à des exploitations agricoles soient assujettis à la formalité du livret.

Celle de la Somme se prononce contre l'application du livret, dont elle conteste l'utilité comme moyen de régler les rapports des chefs d'exploitation avec leurs domestiques et ouvriers. Elle demande qu'on se borne à renouveler les anciens règlements, lesquels spécifient les conditions des engagements d'après le principe d'une rémunération différente pour le service d'hiver et le service d'été, si toutefois la concurrence du travail industriel et du travail agricole, dans les campagnes, n'est pas une raison qui commande l'uniformité du salaire.

Le Rapporteur du Nord : « La loi ne peut s'occuper du » règlement du salaire qui doit être le résultat d'une con- » vention librement consentie. »

Le Rapporteur du Pas-de-Calais : « La concurrence du » travail industriel et du travail agricole tend à établir » l'égalité des salaires, dans les deux conditions, et d'une » manière uniforme pour toutes les saisons, et, par suite, à » faire tomber en désuétude l'ancien usage de payer moins » le travail d'hiver que le travail d'été. Est-ce un bien ? » est-ce un mal ? Dans tous les cas, c'est une nécessité » devant laquelle il faut s'incliner, car le temps est proche » où l'agriculture n'emploiera plus que des ouvriers louant » leurs services à tant par jour ou par mois, ou bien chargés, » en temps de moisson, d'un travail déterminé moyennant » un prix fait. Les gages ne seront plus en nature, mais » en argent, et il n'y aura plus d'engagements à l'année. » Par contre, les ouvriers cesseront de se considérer comme » les associés de leur maître ; celui-ci ne les fera plus par- » ticiper à ses chances de perte et de gain, en leur donnant » pour salaire une part proportionnelle dans ses récoltes. » Cela vaudra-t-il mieux ? Il est permis d'en douter : » « *Toujours en présence du besoin, toujours sans certitude* » *du lendemain, les journaliers,* dit Sismondi, *sont sans* » *intérêt dans l'art auquel ils travaillent ; le bon ou le*

» *mauvais sort des récoltes leur importe peu, et leur avan-*
» *tage est diamétralement opposé à celui des maîtres qui*
» *les emploient, car ils désirent le haut prix de la main-*
» *d'œuvre et le bas prix des denrées.* »

» Combien est préférable la condition des ouvriers atta-
» chés d'une manière durable au sol qu'ils cultivent,
» moyennant participation aux fruits dont ils préparent et
» font la récolte! Aussi jaloux que leur maître d'obtenir les
» plus beaux et les meilleurs produits, ils savent qu'en
» redoublant de soins, d'activité, ils obtiendront un salaire
» d'autant plus important que le rendement de la terre
» sera plus considérable. Voyez cet honnête ouvrier qui,
» sans cesse courbé sur le sillon qu'il arrose de ses sueurs,
» cherche, par un travail incessant, à acquérir le petit
» champ qu'il commence par prendre à ferme ; son maître
» lui fait ses travaux de culture et lui donne ainsi la faci-
» lité de mettre en réserve le produit qu'il en tire. Bientôt
» possesseur d'une vache qui lui sert à élever sa famille,
» il fait des économies, il devient acquéreur du champ dont
» il est locataire. Il existe un grand nombre de ces travail-
» leurs intelligents qui n'avaient que leurs bras et un faible
» capital quand ils ont commencé, et qui possèdent aujour-
» d'hui pour 25 ou 30,000 francs de biens au soleil. Tous
» ne sont pas aussi heureux, mais au moins on ne les voit
» pas croupir dans la misère comme les ouvriers de l'indus-
» trie manufacturière qui vivent au jour le jour.

» La rareté des bras pour les travaux des champs doit
» être attribuée à deux causes : aux établissements indus-
» triels qui se forment et se propagent dans les campagnes
» et aussi au morcellement des grandes exploitations. Cette

» dernière cause augmente évidemment le nombre des
» petits cultivateurs qui, travaillant eux-mêmes, n'ont
» besoin d'ouvriers que pendant une partie de l'année;
» mais, par la même raison, il faut qu'ils livrent à l'in-
» dustrie le temps qu'ils n'emploient pas aux travaux de
» leur culture. Pendant l'hiver, ils tissent; pendant l'été,
» ils sont moissonneurs. Les plus heureux sont ceux qui
» savent combiner ces deux genres d'occupations.

'» Loin de nous la pensée de conclure à l'exclusion de
» l'industrie de nos campagnes. Nous formons, au con-
» traire, des vœux pour qu'elle s'y maintienne dans un
» juste équilibre avec l'agriculture; car, si elle devait ren-
» trer dans les villes, elle enlèverait avec elle un grand
» nombre d'ouvriers qui, pendant une partie de l'année,
» consacrent encore leur temps aux travaux de la terre. Il
» faut donc trouver une combinaison qui permette aux ou-
» vriers campagnards de se livrer, pendant l'hiver, aux tra-
» vaux de l'industrie, ainsi que cela se fait déjà dans un
» grand nombre de localités. »

POLICE RURALE.

39. Les usages relatifs à la spécification, à la poursuite
et à la répression des délits ruraux, ont déjà fourni d'utiles
indications aux auteurs de la loi de 1791 et du code pénal.
Le code rural aura peu de chose à emprunter à ceux qui
ont été omis, par la raison que la loi du 18 juillet 1857
donne aux maires des communes le pouvoir de les remettre
en vigueur par des arrêtés dont la violation est punie, par
l'art. 471, n° 15, du code pénal, d'une amende de 1 franc
à 5 francs.

Mais, en cette matière, il ne suffit pas de décréter de bonnes lois, il faut aussi créer l'instrument qui les fera fonctionner avec régularité. Deux mesures ont été proposées dans cette vue : l'embrigadement des gardes-champêtres et les prud'hommes ruraux.

La première ne s'appuie sur aucun précédent historique. C'est une nouveauté dont les vœux d'un grand nombre de Conseils généraux demandent l'expérimentation.

La seconde, quoique moins vivement sollicitée, se recommande, à un autre titre, à la sérieuse attention du législateur.

PRUD'HOMMES RURAUX.

40. La loi de 1791, par inadvertance ou oubli, a négligé de puiser dans les usages du passé, l'idée de cette institution, sans laquelle les réformes qu'on veut opérer, quelque bonnes qu'elles soient en théorie, passeront difficilement dans la pratique. Restée inaperçue des rédacteurs du premier projet de code rural, elle a été signalée, pour la première fois, par les commissions consultatives de Dijon, de Colmar, de Nîmes et de Grenoble, qui se souvinrent que quelque chose de semblable avait existé dans leurs provinces.

La première demandait qu'il fût nommé, dans chaque commune, des experts assermentés, chargés de faire, deux fois l'an, la visite des finages, afin de constater les anticipations et les déplacements de bornes.

La seconde, mue par cette considération que les dommages aux champs sont souvent trop peu importants pour déterminer le propriétaire à recourir à la justice, proposait d'attacher à chaque mairie des experts ayant mission d'estimer, dans les trois jours, les dommages résultant des délits ruraux, afin de donner satisfaction à la partie lésée, et d'assurer la répression d'un abus qu'il peut être dangereux de laisser impuni.

Celle de Grenoble, se plaçant à un point de vue plus général, ne voulait pas qu'on limitât les attributions des prud'hommes ruraux à un objet déterminé, mais qu'on en fît un ministère gratuit et officieux délégué aux principaux propriétaires pour prévenir les procès.

Celle de Nîmes faisait valoir que les prud'hommes ruraux seraient surtout utiles pour les communes éloignées du siége de la justice de paix.

Aujourd'hui, plus que jamais, la création d'un corps de prud'hommes ruraux est indispensable, car le juge de paix est trop loin des extrémités de son canton, le maire trop isolé dans sa commune, le garde-champêtre trop faible, trop dépendant, pour que leur action soit toujours efficace. Le ministère des prud'hommes serait éminemment propre à la fortifier. Leur intervention dans les questions de limite, comme arbitres ou comme experts, en rendant plus facile la reconnaissance des anticipations, mettrait peut-être un frein à cette foule de demandes en bornage qui n'ont souvent d'autre but que de fournir à certains officiers ministériels l'occasion de faire des frais pour augmenter les produits de leurs charges.

La présence des prud'hommes ruraux sur le lieu même de la perpétration des délits, à raison de la surveillance qu'ils exerceraient sur les gardes-champêtres et de l'assistance qu'ils prêteraient aux maires, empêcherait peut-être bien des contrevenants de jouir du bénéfice de l'impunité.

Pour tout ce qui concerne l'aménagement des bois taillis, l'élagage des arbres, l'entretien des clôtures et les réparations locatives des héritages affermés ou possédés par un usufruitier, leur concours serait surtout utile. Ils contribueraient puissamment à la conservation des droits des mineurs et des propriétaires absents, s'ils étaient chargés de faire deux visites par an et de consigner le résultat de leurs observations, dans des rapports qui seraient conservés dans les archives de la justice de paix, et tenus secrets jusqu'à ce qu'une ordonnance du juge en autorise la communication aux parties intéressées.

Cette institution, au surplus, ne serait pas une nouveauté, car elle a traversé le moyen-âge sous le nom de scabinat. A Rome même, elle était honorée comme un sacerdoce (1).

Tous les monuments de notre histoire en font foi, c'est en présence des scabins du cycle carolingien et, plus tard, des échevins possesseurs des tenures allodiales, que s'accomplissait, chaque année, la chevauchée du *cerquemanage (circumductio agrorum)* pour la vérification des bornes de limite, ainsi que les *vues et montrées de lieux*, lorsqu'il y avait trouble ou incertitude dans la possession. Un très-grand nombre de coutumes générales et particulières contiennent la preuve que, dans le Nord de la France, les échevins étaient de véritables prud'hommes ruraux, en ce sens qu'on les prenait pour arbitres et pour experts dans

---

(1) Les *arvales sodales*, ainsi qu'en témoignent les fragments de la Loi des XII Tables recueillis par les écrivains de l'antiquité, formaient un collége de douze jurés qui connaissaient des bornes déplacées, parce que les bornes étaient regardées comme saintes. On sait que ces prêtres de Cérès portaient, dans leurs couronnes tressées d'épis, l'emblème de leurs attributions : *Cujus sacerdotii insignæ est spicea corona et albæ insula*. (Massurius Sabinus dans Aulu-Gelle, VI, 7).

les questions qui intéressaient la police des champs. Quelques-unes de ces coutumes vont même jusqu'à fixer le salaire qui leur était dû pour chaque borne qu'ils faisaient planter ou remettre en place.

Mais la plus belle, sans contredit, de leurs prérogatives était de conserver, comme un dépôt sacré, la tradition des usages ruraux, et d'en faire la déclaration, dans les assemblées annuelles du plaid général, lorsqu'ils en étaient requis par le *judex* ou bailli du seigneur.

C'est en passant par cet organe de transmission, sous la forme d'axiomes mi-partie gréco-étrusques et germains, que les grands principes du droit rural sont venus jusqu'à nous. Certes, une institution qui a été pendant une si longue suite de siècles la garantie des intérêts privés et la sauvegarde de l'intérêt public dans les campagnes, a encore sa raison d'être sous un régime qui, en proclamant la nécessité de la justice rendue *par les pairs,* n'a entendu exclure aucune des utiles applications de ce principe tutélaire.

De quoi s'agit-il, en effet ? De créer, dans chaque canton un jury d'équité qui, servant d'intermédiaire entre le juge et le justiciable, donnera plus de facilité à l'action répressive des tribunaux de police et assurera une protection plus efficace aux nombreux intérêts qu'engendrent les rapports de voisinage.

Les prud'hommes ruraux ne formeraient pas un corps délibérant comme celui des prud'hommes fabricants, mais une liste de notables parmi lesquels le juge de paix choisirait les experts, les parties leurs arbitres et l'administration locale ses auxiliaires. L'analogie de leurs fonctions avec celles de jurés ne permet pas de les distinguer, quant au mode de nomination, qui ne peut être abandonnée au hasard de l'élection.

Toute l'économie de leur organisation se résume dans les articles suivants que nous empruntons au projet définitif de code rural de 1808.

Article 842. — Il sera nommé, dans chaque commune, cinq prud'hommes au moins et dix au plus, à l'effet d'estimer les dommages causés par les hommes et les bestiaux aux biens et aux produits de la terre.

Les prud'hommes ruraux seront, en outre, appelés à donner leur avis, lorsqu'il y aura lieu, sur les questions relatives soit à la propriété rurale, à la conservation des récoltes, à la confection des règlements locaux, soit au bornage des terres, à la police des cours d'eau, aux défrichements, aux échanges, aux épizooties et autres cas semblables, qui peuvent intéresser la propriété et l'économie rurale.

Article 843. — Les prud'hommes seront âgés de 25 ans au moins. Ils seront choisis par les préfets sur la présentation du maire *et du juge de paix,* parmi les habitants et propriétaires de la commune

Article 844. — Leur ministère, quand ils agiront comme auxiliaires de l'Administration, sera purement gratuit et honorifique; mais lorsqu'ils seront employés comme arbitres ou experts des parties, il leur sera payé des indemnités *dont le taux sera fixé par un règlement d'administration.*

Le recouvrement de ces indemnités, qui ne pourront jamais dépasser trois francs par jour pour chaque prud'homme, sera fait par le percepteur.

Article 845. — Lorsqu'il y aura lieu à une expertise, le maire désignera les prud'hommes chargés d'y procéder. Elle pourra être faite par un seul prud'homme, si les parties y consentent.

Article 846. — Les prud'hommes devront procéder dans les trois jours de l'avertissement qui leur aura été donné. Leurs rapports seront exempts de timbre et d'enregistrement.

Article 852. — Le ministère des prud'hommes ruraux considérés comme experts sera employé de la même manière devant les justices de paix ; le juge de paix les désignera dans telle commune de son ressort qu'il jugera convenable, selon les circonstances.

Le Rapporteur de la commission centrale du Nord : « C'est
» toutefois avec la plus grande réserve que nous présentons
» cette institution, dont nous constatons l'utilité, mais qu'il
» nous paraît difficile d'associer à nos mœurs actuelles et
» de mettre en pratique.

» Quel sera le caractère de cette institution ? Sera-ce une
» magistrature comme les prud'hommes industriels, ou un
» office comme les prud'hommes pêcheurs, ou une institu-
» tion purement libérale et gratuite ?

» Dans le premier cas, elle créera un antagonisme aux
» justices de paix dont elle gênera l'indépendance et dou-
» blera la juridiction ; dans le deuxième cas, elle sera une
» source d'abus ; dans le troisième cas, elle ne pourra ja-
» mais fonctionner. »

» Une organisation plus forte et plus étendue des gardes-
» champêtres, leur embrigadement, suppléerait efficace-
» ment au besoin d'un intermédiaire entre le maire et le

» juge de paix. Il faudrait aussi organiser plus fortement
» le tribunal de simple police du maire. »

Le Rapporteur de la commission centrale de la Somme se
borne à faire observer qu'il n'est pas chargé de défendre le
projet formulé par le Commissaire du Gouvernement sous
les articles qui précèdent. Il lui suffit que son honorable
contradicteur ne conteste pas l'utilité de l'institution. Ce
point étant admis, il sera facile de le convaincre qu'elle ne
créera point un antagonisme aux justices de paix ; qu'elle
sera, au contraire un moyen d'organiser plus fortement le
tribunal de mairie ; enfin, que les abus qu'il prévoit ne sont
pas à redouter, puisque les prud'hommes ne pourraient être
mis en action que par le maire et le juge de paix, et qu'ils
n'auraient point de rapport avec les parties pour le paiement
de leurs indemnités.

DEUXIÈME PARTIE.

Usages particuliers complémentaires de la loi.

41. Nature de ces usages.
42. De l'usufruit.
43. Signes de la délimitation des propriétés rurales.
44. Constructions nuisibles.
45. Usages particuliers relatifs au contrat de louage. Constatations qui
    ont déjà eu lieu.
46. Résumé et conclusion.

41. Ce n'est point la diversité, mais l'incertitude des
usages locaux qui jette le trouble dans les relations des
citoyens. Le Code Napoléon, aux titres de l'usufruit, des
servitudes et du contrat de louage, a posé des principes

dont il a laissé aux usages le soin de développer les conséquences. Ces usages sont tellement nombreux et variés,
qu'il est impossible de les réglementer d'une manière générale. Cependant on ne peut pas plus longtemps laisser
ignorés ou incertains ceux qui servent à déterminer les
conditions de la jouissance du bon père de famille, les signes
de la délimitation des propriétés, les garanties exigées dans
l'intérêt de la sécurité et des rapports de voisinage, ainsi
que les obligations relatives aux conventions du louage qui
se forment sans écrit. Tant qu'ils ne seront pas rendus notoires par des procès-verbaux réguliers, la loi restera incomplète et insuffisante.

DE L'USUFRUIT.

42. Les articles 590, 591 du Code Napoléon subordon-
nent à l'usage constant des anciens propriétaires, l'usufruit
des bois taillis, des pépinières et des arbres de haute-futaie
dans les bois mis en coupe réglée. L'article 593 réserve
l'usage des lieux, quand il s'agit de la jouissance usufructuaire des produits annuels et périodiques des arbres et des
haies. Dans l'un et l'autre cas, les usages s'appliquent tout
aussi bien aux relations du bailleur avec le preneur, qu'à
celles du nu-propriétaire avec l'usufruitier des héritages
ruraux. C'est à *l'usage constant des anciens propriétaires*
qu'il faut recourir pour connaître le mode d'aménagement
des bois taillis, le nombre de baliveaux qu'on doit laisser
par hectare, l'époque de l'abattage, le délai de la vidange;
c'est l'usage des lieux et la coutume des propriétaires qui
déterminent le nombre, l'essence et l'âge des arbres de haute-
futaie qu'il est permis à l'usufruitier de couper dans les

bois soumis à une exploitation régulière. Enfin, c'est l'usage des lieux qui règle la saison et la périodicité de la coupe des haies vives, des buissons, des oseraies, le mode d'élagage des arbres isolés ou croissants sur les héritages et, en général, tous les soins d'entretien à donner aux plantations et aux clôtures.

Or, comment prouve-t-on ces usages ? Par des enquêtes judiciaires lorsqu'il y a contestation ou procès engagé ; mais les résultats de ces enquêtes n'ont qu'un intérêt relatif au débat des parties en cause, ce qui fait qu'on ne peut les invoquer comme règle d'application.

Une enquête administrative peut seule établir la notoriété des *usages particuliers* et de la *pratique constante des anciens propriétaires.* Les témoins qu'on y appellerait, n'étant pas en présence de parties litigantes, seraient d'autant moins suspects de partialité, qu'on n'aurait pas à craindre qu'ils s'exposassent à mentir à leur conscience, pour affirmer un fait contraire à la vérité, qui pourrait un jour tourner à leur propre détriment.

SIGNES DE LA DÉLIMITATION DES PROPRIÉTÉS RURALES.

43. Le bornage, comme toutes les servitudes qui dérivent de la situation des lieux, est soumis à l'empire d'usages qui sont comme autant de corollaires du principe consacré par l'article 646 du Code Napoléon. Quoique la loi ne les ait pas réservés, ils n'en sont pas moins respectables, parce qu'ils ont laissé sur le sol des empreintes et des signes matériels qui servent à reconnaître la limite des propriétés et à en vérifier la contenance.

En effet, lorsqu'il s'agit de faire l'application des titres sur un terrain litigieux, l'arpenteur a besoin de savoir ce qu'il doit y comprendre ou en retrancher pour faire la part de chacun. Il faut qu'il connaisse la valeur des anciennes mesures agraires, qui changent selon les pays, et qui souvent sont différentes, dans une même localité, suivant que la propriété est un manoir, une prairie, un bois ou une terre labourable (1). Il faut qu'il soit édifié sur la nature des anciens chemins et la largeur qu'ils comportent ; il faut qu'il ne confonde pas les chemins de pâturage avec les chemins d'exploitation, ceux qu'il doit distraire de la quantité de terrain à répartir, avec ceux qu'il doit attribuer par moitié aux deux riverains ; qu'il sache auquel des deux, et dans quelle proportion, doit être attribué le rideau ou terme séparatif de leurs héritages. La fixation de la limite dépend souvent de l'étendue que l'usage exige pour le rejet des haies et des fossés de clôture, la distance des plantations des arbres à haute tige et de l'égoût des toitures en chaume. Tous ces usages, même en les supposant abolis pour l'avenir, sont encore aujourd'hui les signes caractéristiques les moins contestables de l'abornement des propriétés rurales, comprises dans le périmètre des villages. Cela est si vrai, que tous les géomètres, avant de procéder à un arpentage, ont soin de consulter les vieux coutumiers

(1) Coutume de Clermont :

Art. 236. — En la chastellenie de Bulles, la mine de terre se mesure à 50 verges pour mine, 24 pieds pour verge.

Art. 240. — Les aires en la chastellenie de Bulles où se font les lins ne portent, chascune mine desdites aires, que 12 verges à 24 pieds par verge.

Art. 241. — Les bois, vignes, jardins, prez, communément, se mesurent par arpens ; et vaut chascun arpent, en certains lieux 100 verges et 26 pieds par verge ; et encores y a lieux où l'on ne mesure qu'à 72 verges par arpent.

de leurs provinces. Ceux du Pas-de-Calais notamment possèdent tous des extraits du *Livre rouge de la Gouvernance d'Arras,* à cause des précieux renseignements que ce livre leur fournit.

Au besoin les indications qu'on y trouve pourraient servir à faciliter les recherches de ceux qui auraient mission de constater des usages analogues dans les autres départements.

CONSTRUCTIONS NUISIBLES.

44. Les usages que l'article 674 du Code Napoléon a maintenus en vigueur n'ont pas besoin d'être soumis au contrôle de témoignages oraux. La vérification en peut être faite sur le terrain, car partout les vieilles constructions ont conservé la marque indélébile du statut local qui régissait les ouvrages intermédiaires. A la simple inspection des lieux, le premier maçon venu peut dire quelle est la nature des travaux exigés et la distance obligatoire par rapport au fonds voisin.

Mais en semblable matière, les précédents ne doivent pas être la seule règle. Depuis que ces usages ont été enregistrés par le droit coutumier, le temps a marché, la civilisation, en développant l'industrie, a créé des établissements plus ou moins incommodes, plus ou moins dangereux, qui nécessitent de nouvelles précautions, dans l'intérêt du voisinage, de la sécurité et de la salubrité publique.

A cet égard, la recherche des anciens usages n'a qu'une importance très secondaire, parce que ces usages n'ont pu prévoir des besoins qui n'existaient pas encore, et que les constructions auxquelles ils s'appliquent ont aujourd'hui la même destination qu'autrefois. Les ouvrages intermédiaires, quand il s'agit de fours, fourneaux, forges, puits, lieux d'aisance, cheminées, âtres, dépôts de matières corrosives, se font partout de la manière prescrite par les coutumes. S'il y a parfois quelque diversité dans les usages, cette différence s'explique par le plus ou le moins de consistance du terrain, le plus ou le moins de solidité des matériaux employés.

Si donc la question mérite d'être étudiée comme le demande la commission départementale du Nord, ce ne peut être que relativement à certains établissements de création récente, pour lesquels il n'existe ni précédents, ni usages qui puissent éclairer l'administration et servir de base aux règlements qu'elle a le pouvoir dédicter.

DU LOUAGE.

45. Le Code Napoléon était à peine promulgué, que déjà on sentait la nécessité de fixer par écrit les usages auxquels renvoient divers articles du titre du contrat de louage.

Une commission instituée à Calais, s'empressa de les recueillir, pour ce canton, ainsi qu'il appert des procès-verbaux de ses séances, en date des 24 nivôse et 16 messidor an XIII.

Par une délibération du 1er prairial an XIV, le tribunal de première instance de Boulogne, aidé de ces renseignements et de ceux qui lui furent transmis par le procureur impérial de Montreuil-sur-Mer, ordonna la transcription,

sur ses registres, de ceux de ces usages qui étaient reconnus notoires dans son arrondissement (1).

Le droit que s'arrogeaient alors les tribunaux de constater
les usages de leur juridiction et d'en faire une règle pour
l'avenir, était une tradition empruntée aux anciens parlements et siéges provinciaux. C'est ainsi qu'une sentence de

(1) Voici la copie textuelle de cette pièce dont le rapporteur de la
commission centrale du Pas-de-Calais nous a procuré la copie :

Cejourd'hui 1er prairial an XIV,

Tous les membres du tribunal de première instance de Boulogne-
sur-Mer, étant réunis en la Chambre du conseil, le procureur impérial
présent,

Vu le réquisitoire dudit procureur impérial portant qu'il plût au tribunal, fixer, par un arrêté positif, *les usages* des différents lieux de
cet arrondissement situés dans le ressort de sa juridiction, dans les cas
déterminés par les articles 1736, 1745, 1748, 1754, 1757, 1758, 1759, 1762
et 1777 du Code civil ;

Vu aussi lesdits articles ;

Considérant que, de leurs dispositions, il résulte que dans le cas où,
dans le ressort d'un tribunal, il se trouverait différents usages en matière de location, le tribunal serait tenu de s'y conformer, sans pouvoir
assujettir les justiciables à suivre une règle uniforme et autre que celle
qu'ils suivaient autrefois en particulier;

Considérant que pour rendre constants ces usages locaux, écarter
toutes les incertitudes à cet égard, et se conformer aux dispositions de
la loi, il convenait, après avoir pris, sur ces différents usages, dans les
lieux ci-devant des ressorts des justices de Calais et de Montreuil, et
aujourd'hui de ce tribunal, des renseignements positifs, de fixer ces divers usages par un arrêté qui serait rendu public ;

Vu la notoriété des usages à cet égard au ci-devant Boulonnais , les
actes de notoriété passés à Calais, les 21 nivôse et 16 messidor an XIII;
les renseignements fournis par le procureur impérial près le tribunal de
première instance de Montreuil,

Le tribunal arrête ce qui suit :

En ce qui concerne la disposition de l'art. 1736, portant que :

« Si le bail a été fait sans écrit, l'une des parties ne pourra donner
» congé à l'autre qu'en observant les délais fixés par l'usage des lieux, »

Il a été reconnu :

1o *Par rapport au ci-devant Boulonnais,* que les délais pour les locations de 100 fr. et au-dessous de maisons de ville et de campagne, étaient
de trois mois avant l'échéance d'un terme de sortie ordinaire ; mais, pour
la location au-dessus de 100 fr., et, à l'egard des fermes et maisons ayant
terres à labour, le délai était d'un an; qu'au reste, les termes ordinaires
de sortie étaient le 15 mars et le 15 septembre, ce qui s'étendait jusqu'au
16 à midi;

2o Que *pour le Calaisis,* les délais pour la location d'une maison ou
d'une grande partie de maison, c'est-à-dire, au moins les deux tiers,
étaient de six mois ou d'un an pour le fermier; que, s'il s'agissait d'un,
de deux ou même de trois appartements, garnis ou non garnis, ainsi que

la sénéchaussée de Ponthieu du 20 juin 1766 fixa, par un règlement qui est encore en vigueur dans une grande partie de l'arrondissement d'Abbeville, la durée des baux à ferme et à loyer, le délai des congés, et l'indemnité à payer en cas de délaissement, exigée en vertu de la loi *emptorem*.

d'une boutique, si la location avait été faite pour un, deux ou trois ans, il suffisait d'un délai de trois mois ; de deux mois si la location était de six mois : les termes d'entrée et de sortie étant pareillement au 15 mars et au 15 septembre ;

3° Que pour les lieux ci-devant du ressort de la justice de Montreuil ;

Considérant qu'il résulte des renseignements donnés à cet égard, qu'il n'y avait pas d'usage fixe ; que cette matière était à l'arbitrage du juge ; que les circonstances déterminaient le jugement ; qu'enfin, ce qui était jugé pour l'un, n'était souvent pas un motif déterminant pour l'autre ;

Considérant qu'il importe à la sûreté et à la tranquillité des justiciables de savoir précisément ce qu'ils peuvent demander ou ce qu'ils peuvent refuser ; qu'il est de l'intérêt général qu'il y ait le plus d'uniformité possible dans les règles suivies par les tribunaux ; que cette utile uniformité aura lieu en appliquant, à cette partie du ressort, les principes observés dans le ci-devant Boulonnais.

Le tribunal arrête que l'usage, à cet égard, du ci-devant Boulonnais, servira de règle à l'avenir dans les lieux qui étaient du ressort de la justice de Montreuil.

L'article 1745 est conçu en ces termes :

S'il s'agit d'une maison, appartement ou boutique, le bailleur paye, à titre de dommages-intérêts au locataire évincé, une somme égale au prix du loyer, pendant le temps qui, suivant l'usage des lieux, est accordé entre le congé et la sortie.

Ce temps est déterminé par ce qui a été dit sur l'article précédent.

Il en est de même à l'égard des dispositions de l'article 1748, concernant la faculté que pourrait avoir un acquéreur d'expulser le fermier. Il doit l'avertir dans les délais ci-dessus exprimés par l'art. 1756, tant pour le Boulonnais et Montreuil que pour le Calaisis.

L'article 1754 dit que les réparations locatives et de menu entretien dont le locataire est tenu, s'il n'y a clause contraire, sont celles désignées comme telles par l'usage des lieux, entr'autres celles dénommées en ce même article.

Celles désignées par l'usage du Boulonnais, qui ne se trouvent pas dans cet article, sont :

Un couronnement, tous les trois ans, sur tous les bâtimens de la ferme couverts en paille. — La réparation des parois intérieures et extérieures. — Celles des chaussées le long des bâtiments, ce que l'on a toujours désigné par les expressions *pelletorque et mortier*.

Il en doit être de même dans les lieux ci-devant du ressort de Montreuil.

Quant au Calaisis, outre ce qui est porté dans la loi, l'usage est de mettre à la charge du locataire l'entretien de l'aire du four, de la voûte

Le tribunal de Boulogne-sur-Mer n'est pas le seul qui ait empiété sur les attributions de l'autorité administrative, en prenant un arrêté qui implique méconnaissance du principe de la séparation des pouvoirs.

Le 24 germinal an XI, le tribunal civil de Péronne, consulté par les juges-de-paix de son ressort, prit une délibé-

ou chapelle des potagers de cuisine, pour les carreaux qui les couvrent, pour ceux qui reçoivent les cendres des réchauds et des grilles, le ramonage des cheminées, l'entretien des poulies, cordes, chapes et main de fer des puits et citernes, du piston des pompes, le curement des citernes, l'entretien des volets et contre-vents, des pentures et mangeoires dans les écuries, des râteliers, des barres et piliers qui servent à séparer les chevaux.

L'article 1757 porte que le bail des meubles fournis pour garnir une maison entière, un corps de logis entier, une boutique ou tous autres appartements, est censé fait pour la durée ordinaire des baux; que par conséquent le surplus des dispositions de cet article est absolument impératif, qu'il suit de là que, dans toutes les parties de ce ressort, le loyer des meubles sans écrit, doit durer autant que le bail des maisons.

Quant à l'article 1758, si la durée de cette espèce de location n'est pas constatée de la manière indiquée par sa disposition, dans ce cas, elle doit être censée faite au mois, pour tout le ressort, à compter du jour de l'entrée en jouissance; et il sera réciproquement suffisant de s'avertir quinze jours avant l'échéance du mois suivant.

L'article 1759 est conçu en ces termes :

Si le locataire d'une maison, d'un appartement, continue sa jouissance après l'expiration du bail par écrit, sans opposition de la part du bailleur, il sera censé les occuper aux mêmes conditions, pour le terme fixé par l'usage des lieux, et ne pourra plus en sortir qu'après un congé donné suivant le délai fixé par l'usage des lieux.

L'usage du Boulonnais est que, si un bail par écrit de cette nature était fait pour une ou plusieurs années, sa continuation, si le bailleur laisse le locataire en possession, doit durer un an, et même, en cas de silence de la part du bailleur, se prolonger d'année en année jusqu'à ce qu'il ait été donné un congé, soit par le bailleur, soit par le preneur, trois mois avant l'échéance du terme ordinaire de sortie, s'il s'agit d'un loyer de 100 fr. et au-dessous, et de six mois quand le prix de la location est au-dessus de cette somme ; que, si le bail par écrit n'était fait que pour six ou trois mois et que le preneur ait été laissé en possession, la continuation a lieu pour 6 mois ou 3 mois et ainsi de suite jusqu'au congé donné par l'un ou par l'autre, deux mois avant l'expiration desdits six mois et un mois avant celle de trois mois ;

Qu'il en doit être de même pour les lieux autrefois du ressort de Montreuil.

Quant au Calaisis, l'usage est que le bailleur est toujours le maître de faire cesser la jouissance du preneur, mais en l'avertissant *six mois* avant un terme ordinaire de sortie, s'il s'agit d'une maison entière ou d'une grande partie comme deux tiers, de *trois mois, deux mois* ou de *un mois*, suivant l'objet de la location, ainsi qu'il est expliqué, pour le Calaisis, sur l'article 1736.

ration qu'il adressa, sous forme de circulaire, à ces magistrats , pour rappeler et renouveler les termes d'un très ancien règlement du bailliage de Péronne, relatif aux engagements des maîtres avec leurs valets de charrue, bergers, servantes, parcours, batteurs et moissonneurs.

Ces exemples indiquent la voie dans laquelle le gouvernement doit entrer pour dégager la jurisprudence des difficultés qui résultent de l'incertitude des usages auxquels la loi a conservé leur force obligatoire. C'est d'investir l'auto-

L'article 1762 porte que s'il a été convenu dans le contrat de louage que le bailleur pourrait venir occuper la maison, il est tenu de signifier d'avance un congé aux époques déterminées par l'usage des lieux.

L'usage du Boulonnais était plus favorable dans ce cas que dans celui où un acquéreur voulait expulser le locataire. Cette action résultait des dispositions de la loi *œde*. Elle était de droit et fondée sur le besoin *réel* et imprévu que le propriétaire avait de sa maison. Un congé signifié trois mois avant un terme ordinaire de sortie, était suffisant pour toute espèce de location de maison de ville ou de campagne, quand il n'y avait pas de terres attachées à la maison.

Cet usage doit être aujourd'hui observé si le bail ne fixe pas un délai particulier, d'autant plus que cette faculté n'est pas une simple stipulation de droit, mais une convention expresse de l'homme.

Qu'il en doit être de même pour les lieux ressortissant ci-devant à Montreuil.

Quant au Calaisis, l'usage est de donner au locataire un délai de six mois.

L'article 1777 est conçu en ces termes :

Le fermier sortant doit laisser à celui qui lui succède dans la culture, les logements convenables et autres facilités pour les travaux de l'année suivante, et réciproquement le fermier entrant doit procurer à celui qui sort, les logements convenables et autres facilités pour la consommation des fourrages et pour la récolte restant à faire. Dans l'un et l'autre cas, on doit se conformer à l'usage des lieux.

L'usage du Boulonnais est que le fermier entrant puisse, un mois ou deux avant son entrée, demander à placer ses grains et fourrages dans les granges du fermier sortant. Il peut aussi à l'avance labourer les terres qui doivent être semées en mars, mais il ne peut exiger de logement soit pour lui, soit pour ses chevaux.

Cet usage doit pareillement avoir lieu pour les lieux ressortissant ci-devant de Montreuil.

Quant au Calaisis, le fermier entrant et le fermier sortant ne peuvent exiger, l'un de l'autre, ni logement ni facilités pour leurs travaux et récoltes. Le fermier entrant n'a pas même le droit de labourer la terre avant l'époque de son entrée dans la ferme.

H. Clément.

rité administrative du droit d'en faire constater la notoriété commune par commune, dans chaque arrondissement (1).

Sans doute la loi peut fixer le délai des congés d'après l'importance du loyer, simplifier les formalités de l'expulsion de lieux, pour les locations à la semaine ou au mois, abréger la durée de la tacite réconduction des baux à ferme; mais il est impossible qu'elle entre dans le détail des réparations locatives, des obligations du preneur des héritages ruraux, par rapport à l'aménagement des arbres et des haies de clôture, qu'elle détermine le mode de distribution périodique des engrais, de la cendre, du marnage sur les terres affermées, de la jouissance des prairies artificielles, pendant la dernière année du bail, ni qu'elle assujettisse à des règles uniformes les relations transitoires mais forcées du fermier entrant avec le fermier sortant, les engagements des maîtres avec leurs domestiques, ouvriers et tâcherons.

La loi respecte la liberté des conventions; elle doit aussi respecter les usages auxquels sont subordonnées celles qui se forment sans écrit, ou qui, lors même qu'elles sont écrites, présentent quelque ambiguïté, quelques lacunes dans leurs termes (Code Napoléon, articles 1159, 1160). Rendre ces usages manifestes pour les citoyens qui ont intérêt à les connaître, pour les fonctionnaires qui sont chargés de les appliquer, voilà ce dont on doit se préoccuper, si on veut parfaire son ouvrage.

---

(1) Ce droit, elle a déjà la faculté de l'exercer. Mais cela ne suffit pas, il faut convertir cette faculté en une obligation impérative.

CONCLUSION.

46. L'éternelle gloire du règne de Louis XII sera d'avoir préparé, par la rédaction des coutumes provinciales, les matériaux que devait plus tard mettre en œuvre le législateur du droit civil moderne. Une gloire non moins ..ble est réservée au règne sous lequel les usages locaux de la France auront été recueillis pour former les éléments d'un nouveau corps de droit destiné à devenir le complén. ... du premier. — La constatation des usages locaux sera au code rural ce que la rédaction des coutumes a été au Code Napoléon, une mesure préparatoire indispensable à l'accomplissement d'un bienfait depuis longtemps attendu et sollicité.

Quelques-uns de ces usages entreront dans l'économie de la loi qui posera les principes généraux de la ruralité ; d'autres serviront à régler les situations exceptionnelles qui résultent de la différence des climats, de la variété des productions de la terre et du mode d'exploitation ; d'autres faciliteront l'exécution de la loi dans la pratique usuelle des droits qu'elle accorde, des obligations qu'elle impose, à cause de la propriété rurale ou de la jouissance de ses fruits.

VAINE PATURE. — RÉGIME DES COMMUNAUX.

Les principes du droit coutumier et les usages locaux relatifs à la communauté de dépaissance, n'ont plus de raison d'être si on abolit le parcours et la vaine pâture, si on généralise le système d'amodiation ou d'allotissement des biens communaux.

Sur ces graves questions, les auteurs de ce mémoire n'ont pas d'opinion à émettre (Voir n° **17**).

RÉGIME DES EAUX.

La loi, en cette matière, ne peut que poser les principes généraux ; les règlements administratifs et les usages locaux suppléent au silence de ses dispositions.

Ces usages ne sont pas susceptibles d'une consécration législative ; la diversité des uns, la mobilité des autres, les rend incompatibles avec la loi qui doit être uniforme et stable. Le code rural respectera ceux qui règlent le partage des eaux entre l'agriculture et l'industrie, sous peine de rendre inexécutables les dispositions qui y dérogeraient, sans tenir compte des droits acquis (Nᵒˢ 20 et 21).

Les terrains conquis sur la mer exigent l'association de tous les propriétaires intéressés à leur conservation. Le législateur, pour suppléer à l'insuffisance de la loi du 16 septembre 1807, en ce qui concerne la participation à la dépense d'entretien des travaux d'endiguement, ne peut rien faire de mieux que de s'approprier les usages des pays où ces sortes de travaux ont été expérimentés depuis long-temps (Nᵒ 22).

CLÔTURES.

Quoique divisés sur le point de savoir si les clôtures en haies vives ou palissades doivent être tolérées dans les faubourgs, les auteurs de ce mémoire sont unanimement d'avis que l'art. 663 du Code Napoléon, relatif à la hauteur des clôtures dans les villes, doit être rendu obligatoire nonobstant tout usage contraire (Nᵒ 24) ;

Que, conformément au vœu émis par les commissions consultatives d'Ajaccio, d'Amiens, de Bruxelles, de Liége, de Paris et de Pau, sur le projet de code rural de 1808, la clôture mitoyenne en haies vives ou palissades, entre cours, jardins et vergers des communes rurales, soit également rendue obligatoire pour l'avenir, après constatation de l'état actuel des lieux (N° 25) ;

Que les clôtures extérieures des villages, immédiatement contiguës à des terres labourables, ne puissent être établies qu'à une distance de 82 centimètres, pour faciliter la circulation autour des haies, et que le sentier dit *tour de ville*, qui sert à l'exercice de cette servitude, soit formé aux dépens de la propriété close et déclaré d'utilité publique (N° 23 et 27) ;

Que la loi détermine les conditions sans lesquelles un héritage ne peut être réputé clos et défensable en tout temps (N° 25) ;

Que le mode actuel de jouissance des haies mitoyennes soit maintenu tel qu'il est consacré par l'usage, comme faisant présumer une convention tacite qui oblige les propriétaires à s'y conformer (N° 26).

DISTANCE DES PLANTATIONS. — REJET DES HAIES NON MITOYENNES.

On doit déclarer *constants et reconnus* les usages qui résultent de règlements en vigueur à l'époque de la promulgation du Code Napoléon, ou qui peuvent se prouver par l'existence de plantations anciennes impliquant présomption de propriété du terrain laissé en dehors pour la distance de l'égout des arbres à haute tige, attendu que l'abrogation de ces usages jetterait la confusion dans les signes de la délimitation (N° 28).

Dans l'intérêt de la production forestière, on doit autoriser les propriétaires des arbres à haute tige à ne couper

les branches qui avancent sur le voisin que jusqu'aux deux
tiers de leur hauteur, lorsqu'ils sont plantés à la distance
prescrite par la loi ou les règlements ; mais, pour compensation, on prescrirait une distance de 6 m. 66 c. pour l'intervalle des arbres plantés en ligne sur les chemins et les
terres en culture (N° 29).

La loi spécifierait les arbres à haute tige auxquels cette
règle ne serait point applicable,

Et fixerait à 50 centimètres la distance des vignes et à
2 mètres celle des houblonnières (N°s 31, 32).

FRUITS DES ARBRES.

Déclarer que le propriétaire d'un arbre planté au bord ou
sur la limite de son héritage n'a pas droit de suite sur les
fruits, sur les feuilles ou le menu bois qui tombent naturellement sur le fonds du voisin ; mais lui accorder ce droit
sur le chemin public contigu à sa propriété et sur le terrain
non clos du voisin, pour les fruits qu'on est dans l'usage
d'abattre ou de faire tomber à l'époque de la maturité, à
la condition de payer l'indemnité du dommage, s'il y a lieu
(N° 30).

BAUX A LOYER ET A FERME.

Simplifier les formalités de l'expulsion de lieux pour les
baux dont le loyer n'est pas supérieur à 100 francs (N° 37).

Réduire de trois ans à un an la durée du bail sans écrit
des terres labourables et celle de la tacite réconduction
(N° 36).

LOUAGE DES SERVICES AGRICOLES.

Les progrès du morcellement des exploitations et la préférence que les ouvriers des campagnes accordent aux tra-

vaux de l'industrie, ont eu pour effet, dans ces derniers temps, d'enlever un très-grand nombre de bras à l'agriculture; mais les auteurs de ce mémoire ne sont point d'accord sur le moyen de remédier à ce fâcheux état de choses (N° 38).

POLICE RURALE.

Un grand nombre d'usages relatifs à cet objet, peuvent être remis en vigueur par des arrêtés municipaux auxquels la loi accorde la sanction de l'article 471, n° 15, du code pénal.

Afin de mieux assurer la répression des délits et contraventions, deux mesures ont été proposées : l'embrigadement des gardes-champêtres et l'institution des prud'hommes ruraux (N° 39).

Les *prud'hommes ruraux* seraient chargés, comme les anciens échevins des tenures allodiales, dans le nord de la France, d'estimer les dommages causés par les hommes et les animaux aux biens et aux produits de la terre, et de donner leur avis sur toutes les questions qui peuvent intéresser la propriété et l'économie rurale (N° 40).

USAGES COMPLÉMENTAIRES DE LA LOI.

Ceux que le Code Napoléon a expressément réservés aux titres de l'usufruit et du contrat de louage ont la même force obligatoire que la disposition de la loi à laquelle ils se réfèrent ; c'est pourquoi il est indispensable qu'ils soient constatés autrement que par des enquêtes judiciaires, et qu'un règlement d'administration intervienne, afin de mettre le pays en demeure de s'expliquer sur la notoriété de ces usages.

L'enquête qui les constaterait, dans chaque commune ou section de commune, serait confiée soit aux prud'hommes ruraux, soit aux commissions de statistique présidées par les juges de paix, et la vérification en serait faite, au chef-lieu d'arrondissement, par une commission *ad hoc* composée en nombre égal de délégués de l'autorité administrative et de l'autorité judiciaire (N⁰ˢ 41, 42, 43, 44 et 45).

Puisqu'il y a des usages qui changent à mesure que des besoins nouveaux se font sentir, le gouvernement doit toujours avoir le moyen d'en observer et d'en suivre les variations. On ne saurait, pour des cas exceptionnels, pour des nécessités de circonstance, refuser à l'autorité adminis-trative l'exercice de l'espèce de droit prétorien que l'article 814 du projet définitif du Code rural de 1808 proposait de lui conférer, sous la condition que les règlements locaux ne seraient obligatoires que pendant cinq ans au moins et dix ans au plus, et que, passé cette époque, ils seraient ré-visés et renouvelés avec les modifications que l'expérience aurait rendues nécessaires.

Les auteurs de ce mémoire appartiennent tous les trois à la zone territoriale qui, selon l'expression d'un éminent magistrat, *a toujours occupé le premier rang sous le rap-port de l'aisance, de l'indépendance et de l'intelligence agri-cole* (1). Cette identité de situation les a rapprochés et leur a donné l'idée d'un travail d'ensemble sur les usages locaux de leurs départements respectifs. Après s'être communiqué le résultat de leurs communes impressions, ils sont demeurés convaincus que, s'il faut aller chercher

(1) M. Troplong, préface du Contrat de louage, p. CXIII.

quelque part des préceptes et des règles applicables aux institutions rurales, ce n'est pas assurément dans les contrées où le bail à colonage et à métairie n'a pas encore perdu la fatale empreinte du servage de la glèbe, mais dans les provinces qui ont vu les premiers épanouissements de la liberté civile appliquée à l'amélioration du sol, au développement de sa force productive et au règlement des nombreux rapports qu'engendrent le contact des propriétés et la variété des exploitations. C'est à ce titre que la France du Nord sollicite l'honneur d'être admise à donner son avis dans les conseils où vont se débattre des questions vitales pour l'avenir et la prospérité de l'agriculture.

Décembre 1857.

V. BALSON,

Doyen du Conseil de Préfecture, président et rapporteur de la Commission centrale des Usages locaux du département du Nord.

A. BOUTHORS,

Greffier en chef de la Cour impériale d'Amiens, rapporteur de la Commission centrale des Usages locaux du département de la Somme.

H. CLÉMENT,

Juge de paix du canton de Beaumetz-lès-Loges, rapporteur de la Commission centrale des Usages locaux du département du Pas-de-Calais.

PREMIÈRE PARTIE.

USAGES LOCAUX.

AVERTISSEMENT.

En autorisant la publication des documents contenus dans ce volume, M. le Conseiller d'État, Préfet de la Somme, a pensé qu'il était utile de porter à la connaissance de ses administrés les résultats de l'enquête de 1855, dans son département, afin que les administrateurs, les magistrats, les jurisconsultes et les représentants des intérêts généraux du pays fussent mis à même de se prononcer, en connaissance de cause, sur la valeur des constatations recueillies et des appréciations qui en ont été faites.

Les usages locaux, dont l'existence est révélée par le travail de la commission centrale — son rapport même le déclare — ne peuvent avoir d'utilité, quant à présent, que pour la préparation du Code rural. Ils n'offrent pas assez de précision dans leurs termes, pour qu'on puisse déterminer, d'une manière certaine, le rayon territorial dans lequel ils pourraient être rendus obligatoires. C'est pourquoi on ne doit les accepter qu'à titre de renseignements, jusqu'à ce qu'ils aient été soumis à l'épreuve d'une expérience préparatoire, ou au contrôle d'une seconde enquête.

C'est donc désormais aux corps constitués et aux fonctionnaires chargés de les appliquer et de les faire observer, qu'il appartient d'émettre des vœux ou de formuler leur avis sur l'opportunité de la mesure qu'il y aurait à prendre pour donner à ces usages une consécration définitive.

ACTES OFFICIELS.

MINISTÈRE DE L'INTÉRIEUR.

—

Circulaire prescrivant aux Préfets de consulter les Conseils généraux sur l'opportunité de faire constater et recueillir les usages locaux ayant force de loi.

Paris, le 26 juillet 1844.

Monsieur le Préfet,

Plusieurs Conseils généraux des départements ont, dans leurs sessions des années dernières, exprimé le vœu que l'on s'occupât de constater et de recueillir, dans l'intérêt des services de l'Administration et des Tribunaux, les usages locaux auxquels se réfèrent diverses dispositions législatives.

La loi, en effet, donne à l'usage force de loi dans un assez grand nombre de cas. Ainsi le Code Napoléon a disposé que l'usufruit des bois (art. 590, 593), l'usage des eaux courantes (art. 644, 645), la hauteur des clôtures dans les villes et faubourgs (663), la dis-

1

tance à garder entre les héritages pour les plantations d'arbres à haute tige (art. 671), pour les constructions susceptibles par leur nature de nuire aux voisins (674), les délais à observer pour les congés des locataires et paiements des sous-locataires (1736, 1738, 1753, 1758, 1759), les réparations locatives ou de mince entretien (1754, 1755), les obligations des fermiers entrants et sortants (1777) auraient généralement, pour règle, l'usage des lieux, les règlements particuliers, les coutumes. De même la loi du 28 septembre 1791, qui régit la police rurale, renvoie le parcours à l'usage local immémorial et aux coutumes; — la loi du 14 floréal an XI subordonne aux anciens règlements et usages locaux la direction des travaux qui ont pour objet le curage des canaux et rivières non navigables et l'entretien des ouvrages d'art qui y correspondent.

L'énumération de ces cas principaux suffit pour que l'on comprenne de quelle utilité serait, dans chaque département, un recueil des usages formé avec soin et revu par toutes les personnes de la localité les mieux instruites et les plus compétentes. On ne saurait, sans doute, l'imposer comme loi ; mais les autorités, aussi bien que les particuliers, y puiseraient journellement des renseignements indispensables, et, par degrés, on parviendrait à rectifier et même à fixer d'une manière presque authentique des usages parfois contradictoires et trop souvent mal connus. Au moins, ces documents seraient d'une grande importance pour l'élaboration *d'un code rural* demandé par le plus grand nombre des Conseils généraux des départements.

Il existe quelques exemples de travaux de ce genre. La Société d'agriculture de l'Eure, après une sorte d'enquête qu'elle a ouverte dans son sein, a publié un résumé des usages locaux pour les cinq arrondissements du département. Un travail semblable a été fait vers le même temps dans le département d'Eure-et-Loir ; mais il n'embrasse que plusieurs cantons. M. Amédée Claussade, membre du Conseil général du Tarn, a recueilli, grâce à l'appui et sous les auspices du Procureur-Général près la cour royale de Toulouse, les usages locaux de diverses natures qui sont en vigueur dans le département du Tarn.

Je vous invite, Monsieur le Préfet, à soumettre au Conseil général cette question et à le prier d'examiner s'il y a lieu de former un recueil des usages locaux dans le département, et quelle sera la marche à suivre pour en assurer la bonne exécution, et quels encouragements y pourront être consacrés.

Recevez, etc., etc.

Le Ministre Secrétaire d'État de l'Intérieur,

Signé : DUCHATEL.

Nota. — Le Conseil général de la Somme, dans sa session de 1844, a émis un avis favorable à cette proposition, malgré l'opposition d'un membre qui ne pensait pas qu'il fût utile d'exhumer les usages locaux, attendu qu'il pouvait résulter de leur application mal interprétée des occasions de procès.

MINISTÈRE DE L'AGRICULTURE ET DU COMMERCE.

—

Circulaire relative à l'exécution de la précédente.

Paris, le 5 juillet 1850.

Monsieur le Préfet,

Par une circulaire en date du 26 juillet 1844, imprimée sous le n° 55, M. le Ministre de l'Intérieur invite MM. les Préfets à consulter les Conseils généraux de leur département sur l'opportunité de faire constater et recueillir, dans l'intérêt des services administratifs et des tribunaux, les usages locaux auxquels se réfèrent diverses dispositions législatives.

Des avis parvenus à mon ministère me portent à croire que cette enquête a été ordonnée dans le plus grand nombre des départements et que des commissions spéciales ont été nommées pour cet objet.

Ce travail, par sa nature, concerne spécialement l'industrie rurale, dont les intérêts se trouvent liés aux questions des baux à ferme, de la vaine pâture et du parcours, du curage des cours d'eau, des clôtures, des distances à observer pour les plantations d'arbres ou les constructions, en un mot, à une très-grande quantité d'usages auxquels la législation donne force de loi en beaucoup de circonstances.

En conséquence, je vous invite, dans le cas où ce travail aurait été fait ou commencé dans votre département, à vouloir bien me le faire connaître.

Vous voudrez bien également m'adresser, dans le plus bref délai possible, une copie ou un exemplaire de ce qui aura été produit ou publié en exécution de la circulaire de M. le Ministre de l'Intérieur.

Le Ministre de l'Agriculture et du Commerce,

Signé : Dumas.

MINISTÈRE DES TRAVAUX PUBLICS, DE L'AGRICULTURE
ET DU COMMERCE.

Circulaire portant invitation aux Préfets de faire recueillir les usages locaux en vigueur dans leur département.

Paris, 15 février 1855.

Monsieur le Préfet, le 5 juillet 1850, le Ministre qui dirigeait alors le département de l'Agriculture et du Commerce invita les

Préfets des départements à lui faire connaître si, conformément aux prescriptions d'une circulaire du Ministre de l'Intérieur, en date du 26 juillet 1844, les usages locaux avaient été recueillis dans les localités placées sous leur administration.

Dans le cas où ce travail aurait été fait, il les engageait à lui transmettre une copie ou un exemplaire de ce qui aurait été produit ou publié relativement à cet objet.

Quelques-uns de MM. les Préfets ont adressé à l'Administration centrale, en exécution de cette invitation, des copies ou exemplaires des travaux exécutés ou des publications faites. Toutefois, ces envois ne concernent qu'un petit nombre de départements, et j'ai pensé qu'il serait utile de compléter cette grande enquête, qui peut donner au Gouvernement des indications précieuses sur les besoins de l'industrie agricole.

En conséquence, je vous serai obligé de vouloir bien prendre toutes les dispositions nécessaires pour faire constater et recueillir dans votre département tous les usages locaux, c'est-à-dire ceux qui ne sont pas le résultat évident et direct d'un article de la loi, et auxquels les applications qui en sont faites dans quelques localités ou dans la plupart d'entre elles donnent un véritable caractère de généralité.

Dans ce but, vous désignerez dans chaque canton une commission présidée par le juge de paix et composée du membre de la chambre consultative d'agriculture, du membre du conseil général et de deux ou trois autres membres choisis parmi les officiers ministériels exerçant dans la localité, et les cultivateurs les plus instruits.

Cette commission fera son travail, qui sera vérifié par une commission centrale établie près votre préfecture, et dans laquelle vous ferez entrer les membres des cours ou tribunaux du chef-lieu ainsi que plusieurs des jurisconsultes les plus renommés.

Je vais m'entendre, du reste, avec mon collègue M. le garde des sceaux, afin qu'il adresse aux fonctionnaires qui relèvent de son département, les instructions nécessaires pour l'exécution des présentes dispositions.

Vous aurez le soin de me transmettre, dès que vous le pourrez, le résultat des travaux accomplis ; mais vous voudrez bien dès actuellement m'accuser réception de la présente circulaire et me faire connaître l'ensemble des mesures que vous aurez adoptées pour en assurer l'exécution.

Recevez, Monsieur le Préfet, l'assurance de ma considération très-distinguée.

Pour le Ministre :

Le Conseiller d'État,
Directeur général de l'agriculture et du commerce,

HEURTIER.

PRÉFECTURE DE LA SOMME.

—

Commissions cantonales chargées de constater et recueillir les usages locaux en vigueur dans le Département.

—

Arrêté du 27 Mars 1855.

—

Le Préfet de la Somme,

Officier de l'Ordre impérial de la Légion-d'Honneur,

Vu la circulaire de M. le Ministre de l'Agriculture, du Commerce et des Travaux publics, en date du 15 Février 1855, prescrivant les mesures à prendre pour recueillir les usages locaux en vigueur dans les Départements ;

Arrête :

Art. 1er. —Sont instituées pour le Département de la Somme, des Commissions cantonales chargées de constater et recueillir tous les usages locaux, c'est-à-dire ceux qui ne sont pas le résultat évident et direct d'un article de la loi, et auxquels les applications qui en sont faites dans quelques localités ou dans la plupart d'entre elles, donnent un véritable caractère de généralité.

Une seule Commission est établie pour les quatre cantons d'Amiens.

Les deux cantons d'Abbeville ne forment également qu'une seule circonscription.

Art. 2. — MM. les juges de paix, les membres du Conseil général et les membres des Chambres consultatives d'agriculture font partie de droit des Commissions cantonales, chacun pour la circonscription à laquelle ils appartiennent.

Ces assemblées seront présidées par le juge de paix du canton.

Les Commissions d'Amiens et d'Abbeville seront présidées par le plus ancien des juges de paix de chaque circonscription.

Art. 3. — Sont, en outre, nommés membres des Commissions cantonales :

Quatre cantons d'Amiens.

Membres de droit : MM. Breuil, Daullé, Gibert, Baudelocque, juges de paix ; Cosserat, Allou, Allart, Vulfran Mollet, membres du Conseil général ; comte Léon de Chassepot, Manier, baron de Morgan et Quillet, membres de la Chambre d'agriculture.

Membres nommés : MM. Duparc, président de la Chambre des notaires ; Demombynes, président de la Chambre des avoués de 1re instance ; Legrand, greffier en chef du Tribunal de 1re instance ; Guillain, agréé au Tribunal de Commerce ; Marquis, syndic des courtiers ; Thuilliez, professeur d'Agriculture, sous-chef à la Préfecture.

Canton de Conty.

Membres de droit : MM. Mathon, juge de paix; Béguin, membre du Conseil général et de la Chambre d'agriculture.

Membres nommés : MM. Lequien , membre du Conseil d'arrondissement , ancien notaire, à Conty; Delattre, maire d'Esserteaux ; Derogy, maire de Tilloy ; Colnée père, ancien greffier, arpenteur-géomètre à Conty.

Canton de Corbie.

Membres de droit : MM. Bourguet, juge de paix ; Decaix de St-Aymour, membre du Conseil général; Laurent, membre de la Chambre d'agriculture.

Membres nommés : MM. Caüet, conseiller d'arrondissement, maire de Heilly ; Lavoix , ancien notaire, à Corbie ; Obry, maire de Villers-Bretonneux.

Canton d'Hornoy.

Membres de droit : MM. Neuvéglise, juge de paix; de Dompierre-d'Hornoy, membre du Conseil général et de la Chambre d'agriculture.

Membres nommés : MM. Pillon, notaire à Hornoy ; Martin, cultivateur et maire à Thieulloy-l'Abbaye ; Peltot, cultivateur, suppléant du juge de paix et maire à Tronchoy.

Canton de Molliens-Vidame.

Membres de droit : MM. Bourdeaux, juge de paix ; comte de Chassepot, membre du Conseil général ; Trencart, membre de la Chambre d'Agriculture.

Membres nommés : MM. Magnier, Parfait, ancien notaire, à Molliens-Vidame ; de Gillès, père, propriétaire , cultivateur au Saulchoix, commune de Clairy ; Dumetz, ancien notaire à Airaines.

Canton d'Oisemont.

Membres de droit : MM. Wairé, juge de paix; baron de Morgan, membre du Conseil général ; Danzel, membre de la Chambre d'agriculture.

Membres nommés : MM. Masson , membre du Conseil d'arrondissement et maire d'Oisemont ; Devalois, ancien notaire, propriétaire et cultivateur à Aumâtre ; Feuilloy, propriétaire, irrigateur, maire de Sénarpont ; de Calonne, propriétaire et cultivateur, maire d'Avesne ; Harlé, huissier à Aumâtre.

Canton de Picquigny.

Membres de droit : MM. Sauvage, juge de paix ; de Morgan de Belloy, membre du Conseil général ; de Domesmont, membre de la Chambre d'agriculture.

Membres nommés : MM. de Dompierre d'Hornoy, membre du Conseil d'arrondissement, maire de Fourdrinoy ; Tillette de Mautort, propriétaire , ancien conseiller général, à Bichecourt , commune d'Hangest-sur-Somme ; Cornet d'Yseux, propriétaire, demeurant à Yseux ; Legendre, notaire à Picquigny.

Canton de Poix.

Membres de droit : MM. Beaumont, juge de paix ; Mehaye, membre du Conseil général ; Claré, membre de la Chambre d'agriculture.

Membres nommés : MM. Labitte (César), propriétaire et cultivateur , demeurant à Digeon, commune de Morvillers-St-Saturnin ; Babeur-Potin, Jean-Baptiste, propriétaire et cultivateur à Moyencourt ; Jumel , Philogone, notaire à Poix.

Canton de Sains.

Membres droit : MM. Louchard , juge de paix ; Navarre, membre du Conseil général ; Wasse, membre de la Chambre d'agriculture.

Membres nommés : MM. Jumel, notaire, membre du Conseil d'arrondissement, à St-Sauflieu ; De Brandt (Paul), propriétaire à Boves ; Garçon de Coisy, propriétaire, cultivateur à Dury.

Canton de Villers-Bocage.

Membres de droit : MM. Bénézy, juge de paix ; de Clermont-Tonnerre, membre du Conseil général ; Garçon-Picard, membre de la Chambre d'agriculture.

Membres nommés : MM. le baron de La Grange, propriétaire, à Vadencourt ; Herbet, propriétaire, cultivateur, à Villers-Bocage ; Cavillon, propriétaire et maire, à Flesselles ; Vasselle, notaire à Rubempré ; Obré, notaire à Villers-Bocage.

Arrondissement d'Abbeville.

Les deux cantons d'Abbéville.

Membres de droit : MM. Leporcq, Siffait, juges de paix ; Vayson, Randoing, membres du Conseil général ; Padieu, Tripier, membres de la Chambre d'agriculture.

Membres nommés : MM. Lottin, propriétaire, cultivateur, membre du Conseil municipal d'Abbeville ; Dufour, jeune, propriétaire, cultivateur, à Abbeville ; le président de la Chambre des notaires ; le président de la Chambre des avoués ; le greffier du Tribunal de 1re instance.

Canton d'Ailly-le-Haut-Clocher.

Membres de droit : Vrayet de Surcy, juge de paix ; Thuillier, membre du Conseil général ; Canu, membre de la Chambre d'agriculture

Membres nommés : MM. Cantrelle, percepteur à Saint-Riquier ; Levoir fils, propriétaire, à St-Riquier ; Lefebvre, notaire, à St-Riquier.

Canton d'Ault.

Membres de droit : MM. Beaucousin, juge de paix ; Bisson de la Roque, membre du Conseil général ; Adulbert de Rambures, membre de la Chambre d'agriculture.

Membres nommés : MM. Dauphin, maire d'Ault ; Quignon, percepteur, à Ault ; Henneveu, notaire, à Ault ; Godquin, maire de Friaucourt, ancien notaire ; Dufrien, propriétaire, à St-Quentin-la-Mothe.

Canton de Crécy.

Membres de droit : MM. Morel, juge de paix ; de Neuvillette, membre du Conseil général ; Vasseur, membre de la Chambre d'agriculture.

Membres nommés : MM. Capet, maire de Crécy ; Capet, percepteur, à Crécy ; Tellier, notaire, à Crécy.

Canton de Gamaches.

Membres de droit : MM. Godefroy, juge de paix ; Hesse, membre du Conseil général et de la Chambre d'agriculture.

Membres nommés : MM. Darcy, notaire, à Gamaches, et membre du Conseil d'arrondissement ; de Monthières, maire de Bouttencourt ; Dufrien, maire de Buigny-les-Gamaches.

Canton d'Hallencourt.

Membres de droit : MM. Lefebvre du Bus, juge de paix ; Ledien, membre du Conseil général et de la Chambre d'agriculture.

Membres nommés : MM. d'Offoy, membre du Conseil d'arrondissement et maire de Mérélessart ; Sueur, suppléant du juge de paix, à Wanel ; Nobécourt, notaire et maire, à Hallencourt ; Bué, percepteur, à Frucourt ; Dermigny, membre du Conseil municipal d'Hallencourt.

Canton de Moyenneville.

Membres de droit : MM. Anquier, juge de paix ; des Mazis, membre du Conseil général ; de Boismont, membre de la Chambre d'agriculture.

Membres nommés : MM. Wattebled père, percepteur, à Tours ; Demonchy, maire de Chepy.

Canton de Nouvion.

Membres de droit : MM. Dericquebourg, juge de paix ; Hecquet, membre du Conseil général ; Robin, membre de la Chambre d'agriculture.

Membres nommés : MM. Grisel, notaire, à Nouvion ; Boizart, adjoint, à Nouvion.

Canton de Rue.

Membres de droit : MM. Dubuc, juge de paix ; le comte d'Hinnisdal, membre du Conseil général; Broquet, membre de la Chambre d'agriculture.

Membres nommés : MM. Tingry, membre du Conseil d'arrondissement, à Vercourt ; Doudou, maire de Rue ; Ledoux, notaire à Rue ; Béthouart, cultivateur, à St-Jean-lès-Rue.

Canton de St-Valery.

Membres de droit : MM. Desrotours de la Touche, juge de paix ; Mary, membre du Conseil général ; de Rainvillers, membre de la Chambre d'agriculture.

Membres nommés : MM. Vatel, maire de Lanchères; Houdent, propriétaire, cultivateur, à St Valery ; du Liège-d'Aunis, maire de Boismont et membre du Conseil d'arrondissement ; Boucher, maire de Mons-Boubert.

Arrondissement de Péronne.

Canton d'Albert.

Membres de droit : MM. Dupont, juge de paix ; Lecreux, membre du Conseil général et de la Chambre d'agriculture.

Membres nommés : MM. le baron de Chandenier, maire d'Albert;Blanchard, notaire, à Albert ; Cadot fils, agriculteur, à Courcelette.

Canton de Bray.

Membres de droit : MM. Duchemin, juge de paix ; Jolibois, membre du Conseil général ; Caignard, membre de la Chambre d'agriculture.

Membres nommés : MM. Gamblon, notaire, à Bray ; Follye, propriétaire, à Chuignolles ; Dufaux, maire d'Etinehem, ex-contrôleur des Contributions directes.

Canton de Chaulnes.

Membres de droit : MM. Caillez, juge de paix ; le comte de Beaumont, membre du Conseil général ; Lemaire, membre de la Chambre d'agriculture.

Membres nommés : MM. Leroy, notaire, à Chaulnes ; Défontaine, agriculteur, à Fay; Pigeon, agriculteur, à Berny.

Canton de Combles.

Membres de droit : MM. Choque, juge de paix; Masse de Combles, membre du Conseil général ; Guillemont fils, membre de la Chambre d'agriculture.

Membres nommés : MM. Masse de Combles, Gustave, agriculteur, à Combles ; Lemaire, notaire, à Combles; Letellier, maire et agriculteur, à Curlu.

Canton de Ham.

Membres de droit : MM. Beugniet, juge de paix ; Perdry, membre du Conseil général ; Thote, membre de la Chambre d'agriculture.

Membres nommés : MM. Allart, ancien notaire, maire de Ham; Delacourt, fabricant de sucre, maire de Sancourt; Demarolle, agriculteur, à Douilly.

Canton de Nesle.

Membres de droit : MM. Passez, juge de paix ; Enne, membre du Conseil général ; Lesquendieu, membre de la Chambre d'agriculture.

Membres nommés : MM. Dersu fils, agriculteur, à Épénancourt ; Gruet, agriculteur, à Bacquencourt, annexe d'Hombleux.

Canton de Péronne.

Membres de droit : MM. Villemant, juge de paix ; Naudé, membre du Conseil général ; Dermigny, membre de la Chambre d'agriculture.

Membres nommés : MM. Rossignol, maire et notaire, à Péronne ; Petit fils, agriculteur, à Buire-Courcelles; le président de la Chambre des notaires; le président de la Chambre des avoués ; le greffier du Tribunal de 1re instance.

Canton de Roisel.

Membres de droit : MM. Daussy, juge de paix ; le duc de Vicence, membre du Conseil général ; Vion fils, membre de la Chambre d'agriculture.

Membres nommés : MM. Fliniaux, notaire, au Ronssoy; Noé, agriculteur, à Templeux-la-Fosse; Caffart, agriculteur et maire, à Tincourt-Boucly.

Arrondissement de Montdidier.

Canton d'Ailly-sur-Noye.

Membres de droit : MM. Warmez, juge de paix ; de Morgan, Edouard, membre du Conseil général ; Lecointe, membre de la Chambre d'agriculture.

Membres nommés : MM. Dubos de Gribauval, propriétaire, à Flers ; Dufresne, notaire, à Ailly-sur-Noye ; Demouy, cultivateur, à Grivesnes.

Canton de Montdidier.

Membres de droit : MM. Cyr-Caron, juge de paix; Cardenier-Poitevin, membre du Conseil général ; de Montonvillers, membre de la Chambre d'agriculture.

Membres nommés : MM. Labitte , vice-président du Comice agricole, à Mesnil-St-Georges ; Boullenger, cultivateur, à Piennes; Ferlin, notaire, à Montdidier; Paucellier, cultivateur, à Laboissière; le président de la Chambre des notaires; le président de la Chambre des avoués ; le greffier du Tribunal de 1re instance.

Canton de Moreuil.

Membres de droit : MM. Dumont, juge de paix ; Bouchon, membre du Conseil général ; Faburel, membre de la Chambre d'agriculture.

Membres nommés : MM. Petit de Morcourt, propriétaire, à Hangard ; Chantrelle , notaire, à Hangest ; Plet de Bailly, propriétaire, à Mézières.

Canton de Rosières.

Membres de droit : MM. Dechappe, juge de paix ; Cauvel de Beauvillé, membre du Conseil général ; Boves, membre de la Chambre d'agriculture.

Membres nommés : MM. Journel, notaire, à Chilly ; Mollet, cultivateur et maire, à Bayonvillers ; Dubos, propriétaire, à Fransart.

Canton de Roye.

Membres de droit : MM. Villain, juge de paix ; le baron de Fourment, membre du Conseil général ; Servatius et Bayard, membres de la Chambre d'agriculture.

Membres nommés : MM. Leleu, membre du Conseil d'arrondissement, à Hattencourt ; Leroy, notaire, à Roye ; Hadingue, cultivateur, à Etalon.

Arrondissement de Doullens.

Canton d'Acheux.

Membres de droit : MM. Caillez, juge de paix ; de Witasse, membre du Conseil général et de la Chambre d'agriculture.

Membres nommés : MM. Bellet, ancien notaire, à Acheux ; Bienaimé, notaire, à Toutencourt ; François, maire à Hédauville, membre de la Commission de Statistique.

Canton de Bernaville.

Membres de droit : MM. Dassonval, juge de paix ; Lefebvre, membre du Conseil général ; Babeur et Thuillier, membres du Conseil d'agriculture.

Membres nommés : MM. Poiré, notaire, à Fienvillers ; Dournel, conseiller d'arrondissement.

Canton de Domart.

Membres de droit : MM. Guilliard, juge de paix ; Dhavernas, membre du Conseil général ; Carette, membre du Conseil d'agriculture.

Membres nommés : MM. Delarue, notaire, maire de Naours ; Macquet, notaire, à Domart, membre de la Commission de Statistique cantonale.

Canton de Doullens.

Membres de droit : MM. Duval, juge de paix ; Morel, membre du Conseil général ; Porion et Ducatelle, membres de la Chambre d'agriculture.

Membres nommés : MM. le président de la Chambre des notaires ; le président de la Chambre des avoués ; le greffier du Tribunal de 1ʳᵉ instance ; Marquet, avoué ; Warmé, ancien notaire.

Art. 4. — Les travaux des Commissions cantonales seront vérifiés par une Commission centrale établie près de la Préfecture.

Art. 5. — MM. les sous-préfets et MM. les juges de paix sont chargés, chacun en ce qui le concerne, de l'exécution du présent arrêté.

Amiens, le 27 Mars 1855.

Cte VICTOR DU HAMEL.

PRÉFECTURE DE LA SOMME.

—

Institution d'une Commission centrale chargée de vérifier les travaux des Commissions cantonales.

—

Arrêté du 16 février 1856.

—

Le Préfet de la Somme,

Officier de l'Ordre impérial de la Légion-d'Honneur,

Vu la circulaire de M. le Ministre de l'Agriculture, du Commerce et des Travaux publics en date du 15 février 1855, prescrivant les mesures à prendre pour recueillir les usages locaux en vigueur dans le département de la Somme,

2

Arrête :

Art. 1er. — Est instituée une Commission centrale chargée de vérifier les travaux des Commissions établies dans les divers cantons du département.

Art. 2. — Sont nommés membres de cette Commission :

MM. Boullet, premier président de la Cour impériale,

Guyho, procureur-général.

Oger, ancien président de chambre,

Leriche, conseiller à la Cour impériale,

Hardouin, président du Tribunal civil d'Amiens,

Faton de Favernay, conseiller honoraire à la Cour impériale,

Lesueur de Pérès, procureur impérial,

Siffait, conseiller de préfecture,

Deberly, avocat,

Clémence, président de la Chambre des avoués d'appel,

Bouthors, greffier en chef de la Cour impériale, auteur d'écrits sur les anciens usages de Picardie,

Daussy, avocat.

Secrétaire de la Commission, M. Thuilliez, chef du bureau de l'Agriculture et du Commerce.

Amiens, le 16 février 1856.

Cte VICTOR DU HAMEL.

PROCÈS-VERBAUX.

COMMISSION CENTRALE.

PREMIÈRE RÉUNION.

L'an 1856, le 22 février, à trois heures, sous la présidence de M. le comte du Hamel, Préfet de la Somme, s'est réunie la Commission centrale instituée à l'effet de vérifier les travaux des Commissions cantonales chargées de recueillir les usages locaux en vigueur dans le département de la Somme.

Étaient présents : MM. Guyho, procureur général, Oger, ancien président de chambre, Faton de Favernay, conseiller honoraire, Leriche, conseiller à la Cour impériale, Hardouin, président du Tribunal civil d'Amiens, Lesueur de Pérès, procureur impérial, Siffait, conseiller de Préfecture, Deberly, avocat, Bouthors, greffier en chef de la Cour impériale, et Thuilliez, remplissant les fonctions de secrétaire.

MM. Boullet, premier président, Clémence, avoué, et Daussy, avocat, n'ont pu se rendre à la séance.

M. le Préfet, après avoir fait appel aux lumières et à l'expérience des Membres de la Commission, propose de rapporter aux quatre points suivants l'examen et le travail auxquels devra se livrer la Commission centrale :

1° Elle ferait connaître si les Commissions cantonales n'auraient pas compris certains abus, modes ou pratiques suivies dans les campagnes et les villes, au nombre des usages locaux qu'elles avaient mission de rechercher ;

2° Elle indiquerait les usages signalés par ces Commissions qui seraient le résultat évident et direct d'un article de la loi ;

3° Elle compléterait les renseignements recueillis en indiquant certains usages qu'elle saurait exister dans le département de la Somme, et qui n'auraient pas été rapportés par les Commissions cantonales ;

4° Enfin, elle réunirait et résumerait, dans un ordre méthodique, tous les usages qui lui sembleraient présenter un véritable caractère de généralité.

La Commission adopte cette proposition.

Il est ensuite donné lecture de la circulaire de M. le Ministre de l'Agriculture, du Commerce et des Travaux publics, en date du 15 février 1855, prescrivant les mesures à prendre pour recueillir les usages locaux en vigueur dans le département de la Somme.

M. le Président invite le Secrétaire à communiquer aux Membres de la Commission centrale les procès-verbaux des Commissions cantonales.

La Commission centrale, sur la proposition de M. le Préfet, se divise en quatre sous-commissions pour examiner séparément ces procès-verbaux et décide :

Que la première sous-commission vérifiera les travaux des quatre cantons d'Amiens, de Sains, Conty, Picquigny, Villers-Bocage et de l'arrondissement de Doullens ;

La deuxième, ceux de l'arrondissement de Péronne et du canton de Corbie ;

La troisième, ceux de l'arrondissement de Montdidier et des cantons de Molliens-Vidame, Poix, Hornoy et Oisemont ,

Et enfin, la quatrième vérifiera les usages recueillis dans l'arrondissement d'Abbeville.

Sont désignés pour faire partie de la première sous-commission :

MM. Boullet, président, Faton de Favernay et Deberly.

De la deuxième :

MM. Oger, président, Lesueur de Pérès, et Daussy.

De la troisième :

MM. Hardouin, président, Leriche et Clémence.

Et de la quatrième sous-commission :

MM. Guyho, président, Siffait et Bouthors.

La Commission demande, avant de se séparer, qu'une copie de la circulaire de M. le Ministre et des instructions de M. le Préfet soit remise, le plus prochainement possible, avec les travaux des Commissions cantonales, à MM. les Présidents des quatre sections.

La séance est levée à quatre heures.

Le Préfet, Président de la Commission centrale,

Cte VICTOR DU HAMEL.

—

DEUXIÈME RÉUNION.

L'an 1856, le 26 juin, à quatre heures, s'est réunie, sous la présidence de M. le comte du Hamel, Préfet de la Somme, la Commission centrale instituée à l'effet de vérifier les travaux des Commissions cantonales chargées de recueillir les usages locaux en vigueur dans le département de la Somme.

Etaient présents : MM. Boullet, premier président, Guyho, procureur-général, Oger, président honoraire de la Cour impériale, Faton de Favernay, conseiller honoraire, Leriche, conseiller à la Cour impériale, Hardouin, président du tribunal civil d'Amiens, Lesueur de Pérès, procureur impérial, Siffait, conseiller de préfecture, Deberly, avocat, Clémence, président de la chambre des avoués d'appel, Bouthors, greffier en chef, Daussy, avocat, et Thuilliez, remplissant les fonctions de secrétaire.

Le procès-verbal de la séance du 22 février 1856 est lu et adopté.

M. le Préfet donne successivement la parole à MM. les Présidents des quatre sous-commissions composant la Commission centrale.

MM. les Présidents font connaître que leurs sections ont examiné les procès-verbaux des Commissions cantonales. Un rapport a été rédigé, au nom de la première section, par M. Faton de Favernay; au nom de la deuxième section, par M. Daussy; au nom de la troisième, par M. Leriche, et au nom de la quatrième, par M. Bouthors.

Sur la proposition de M. le Préfet, la Commission centrale décide que MM. les rapporteurs des quatre sections se constitueront en une sous-commission qui prendra connaissance des travaux des quatre sections et préparera un rapport d'ensemble et définitif sur les opérations de la Commission centrale.

Plusieurs Membres prennent ensuite la parole et échangent diverses observations.

La Commission pense pouvoir se réunir au commencement du mois d'août pour entendre la lecture du rapport général.

La séance est levée à cinq heures moins un quart.

Le Préfet, Président de la Commission centrale,

Cte VICTOR DU HAMEL.

TROISIÈME RÉUNION.

L'an 1856, le 29 décembre, à deux heures, s'est réunie la Commission centrale instituée à l'effet de vérifier les travaux des Commissions cantonales chargées de recueillir les usages locaux en vigueur dans le département de la Somme.

En l'absence de M. le Préfet, M. Boullet, premier président de la Cour impériale, président de la première sous-commission, occupe le fauteuil de la présidence.

Etaient présents : MM. Oger, président de la Cour impériale, Faton de Favernay, conseiller honoraire, Leriche, conseiller à la Cour impériale, Hardouin, président du Tribunal civil, Siffait, conseiller de préfecture, Deberly, avocat, Clémence, président de la Chambre des avoués d'appel, Bouthors, greffier en chef, et Thuilliez.

Absent, M. Daussy, avocat.

Le procès-verbal de la séance du **26** juin est lu et adopté.

M. Faton de Favernay lit un extrait du *Moniteur* du **20** août 1856, concernant les usages locaux.

M. Bouthors, rapporteur du Comité de rédaction, présente le rapport suivant :

Messieurs,

Conformément à la décision que vous avez prise dans la séance du 26 juin dernier, les rapporteurs de vos quatre Sous-Commissions se sont réunis avec leurs présidents, en comité de rédaction, à l'effet d'arrêter les bases du rapport définitif qui doit vous être présenté sur les observations des Commissions cantonales que M. le Préfet a instituées pour constater les usages locaux en vigueur dans le département de la Somme.

Les rapports qui vous ont déjà été soumis rendent facile la tâche que nous avons à remplir. Nous allons avoir l'honneur d'en faire passer les résultats sous vos yeux.

Nous devons d'abord rendre hommage au zèle et à l'intelligence dont les Commissions cantonales ont fait preuve dans l'accomplissement de leur mandat. Ces Commissions, au nombre de 37, se composaient de 243 membres, dont 39 seulement ont été empêchés de prendre part aux travaux de leurs collègues. C'est donc moins d'une abstension par canton pour un département qui en compte 41. Leurs procès-verbaux constatent qu'elles ont tenu 71 séances, indépendamment des démarches individuelles des Commissaires qui ont recueilli les renseignements. Instituées le 27 mars 1855, elles ont terminé leurs opérations, savoir : 2 en avril, 22 en mai, 9 en juin, 2 en juillet, 1 en août ; une seule les a prolongées jusqu'au mois de janvier 1856. Quelques-unes, — c'est par discrétion que nous ne les nommons pas, — ont procédé à leur enquête, commune par commune, et mérité des éloges dont nous aurions été heureux de nous rendre les interprètes si nous n'avions craint de blesser la susceptibilité de celles qui n'ont point poussé aussi loin leurs investigations. Chacune d'elles a fourni son contingent d'observations plus ou moins précises, plus ou moins concluantes : précieux faisceau de renseignements qui s'expliquent, se corrigent et se complètent les uns par les autres. Plusieurs ont émis des vœux qui attestent leur sollicitude pour les intérêts de l'agriculture. Ces vœux seront résumés à la fin de ce rapport et nous vous proposerons de vous y associer, autant que vous pourrez le faire, sans outre-passer les pouvoirs qui vous sont conférés.

Les Commissions cantonales ne se sont point méprises sur la portée de la circulaire de S. Exc. M. le Ministre de l'Agriculture et du Commerce, du 15 février 1855. La mesure qu'il a prescrite pour arriver à une constatation régulière et complète des usages locaux, principalement de ceux auxquels renvoient les articles 645, 663, 671, 674 du Code Napoléon concernant les servitudes, 1756, 1745,

1748, 1777, relatifs au contrat de louage, a pour but de faciliter la rédaction du code rural et d'y ajouter un complément nécessaire.

Le rapport du Sénat à l'Empereur, publié dans le *Moniteur* du 20 août dernier, ne permet plus le moindre doute à cet égard.

« Il est essentiel, — nous copions les termes du rapport, — » que les recueils des usages locaux soient terminés le plus promp- » tement possible et que le Gouvernement les promulgue. Les » usages qui ne sont plus en harmonie avec nos besoins et nos » mœurs seraient écartés, et l'on placerait dans le code rural ceux » qui, par leur caractère de généralité, pourraient être utilement » convertis en loi. »

Indépendamment des usages locaux auxquels renvoie le Code Napoléon, il en est d'autres qui ont été maintenus par la loi du 28 septembre 1791 et par le code pénal de 1810. Les usages qui contredisent la loi de 1791 ne seraient peut-être pas à repousser, puisque les vœux d'un grand nombre de départements demandent la révision de celles de ses dispositions qui ne sont plus en harmonie avec l'état actuel de l'agriculture ; d'un autre côté, le Sénat laissant pressentir l'abolition prochaine du parcours et de la vaine pâture, ce serait peut-être une raison pour nous de mettre de côté les usages qui règlent l'exercice de cette servitude.

Vos sous-commissions, Messieurs, n'ont pas cru devoir entrer dans cette voie. Elles ont pensé qu'il ne leur appartenait pas de préjuger les réformes de l'avenir, mais qu'elles devaient s'abstenir d'enregistrer, comme usages locaux en vigueur dans le département de la Somme, ceux qui ont le tort de se trouver en opposition avec les lois existantes.

Peut-être n'est-il pas inutile de vous exposer les principes qui ont servi de base à nos appréciations.

L'usage ne forme lien de droit entre les personnes qui l'observent qu'à cause de l'espèce de contrainte qu'il exerce sur celles qui auraient la volonté de s'en affranchir. Il a la même force que la loi, lorsque la loi est incomplète ou obscure ; mais quand elle a parlé, quand elle dispose en termes clairs et précis, il ne lui est pas permis de la contredire ou de la corriger.

Il ne faut pas non plus confondre l'usage avec la routine. Les pratiques usuelles ne sont constitutives de l'usage, dans le sens que nous devons attacher à ce mot, qu'autant qu'elles impliquent soumission à un devoir de société; car l'usage suppose toujours une convention tacite déterminée par certaines circonstances de temps, de lieu et de situation qui affectent les relations des citoyens. Ainsi, de ce que, dans tel pays, on a l'habitude de labourer, de semer et de récolter avec tels ou tels instruments, il ne s'ensuit pas que ces manières de faire soient commandées par l'usage, puisqu'on peut se dispenser de les observer sans qu'il en résulte négligence ou infraction d'un devoir juridique.

L'usage, pas plus que la loi, n'enchaîne la liberté des conventions qui y dérogent. Toutes les fois qu'il n'y a pas une cause qui domine la volonté des parties et détermine la nature du contrat, l'uniformité des stipulations ne prouve pas l'existence d'un usage contraire à celui qui a toujours été observé. Ainsi, quoique l'usage général soit d'engager les moissonneurs à l'année, de les payer en nature et de les obliger à un service gratuit qui a pour objet la préparation de la récolte et pour but de donner au maître une garantie que les travaux ultérieurs seront par eux exécutés, rien n'empêche un cultivateur, s'il y trouve plus d'avantage, de n'engager ses moissonneurs que pour le temps de la moisson et de substituer le salaire en argent au salaire en nature.

L'usage, enfin, peut varier dans sa forme sans que le principe en vertu duquel il existe en soit le moins du monde affecté : ce qui se pratique à la campagne pour le louage des valets de charrue et des bergers en est la preuve. Malgré les divers modes d'engagements de ces serviteurs, la règle à peu près invariable est que le service d'hiver doit être moins rétribué que le service d'été. Peu importe dès lors que l'année se divise en périodes égales ou inégales, puisque, dans un cas comme dans l'autre, le salaire s'élève ou s'amoindrit, selon l'ordre des saisons, proportionnellement à l'utilité que le maître retire du concours de l'ouvrier qu'il emploie.

Les révolutions, qui bouleversent les institutions d'un empire, sont impuissantes à changer les usages, même les plus abusifs, quand elles ne détruisent pas la cause qui les produit. Ce n'est pas la rigueur des lois pénales, c'est le morcellement de la propriété et la division des cultures qui extirperont du Santerre la honteuse lèpre du *droit de marché*. Tant qu'il y aura des communaux en France, on respectera les usages qui, de temps immémorial, ont réglé les droits des communes usagères. La communauté de jouissance est incompatible avec le partage, l'allotissement et l'amodiation de la chose indivise. C'est pour cela que la loi du 10 juin 1793 a eu pour effet d'anéantir les pâturages communs partout où le partage des communaux a été consommé. Si on demande aujourd'hui la mise en valeur de ces mêmes biens, c'est évidemment pour mettre un terme à un mode de jouissance qu'à tort ou à raison on considère comme un obstacle au progrès de l'agriculture.

Les usages destinés à disparaître n'ont pas besoin que la loi les frappe de réprobation ; c'est la force même des choses qui les fait tomber en désuétude. A quoi bon, dès lors, décréter l'abolition du parcours et de la vaine pâture ? Le dessolement et la suppression presque totale de la jachère en auront bientôt fait justice. Il n'y a pas de parcours ni de vaine pâture possible là où il n'y a point d'espace pour les troupeaux communs ; par conséquent, il est inutile de demander à la loi de faire cesser ce qui n'existe déjà plus.

Les principes qui règlent les usages n'ont rien de commun avec ceux qui règlent les servitudes. L'usage, selon Beaumanoir (*Coutumes de Beauvoisis,* ch. XXIV), s'établit par des actes répétés, de façon qu'il emporte la volonté générale de s'y conformer, non comme constituant un droit acquis par prescription, mais comme faisant la preuve d'un droit établi par la coutume. La prescription, dit Dunod (*Prescriptions,* partie I, ch. XIII), diffère de l'usage en ce qu'elle s'acquiert par le fait d'un particulier et ne sert qu'à lui. L'usage, au contraire, naît du fait uniforme de plusieurs particuliers et sert de règle à ceux qui n'y ont point eu de part. Il n'ôte rien à personne; il n'exige ni titre, ni possession de bonne foi et forme un droit pour tous indifféremment.

Quelques Commissions cantonales nous semblent méconnaître ces principes, lorsqu'elles déclarent que les usages réservés par l'article 671 du Code Napoléon ne s'appliquent point aux plantations nouvelles et n'ont de valeur que pour les plantations anciennes, comme si la maxime : *tantum possessum, quantum præscriptum*, pouvait servir de règle pour déterminer des droits qui ne naissent pas de la possession. C'est là une erreur de droit qui méritait d'être relevée; car l'usage non contesté fait loi aussi bien pour le passé que pour l'avenir, lorsque la loi n'en a point prononcé l'abrogation.

L'enquête sur les usages locaux a aussi signalé un fait qui ne doit pas être passé sous silence, c'est que la plupart des usages relatifs à la jouissance des biens communaux, au régime des eaux, aux servitudes rurales, au louage des choses et des services ont déjà été constatés, en ce sens qu'on en trouve la preuve écrite dans nos coutumes générales et particulières et dans des sentences règlementaires qui viennent corroborer les déclarations des Commissions cantonales. Le même moyen de contrôle peut être appliqué aux usages des autres départements ; car partout, depuis l'époque de Beaumanoir jusqu'à nos jours, les usages ont laissé des traces de leur existence dans les écrits des commentateurs des coutumes et dans les anciens recueils de jurisprudence Cette vérification ne serait peut-être pas sans utilité pour le code rural.

Telles sont, Messieurs, les réflexions préliminaires que nous croyons devoir vous soumettre sur l'ensemble des procès-verbaux déférés à notre examen : nous vous les donnons comme le résumé des impressions qu'ils nous ont communiquées. Il est temps d'en aborder les détails. L'objet de notre mission étant très-clairement indiqué dans les instructions de M. le Préfet du 23 février 1856, nous devons nous renfermer dans le cadre qu'elles nous ont tracé, et nous restreindre au travail de vérification et de classement qui nous est demandé.

Ce travail se divisera en deux parties. La première contiendra nos réponses aux trois premières questions que les instructions sus-énoncées nous prescrivent de résoudre ; la seconde, nos observations sur chacun des titres sous lesquels nous vous proposons de classer les usages locaux constatés par les Commissions cantonales, et auxquels les applications qui en sont faites, dans quelques localités ou dans la plupart d'entre elles, donnent un véritable caractère de généralité.

PREMIÈRE PARTIE.

USAGES A RETRANCHER ET USAGES OMIS.

Première question.

« *Les Commissions cantonales n'auraient-elles pas compris* » *certains abus, modes ou pratiques suivies dans les campagnes ou* » *les villes, au nombre des usages locaux qu'elles avaient mission* » *de constater ?* »

Avant de relever les énonciations des procès-verbaux que nous croyons susceptibles de critique à ce point de vue, nous devons, Messieurs, vous signaler une circonstance qui peut expliquer la cause de l'erreur dans laquelle la plupart sont tombées. Vous devinez que nous faisons allusion à une note autographiée, sous forme de questionnaire, qui a été adressée officieusement, nous ne savons par qui, à toutes les Commissions cantonales, dans le courant de mai 1855. Celles qui n'avaient point encore terminé leurs opérations à cette époque, l'ont acceptée comme programme officiel et se sont fait un cas de conscience de répondre à toutes les questions qui y sont posées.

Toujours est-il qu'il suffit de jeter les yeux sur les nᵒˢ 2, 7, 8, 9, 11 et 13 de la note précitée, pour être convaincu qu'ils n'ont aucune relation avec les usages locaux qui font l'objet de la circulaire ministérielle du 15 février 1855. Or, ce sont précisément les réponses que ces questions ont provoquées qui motivent les retranchements que nous avons l'honneur de vous proposer.

Vos quatre sous-commissions ont été unanimes pour vous demander le rejet des articles qui concernent l'assolement triennal, les différentes manières de disposer la terre, de préparer la semence et de récolter les grains, parce que l'article 2 du titre Iᵉʳ et l'article 2, section V, même titre, de la loi du 28 septembre 1791, ayant déclaré que tous les propriétaires sont libres de varier, à leur gré, leur culture et de faire leur récolte, de quelque nature qu'elle soit, avec tout instrument et au moment qui leur convient, tous les anciens usages qui pouvaient restreindre l'exercice de cette liberté ont cessé d'être obligatoires.

Le glanage, le râtelage et le grappillage sont reconnus par l'article 21, titre II de la loi du 28 septembre 1791 et par l'article 471, nᵒ 10, du code pénal. C'est, d'ailleurs, un droit dont les Maires peuvent réglementer l'exercice.

Il n'en est pas de même du chaumage qui devient un délit, quand il n'est pas autorisé par le propriétaire, nonobstant l'opinion des auteurs qui soutiennent que le chaumage, n'ayant point été aboli, peut encore être exercé dans les lieux où les coutumes l'autorisaient (J. de Valserres, *Manuel du droit rural*, p. 666).

La fermeture des colombiers, aux époques qui sont déterminées par les arrêtés municipaux, est prescrite par l'article 2 de la loi du 4 août 1789. La jurisprudence aujourd'hui prépondérante de la Cour de Cassation accorde à ces arrêtés la sanction de l'article 471, nᵒ 15, du code pénal ; par conséquent, il n'y a point d'usage qui puisse en autoriser l'inexécution.

Le transport des ruches dans les champs, qui se pratique dans quelques communes des environs d'Amiens, ne constitue qu'une simple tolérance.

Il en est de même de la faculté accordée aux habitants pauvres d'aller cueillir, en certaines saisons, les herbes qui poussent dans les blés et autres grains.

Ce qui était un usage avant la loi de 1791 n'est plus, aujourd'hui, qu'une simple tolérance dont les propriétaires ont la liberté de s'affranchir.

Les arrêtés municipaux qui règlent l'exercice de ce prétendu droit, dans presque toutes les communes du département, ne sauraient le légitimer. Il s'élève d'ailleurs des doutes sérieux sur la légalité de semblables mesures auxquelles les tribunaux peuvent refuser la sanction pénale qui les fait respecter.

Les chemins de sole, les sentiers, les tours de ville, ne paraissent pas, à la première et à la deuxième sous-commissions, devoir rentrer dans le cadre des usages locaux. Elles écartent les observations qui ont été faites à ce sujet.

La troisième rappelle que la Cour de Cassation a consacré par sa jurisprudence que les principes relatifs aux servitudes discontinues sont sans application aux chemins nécessaires à l'agriculture ; que l'exercice du passage n'est que l'exécution d'une convention supposée entre les propriétaires voisins pour la desserte de leurs fruits.

La quatrième sous-commission fait seulement des réserves pour quelques usages relatifs à la servitude d'enclave, qu'elle croit dignes d'être relevés comme interprétation de l'article 682 du Code Napoléon.

Deuxième question.

« *Au nombre des usages signalés par les Commissions canto-*
» *nales, n'y en a-t-il pas qui sont le résultat évident et direct*
» *d'un article de loi ?* »

Bien peu de procès-verbaux méritent le reproche d'avoir énoncé
des usages dont la loi rend la constatation inutile et surabondante.
Quelques-uns cependant nous paraissent susceptibles de subir des
retranchements pour cette cause.

La Commission de Rue classe parmi les biens réputés meubles
les portes des fours, soit en bois, soit en fer ou en tôle, quand
il n'y a ni gonds ni charnières.

Alors même que ces objets ne seraient pas déclarés meubles par
l'usage des lieux, ils devraient encore être considérés comme tels
en vertu de l'art. 525 du Code Napoléon, *puisqu'ils peuvent être*
enlevés sans être fracturés et sans briser la partie du fonds à
laquelle ils sont attachés.

La Commission d'Ailly-le-Haut-Clocher dit que, dans ce canton,
les fossés sont réputés mitoyens quand il n'y a pas de titre con-
traire ; celle du canton d'Ault, que *les fossés mitoyens se curent*
à frais communs ; celle de Saint-Valery, que *tous les fossés sont*
mitoyens à moins de stipulation contraire et que *le curage se fait*
à frais comuuns avec rejet des deux côtés.

Ces diverses déclarations sont parfaitement conformes au texte
et à l'esprit des articles 666, 667 et 669 du Code Napoléon.

La Commission de Saint-Valery dit également que *le proprié-*
taire d'un essaim d'abeilles est réputé avoir le droit de le suivre
partout et d'en revendiquer la propriété.

Si elle avait ajouté *tant qu'il n'a pas cessé de le suivre,* l'identité
de l'usage avec loi serait évidente. Nous n'oserions cependant
affirmer que l'omission n'a pas été volontaire, pour consacrer un

usage conforme aux établissements de Saint-Louis qui conservaient le droit de revendication du propriétaire, même lorsque l'essaim avait disparu de ses yeux.

Les auteurs ne sont point d'accord sur l'interprétation à donner à l'article 5, titre Ier, section 5 de la loi du 28 septembre 1791. Fournel (*Lois rurales*, tome Ier, p. 52), soutient que cet article abroge la règle du droit coutumier pour adopter celle du droit romain, *donec in conspectu nostro est*. Jacques de Valserres (*Manuel du droit rural*, p. 271), veut que la condition de la poursuite à vue ne soit pas indispensable à l'exercice du droit de revendication.

Peu importe, au surplus, car si l'usage déclaré est conforme à la loi de 1791, il est inutile de le constater ; s'il est contraire, l'article 7 de la loi du 50 ventôse an XII ne permet pas de s'y arrêter.

La même raison doit nous faire rejeter la déclaration des Commissions de Crécy et de Moreuil, relativement à l'usage d'attribuer la propriété de l'essaim trouvé à celui qui le trouve. Tant que la loi, qui l'attribue au propriétaire du terrain sur lequel il s'est fixé, n'aura pas été abrogée, il n'y a pas de coutume ni d'usage contraire qui puisse prévaloir contre son texte.

L'usage de permettre l'exercice de la vaine pâture sur les prairies artificielles, quand il n'y a pas défense des propriétaires, usage qui paraît se perpétuer dans les cantons d'Acheux, de Villers-Bocage et de Moreuil, ne peut être admis, parce qu'il est contraire à une disposition formelle de la loi de 1791.

L'interdiction à l'usufruitier d'abattre les *pérots et tayons*, c'est-à-dire les arbres de haute-futaie, dans les bois, qui ont trois fois l'âge du bois de la coupe ordinaire, que la Commission de Corbie voudrait faire résulter d'une disposition de la coutume de Picardie, ne peut se concilier avec l'article 591 du code Napoléon qui n'oblige l'usufruitier qu'à se conformer à l'usage des anciens propriétaires.

La loi n'a pas entendu maintenir les anciennes restrictions du droit coutumier, mais seulement les traditions du père de famille

dans l'exploitation et l'aménagement de la chose soumise à l'usufruit. Les arbres qui croissent sur les héritages sont toujours cen-
sés réservés au propriétaire ; mais les arbres de haute futaie, dans
les bois mis en coupe réglée, sont considérés comme des fruits.
Telle est la distinction établie par les articles 591 et 592 du code
Napoléon.

Les commissions de Corbie, de Doullens et de Sains fixent à
1 mètres 55 centimètres et non plus, la hauteur du mur de clôture ; mais cet usage serait contraire à la loi, s'il pouvait s'entendre comme une prohibition de l'élever davantage. Un propriétaire ne peut attaquer son voisin pour lui faire réduire la
hauteur de son mur. L'article 663 du code Napoléon ne prescrit
qu'un minimum de hauteur, pour les clôtures mitoyennes, dans les
villes et faubourgs.

Troisième question.

« *Certains usages locaux, dont il peut être utile de constater*
» *l'existence, n'ont ils pas été omis dans les rapports des Com-*
» *missions cantonales ?* »

La première, la seconde et la troisième Sous-Commission, après
avoir fait remarquer que plusieurs des rapports sont évidemment
incomplets, se sont demandé s'il ne conviendrait pas d'inviter les
commissions cantonales à s'expliquer sur les lacunes qui leur
seraient signalées ; mais elles ont cru qu'il ne leur appartenait pas
de provoquer cette mesure inutile, selon elles, parce que, sur
beaucoup de points, on pouvait suppléer au silence du procès-
verbal d'un canton avec les procès-verbaux des cantons voisins,
attendu que les usages relevés sont à peu près les mêmes dans
tous les cantons. Elles ont pensé que ce travail d'induction pourrait être fait avec fruit par la Commission centrale, lorsqu'elle aurait sous les yeux l'ensemble des constatations faites dans tout le
département.

La quatrième Sous-Commission, qui avait à vérifier les usages des cantons maritimes de l'arrondissement d'Abbeville, comprenant que les procès-verbaux des autres arrondissements ne lui seraient d'aucun secours sur les points qu'elle avait à éclaircir, a désiré s'entourer de nouveaux renseignements.

Dans l'impossibilité de les obtenir des Commissions cantonales dissoutes par le fait de l'accomplissement de leur mandat, elle les a sollicités des magistrats qui ont dirigé leurs opérations. MM. les juges-de-paix de l'arrondissement d'Abbeville, dont le dévouement est toujours à la hauteur des devoirs incessants et multipliés auxquels ils sont assujettis, ont fourni, en réponse à la circulaire de M. le Procureur général, président de la quatrième Sous-Commission, de précieux renseignements pour réparer les omissions qui leur avaient été signalées, notamment en ce qui concerne le régime des endiguements dont la conservation est si importante dans un pays où la mer et les dunes sont une menace perpétuelle pour les propriétés qu'elles avoisinent.

Leurs réponses expliquent, corrigent et complètent les déclarations des Commissions cantonales sur les points où celles-ci présentent des lacunes ou des incertitudes quant à l'application qui en peut être faite.

DEUXIÈME PARTIE.

CLASSEMENT ET RÉSUMÉ ANALYTIQUE DES USAGES LOCAUX.

Les quatre Sous-Commissions sont unaniment d'avis que les usages locaux doivent être classés selon l'ordre chronologique des lois et décrets qui en prescrivent l'observation, et distingués par titres et sections avec une seule série de numéros.

TITRE Iᵉʳ.

VAINE PATURE.

Loi du 28 septembre 1791.

La vaine pâture comprend toutes les propriétés non closes sur lesquelles il n'existe ni semences ni récoltes. C'est mal à propos que quelques Commissions y ajoutent les rues, les places publiques, les chemins verts. Toutes ces propriétés, ainsi que les landes, bruyères, rideaux et friches qui n'appartiennent pas à des particuliers, sont communales, et le pâturage qui s'y exerce constitue un droit de propriété et non une servitude.

En général, toutes les espèces de bestiaux, même la volaille, participent à la vaine pâture. Les jachères sont affectées plus spécialement aux moutons et aux porcs; les chaumes aux vaches et aux moutons. Les vaches sont tolérées dans les chaumes semés en prairies artificielles, pourvu que le propriétaire n'y ait point fait de marques de défense.

La vaine pâture profite presque exclusivement aux propriétaires domiciliés dans la commune, les forains n'usant guère du droit que leur accorde la loi de 1791 d'envoyer paître leurs bestiaux sur les territoires voisins où ils possèdent des propriétés.

La vaine pâture n'est règlementée que dans un très petit nombre de communes. Même dans celles où il existe des règlements qui fixent le nombre proportionnel des bêtes à laine, l'usage sanctionné par la jurisprudence de la Cour d'Amiens, mais non reconnu par la jurisprudence du Conseil d'Etat, permet que ce nombre soit dépassé au profit des autres ayants-droit, lorsque quelques-uns de ceux-ci n'ont pas fourni leur contingent à la répartition.

Dans les communes où la vaine pâture n'est pas règlementée, il n'y a véritablement pas d'usage à constater, si ce n'est en ce qui touche les cantonnements et la distribution des nuits de parc. Il est de règle à peu près générale que, pendant la durée du parc, c'est-à-dire depuis le 24 juin jusqu'au 1er ou jusqu'au 11 novembre, les cantonnements ne sont point observés.

La répartition des nuits se fait en raison combinée du nombre de bêtes à laine et de la quantité d'hectares exploités par chacun des participants. On a aussi égard à la durée inégalé des nuits d'été et des nuits d'automne pour combiner les tours du parc, de manière à ce que tous les hertiers en profitent également. De là la maxime : *Qui parque au commencement doit parquer à la fin.*

En 1808, un membre de la Commission consultative d'Amiens avait demandé que cette matière fût réglée par le Code rural ; mais la majorité des membres de cette Commission fut d'avis que le règlement des nuits que chaque propriétaire doit avoir, à défaut de conventions, ne peut être déterminé que par l'usage des lieux.

Les usages qui concernent le parcage des moutons sont très importants à constater, parce que, même en supposant la vaine pâture abolie, il y aura toujours lieu d'y recourir, lorsque des propriétaires s'associeront pour confier leurs moutons à un berger commun.

TITRE II.

PROPRIÉTÉS COMMUNALES. — MODE DE JOUISSANCE.

Loi du 28 septembre 1791, titre 1er, section IV, art. 14. — Décret du 9 brumaire an XIII, art. 1er. — Code forestier, art. 105.

L'article 14, section IV, titre 1er de la loi du 28 septembre 1791, n'a voulu en rien innover aux lois, coutumes et usages locaux qui, de temps immémorial, ont régi les droits des communautés d'habitants à la jouissance des biens communaux.

Il ne faut pas s'étonner, dès lors, s'il existe encore, dans ce département, des communautés affouagères qui se partagent le produit des bois des tourbières et des prairies, d'après des traditions qui se perdent dans la nuit des temps. Leurs droits sont reconnus non seulement par des usages constamment suivis, mais aussi par des coutumes qui ont encore force de loi et dont la sanction se trouve maintenue par l'article 484 du Code pénal, toutes les fois qu'un règlement municipal n'y a pas substitué celle de l'article 471, n° 15, du même Code.

Les coutumes en cette matière ont conservé toute leur autorité, et on peut toujours invoquer les dispositions qu'elles renferment comme raison déterminante des arrêtés municipaux qu'on voudrait édicter pour régler la police du pâturage des marais communaux. Elles forment donc un appendice nécessaire aux usages que nous avons à vérifier.

Les récentes délibérations des Conseils municipaux sur la mise en valeur des biens communaux prouvent, autant que nous pouvons en juger par les résultats qui ont été publiés, combien les communes sont peu disposées à changer le mode actuel de jouissance.

Puisque le plus grand nombre persiste à demander la conservation du pâturage, au moins faut-il que le pâturage soit règlementé de manière à mettre un terme aux abus qui ont été signalés. Un grand pas a déjà été fait. Désormais la dépaissance des communaux ne sera plus une charge sans profit, et ce premier succès n'est que le prélude de ceux qui couronneront les efforts de l'administration qui dirige notre riche et beau département.

TITRE III.

DROITS DE L'USUFRUITIER.

Loi du 30 janvier 1804 (code Napoléon), art. 590-593.

Les droits de l'usufruitier à la jouissance des bois taillis et des arbres de haute futaie sont déterminés par les articles 590 et 594 du Code Napoléon. La loi n'a voulu subordonner à l'usage des lieux que ce qui a rapport au remplacement des pépinières et à l'exploitation des produits annuels ou périodiques des arbres montants et des haies vives. A cet égard, les droits de l'usufruitier sont les mêmes que ceux du preneur des héritages ruraux. Il peut couper les haies et ébrancher les arbres en temps et saison convenable et en se conformant à l'aménagement établi ; mais le produit de l'élagage ne lui appartient qu'à la condition de renouveler les haies sèches et de maintenir les héritages en bon état de clôture,

L'usufruitier est tenu des charges de ville et de police pour les maisons et héritages soumis à l'usufruit, de l'échenillage, du curement des fossés, du faucardement des rivières, du paiement des contributions.

L'usage du canton de Rue met également à sa charge l'impôt des digues et nocages, qui est de tout point assimilé à l'impôt ordinaire.

Nous ferons toutefois une distinction à ce sujet. Toutes les contributions annuelles votées par les syndicats ne sont pas nécessairement des contributions ordinaires. La dépense que nécessite la rupture d'une digue à la mer ou le percement d'un nouveau canal de desséchement s'amortit quelquefois au moyen d'annuités, par exemple lorsqu'il s'agit de rembourser un capital emprunté. Or, une semblable contribution, quoique annuelle, ne peut être une charge des fruits dans le sens de l'article 608 du Code Napoléon, parce qu'elle a pour objet l'une des grosses réparations prévues par l'article 606 § 2 du même Code.

TITRE IV.

SERVITUDES QUI DÉRIVENT DE LA SITUATION DES LIEUX.

Loi du 30 janvier 1804 (code Napoléon), art. 645. — Loi du 14 floréal
an XI, art. 1er et 2.

A côté des avantages que procure le voisinage d'une rivière non navigable, il y a les périls qui peuvent résulter pour les riverains de l'élévation ou de l'abaissement du niveau d'eau. Ces périls, sans parler de ceux qu'aucune puissance humaine ne saurait conjurer, sont tels qu'ils exigent l'association de tous les intérêts que l'isolement pourrait compromettre. De là l'origine des syndicats organisés en vue de la commune défense des propriétés menacées. Le législateur, à cet égard, n'a point posé de règles fixes et invariables, car la nature des choses n'en comporte pas. C'est parce que les accidents du terrain et une foule de circonstances particulières diversifient les besoins à l'infini, que l'article 645 du Code Napoléon sur la *jouissance des eaux* et la loi du 14 floréal an XI, sur le *curage et l'entretien des rivières non-navigables*, ont réservé les coutumes, les règlements et usages locaux.

Mais, nous devons le dire, l'enquête dont nous travaillons à coordonner les éléments a constaté des besoins plutôt que des usages. Un grand nombre de nos cours d'eau ne sont point encore réglementés. Dans les lieux où ils le sont, on se plaint de l'insuffisance des moyens et on en sollicite de plus efficaces. Ainsi le juge de paix du canton de Rue, dans sa réponse aux questions posées par la quatrième Sous-Commission, signale l'imperfection des règlements qui prescrivent la plantation des dunes du Marquenterre; la Commission du canton de Poix, les difficultés, les contestations auxquelles les prises d'eau donnent trop souvent lieu. La Commission d'Ailly-sur-Noye demande le desséchement et l'assainissement de cet affluent de la rivière d'Avre. Enfin, rien de stable, rien de certain relativement au curage, au faucardement des rivières et aux obligations respectives des riverains et des usiniers.

En présence d'un tel état de choses, la Commission centrale ne peut qu'exprimer un regret et un vœu : le regret que les usages locaux sur cette matière si importante de l'économie rurale, n'aient pas été relevés et le vœu que cette lacune soit comblée au moyen de la réunion de tous les documents administratifs que M. le Préfet peut avoir à sa disposition.

Nous avons été plus heureux relativement aux usages qui ont

rapport au curage et à l'entretien des puits et des mares dans les hauts pays. Les renseignements recueillis sont de nature à faciliter la règlementation des droits des communes et des obligations des usagers participants.

TITRE V.

RAPPORTS DE VOISINAGE.

Loi du 30 janvier 1804 (code Napoléon), art. 663, 671, 674.

Les usages de la ruralité qui tirent leur raison d'être du contact des propriétés et des relations forcées des exploitants ou possesseurs, sont aussi variés que les accidents du sol, aussi divers que les productions qui s'y succèdent.

Le Code Napoléon, au titre des servitudes, a posé des principes et non des règles absolues. Par cela même qu'il reconnaît, sous les articles 651 et 652, que les propriétaires sont assujettis, l'un à l'égard de l'autre, indépendamment de toute convention, à des obligations dont les unes sont réglées par les lois sur la police rurale, il en résulte qu'il n'a pas voulu s'immiscer dans la tâche du législateur futur, par conséquent qu'il a entendu réserver d'autres usages que ceux qui sont maintenus par les articles 663, 671 et 674.

Par une bizarrerie vraiment inexplicable, les usages que le Code a voulu respecter, sont précisément ceux dont il reste le moins de traces et qu'on abandonne avec le plus de facilité, tandis que d'autres bien moins conciliables avec le texte et l'esprit de ses dispositions persistent à s'enraciner dans les habitudes des populations rurales.

Ainsi, malgré l'usage autrefois général en Picardie de planter les arbres à haute tige à 1 mètre 66 centimètres du terrain voisin, malgré l'arrêt de la Cour d'Amiens qui reconnaît et constate cet usage à la date du 21 décembre 1821, on ne tolère plus ces sortes de plantations qu'à la distance de 2 mètres, comme si le statut romain de la loi *quinque pedum*, par l'effet de l'article 671, ne devait pas avoir plus de durée que les plantations antérieures à la promulgation du Code Napoléon.

Au contraire, en dépit des principes sur la mitoyenneté, les haies plantées sur la ligne séparative de deux héritages contigus, au lieu de se diviser, pour la jouissance, dans le sens de leur longueur, se partagent en deux tronçons, dont chaque voisin exploite un bout des deux côtés et comme il l'entend.

La manière dont on interprète l'article 671 a aussi contribué puissamment à faire tomber en désuétude l'usage de subordonner la distance des haies non-mitoyennes à leur orientation. On exigeait autrefois un rejet de 2 pieds et demi à l'est et au midi, et de 18 pouces seulement à l'ouest et au nord, parce qu'il est reconnu que les vents de mer poussent la haie et lui font gagner insensiblement du terrain dans le sens opposé à leur direction. Mais aujourd'hui on ne tient plus compte de ces nécessités climatériques et on les sacrifie au besoin d'une règle uniforme.

Quelquefois les usages se contredisent sans qu'on puisse s'expliquer la cause de leur dissidence. Ainsi, pour la délimitation des propriétés séparées par un rideau, on accorde généralement au propriétaire supérieur tout l'espace qu'un homme assis sur la crête peut couvrir jusqu'à l'extrémité des pieds pendants, distance qui varie de 50 centimètres à 1 mètre. L'usage, dans certaines communes, partage le rideau par moitié; dans d'autres il l'attribue en entier, tantôt au propriétaire supérieur, tantôt au propriétaire d'en bas, tantôt pour un tiers à celui-ci, tantôt pour un tiers à celui-là. La même incertitude règne dans les usages applicables au percement des fossés de clôture et aux servitudes de gouttière.

Quoiqu'il soit généralement admis que les fruits de l'arbre dont les branches s'étendent au-delà de la ligne séparative, appartiennent au propriétaire du terrain sur lequel ils tombent naturellement, il y a cependant deux cantons, dans le département, où l'usage accorde au propriétaire de l'arbre le droit de suite sur les fruits. Mais cette tolérance ne peut résulter que d'une convention tacite fondée sur la réciprocité.

Il faut bien le reconnaître, la nécessité de la tolérance réciproque se dressera longtemps encore comme un obstacle insurmontable à l'application rigoureuse du principe consacré par l'article 682 du Code Napoléon. Il y a des usages qui, quoique n'obligeant pas strictement les personnes qui s'y soumettent, sont néanmoins acceptés comme règle d'équité dans les rapports de voisinage. Tels sont ceux qui concernent, soit les conditions du labourage entre voisins, soit le passage sur le fonds enclavant, pour le transport des fumiers et engrais, pour la culture, l'ensemensement et l'exploitation du fonds enclavé, soit enfin le droit de tour d'échelle pour la réparation des clôtures et bâtiments ruraux Un cultivateur qui ne souffrirait pas le passage sur ses terres, quand le dommage est à peine appréciable, s'exposerait à des représailles qu'il a tout intérêt d'éviter. La division des propriétés, l'enchevêtrement des cultures lui commande d'être tolérant pour les autres, afin qu'on le soit pour lui-même.

TITRE VI.

DE LA GARANTIE DES DÉFAUTS DE LA CHOSE VENDUE.

Loi du 6 mars 1804 (code Napoléon), art. 1648.

La Commission de Corbie est la seule qui ait fait mention des usages auxquels se réfère l'article 1648 du Code Napoléon pour l'exercice de l'action résultant des vices rédhibitoires, en matière de vente de meubles, d'immeubles et de livraison de marchandises.

Elle constate que, dans ce canton, l'usage exige que l'action soit exercée dans le délai de six mois à partir de la vente ou du moment où les vices ont été connus.

TITRE VII.

LOUAGE DES CHOSES.

Loi du 7 mars 1804 (code Napoléon), art. 1736, 1745, 1748, 1754, 1768, 1777.

Le louage des choses est soumis à des usages très nombreux et très divers. La plupart sont ignorés ou ne sont connus que dans l'étroite sphère de leur application. Il importe donc de les réunir et de les formuler avec soin, afin que les intéressés y puissent trouver des règles de conduite.

Nous signalerons particulièrement ceux de ces usages qui peuvent servir à interpréter l'art. 1774 du Code Napoléon, portant que le bail sans écrit des terres labourables, lorsqu'elles se divisent par soles et saisons, est censé fait pour autant d'années qu'il y a de soles. Les opinions, jusqu'à ce jour, ont été très divergentes sur le point de savoir de quelle manière commence et se renouvelle le bail sans écrit dont parle cet article. Les uns veulent qu'après la troisième récolte, lorsque les terres sont assolées, le fermier qui l'a recueillie, n'ait plus droit à la jouissance, malgré le propriétaire, soit qu'il ait labouré ou non ses jachères, l'année précédente, en saison convenable. Les autres, au contraire, prétendent que le bail sans écrit est censé recommencé par les labours que le fermier donne aux jachères dans le temps d'usage.

Sur ce point, les usages eux-mêmes sont loin de dissiper les doutes qui résultent des lacunes ou des obscurités de la loi. L'usage le plus général dans le département exige que le congé soit donné avant la récolte qui précède la dernière année du triennal, dans le canton de Crécy, avant l'enlèvement de la récolte si le triennal finit par blé, avant la récolte de mars s'il finit par jachères. Dans le canton de Nouvion, le propriétaire peut déposséder le fermier, à l'expiration des trois années, lorsque ce dernier n'a pas ensemencé les terres, en lui tenant compte des labours qu'il a faits.

A cette occasion, nous ferons remarquer qu'une sentence de règlement de la Sénéchaussée de Ponthieu, du 20 juin 1766, accorde au fermier des biens ruraux un an de délai à partir du congé et le tiers du prix du fermage pour le temps qui reste à faire, sans préjudice à la répétition des impenses. Quoique cette sentence ne fasse plus loi aujourd'hui, en tant qu'elle limite à une année les effets de la tacite réconduction, elle peut néanmoins servir à expliquer l'usage de donner congé avant la récolte qui précède la dernière année du triennal.

La Commission de Corbie mentionne, même en matière de baux écrits, l'usage de donner congé avant la St-Jean pour empêcher la tacite réconduction. Tout en reconnaissant que cet usage paraît contraire à l'article 1737 du Code Napoléon, elle entreprend néanmoins de le concilier avec la loi, sous prétexte que cet article, bien que placé sous la rubrique des règles communes aux baux à loyer et aux baux à ferme, n'est point applicable aux biens ruraux, puisque, aux termes de l'art. 1776, si, à l'expiration des baux écrits, le preneur reste en possession, il s'opère un nouveau bail dont l'effet est réglé par l'art. 1774.

La Commission de Chaulnes est plus dans le vrai lorsqu'elle présente ce prétendu usage comme question contestée et pouvant donner lieu à de nombreux procès.

Dans la dernière année du bail verbal d'un marché de terres qui se conduit par soles et saisons, le fermier sortant est autorisé à récolter la première coupe des prairies artificielles qu'il a semées l'année précédente, car l'usage ne considère pas comme dessolement une verdure sur jachères.

L'arrêt de la Cour d'Amiens de 1854, sur lequel se fonde la Commission de Doullens, pour repousser cet usage, ne s'applique évidemment qu'au bail écrit. Dans ce cas, c'est la convention et non l'usage qui fait la loi des parties.

Les bornes de ce rapport ne nous permettent pas d'entrer dans le détail des usages qui règlent les locations en ville. Ces usages qui n'ont d'importance que pour le chef lieu du département, ont été l'objet des consciencieuses études de la Commission des quatre cantons d'Amiens réunis. Son procès-verbal est un véritable traité sur la matière.

TITRE VIII.

LOUAGE DES SERVICES.

Code Napoléon, art. 1159. 1160, 1780, 1781.

Les serviteurs et valets qui se louent pour un certain temps et pour un prix déterminé, sont tenus de servir jusqu'au terme de leur engagement. A moins de motifs graves, ils ne peuvent quitter leur maître, ni le maître les renvoyer, dans l'intervalle, sous peine d'une indemnité proportionnée au préjudice résultant de l'abandon ou du renvoi. Pareillement ceux qui se louent pour un ouvrage à faire, ne peuvent se retirer avant de l'avoir fini, que du consentement de celui avec lequel ils ont traité.

Tels sont les principes qu'avaient consacrés les ordonnances de police, notamment les déclarations et arrêts du 7 février 1567, 28 juillet 1572, 21 novembre 1577 et 16 octobre 1720. (*Merlin,* Rep^{re} V° *Domestiques*).

Le louage des serviteurs et ouvriers attachés à l'agriculture, a fait aussi l'objet de quelques règlements des bailliages et sénéchaussées qui se sont conservés dans les traditions et les habitudes de nos campagnes.

C'est ainsi que les usages relatifs à la durée des engagements et à la division du salaire des domestiques de labour, des bergers et des moissonneurs, sont, d'après le témoignage des Commissions de Roisel et de Ham, identiquement les mêmes que ceux qui ont été reconnus par une sentence fort ancienne du bailliage de Péronne, et, par un arrêté réglementaire du 21 germinal an IX.

Les domestiques de labour et les bergers, non seulement dans l'arrondissement de Péronne, mais aussi dans presque tout le département, s'engagent pour un an qui commence à la Toussaint ou à la St-Martin d'hiver. L'année se divise en deux ou trois périodes emportant chacune une portion du salaire plus ou moins élevée, selon que les travaux du maître sont plus ou moins urgents. A l'échéance de chaque terme, le maître et le domestique ont la faculté de rompre l'engagement en se prévenant huit ou quinze jours d'avance.

Les moissonneurs, en général, sont payés en nature à raison du dixième, à la charge, par eux, de faire gratuitement, dans le cours de l'année, certains travaux supplémentaires qu'on appelle corvées, pour lesquels ils ne reçoivent que la nourriture. Jusqu'à la Saint-Jean, ils peuvent quitter leur maître qui, dans ce cas, ne leur doit aucun dédommagement ; mais si celui-ci les renvoie, il est tenu de les indemniser des corvées qu'ils ont faites.

L'engagement des moissonneurs, dans ces conditions, est un véritable louage d'ouvrage qui se résout en dommages-intérêts, comme toutes les obligations de faire, aux termes de l'art. 1142 du Code Napoléon. Le service gratuit de corvées n'a d'autre but que de garantir éventuellement l'exécution du contrat en ce qui concerne les travaux de la moisson.

L'une de vos Sous-Commissions a cru voir, dans les divers modes d'engagement des moissonneurs, le résultat de conventions plutôt que des usages proprement dits Mais cette opinion n'a point été partagée par la majorité des commissaires chargés de la rédaction du rapport.

Les conventions qui dérogent à l'usage nous paraissent avoir pour cause le développement de l'industrie dans nos campagnes et la redoutable concurrence qu'elle fait à l'agriculture. L'ouvrier, par cela même qu'il veut avoir la liberté de se tourner du côté où les chances de gain lui paraissent plus favorables, fait nécessairement la loi au maître qui a besoin du secours de ses bras, le forçant ainsi de souscrire aux conditions qu'il lui impose.

Le louage des services à la campagne et à la ville soulève une question d'une très-haute gravité : celle de savoir s'il n'y a pas péril pour la société à maintenir l'état de choses actuel. A cet égard, des vœux ont été émis dont nous aurons bientôt à vous entretenir.

CONTRAT D'APPRENTISSAGE.

Votre quatrième Sous-Commission, Messieurs, a cru que les usages relatifs à la durée du contrat d'apprentissage étaient un des points sur lesquels devait aussi se fixer son attention. Mais les questions qu'elle a adressées, à cet égard, à MM. les juges de paix de l'arrondissement d'Abbeville n'ont pas produit les résultats qu'elle avait espérés. Les renseignements obtenus ne sont ni assez concluants ni assez précis pour constituer des usages de la nature de ceux qui ont été réservés par l'article 7 de la loi du 22 février 1851.

TITRE IX.

USAGES DIVERS.

Code Napoléon. art. 1159, 1160.

Nous croyons inutile de relever les usages que nous rejetons sous ce titre Il suffit de les énoncer pour en donner une explication suffisante.

CONCLUSION.

Permettez-nous, Messieurs, d'être brefs dans le résumé des différentes parties de ce rapport qui a déjà trop fatigué votre attention. Nous nous bornerons à toucher les quatre points sur lesquels les instructions de M. le Préfet vous invitent à conclure.

Parmi les constatations des Commissions cantonales dont nous vous proposons le retranchement, les unes ne constituent pas des usages proprements dits : ce sont celles qui concernent l'assolement et le mode de culture, le glanage, le râtelage, le grappillage, le chaumage, les pigeons, les abeilles, les chemins, les sentiers et l'extraction des herbes, en certaines saisons, dans les récoltes pendantes par racines. Mais ce sont là des erreurs qui ne peuvent pas tirer à conséquence et dont nous vous avons d'ailleurs expliqué la cause.

Quant aux constatations qui doivent être écartées, soit parce qu'elles sont le résultat évident et direct d'un article de loi, soit parce qu'elles sont en opposition avec son texte ou son esprit, nous ne pouvons que vous rappeler ce qui a été dit à cet égard. Les unes, celles qui sont relatives aux obligations respectives des riverains, par rapport au curage des fossés mitoyens, disent absolument la même chose que les articles 666, 667 et 669 du Code Napoléon ; les autres, celles qui attribuent la propriété de l'essaim trouvé à celui qui le trouve, contredisent la disposition de l'art. 5, titre Iᵉʳ, section 3, de la loi du 28 septembre 1791 et l'article 546 du Code Napoléon. Celle qui interdit à l'usufruitier d'abattre le pérots et tayons dans les bois de haute futaie mis en coupe réglée a pour objet d'établir un usage qui ne saurait se concilier avec les articles 590 et 592 du même code. On ne peut pas non plus admettre que l'usage fixe un maximum de hauteur que le mur de clôture ne pourrait jamais dépasser, attendu qu'une semblable prohibition serait contraire à la loi.

Répondant à la troisième des questions posées par M. le Préfet, nous vous avons dit que l'ensemble des procès-verbaux des Commissions cantonales nous offrait le moyen de combler les lacunes signalées par le travail préparatoire de vos sous-commissions.

Sur la quatrième, nous avons été unanimement d'avis que les usages devaient être classés dans l'ordre chronologique des lois et décrets qui en prescrivent l'observation. Voici ceux de ces usages qui nous paraissent présenter un véritable caractère de généralité.

Vaine pâture : Quand il y a cantonnement, une section de commune n'a pas droit de parcours sur une autre section ; mais pendant la durée du parc, les cantonnements des troupeaux de bêtes à laine ne sont pas respectés.

Le mode de répartition des nuits de parc peut varier suivant les conventions, mais il est d'usage général que chacun des associés ait droit à une part égale proportionnelle des nuits d'été et des nuits d'automne.

Communaux : Les prés à foins sont interdits au pâturage, quand on n'y fait qu'une seule coupe, depuis le 15 mars jusqu'au 24 juin ; quand la seconde est réservée, depuis le 15 mars jusqu'au 1er octobre.

Droits de l'usufruitier : Il profite de l'ébranchage des arbres montants et des haies vives, à la condition de tenir en bon état de clôture l'héritage soumis à l'usufruit.

Servitudes qui dérivent de la situation des lieux : Elles ne peuvent être régies par des usages uniformes, parce que c'est la nature elle-même qui en détermine la raison d'être. Cependant, les règlements des associations syndicales, pour les endiguements et les renclôtures du Marquenterre et des bas-champs de Saint-Valery à Cayeux, offrent la plus grande analogie avec ceux de la Flandre maritime. Si les usages sont les mêmes, c'est évidemment parce que ces divers pays se trouvent, par rapport aux dangers de la mer, dans une situation identique.

Rapports de voisinage : Les servitudes qui naissent des rapports de voisinage varient aussi suivant les localités ; mais, malgré la diversité des usages, il y en a qui sont plus généralement acceptés, entre autres celui de partager, pour la jouissance, la haie mitoyenne en deux tronçons égaux, au lieu de la diviser dans le sens de la longueur. Quelques uns de ces usages se traduisent par un symbole ou par une formule proverbiale ; ainsi, pour la délimitation du rideau qui sépare deux héritages, par application de la maxime : *le pied saisit le chef,* on attribue au propriétaire supérieur *la jambe pendante*, c'est-à-dire tout l'espace qu'un homme assis sur la crête du rideau peut couvrir jusqu'à l'extrémité des pieds pendants.

L'usage qui accorde au voisin la propriété des fruits tombés naturellement de l'arbre dont les branches pendent sur son terrain est général, non-seulement dans le département, mais encore dans toute la France, nous oserions même dire dans toute l'Europe; car il est rationnel, pour nous servir de la naïve expression d'un proverbe allemand, que celui qui supporte le dommage des mauvaises gouttes recueille le profit des bonnes (1).

Louage des choses à la campagne : La clé porte un an, dit un vieil adage coutumier; c'est pourquoi il est d'usage à peu près général que le bail des maisons de la campagne et des héritages ruraux est censé fait pour un an qui commence au 15 mars, avec un délai de trois mois pour le congé. Le paiement du loyer se fait en un seul terme sans fractionnement. Les granges sont censées louées pour un an, à partir du 24 juin ou du 1er juillet.

Les usages sont très-divers en ce qui concerne le délai du congé des terres labourables, quand le bail est sans écrit. Celui qui tend à prévaloir exige que l'avertissement soit donné avant le 1er octobre qui précède la dernière année du triennal.

Toutes récoltes sur jachère autres que des prairies artificielles, pendant le cours du bail, sont considérées comme dessolement; mais le fermier ne peut semer de prairies artificielles pour les récolter dans la dernière année du bail.

On ne peut exiger du fermier, d'après l'usage, de fumer les terres plus de deux fois dans le cours d'un bail de neuf années.

Le louage des maisons de ville est régi par des usages qu'il est important de constater, mais qui sont sans utilité pour la fixation des principes du droit rural.

Louage des services : Il n'en est pas de même du louage des

(1) Der den boesen tropfen geniesset, geniesset auch den guten (Grimm, D. R. A., p. 350).

services à la campagne. Les rapports des maîtres avec leurs domestiques et ouvriers ont fait l'objet de règlements qui sont encore en vigueur : on ne peut que rendre hommage au sentiment qui les a dictés, car ils ont été rendus, d'une part, dans l'intérêt de l'agriculture, pour empêcher les ouvriers de quitter leurs maîtres, et de l'autre, dans l'intérêt des ouvriers eux-mêmes, puisque ces règlements sont combinés de manière à leur assurer une rémunération plus ou moins forte, selon que les travaux sont plus ou moins urgents, plus ou moins pénibles. Le Gouvernement peut avoir intérêt à connaître ces règlements; c'est pour cela, Messieurs, que nous vous proposerons d'annexer au travail de la Commission centrale ceux de ces règlements dont nous avons pu nous procurer des copies.

VŒUX DES COMMISSIONS CANTONALES.

Il nous reste, Messieurs, à vous entretenir des vœux qui ont été formulés par les Commissions cantonales.

Avons-nous mandat pour les apprécier? Cette question a été mûrement discutée dans une délibération à laquelle ont pris part les Présidents de vos quatre sous-commissions.

Voici la solution que, de concert avec eux, nous avons l'honneur de vous proposer.

Nous sommes d'avis qu'il n'y a pas lieu de s'occuper des vœux qui ont pour objet de changer la loi ou de réformer des usages établis. C'est au Conseil général du département, aux Conseils d'arrondissement ou aux Chambres consultatives d'agriculture qu'il appartient de les discuter.

Mais la Commission centrale croira sans doute devoir sanctionner par un vote les vœux qui signalent des abus que le pouvoir règlementaire peut faire disparaître par des mesures administratives.

1. TOURBIÈRES.

La Commission de Picquigny, à l'occasion du droit que s'arrogent les extracteurs de tourbes d'exploiter jusqu'à l'extrême limite de leur concession, demande qu'on les oblige à laisser un talus ou rejet égal à la profondeur de la tranchée.

Aux termes des articles 85 et 86 de la loi du 21 avril 1810, sur les mines, minières et carrières, tout ce qui peut assurer la sécurité des propriétés voisines des tourbières est dans les attributions de l'autorité administrative.

2. HAUTEUR DES HAIES VIVES.

Les Commissions de Conty, de Bernaville et de Nesle demandent que la hauteur de la haie vive soit fixée par un règlement d'administration.

Nous pensons que ce vœu doit être accueilli, parce que l'intérêt public se réunit à l'intérêt privé pour le recommander à la sollicitude de l'administration.

En effet, la haie qu'on laisse échapper dans sa partie supérieure on qu'on néglige de rabattre avant que les branches aient pris un certain développement, ne tarde point à se dégarnir du bas et à livrer passage aux volailles ou aux enfants qui dévastent les héritages et aux malfaiteurs qui s'y introduisent avec des intentions plus coupables encore. L'article 384 du code pénal aurait aggravé la peine sans motif suffisant, s'il avait entendu appliquer la définition de *parcs* et *enclos* à des héritages dont la clôture n'offre pas un obstacle continu. Par conséquent, le devoir de la police est de veiller à ce que les haies soient maintenues en bon état de défense et ne soient pas une gêne pour les voisins.

Une haie rabattue tous les quatre ou cinq ans à la hauteur de 1 m. 50 c. serait dans les conditions voulues pour sauvegarder tous les intérêts.

3. RIDEAUX.

Les droits respectifs des voisins à la propriété des rideaux qui séparent les héritages peuvent-ils être déterminés par un règlement d'administration, ainsi que le demande la Commission de Bernaville ?

A défaut de titre ou de possession contraire, l'usage le plus général attribue au propriétaire supérieur la distance d'un mètre à partir de la crête du rideau. Cette règle, qui a déjà été adoptée par les agents du cadastre, l'est encore, tous les jours, par les agents-voyers, lorsque les rideaux sont contigus à des chemins vicinaux.

Un arrêté préfectoral rendu dans ce sens, sans préjudice aux droits acquis, éviterait à l'avenir bien des difficultés et des procès.

4. VAINE PATURE.

La Commission de Bernaville émet également le vœu que les cantonnements des bergers communs et privés soient fixés par des règlements locaux, et que le nombre des bêtes à laine soit proportionnel à l'étendue du territoire.

Vous ne pouvez, Messieurs, que recommander ce vœu à l'administration préfectorale qui ne s'épargne point les efforts pour amener les autorités municipales à réglementer la vaine pâture.

5. PASSAGES RÉSULTANT DE L'ENCLAVE.

La même Commission de Bernaville, rappelant les vieux usages d'entrée de sole, émet le vœu que les passages pour l'exploitation soient déterminés tous les ans, au mois de février, par les Conseils municipaux, sans préjudice à l'indemnité légitimement due.

La réalisation de ce vœu serait certainement une mesure très-profitable aux cultivateurs, en ce sens que ceux dont le terrain se trouverait grevé du droit de passage aménageraient leur culture en conséquence et n'auraient pas besoin de recourir à la justice pour faire apprécier le dommage ou pour obtenir des indemnités.

La division de la propriété et la révolution qui s'opère dans le système des assolements devant avoir pour effet de multiplier les enclaves démontrent, par cela même, la nécessité de réglementer cette servitude d'utilité publique.

6. TOURS DE VILLE.

L'usage de pratiquer des sentiers qui permettent la circulation autour des haies des villages est apprécié différemment par les Commissions cantonales. Les unes considèrent ces sentiers comme des servitudes de pure tolérance, les autres comme des propriétés communales, comme des chemins susceptibles d'être classés.

Le seul vœu à enregistrer est celui de la Commission de Nesle. Elle demande que la largeur du tour de ville soit limitée à 50 centimètres, c'est-à-dire à la distance prescrite pour l'égout de la haie et que les maires soient invités à faire couper les branches dont l'extension pourrait rejeter le passage sur les terres voisines.

En présence de la contradiction qui existe sur ce point dans les appréciations des Commissions cantonales, vous ne pouvez que manifester une opinion.

Si la circulation autour des haies des villages est d'une indispensable nécessité, par exemple pour les rondes de police, c'est à celui qui déplace le tour de ville par la plantation d'une haie nouvelle à fournir, au-delà de sa clôture, le terrain sur lequel le passage doit s'exercer.

7. DROIT DE MARCHÉ.

Les Commissions de Chaulnes, de Nesle, de Roisel, de Rosières et de Roye, appellent l'attention de la Commission centrale sur le *droit de marché,* usage abusif en vertu duquel les fermiers du Santerre se perpétuent dans leur jouissance contre la volonté des propriétaires, et rétrocèdent leur bail moyennant un prix qui est quelquefois du quart, du tiers et même de la moitié de la valeur de l'immeuble affermé.

La situation que cet usage fait au propriétaire, est telle qu'il lui est impossible d'augmenter son revenu tant qu'il n'a pas acheté la renonciation du fermier. S'il veut le déposséder, il ne trouve personne pour reprendre ses terres, ou, s'il rencontre un amateur, celui-ci s'expose aux coups invisibles d'une vengeance inexorable qui se manifeste par le bris des charrues, la destruction des récoltes, la mutilation des arbres, l'incendie des bâtiments et, enfin, par l'assassinat de celui qui est assez téméraire pour mépriser ces avertissements.

Cependant, Messieurs, nous sommes heureux de constater que cet abus monstrueux qui, depuis des siècles, brave la justice et les lois, tend de jour en jour à disparaître. Le droit de marché perd insensiblement de sa valeur. Elle est tombée de 1,800 fr. à 900 fr. l'hectare, dans le canton de Roisel ; elle varie de 500 fr. à 200 fr. dans le canton de Roye. L'introduction de la culture industrielle lui a déjà porté de graves atteintes; le temps et les transactions feront le reste.

La Commission centrale n'a pas besoin de conseiller des mesures de rigueur, la dépréciation du droit de marché est le but auquel il faut tendre. Elle ne peut que faire des progrès rapides par le seul emploi des moyens que la législation met à la disposition de l'autorité publique.

Toutes les stipulations qui ont pour objet la cession, le transport et même la reconnaissance de ce prétendu droit sont nulles comme reposant sur une cause illicite. Par conséquent, il suffit d'interdire aux notaires et aux officiers ministériels de les énoncer dans leurs actes et procès-verbaux, pour amener les bénéficiaires à composition, et déraciner un abus qui n'a pas d'autre source que leurs prétentions exagérées.

8. LIVRETS DES DOMESTIQUES ET OUVRIERS AGRICOLES.

La Commission de Ham émet le vœu que tous les ouvriers agricoles soient astreints au livret.

La troisième sous-commission vous propose de demander que

cette formalité soit rendue obligatoire pour les domestiques de la ville et de la campagne.

Votre Comité de rédaction du rapport définitif, tout en persistant dans la proposition qu'il vous a faite d'écarter les vœux qui réclament des réformes législatives, a cru que la gravité de la question ne lui permettait pas de la trancher par un moyen d'incompétence.

Son opinion sur l'utilité de cette mesure est conforme à celle de la majorité des Commissions consultatives auxquelles a été renvoyé l'examen du projet de code rural de 1808.

Selon ces Commissions, au nombre desquelles nous voyons figurer celle d'Amiens, il y a une distinction très-importante à faire entre les ouvriers et les domestiques. Les ouvriers n'ont de rapport avec l'entrepreneur ou le patron qui les emploie que pour l'exécution de leurs travaux et le règlement de leurs salaires; pourvu qu'ils satisfassent aux conditions de leur engagement, on s'inquiète peu de leur moralité. Le livret ne s'explique pas sur les causes de la sortie ou du renvoi. Il n'en est pas de même des domestiques, que le maître reçoit dans sa maison et auxquels il est forcé de confier ses intérêts les plus chers. Or, si le livret auquel il est question de les assujettir ne contient que l'énonciation des précédents engagements sans faire connaître les motifs qui les ont fait rompre, il manque de la principale garantie que le maître est en droit d'exiger. Le livret ne peut avoir d'utilité qu'autant qu'il témoigne de la bonne conduite du domestique qui en est porteur; mais cette attestation aura-t-elle plus de valeur que le certificat donné en dehors du livret? il est permis d'en douter. Si elle est favorable, on en suspectera la sincérité; si elle est équivoque, elle inspirera des soupçons, et le domestique prétextera qu'il a perdu son livret pour s'en faire délivrer un autre.

Ces raisons, qu'on faisait valoir il y a cinquante ans pour repousser une proposition qui ne pouvait être qu'inefficace ou dangereuse, n'ont pas perdu de leur gravité. Le temps qui s'est écoulé depuis cette époque n'a pas assez changé nos mœurs pour que nous puissions en attendre de bons résultats.

Est-ce à dire pour cela qu'il n'y ait rien à faire? Loin de nous l'idée d'une pareille conclusion. Pour tout ce qui concerne la durée des engagements, les époques d'entrée et de sortie, le délai des congés, les obligations respectives des maîtres et des domestiques, les anciennes ordonnances, les règlements et usages locaux offrent des règles dont on s'est toujours bien trouvé. Il ne s'agit que de les renouveler, de les modifier, de les approprier aux besoins de la société et de les faire strictement exécuter.

9. RÉGIME DES EAUX.

Les Commissions de Ham et de Corbie font des vœux pour l'amélioration du régime des eaux. Cette dernière pense qu'on pourrait, sans nuire à l'industrie, utiliser les rivières non navigables et les faire servir aux besoins de l'agriculture en autorisant des prises d'eau pour les irrigations.

Celle d'Ailly-sur-Noye demande qu'un décret analogue à celui du 17 août 1854 soit rendu pour le dessèchement et l'assainissement de la vallée de la Noye.

Enfin, le Juge-de-paix du canton de Rue signale comme ayant besoin d'être révisé le règlement d'administration qui met à la charge exclusive des propriétés soumises aux nocages, la plantation des dunes sur les territoires de Quend et de Saint-Quentin-en-Tourmont.

Nous croyons que ces vœux n'ont pas besoin d'être recommandés à la sollicitude de l'Administration; nous avons pour garantie des améliorations de l'avenir la persévérance avec laquelle elle poursuit l'organisation des syndicats partout où il y a des intérêts collectifs engagés. Il n'y a pas de raison pour que le département de la Somme désespère d'arriver à une réglementation des cours d'eau aussi parfaite que celle qui existe, dit-on, dans le département de l'Eure.

En semblable matière, on doit raisonner par analogie et procéder par imitation. Ce sont les habitants du littoral de la Manche et de la mer du Nord qui ont découvert le secret de fixer les sables mobiles et qui l'ont enseigné aux compagnies des dunes de la Gascogne. Le syndicat du Marquenterre a copié ses règlements sur ceux des watringues de la Flandre maritime. Pourquoi n'emprunterions-nous pas à un département voisin les usages et les procédés administratifs à l'aide desquels les heureux résultats que nous lui envions ont été obtenus ?

La Commission centrale ne doit donc pas hésiter à émettre le vœu que tous les usages, règlements et statuts syndicaux sur le curage et l'entretien des rivières non navigables, sur les endiguements et travaux de défense contre la mer et les dunes, sur les puits et les mares des hauts pays dont la conservation et la bonne police intéressent à un si haut degré la salubrité et la sécurité des campagnes, soient recherchés et réunis pour être analysés, comparés et étudiés par une Commission composée d'hommes compétents qui en ferait son rapport à M. le Préfet.

Puisque le Sénat, en posant les bases du premier livre du code rural, annonce que le second traitera du régime des eaux, il importe que notre département lui fasse connaître, avec les besoins qu'il éprouve, les ressources qu'il possède pour le perfectionnement d'un système de législation, dont la loi du 14 floréal an XI n'a fait que poser les premiers jalons.

PIÈCES JUSTIFICATIVES DES USAGES LOCAUX.

Son Exc. M. le Ministre de l'Agriculture et du Commerce, par sa circulaire du 15 février 1855, invite les Préfets des départements à lui adresser soit une copie, soit un exemplaire de tout ce qui a été produit ou publié sur les usages locaux.

Or, il existe, pour la police du pâturage des marais communaux et pour la fixation de la distance des ouvrages intermédiaires, des coutumes qui n'ont point été abrogées par la loi du 28 septembre

1791 ou qui ont été réservées par l'article 674 du code Napoléon, pour le curage des rivières non navigables, pour les travaux de défense contre la mer et les dunes, pour l'entretien et la jouissance des puits et des mares dans les hauts pays, des statuts locaux et des règlements qui constatent les anciennes traditions du régime des eaux ; pour le louage des maisons, des fermes et des terres labourables dans l'arrondissement d'Abbeville, une sentence réglementaire du 20 juin 1766, pour le louage des services ruraux, dans l'arrondissement de Péronne, un règlement du 21 germinal an IX, qui sont encore en vigueur aujourd'hui.

En conséquence, nous avons l'honneur de vous proposer de déclarer que les coutumes, statuts locaux et règlements dont il vient d'être parlé, seront joints, en copies ou extraits, au rapport de la Commission.

Nous arrivons, Messieurs, au terme de notre tâche. Les Commissions cantonales qui nous en ont facilité l'accomplissement nous laissent encore un devoir à remplir. Permettez que nous nous en acquittions en vous demandant de proclamer, par un vote de remerciement, leurs titres à la reconnaissance du pays, qui ne tardera pas, sans doute, à recueillir le fruit de leurs investigations. Elles ont équarri la pierre qui servira de fondement au code rural. Ce monument tant désiré, dont le projet s'élabore depuis plus de cinquante ans, va enfin s'achever sous la main puissante de l'héritier du nom et de la gloire de celui qui l'a commencé. Notre département, l'enquête dont nous enregistrons les résultats en est la preuve, aura fourni des auxiliaires dignes de le seconder dans cette grande et difficile entreprise.

Le Rapporteur,

.A. BOUTHORS.

Le Rapporteur donne ensuite lecture du travail présenté à la Commission centrale en exécution de la délibération du 26 juin dernier.

Une discussion s'engage sur l'art. 5, titre Ier, qui constate que, dans certains cantons, on laisse pâturer les prairies artificielles semées dans l'année.

La Commission maintient l'article avec la mention que cet usage est contraire à la loi, et décide qu'il en sera également fait mention au procès-verbal.

Les titres I, II, III, IV, V et VI sont successivement adoptés.

Une observation est faite au sujet de l'art. 65, titre VII, relatif au délai de six mois pour les congés des maisons de commerce. Cet usage est contesté à Amiens.

Sur la proposition de son Président, la Commission s'ajourne, pour la continuation de ses travaux, au lundi 5 janvier, à deux heures précises.

La réunion aura lieu sans convocation.

La séance est levée à quatre heures un quart.

> *Le premier Président de la Cour impériale,*
> *Président de la Commission centrale,*
>
> BOULLET.

QUATRIÈME ET DERNIÈRE RÉUNION.

L'an 1857, le 5 janvier, à deux heures, s'est réunie la Commission centrale instituée à l'effet de vérifier les travaux des Commissions cantonales chargées de recueillir les usages locaux en vigueur dans le département de la Somme.

En l'absence de M. le Préfet, M. Boullet, premier président de la Cour impériale, président de la première sous-commission, occupe le fauteuil de la présidence.

Étaient présents : MM. Leriche, conseiller à la Cour impériale, Hardouin, président du Tribunal civil, Siffait, conseiller de préfecture, Bouthors, greffier en chef, et Thuilliez.

Le procès-verbal de la séance du 29 décembre 1856 est lu et adopté.

M. Bouthors, rapporteur du Comité de rédaction, donne ensuite lecture du titre VIII du travail présenté à la Commission centrale en exécution de la délibération du 26 juin dernier.

Une observation est faite sur l'art. 84 relatif au délai d'un mois d'avertissement pour le renvoi des clercs de notaire, d'avoué et d'huissier. La Commission décide qu'il sera fait mention au procès-verbal que cet usage est contesté.

La Commission adopte le titre VIII sans autre observation, ainsi que le titre IX concernant les usages divers.

La Commission centrale donne également une complète approbation aux conclusions du rapport, et reconnaît, par conséquent, que les usages suivants sont les seuls qui présentent, dans le département de la Somme, un véritable caractère de généralité.

Vaine pâture. — Quand il y a cantonnement, une section de commune n'a pas droit de parcours sur une autre section ; mais pendant la durée du parc, les cantonnements des troupeaux de bêtes à laine ne sont point observés.

Le mode de répartition des nuits de parc varie suivant les conventions ; mais il est d'usage que chacun des associés ait droit à une part égale et proportionnelle des nuits d'été et des nuits d'automne. Celui qui parque au commencement doit parquer à la fin.

Communaux. — Les prés à foin sont interdits au pâturage depuis le 15 mars jusqu'au 24 juin, quand on n'y fait qu'une seule coupe; depuis le 15 mars jusqu'au 1er octobre, quand la seconde herbe est réservée.

Droits de l'usufruitier. — Il profite de l'ébranchage des arbres montants et des haies vives, à la condition de tenir en bon état de clôture l'héritage soumis à l'usufruit.

Servitudes qui dérivent de la situation des lieux. — Elles ne peuvent être régies par des usages ou des règlements uniformes, parce que c'est la nature qui en détermine la raison d'être.

Si les règlements syndicaux du Marquenterre et des Bas-Champs de Saint-Valery à Cayeux présentent une analogie frappante avec ceux de la Flandre maritime, c'est parce que ces divers pays se trouvent, par rapport aux dangers de la mer, dans une situation identique.

Rapports de voisinage. — Les usages les plus généralement adoptés sont les suivants :

1° Au lieu de diviser, pour la jouissance, la haie mitoyenne dans le sens de la longueur, on la partage en deux tronçons égaux dont chaque voisin exploite un bout des deux côtés, comme il l'entend.

2° Lorsqu'un rideau sépare deux héritages, à défaut de titre ou de possession contraire, on n'attribue au propriétaire supérieur que l'espace qu'un homme assis sur la crête du rideau peut couvrir jusqu'à l'extrémité des *pieds pendants*.

3° L'usage accorde au voisin la propriété des fruits tombés naturellement de l'arbre dont les branches penchent sur son terrain.

Louage des choses à la campagne. — Le bail des maisons et des héritages ruraux est censé fait pour un an, qui commence au 15 mars. Le délai du congé est de trois mois.

Le bail des granges commence au 24 juin.

Le paiement des loyers se fait en un seul terme, sans fractionnement.

Les usages sont très-divers en ce qui concerne le délai du congé des terres labourables quand le bail est sans écrit. Celui qu'on observe le plus généralement exige que l'avertissement soit donné avant le 1er octobre qui précède la dernière année du bail.

Toutes récoltes sur jachère, autres que des prairies artificielles, pendant le cours du bail, sont considérées comme dessolement ; mais le fermier ne peut semer de prairies artificielles pour les récolter dans la dernière année de sa jouissance.

En l'absence de conventions contraires, on ne peut exiger du fermier de fumer les terres plus de deux fois dans le cours d'un bail de neuf années.

Louage des maisons de ville. — Les usages qui s'observent sont sans utilité pour la fixation des principes du droit rural.

Louage des services à la campagne. — Les rapports des maîtres avec leurs domestiques et ouvriers ont fait l'objet de règlements très-sages qu'il serait important de recueillir. Quelques-uns sont encore en vigueur; ils reposent sur le principe que le service d'hiver doit être moins rétribué que le service d'été, et combinés de manière à empêcher l'ouvrier de quitter son maître avant l'expiration de son engagement, et à lui accorder une rémunération plus ou moins forte, selon que les travaux sont plus ou moins urgents, plus ou moins pénibles.

Usages divers. — Il est d'usage à peu près général dans le Département, que les domestiques ont un droit *de vin* ou *de queue* de chaque tête de bétail vendue par leur maître. Ce droit est payé par l'acheteur lors de la livraison.

Pour les œufs, fruits et autres denrées vendues par compte, il est pareillement d'usage de livrer 104 pour 100, 52 pour 50, 26 pour 25.

Le rapporteur communique ensuite la partie de son travail relative aux vœux qui ont été formulés par les Commissions cantonales. La Commission centrale adopte les résolutions suivantes :

Il n'y a pas lieu de s'occuper des vœux qui ont pour objet de changer la loi ou de réformer des usages établis ; c'est au Conseil général du Département ou aux Chambres consultatives d'agriculture qu'il appartient de les apprécier ; mais elle croit devoir accueillir ceux de ces vœux qui signalent des abus que le pouvoir réglementaire peut faire disparaître par des mesures administratives.

Tourbières. — La Commission de Picquigny demande qu'on oblige les extracteurs de tourbes à ne pas exploiter jusqu'à l'extrême limite de leur concession, mais à laisser un rejet ou franc bord égal à la profondeur de la tranchée.

La Commission centrale est d'avis que l'autorité administrative est autorisée, par les art. 85 et 86 de la loi du 21 avril 1810, sur les mines, minières et carrières, à prendre des mesures pour assurer la sécurité des propriétés voisines des tourbières.

Hauteur des haies vives. — Les Commissions de Bernaville, de Conty et de Nesle demandent que la hauteur des haies vives soit fixée par un règlement d'administration.

La Commission centrale pense que ce vœu doit être accueilli, parce que l'intérêt public se réunit à l'intérêt privé pour le recommander à la sollicitude de l'administration. Une haie rabattue tous les quatre ou cinq ans, à la hauteur de 1 mètre 50 centimètres, remplirait toutes les conditions d'un bon aménagement.

Rideaux. — Les droits respectifs des voisins à la propriété du rideau qui sépare leurs héritages peuvent être, conformément au vœu de la Commission de Bernaville, déterminés par un règlement administratif.

Puisque l'usage le plus général attribue au propriétaire supérieur la distance d'un mètre à partir de la crête du rideau, et puisque cette règle est appliquée par les agents-voyers pour les rideaux contigus à des chemins vicinaux, il semble qu'un arrêté préfectoral rendu dans ce sens, sans préjudice aux droits acquis, éviterait, à l'avenir, bien des difficultés et des procès.

Vaine pâture. — La Commission de Bernaville émet également le vœu que les cantonnements des bergers communs et privés soient fixés par des règlements locaux, et que le nombre des bêtes à laine soit proportionnel à l'étendue du territoire.

La Commission centrale ne peut recommander que la première partie de ce vœu à une administration qui fait tous ses efforts pour amener les conseils municipaux à réglementer la vaine pâture.

Passages résultant de l'enclave. — La Commission de Bernaville, rappelant les vieux usages d'entrée de sole, demande que les passages pour l'exploitation soient déterminés tous les ans par les Conseils municipaux, au mois de février.

5

La réalisation de ce vœu paraît à la Commission centrale une chose d'autant plus désirable, que le morcellement des propriétés et la révolution qui s'opère dans le système des assolements, doivent avoir pour effet de multiplier les enclaves.

Tours de ville. — La Commission de Nesle voudrait que la largeur du *tour de ville* fût limitée à 50 centimètres, c'est-à-dire à la distance prescrite pour l'égout de la haie de clôture, et que les Maires fussent invités à faire couper les branches dont l'extension pourrait rejeter le passage sur les terres voisines.

Mais, attendu que l'usage de pratiquer des sentiers qui permettent la circulation autour des haies des villages, est apprécié différemment par les autres Commissions cantonales, les unes considérant ces sentiers comme des servitudes de pure tolérance, les autres comme des propriétés communales, comme des chemins susceptibles d'être classés, la Commission centrale se borne à manifester une opinion.

Si la circulation autour des haies des villages est d'une indispensable nécessité, c'est à celui qui déplace le tour de ville, par la plantation d'une haie nouvelle, à fournir au-delà de sa clôture le terrain sur lequel le passage doit s'exercer.

Droit de marché. — Les Commissions de Nesle, de Rosières, de Ham, de Roisel et de Roye appellent l'attention de la Commission centrale sur le droit de marché, en vertu duquel les fermiers du Santerre se perpétuent dans leur jouissance contre la volonté des propriétaires, et rétrocèdent leur bail moyennant un prix qui est quelquefois du quart, du tiers et même de la moitié de la valeur vénale de l'immeuble affermé.

Mais, attendu que ce prétendu droit perd tous les jours de sa valeur, la Commission centrale est convaincue qu'il ne peut tarder à disparaître par le seul emploi des moyens que la législation met à la disposition de l'autorité publique.

Toutes les stipulations qui ont pour objet la cession, le transport ou même la reconnaissance d'un semblable droit, étant nulles comme reposant sur une cause illicite, il suffirait d'interdire aux notaires et aux officiers ministériels de les énoncer dans leurs actes et procès-verbaux, et d'inviter les préposés de l'Administration de l'enregistrement à dénoncer les contrevenants au Procureur impérial, pour hâter les progrès de la dépréciation du droit de marché et amener les fermiers à transiger. C'est par des arrangements amiables et non par des moyens de rigueur qu'on parviendra à déraciner un abus monstrueux qui, depuis des siècles, brave la justice et les lois.

Livrets des domestiques et ouvriers agricoles. — La Commission de Ham émet le vœu que tous les ouvriers agricoles soient astreints au livret.

L'opinion de la Commission centrale sur l'utilité de cette mesure est conforme à celle de la majorité des Commissions consultatives, auxquelles a été renvoyé l'examen du projet de code rural de 1808.

Les raisons qu'elles ont fait valoir, pour démontrer les dangers ou l'inefficacité de la mesure du livret, n'ont pas perdu de leur gravité. Le temps qui s'est écoulé depuis cette époque n'a pas assez changé nos mœurs pour que l'on puisse en attendre de bons résultats. Pour tout ce qui concerne la durée des engagements des domestiques et ouvriers agricoles, les époques d'entrée et de sortie, le délai des congés, les obligations respectives des maîtres et de leurs serviteurs, les anciennes ordonnances, les règlements et statuts locaux offrent des règles dont on s'est toujours bien trouvé ; il ne s'agit que de les renouveler, de les modifier et de les faire strictement exécuter.

Régime des eaux. — Les Commissions de Ham, de Corbie et d'Ailly-sur-Noye font des vœux pour la réglementation des cours d'eau, pour que les rivières non navigables puissent servir aux irrigations, pour que le desséchement et l'assainissement des vallées rendent de nouveaux terrains à l'agriculture.

Enfin, le Juge-de-paix du canton de Rue signale, comme ayant besoin d'être révisé, le règlement de l'association syndicale du Marquenterre, qui met à la charge exclusive des propriétés soumises aux nocages la plantation des dunes sur les territoires de Quend et de Saint-Quentin-en-Tourmont.

La Commission centrale, s'associant à tous ces vœux et les résumant en un seul, exprime le désir que tous les usages, statuts et règlements sur le curage et l'entretien des rivières non navigables, sur les endiguements et les travaux de défense contre la mer et les dunes, ainsi que les arrêtés municipaux sur les puits et les mares dont la conservation et la bonne police intéressent à un si haut degré la sécurité et la salubrité des hauts pays, soient recherchés et réunis pour être analysés, comparés et étudiés par une Commission composée d'hommes compétents et spéciaux qui en ferait son rapport à M. le Préfet.

Copie des anciens règlements. — Pour répondre au désir exprimé par Son Exc. M. le Ministre de l'Agriculture, du Commerce et des Travaux publics qui invite M. le Préfet, par sa circulaire du 15 février 1855, à lui adresser soit en copie, soit en extrait, tout ce qui a été produit ou publié sur les usages locaux, la Commission centrale signale comme pouvant former un appendice utile à son travail :

1° Les anciennes coutumes qui réglaient autrefois le pâturage des marais communaux et les servitudes prévues par les articles 663 et 674 du code Napoléon ;

2° Les règlements des syndicats du Marquenterre et des Bas-Champs de Saint-Valery à Cayeux, des 5 prairial et 6 messidor an VIII et 23 pluviôse an X ;

3° Un arrêté du Maire de Villers-Faucon sur l'usage des puits communaux, du 26 novembre 1856 ;

4° Une sentence réglementaire de la sénéchaussée de Ponthieu, pour le louage des maisons et des terres, du 20 juin 1766 ;

5° Un règlement du tribunal civil de Péronne, du **21** germinal an **IX**, sur le louage des services ruraux.

L'ordre du jour est épuisé.

La Commission centrale, sur la proposition de son Président, vote des remerciements au Rapporteur du Comité de rédaction.

La séance est levée à trois heures et demie.

Le premier Président de la Cour impériale,
Président de la Commission centrale,

BOULLET.

USAGES LOCAUX

DU DÉPARTEMENT DE LA SOMME.

— ❦ —

La Commission centrale de la Somme n'a point voté l'impression de son travail, dans la crainte que la publication officielle ne donnât une sorte de force obligatoire à des constatations qui manquent souvent de précision et de portée. Malgré ses imperfections, cette première ébauche contient de précieux renseignements dont les autorités et les particuliers pourront s'aider au besoin. Si une enquête nouvelle était nécessaire pour fixer ces usages d'une manière plus certaine, l'Administration n'hésiterait pas à l'ordonner.

TITRE Iᵉʳ.

PARCOURS ET VAINE PATURE.

Article 1ᵉʳ.

Le droit de parcours de commune à commune n'existe qu'au profit d'une seule localité, dans le canton de Saint-Valery et de quelques-unes seulement dans le canton d'Albert.

Article 2.

Amiens, Abbeville : Dans les communes où la vaine pâture est réglementée, les arrêtés municipaux déterminent le mode de dépaissance, le nombre et les espèces de bestiaux qui peuvent être admis, la garde et la conduite des troupeaux communs et séparés. . . . . . .

Ailly-sur-Noye, Moreuil : En temps de parcage, les cantonnements ne sont pas observés. *Cet usage est général.*

Article 3.

Dans la plupart des communes, l'exercice de la vaine pâture n'est pas réglementé ou ne l'est qu'en ce qui concerne les cantonnements.

Ailly-le-Haut-Clocher, Amiens : Où il y a cantonnements, une section de commune n'a pas droit de parcours sur une autre section.

Article 4.

En général, la vaine pâture s'exerce sur les terres récoltées et sur les jachères, ainsi que sur les rideaux non plantés; mais les propriétés closes sont toujours exceptées.

Ailly-sur-Noye : L'ancien usage de soumettre les prairies naturelles à la vaine pâture n'est plus pratiqué que dans quelques communes, après l'enlèvement de la deuxième coupe des foins.

Péronne : A Moislains et à Allaines, on abandonne la deuxième coupe des foins aux bêtes à cornes, aux chevaux et aux ânes. Le propriétaire ne peut se soustraire à cette servitude qu'en mettant sa prairie en état de clôture.

Article 5.

Albert, Rosières, Acheux, Crécy, Villers-Bocage : Malgré l'interdiction formelle que prononce l'art. 9, titre Ier, section IV, de la loi du 28 septembre 1791, la vaine pâture, dans ces cantons, est tolérée, après la récolte des grains, sur les chaumes où l'on a semé des prairies artificielles pour l'année suivante.

Villers-Bocage, Rosières, Acheux : En général, les vaches peuvent paître librement sur les jeunes trèfles et les minettes, quand le propriétaire n'y a point fait de marques de défense, par des buttes en terre, des torches en paille, des branches ou tout autre signe.

Le plus souvent, les jeunes sainfoins et luzernes, avec ou sans marques de défense, sont interdits à la vaine pâture.

Extrait du procès-verbal. La Commission centrale maintient l'article tout en reconnaissant que cette tolérance paraît contraire à la loi.

Article 6.

Ailly-sur-Noye, Bray, Ham, Montdidier, Nesle, Moyenneville, Picquigny, Villers-Bocage : Les moutons et les porcs peuvent pâturer sur les jachères, en tout temps; les moutons, sur les prairies naturelles et les rideaux, du 15 novembre au 15 mars; les vaches et les moutons, sur les chaumes, après la récolte.

Nesle, Ham : Par suite du nouveau mode de culture adopté et de la suppression presque totale des jachères, la vaine pâture n'est plus possible que depuis l'enlèvement des récoltes jusqu'aux semailles.

Article 7.

Les *hertiers* ou propriétaires-nourrisseurs, domiciliés dans la commune, jouissent seuls du droit à la vaine pâture.

Combles, Crécy : L'usage d'exclure les forains du droit d'envoyer pâturer les terres qu'ils exploitent sur les territoires voisins, se maintient, nonobstant la disposition de l'article 15 du titre Ier, section IV, de la loi du 28 septembre 1791, tel qu'il a existé de temps immémorial.

Nesle : Les difficultés qui s'élèvent soit à raison du nombre de bêtes, soit à raison du passage, lorsqu'un cultivateur d'une commune voisine veut envoyer ses bestiaux à la vaine pâture, hors du lieu de sa résidence, sont souvent un obstacle à l'exercice du droit que la loi lui accorde.

Article 8.

Généralement, tous les bestiaux, même la volaille, sont admis à la vaine pâture, sous les conditions et restrictions portées dans les articles 5 et 6.

Elle n'est interdite, à certaines espèces, que lorsque des circonstances particulières font une nécessité de les exclure.

Article 9.

Albert : Les bêtes à cornes ne sont envoyées à la vaine pâture qu'après l'enlèvement des récoltes et pendant les mois de septembre et d'octobre ; elles sont confiées à des pâtres communaux et particuliers. Quelques communes n'ont que des pâtres particuliers ; d'autres n'ont que des pâtres communaux.

Ham, Rosières, Montdidier : La vaine pâture ne s'applique pas à l'espèce bovine. Les vaches, dans ce dernier canton, sont conduites isolément, au lien, et gardées par des femmes, des enfants et des vieillards.

Article 10.

Le nombre des bêtes à laine que chaque propriétaire peut mettre au troupeau commun est rarement fixé par l'usage des lieux, mais, le plus communément, par les conventions des parties en vue de la répartition des nuits de parc.

Picquigny : Quand le nombre est fixé, il est d'usage que les agneaux ne comptent comme tête de bétail qu'à partir de la Toussaint (1er novembre) ou que du moment où les mères sont vendues.

Quand quelques-uns des propriétaires n'ont pas fourni le nombre de bêtes à laine qui leur est attribué dans le contingent, la répartition du *boni*, d'après l'usage de ce canton, se fait entre les hertiers qui veulent en profiter.

Roisel : Il existe encore quelques règlements, rédigés sous l'inspiration de divers arrêts de la Cour d'Amiens, qui autorisent les possesseurs de bêtes à laine, quelle que soit l'étendue de leurs exploitations, à compléter, par le nombre de têtes de bétail, la quantité d'hectares de terre existant sur le terroir de la commune ; mais, depuis 1849, les termes de ces règlements tombent en désuétude, parce que la jurisprudence du Conseil d'Etat est contraire.

Article 11.

Molliens-Vidame : Les bêtes à laine sont sous la conduite des bergers de ferme et des bergers communaux. Les troupeaux communs sont formés par *hertes* ou par sections de commune.

Doullens : Pour ce qui concerne les troupeaux communs, leur composition et les obligations que cette communauté impose, il y a bien quelques usages, mais ils ne sont pas généralement suivis.

Article 12.

Corbie, Sains, Moreuil, Ailly-sur-Noye : L'assiette du parc a lieu ordinairement la veille de la St-Jean (23 juin) (1). Le parcage des moutons commence ordinairement le 24 juin et finit le 1er

(1) **Abbeville** : Les nuits de parc se règlent entre les propriétaires de moutons, suivant le nombre de bêtes que chacun met au troupeau commun. On a aussi égard à la durée des nuits, surtout en automne. Dans d'autres communes, les tours de nuits changent tous les ans, pour que chacun bénéficie alternativement de la longueur des nuits.

Ailly-le-Haut-Clocher : Les hertiers, tous les ans, au mois de juillet, sous la présidence du Maire, font le dénombrement des moutons gardés en commun et la répartition des nuits que chacun doit avoir. Le sort règle le tour de chacun. Ceux qui, *à raison du nombre de leurs moutons*, ont droit à un certain nombre de nuits, ont leur contingent divisé en deux parties, et le sort leur assigne deux époques différentes. La proportion est toujours établie selon le nombre de moutons, et jamais pour l'assiette du parc on n'a eu égard au nombre d'hectares exploités.

Ault : On calcule le nombre des nuits depuis l'ouverture du parcage jusqu'au 1er ou jusqu'au 11 novembre, et on les répartit entre les propriétaires de moutons, *dans la proportion du nombre de leurs bêtes.* On règle ensuite par le sort, l'ordre dans lequel le parcage aura lieu. Celui qui est en tour de jouir du parc transporte le matériel sur son champ, et son successeur l'y va chercher quand son tour est arrivé.

Si l'un des hertiers renonce à profiter du parc, on l'exempte de contribuer au paiement du berger, pendant tout le temps du parcage ou pen-

novembre, dans quelques cantons de l'arrondissement d'Abbeville, le 11 novembre.

Pour asseoir le parc, on calcule le nombre des nuits et on les répartit, entre les propriétaires participants, tantôt à raison du nombre de leurs moutons, tantôt à raison du nombre de leurs moutons et du nombre d'hectares qu'ils exploitent.

Ailly-sur-Noye, Ailly-le-Haut-Clocher : L'ordre dans lequel les nuits sont distribuées se règle le plus souvent par la voie du sort ; on a aussi égard à la durée des nuits, surtout en automne. Les premiers en tour ont droit de diviser leur contingent en deux parties égales dont la moitié comprend les premières nuits du parc, et la seconde les dernières. *Cet usage est général.*

Dans quelques communes, les tours changent tous les ans afin que chacun bénéficie, à son tour, de la longueur des nuits.

Ault, Ailly-sur-Noye : Si un associé renonce à profiter de son droit, on le dispense de contribuer au paiement du berger, pendant toute la durée du parcage ou pendant un trimestre. Dans ce cas, les nuits qu'il aurait prises accroissent la part des autres associés ; mais il ne peut retirer ses moutons avant l'époque fixée, sous peine

dant un trimestre. Dans ce cas, les nuits qu'il aurait prises accroissent la part des autres.

Tout propriétaire qui profite du parc ne peut retirer ses moutons avant l'expiration du terme fixé. Ceux qui y ont renoncé conservent toute liberté à cet égard.

Crécy : Chaque propriétaire a droit aux nuits de parc, *en proportion du nombre de bêtes mises au troupeau commun et à la quantité de terres exploitées* sur le territoire de la commune et livrées ainsi par lui à la vaine pâture.

Gamaches : Les nuits sont distribuées au prorata du nombre de moutons possédés par chaque habitant. Il y a souvent échange et cession de nuits entre les usagers qui, *dans certaines localités,* sont obligés de fournir des verdures.

Hallencourt : Les propriétaires de bêtes à laine forment entre eux une association dont les intérêts sont confiés à une commission choisie parmi les sociétaires.

Pendant longtemps, les nuits de parc ont été distribuées entre les herbiers, sans distinction entre ceux qui avaient des terres et ceux qui n'en avaient pas. La *répartition était proportionnée, autant que possible,*

de ne pouvoir recouvrer son droit aux nuits qu'à l'expiration du triennal commencé.

Gamaches : L'usage autorise les échanges ou cessions de nuits entre les participants qui, dans quelques localités, sont tenus de fournir des verdures.

à l'étendue de l'exploitation de chacun ; mais comme cette répartition était invariable, il en résultait de graves abus par suite des mutations qui s'opéraient dans la propriété, car tel qui, depuis la repartition, avait vendu la moitié de son bien, profitait toujours du même nombre de nuits.

Depuis quelques années, un usage nouveau s'est introduit. La répartition des nuits ne se fait plus que *proportionnellement au nombre de moutons* de chaque propriétaire.

Moyenneville : Il n'y a pas d'usage relatif à la répartition des nuits de parc, car il n'y a que les propriétaires des troupeaux particuliers qui fassent parquer.

Rue : Lorsqu'un certain nombre de propriétaires se réunissent pour confier leurs bêtes à laine à un berger commun, les nuits de parc se répartissent *en raison combinée du nombre de bêtes et de la quantité d'hectares que chaque associé a mis en communauté.*

Saint-Valery : Le nombre des nuits de parc est *subordonné au nombre de moutons*, et c'est le sort qui décide l'ordre dans lequel les nuits seront distribuées. Le berger qui a des bêtes dans le troupeau a droit aussi à plusieurs nuits de parc. Les détails sont réglés par les conventions, car l'usage n'intervient que pour reconnaître le principe et non pour le réglementer.

Molliens-Vidame : Généralement, le parc commence à la Saint-Jean (24 juin) et finit à la Toussaint (1er novembre).

Sains : Les nuits de parc se règlent proportionnellement au nombre de bêtes et au nombre d'hectares de terre possédés par chaque hertier.

Ailly-sur-Noye : Les nuits de parc se *divisent en deux parties*, dont l'une est distribuée d'après le nombre de bêtes et l'autre d'après le nombre d'hectares possédés et cultivés par les propriétaires desdites bêtes. Le parc commence le 24 juin et finit le 1er novembre. Celui qui retire ses bêtes avant ou pendant l'assiette du parc, ne recouvre son droit aux nuits qu'à l'expiration du triennal. Lorsqu'il y a cantonnement, il n'est pas observé pendant l'assiette du parc.

(Extrait des procès-verbaux des Commissions cantonales.)

TITRE II.

Section I. — Marais communaux.

Article 13.

Les marais communaux sont livrés au pâturage des bestiaux des habitants, gratuitement dans certaines communes, moyennant paiement d'une taxe annuelle, dans le plus grand nombre. *Cet usage est général.*

Article 14.

Cantons de l'arrondissement d'Abbeville : L'usage, à défaut de règlement, détermine l'époque de l'ouverture et de la clôture du pâturage qui commence, pour les prés à foins, aussitôt que la récolte est enlevée, et, pour les marais, aussitôt que le temps le permet. Dans quelques communes, le pâturage a lieu toute l'année ; dans d'autres, il n'y a que deux mois de suspension.

Gamaches : Depuis le 15 avril jusqu'au 15 décembre.

Saint-Valery : Depuis le 1er mai jusqu'au 1er novembre.

Nouvion : Depuis le 15 mars jusqu'au 1er novembre.

Article 15.

Moreuil : L'usage de n'admettre dans les marais que les poulains et les *chevaux non ferrés* est conforme à l'article 28 de la coutume locale de la châtellenie et baronnie de Boves, laquelle comprenait dans son ressort tous les affluents de l'Avre, depuis Cayeux, Moreuil et Ailly-sur-Noye jusqu'au pont de Longueau.

Dans ce même canton, l'usage admet au pâturage des marais non desséchés les vaches, les chèvres et même les porcs.

Abbeville, Rue : La défense très-sage de l'article 48 de la coutume d'Abbeville d'envoyer *bestes chevalines ferrées du pied de derrière ès pastis communaux*, est tombée en désuétude.

Crécy, *Gamaches*, *Abbeville*, *Ault*, *Hallencourt*, *Nouvion*, *Saint-Valery* : Les chevaux entiers et les poulains mâles, d'âge à être dangereux pour la sûreté des personnes et des troupeaux, sont exclus ainsi que les jeunes taureaux.

Gamaches, *Ailly-le-Haut-Clocher* : Le pâturage des marais est interdit aux moutons.

Hallencourt : Les moutons sont mis aux marais pendant l'hiver.

Ailly-le-Haut-Clocher : Depuis le 1er décembre jusqu'au mois de février.

Dans tous ces divers cantons l'interdiction est absolue pour les porcs, les chèvres et les oies. (**V.** Pièces justifiactives, n° 1er.)

Section II. — Prés à foins communaux.

Article 16.

Corbie : Les articles 208 et 209 de la coutume d'Amiens sont encore en vigueur dans ce canton, en ce sens qu'il est défendu de mettre en pâture aucun bétail dans les prés depuis la mi-mars jusqu'au premier octobre, et, en toute saison, d'y introduire des bêtes à laine.

D'après l'usage à peu près général, les prairies communales sont défensables depuis la fin de l'hiver jusqu'au 1er octobre quand on y fait deux coupes de foins ; depuis la Toussaint (1er novembre) jusqu'à la récolte de la première herbe, quand la seconde n'est pas réservée. (Pièces justificatives, n° 1er.)

Article 17.

Nesle : Le produit des prés communaux se compose générale-ment du droit de pêche, du droit de chasse, de la récolte des herbes et de celle des apprels et des roseaux, récolte pour laquelle le petit nombre des habitants qui en profitent ne paient qu'une modique rétribution à la commune.

Combles : Les marais sont exploités en commun ; chaque habitant a le droit d'y faire couper de l'herbe, moyennant une redevance annuelle fixée par chaque tête de bétail.

Bray : On assigne à chaque habitant la part de foins qu'il doit récolter, ou bien on lui accorde, à la condition de payer une somme déterminée à la commune, le droit d'y aller couper de l'herbe. D'autres communes vendent les foins à leur profit.

Ce dernier mode de jouissance est aussi pratiqué dans les cantons de Gamaches et d'Hallencourt.

Nouvion : Les marais de Forestmontiers ne sont pas soumis à des coupes annuelles, parce qu'ils constituent une sorte de fanage accordé aux habitants.

Section III. — Tourbières communales.

Article 18.

Ailly-le-Haut-Clocher, Hallencourt : L'exploitation des tourbières se fait sous la direction de l'autorité municipale , qui répartit, entre chaque chef de famille, le produit des extractions, et fait payer à chacun , pour la main-d'œuvre, un prix proportionné à la quantité qu'il reçoit.

Dans le premier de ces deux cantons, on livre à chaque ménage un décastère de tourbes augmenté d'un demi-décastère, lorsque dans la maison se trouve une personne ayant son foyer particulier. Chaque habitant paie 50 centimes par décastère à la commune.

Bray : Les tourbières communales sont exploitées de la même manière, ou bien on délimite toutes les parts sur le terrain et chaque chef de ménage extrait la sienne comme il l'entend.

Ce mode de distribution se renouvelle tous les ans.

Article 19.

Hornoy : La commune d'Arguel est la seule du département qui possède des bois communaux soumis au régime forestier.

Pour avoir droit d'affouage, dans cette commune, il faut l'avoir habitée un an et un jour, à partir de la veille de Noël (23 décembre), et y posséder une demeure fixe et réelle. (Code forestier, 105.)

Lorsque plusieurs ménages vivent ensemble sous le même toit et au même feu, c'est le premier entré qui a seul droit à la communauté ; car il ne saurait y avoir plusieurs portions dans la même maison.

Quand un habitant décède ou quitte la commune, lui ou ses héritiers perdent leur droit à la communauté de l'affouage. S'il se trouve porté au rôle de la répartition de la commune, et s'il a payé le montant de sa quote-part de taxe, la commune la rembourse.

Enfin, pour avoir droit de recueillir une portion de l'affouage, il faut être présent et habiter la commune au moment de la distribution.

TITRE III.

DROITS ET OBLIGATIONS DE L'USUFRUITIER.

Article 20.

Corbie : La coupe des bois de haute-futaie doit être faite en dedans le premier jour de mai et la manœuvre en dedans le jour de la Madeleine (22 juillet), afin de donner aux racines le temps de pousser de nouveaux rejetons.

Poix : Les aménagements de bois taillis varient entre 10 et 14 ans. Ils sont subordonnés aux besoins des propriétaires.

Moyenneville : Les taillis se coupent à 9, 12 ou 15 ans.

Article 21.

Ailly-le-Haut-Clocher : L'usufruitier profite de l'ébranchage des arbres et des haies qui se coupent tous les trois ans.

Gamaches : Les pépinières ne sont établies que dans l'intérêt de la propriété. L'usufruitier en emploie le produit à remplacer les arbres qui viennent à tomber ou à périr.

Nouvion, Corbie : La pépinière ne peut être exploitée qu'à la condition de remplacer. Si l'usufruitier enlève de la plante pour être vendue, il ne doit la prendre que lorsqu'elle est de force à être replantée. Il doit établir, dans un autre terrain, une pépinière nouvelle, afin que le propriétaire trouve aussi de la plante à la fin de l'usufruit.

Article 22.

L'usufruitier profite de l'élagage des arbres montants et des haies vives, à la condition de tenir en bon état de clôture l'héritage soumis à l'usufruit. *Cet usage est général.*

Corbie : Outre le paiement des contributions, l'usufruitier est tenu des charges de ville et de police, pour les maisons et héritages soumis à l'usufruit, de l'entretien des fossés, de l'échenillage des arbres, de l'enlèvement des mauvaises herbes, du faucardement des rivières.

Rue : D'après l'usage du Marquenterre, l'impôt annuel des digues et nocages et plantation des dunes est assimilé à l'impôt ordinaire, et est censé charge de fruits dans le sens de l'art. 608 du Code Napoléon.

TITRE IV.

SERVITUDES QUI DÉRIVENT DE LA SITUATION DES LIEUX.

Article 25.

Poix : Les prises d'eau pour irrigations résultent, les unes de stipulations entre les parties intéressées et ne paraissent pas présenter le caractère d'usages locaux, les autres de règlements administratifs ; d'autres enfin sont contestées ou contredites.

Oisemont : Il existe dans la vallée du Liger, l'un des affluents de la Bresle, un usage incontesté et sans lequel l'irrigation deviendrait impossible. Cet usage autorise le propriétaire du fonds inférieur à élever ses eaux jusqu'à la surface du terrain du voisin en amont, et celui-ci est obligé de conserver la hauteur nécessaire à l'irrigation.

Les irrigations ont lieu à trois époques de l'année :

1° Du 1er octobre au 15 mars ;

2° Du 15 mars au 24 juin ;

3• Du 24 août au 1er octobre.

Article 24.

Montdidier : Les jardiniers qui cultivent les prairies de Montdidier se réunissent en société pour curer successivement les fossés bordant leurs propriétés respectives. Ce travail se fait sans rétribution.

Le curage de la rivière des Trois-Doms, qui prend sa source dans le département de l'Oise, et se jette dans l'Avre à Pierrepont, ainsi que le faucardement de ce cours d'eau, est à la charge des usiniers, à l'exception de la petite rivière, dans la traverse de Montdidier, qui a toujours été curée par les propriétaires riverains, en vertu d'un arrêté spécial du Maire de Montdidier.

La Commission syndicale des Trois-Doms, composée de propriétaires et d'usiniers, a, aussitôt son installation, demandé que l'ancien usage soit maintenu. Les usiniers intéressés ont consenti à supporter, comme précédemment, les frais de curage et de faucardement.

Article 25.

Albert : Le curage de la rivière d'Encre a lieu par les soins de la Commission syndicale, conformément à l'ordonnance royale du 5 janvier 1848. Les frais sont recouvrés, comme en matière de contributions, par le receveur municipal, à Aveluy, au moyen d'une contribution volontaire et proportionnelle qui est supportée par tous les riverains.

Bray : Le curage a lieu l'hiver, parce que, dans cette saison, beaucoup de bras sont inoccupés, et aussi parce que les exhalaisons fétides sont moins dangereuses. Les rivières sont faucardées deux ou trois fois l'an afin de faciliter l'écoulement des eaux, dans l'intérêt des usines et des riverains. Ces travaux sont exécutés partie par les usiniers, partie par les riverains. (V. Pièces justificatives, n° **2**.)

Article 26.

Abbeville, Ailly-le-Haut-Clocher, Ault : Les puits sur la voie publique se distinguent en *puits communaux* et *puits de quartier*.

Les grosses réparations des puits communaux sont à la charge des communes; les usagers les entretiennent de cordes et de chaînes.

Les puits de quartier sont ceux qui ont été établis originairement par les habitants du voisinage, lesquels forment entre eux des espèces d'associations régies par un ou plusieurs syndics. Il n'y a point de règle fixe quant au mode de contribution qui se répartit tantôt par ménage, tantôt par têtes d'habitants et de bestiaux, à raison de la consommation présumée de chaque famille. (V. Pièces justificatives, n° **5** et la **2**e partie *Régime des eaux*.)

Gamaches : On refuse la corde à celui qui ne veut pas payer sa cotisation.

Article 27.

Dans les hauts pays de l'arrondissement d'Abbeville, les mares sont curées par les soins de l'administration municipale.

Les petites mares sur la voie publique sont à la charge des usagers. Quand elles sont à curer, les bras ne manquent pas à cause du profit qu'on retire de la vase qui sert comme engrais. (V. Pièces justificatives, n° **5** et la **2**e partie *Régime des eaux*.

Article 28.

Dans les cantons maritimes de l'arrondissement d'Abbeville, il existe deux associations de propriétaires pour la conservation des digues et travaux de défense contre la mer; l'une pour le Marquenterre, l'autre pour le pays entre le bourg d'Ault, Cayeux et Saint-Valery. Elles sont régies par des règlements particuliers délibérés par elles et approuvés par l'autorité administrative. Le syndicat se compose d'un commissaire général et de commissaires de sections, chargés de surveiller l'entretien des digues et canaux et de faire la répartition des contributions votées pour cet objet.

Abbeville : Le syndicat du Marquenterre fait annuellement planter des oyats pour protéger le pays contre l'envahissement des sables.

Rue : Un usage constamment suivi par le syndicat du Marquenterre met à la charge exclusive des propriétés soumises aux nocages, dans les communes de Quend et de Saint-Quentin-en-Tourmont, la plantation des dunes qui existent sur le territoire de ces deux communes.

Saint-Valery : Il existe aussi dans les limites du syndicat des Bas-Champs de Cayeux, entre cette commune et le Hourdel, des dunes sur lesquelles pousse naturellement une espèce d'herbes appelée *oyats*. Le Maire de Cayeux a pris un arrêté pour empêcher la destruction de cette plante qui a la propriété de fixer les sables; mais aucun règlement n'en prescrit la plantation. (V. Pièces justificatives, nᵒˢ 3 et 4 et la 2ᵉ partie *Régime des eaux.*

TITRE V.

RAPPORTS DE VOISINAGE.

Article 29.

Molliens-Vidame : Les épernaux dans les bois ont leur garant de 50 centimètres, ce qui veut dire qu'ils emportent la propriété du terrain jusqu'à 50 centimètres au-delà du milieu de la souche des épernaux.

Bernaville : La fixation de la limite des propriétés closes se fait, au moyen de l'échantillonnement, en se basant sur les épernaux qui sont de vieilles souches d'épines blanches, et en admettant la ligne séparative sur le plus grand nombre.

Ailly-sur-Noye : Les signes de délimitation dans les champs, même les *pieds corniers* ordinaires, ne font point obstacle à ce que la ligne séparative soit indiquée par des bornes.

Article 50.

Quand deux héritages sont séparés par un rideau, sans qu'il apparaisse qu'aucun des deux riverains y ait un droit exclusif de propriété ou de possession, il est d'usage de le diviser de la manière suivante :

Péronne, Combles, Ailly-sur-Noye, Corbie, Bernaville, Amiens, Sains, Molliens-Vidame, Conty : On n'attribue au propriétaire supérieur que *la jambe pendante,* c'est-à-dire 1 mètre à partir de la crête du rideau.

Abbevillle, Ailly-le-Haut-Clocher, Hallencourt, Picquigny : 80 centimètres de jambe pendante.

Doullens : Dans ce canton, la propriété du rideau appartient pour 2/3 au propriétaire du dessus et pour l'autre tiers au propriétaire du dessous.

Acheux : C'est le propriétaire du dessous qui emporte les deux tiers du rideau.

Albert : A Aveluy, Bazentin, Lavieville, Mametz et Millencourt, le rideau appartient en entier au propriétaire supérieur ; à Albert, Auchonvillers, Buire, Miraumont, Pozières et Tiepval, le rideau se partage par moitié ; à Beaucourt, Bécourt, Contalmaison, Fricourt, Vaudricourt, Mesnil-Martinsart, 1 mètre au propriétaire supérieur ; à Irles, 2/3 au propriétaire supérieur ; à Authuile, pour la totalité au propriétaire supérieur.

Villers-Bocage : A Villers-Bocage, Flesselles, Vaux, Saint-Vast, Querrieux, Pont, Saint-Gratien, Cardonnette, Raineville, le *pied pendant* au terrain supérieur ; Bertangles, Beaucourt, partage par moitié ; Béhencourt, 1/3 au propriétaire supérieur ; Fréchencourt, 50 centimètres seulement au terrain supérieur; Bavelincourt, Molliens, la totalité au terrain supérieur.

Article 31.

Péronne, Hornoy : On appelle *jambe pendante* tout l'espace que peuvent occuper les jambes d'un homme assis sur la crête du rideau. *C'est l'usage le plus général.*

Amiens : Pour mesurer la distance, on doit suivre l'inclinaison du rideau.

Molliens-Vidame, Conty : La distance est de 1 mètre, pris horizontalement à partir de la crête du rideau.

Corbie : De 1 mètre pris verticalement.

Domart : L'usage d'accorder la propriété du rideau jusqu'à la distance de 1 mètre au terrain supérieur a été adopté par le cadastre, et par les agents-voyers du département pour les rideaux limitrophes des chemins vicinaux.

Péronne : La raison est que le rideau est formé aux dépens des deux pièces de terre, et si la part du sol inférieur est quelquefois plus grande que l'autre, c'est que le sol supérieur tend à s'affaisser dans sa base (1).

(1) Cette observation ne suffit pas pour expliquer la variété des usages. Les terrains inclinés forcent les cultivateurs à les labourer toujours dans le même sens, c'est-à-dire de bas en haut, parallèlement à la limite inférieure du champ, jusqu'à ce que le dernier sillon atteigne la limite supérieure. Or, comme la première raie exhausse, tant soit peu, le niveau du sol, il en résulte que la dernière qui n'est pas recouverte par la charrue, l'abaisse dans la même proportion. Et c'est ainsi, avec le temps, que se sont formées ces élévations en gradins, connues sous les noms de *termes*, *tertres*, *rideaux* ou *gorzes* que l'on rencontre si fréquemment sur la pente des côteaux cultivés. Lorsqu'ils ne dépassent pas la hauteur moyenne de un à deux mètres, on s'accorde assez généralement à attribuer la propriété du rideau au voisin dont il soutient la terre; lorsque la pente est plus forte, il semble rationnel de supposer qu'il s'est formé aux dépens

Article 32.

Abbeville, Molliens-Vidame, Sains, Doullens, Chaulnes : On peut creuser un fossé sur la ligne séparative , en laissant toutefois à ce fossé une pente de 45 ou 50 degrés.

Ailly-sur-Noye, Combles, Hornoy, Roye, Doullens : Si le fossé est à pic, on doit laisser une distance égale à la profondeur.

Domart, Bernaville : On doit laisser 33 centimètres de franc-bord et un talus de 45 degrés.

Péronne : 325 millimètres de franc-bord ; plus, donner au fossé une pente égale à la profondeur.

Rue : 16 centimètres de rejet entre l'arête extérieure du fossé et la limite.

Doullens : Dans les villages de Lucheux, Humbercourt, Brévillers, Terramesnil, les fossés doivent avoir 2 pieds ou 59 centimètres de franc-bord et autant de pente que le fossé a de profondeur.

Article 33.

Abbeville , Picquigny, Ailly-sur-Noye : Les tourbières s'exploitent jusqu'à l'extrême limite de la propriété.

Moreuil : Lorsque la tourbière en exploitation se trouve contre un terrain non-cultivé, tel qu'un pré ou une plantation, on extrait jusqu'à la limite ; mais si elle touche à des terres cultivées, on laisse une distance de 1 mètre à 2 mètres, selon la profondeur de la tourbière et la solidité du terrain.

Ailly-sur-Noye : Cet usage de tirer jusqu'à l'extrême limite est fondé sur la facilité avec laquelle les terrains tourbeux se soutien-

des deux propriétés voisines et d'augmenter progressivement la part du terrain inférieur, soit en le divisant par moitié, soit en ne réservant au propriétaire d'en haut que l'espace des *pieds pendants*.

Quant à l'usage d'exclure celui-ci d'une manière absolue, il ne concerne sans doute que les grands et hauts rideaux dont la formation ne peut être attribuée au travail de la charrue. On conçoit que, dans ce cas, la préférence soit due au propriétaire inférieur pour lui laisser la faculté d'y planter des arbres ou d'y récolter des fruits, sans les faire tomber sur le terrain voisin.

nent, sur l'importance des valeurs qu'ils renferment et sur la réciprocité d'intérêts.

Article 54.

Domart : Les arbres à haute tige se plantaient autrefois à 5 pieds (1 mètre 66 centimètres) du fonds voisin. Cet usage est encore en vigueur, quand il s'agit de plantations anciennes.

Doullens : La distance généralement observée dans ce canton est 1 mètre 66 centimètres, usage constaté par un arrêt de la Cour d'Amiens, du 21 décembre 1821.

Dans les villages qui faisaient autrefois partie de la province d'Artois, savoir : Lucheux, Humbercourt, Brévillérs, Terramesnil, les arbres à haute tige se plantent à la distance de 5 pieds d'Artois (1 mètre 48 centimètres).

Moreuil : Dans les prairies, on plante à 1 mètre 66 centimètres de la ligne séparative.

Corbie : C'est à tort que sur certaines prairies et héritages la distance n'est que de 50 centimètres. Cette tolérance n'est approuvée ni par la loi ni par l'usage.

Saint-Valery : Autrefois les arbres à haute tige se plantaient, au nord, à 50 centimètres, et au sud, à 83 centimètres du fonds voisin : mais cet usage tombe en désuétude pour faire place aux dispositions de l'article 671 du Code Napoléon (1).

Article 55.

Ailly-le-Haut-Clocher, Ault : Lorsqu'un voisin souffre, sur son terrain, l'égoût des branches d'un arbre fruitier dont le pied n'est pas sur lui, il abandonne la récolte à celui sur le terrain duquel le pied se trouve.

Gamaches, Albert, Roisel, Hornoy, Crécy, Hallencourt, Moyenneville, Nouvion, Rue, Picquigny, Amiens, Montdidier, Moreuil :

(1) Voir les observations du rapport, pages 42, 43.

Tant que les fruits pendent aux branches, le propriétaire de l'arbre a le droit de les cueillir ; mais s'ils tombent naturellement, ils appartiennent à celui sur le terrain duquel ils sont tombés. Celui-ci peut les ramasser à titre de récompense du préjudice que l'arbre lui porte par son ombre. *Cet usage est général.*

Article 36.

Rue : Les haies mortes peuvent être plantées sur la limite. Les haies vives non-mitoyennes peuvent l'être à 18 pouces (49 centimètres) du côté par lequel elles reçoivent le vent du nord et du couchant et à 50 pouces (72 centimètres) du côté d'où vient le vent du sud et du levant.

Oisemont, Hornoy : L'ancien usage exigeait une distance de 50 centimètres au midi et à l'est, et de 83 centimètres au nord et à l'ouest.

Domart : On exigeait autrefois pour la haie plantée au sud ou partie éclairée 2 pieds 1/2 (80 centimètres), et au nord ou partie ombrée, 18 pouces (50 centimètres). Cet usage prévaut encore aujourd'hui pour la délimitation, en cas de litige ou de partage, quand il s'agit de haies anciennes,

Bernaville, Doullens : Même usage encore en vigueur.

Doullens : A Lucheux, Humbercourt, Brévillers et Terramesnil, les haies vives doivent avoir, vers les vents de mer, un rejet de pied et demi d'Artois (44 centimètres); à l'orient, au midi et contre une terre labourable on doit laisser une distance de 2 pieds 1/2 d'Artois (74 centimètres). Le pied d'Artois porte 11 pouces ou 29 centimètres (1).

Combles : Les haies vives doivent être plantées à 14 pouces (578 millimètres) du terrain voisin, lorsqu'elles séparent des héri-

---

(1) Cet usage était constant et reconnu dans les cantons ci-dessus désignés et autres du littoral de la Manche à l'époque de la promulgation du Code Napoléon. Un assez grand nombre de coutumes du nord de la France l'avaient consacré par une disposition formelle.

tages, et à **28** pouces (756 millimètres) lorsqu'elles bordent des terres labourables.

Domart : Les bois contigus aux terres labourables avaient autrefois un égoût de **2** pieds et demi (80 centimètres). Cet usage est encore en vigueur.

Article 37.

Il n'y a pas d'usage constant qui règle la hauteur et l'élagage des haies vives, parce que c'est l'intérêt du propriétaire et non l'intérêt du voisin qui oblige de tenir la haie à certaine hauteur et de l'élaguer plus ou moins souvent. Dans quelques localités, on ne laisse pas échapper les haies et on les rabat tous les ans; dans d'autres, elles sont soumises à un aménagement ; on les coupe tous les 3, **4** ou 5 ans, suivant l'essence des bois; mais ces usages ne sont obligatoires que pour l'usufruitier et pour le preneur des héritages ruraux. Le voisin ne peut exiger que le retranchement des branches qui pendent sur son terrain (1).

Article 38.

Poix : A défaut de titre ou de possession contraire, toute haie non mitoyenne, qui sépare deux héritages, est réputée appartenir au voisin vers la propriété duquel les harts ont été liés.

Molliens-Vidame : Lorsqu'un palis ne comporte que d'un seul côté des liens d'appui ou patins, il est la propriété de celui sur le terrain duquel il est appuyé. S'il y a appuis des deux côtés, il est censé mitoyen, sauf titre ou preuve contraire.

Bernaville : Le voisin d'une haie vive qui en plante une nouvelle, s'avance dans une direction perpendiculaire relativement à la première, sur l'égoût du voisin, de manière à clore sa propriété et à profiter ainsi de la parcelle de haie croissant sur le terrain de cet égoût.

(1) Voir la note de l'art. 58.

Article 39.

Amiens, Sains, Picquigny : Toute haie mitoyenne doit être élaguée et maintenue à l'épaisseur qu'elle doit avoir de 20 à 25 centimètres de chaque côté. Elle se partage entre voisins, non par bouts, mais par son épaisseur. Chacun jouit de son côté de la moitié des branches.

Hornoy, *Molliens-Vidame*, *Oisemont*, *Acheux*, *Doullens*, *Bernaville*, *Abbeville*, *Ailly-le-Haut-Clocher*, *Nouvion*, *Hallencourt*, *Crécy*, *Moyenneville* **:** La haie mitoyenne est divisée, pour la jouissance, en deux parties égales. Chaque propriétaire jouit exclusivement de celle qui lui est attribuée.

Cet usage, qui est général, est fondé sur le motif que l'élagage d'une haie mitoyenne fait en commun donne lieu à des contestations : les voisins ne pouvant jamais s'entendre sur l'époque de la coupe et le partage des branches.

Hornoy : Les voisins n'en sont pas moins propriétaires jusqu'au pied de la haie et ce n'est qu'à titre de servitude qu'ils supportent l'égoût du bout qui ne leur appartient pas.

Molliens-Vidame, Bernaville : Le même usage attribue la propriété des arbres, s'il y en a, à celui qui a la jouissance de la haie.

Doullens : Cet usage est sans profit pour les propriétaires. Il a pour effet de détruire leurs droits résultant de la présomption légale et de briser la régularité des lignes séparatives. De là naissent des possessions qui, dans certaines conditions, constituent des droits nouveaux.

Abbeville : Ce mode de jouissance ne crée pas un droit de propriété. Il laisse à chacun un usage plus libre, plus sensible, et lui assure une portion égale des fruits.

Article 40.

Il est d'usage, quand on bâtit à la campagne, de se retirer un peu sur soi, de manière à ce que les eaux des toitures tombent à peu près sur la ligne séparative. Le pan de mur supposé droit, le fil à plomb, partant de l'extrémité de la couverture et tombant sur le sol fixe le terrain intermédiaire laissé pour l'égoût.

Molliens-Vidame : L'égoût du pignon en chaume qu'on appelle *oin-verge* est considéré comme servitude dans quelques localités, comme propriété dans d'autres.

Article 41.

Amiens : L'autorité des anciens usages relatifs aux constructions est fort affaiblie (1).

Article 42.

Les puits, les fosses d'aisances, les mares, cloaques et dépôts de fumier doivent être établis dans les conditions suivantes :

Péronne : Il doit y avoir, du côté du voisin, un mur en maçonnerie de briques et de ciment, de 50 centimètres.

Albert : La distance à observer pour creuser un puits contre un mur mitoyen ou non, est, non compris le mur en maçonnerie, de 15 centimètres;

Pour une fosse d'aisances couverte, de 15 centimètres;

Si elle ne l'est pas, de 5 mètres.

Rue : Une fosse d'aisances ne peut être ouverte plus près du fonds voisin que 2 pieds 1/2 (82 centimètres).

Poix : Celui qui veut creuser un puits ou une fosse d'aisances à proximité du mur mitoyen ou non, doit faire contre-mur fondé plus bas que le sol le moins élevé et montant jusqu'au niveau du terrain

---

(1) HAUTEUR DU MUR DE CLOTURE DANS LES VILLES ET FAUBOURGS.

L'art. 25 de la coutume locale d'Amiens réformée, exige pour les maisons, cours et jardins de la ville, une clôture suffisante en *pierres, briques, blocail, moëllons* ou *palis* de 7 pieds (2 m. 33 c.) au moins de hauteur, tant d'un côté que de l'autre. (V. Pièces justificatives, n° 6).

La Commission centrale, en décidant que cette disposition serait jointe à son procès-verbal, n'a pas entendu préjuger la question de savoir, si elle est applicable aux faubourgs d'une manière absolue quant à la nature des matériaux à employer pour former une clôture suffisante, et si la hauteur qu'elle prescrit est encore la règle des constructions d'aujourd'hui.

le plus haut, de manière à ce que le mur et le contre-mur aient ensemble une épaisseur de 1 mètre.

Nouvion, *Moyenneville* : On ne fait les ouvrages intermédiaires qu'à la distance de 50 centimètres.

Moyenneville : Si on creuse à une moindre distance, pour une mare ou une fosse d'aisances, on élève un contre-mur de 33 centimètres.

Rue : On ne peut adosser une étable, contre le mur mitoyen ou non, qu'à la condition d'y faire contre-mur de 8 pouces (21 centimètres) d'épaisseur, 3 pieds (1 mètre) de hauteur, et 18 pouces (50 centimètres) de fondation, construit en briques de choix ou pierres dures, avec mortier de chaux et de ciment.

Corbie : Pour les forges, fours, fourneaux, cheminées et âtres contre le mur mitoyen, l'usage veut qu'il soit fait contre-mur en *tuillots* ou autre matière d'une brique d'épaisseur.

Corbie, *Ailly-sur-Noye* : Les distances à observer pour les constructions et ouvrages intermédiaires sont régies par l'article 166 de la coutume de Picardie (Voir pièces justificatives n° 6) et, en partie, par l'arrêté de la Préfecture de la Somme du 25 juillet 1824.

Article 43.

Picquigny : L'usage consacre, sous le nom de *tour d'échelle*, le droit réciproque de passage, pour les réparations aux bâtiments et murs de clôture. *Cet usage est assez général.*

Article 44.

Bernaville : Le passage pour cause d'enclave est permis aux époques où l'on peut passer sans causer aucun dommage.

Moreuil : En temps de semailles on passe avec des chevaux et des instruments aratoires sur les terres préparées et récoltées.

Hornoy : Les instruments aratoires, pendant les semailles, circulent librement quand ils sont supportés sur des rouleaux.

Rue : Le propriétaire du fonds enclavé ne doit aucune indemnité de passage lorsqu'il ne cause pas de dommage appréciable au fonds enclavant. S'il détruit des récoltes sur pied, il en doit la restitution en pareille quantité et qualité ; s'il défonce une terre non ensemencée et y fait des ornières, il doit labourer et fumer la terre qu'il a convertie en chemin.

Villers-Bocage : Pour le fumier et la récolte, on suit le trajet le plus court ; pour la cendre, on passe partout.

Acheux, Domart : Une sole ne doit pas le passage pour la desserte d'une autre sole. *Cet usage est général.*

Hornoy : Lorsque les grains sont mûrs, le propriétaire enclavé, pour arriver à son champ, se fraie un passage en coupant à la faulx la récolte du fonds enclavant et la laisse sur place. Aucune indemnité n'est réclamée pour cette espèce de chemin. *Ces usages sont assez généralement observés.*

Ailly-sur-Noye : Quand la moisson s'ouvre pour la petite culture, on observe encore la coutume de Montdidier qui prescrit le *desrang*. On appelle desrang la ligne droite qui se trace d'une borne à l'autre, à l'époque de la maturité des grains, pour marquer la limite (Voy. pièces justificatives n° 6). *Cet usage est général.*

Article 45.

Hornoy, Ailly-sur-Noye : On n'ouvre pas le sillon de labour deux fois de suite du même côté, mais alternativement des deux côtés, en suivant la jouissance et les bornes. — S'il fait mauvais temps, ou si les grains sont levés dans les champs auxquels le sillon vient aboutir, des fourrières sont exigées. *Usage général.*

Article 46.

Nesle : Le cultivateur qui sème au mois d'octobre un champ contigu à un autre qui ne doit être cultivé qu'au mois de mars suivant, a l'habitude d'anticiper de 1 mètre sur le voisin qui reprend, après l'hiver, la terre anticipée, en détruisant la semence jusqu'à la limite.

TITRE VI.

DE LA GARANTIE DES DÉFAUTS DE LA CHOSE VENDUE.

Article 47.

Corbie : Il n'y a point d'usage pour l'exercice de l'action résultant des vices redhibitoires en matière de vente de meubles, immeubles et marchandises.

En général, dans ce canton, l'action doit être intentée dans le délai de six mois, à partir de la vente ou du moment où les vices ont été connus.

TITRE VII.

DU LOUAGE DES CHOSES.

Section I. — Louage des choses à la campagne.

Article 48.

Il n'existe pas d'usage qui régisse la durée du bail verbal des maisons, parties de maisons, chambres ou pièces, si ce n'est en ce qui concerne le congé.

La règle à peu près générale, dans le département, est qu'on doit donner congé trois mois d'avance.

Si à la maison d'habitation est joint un verger, un jardin, une grange, le bail est censé fait pour un an qui commence en février ou mars, afin d'assurer au preneur la jouissance de tous les fruits que l'immeuble est susceptible de produire. Il en est de même lorsque la location ne comprend qu'un verger, un jardin ou une pâture.

Moreuil, Combles : Le délai du congé est de six semaines.

Rosières : Il est d'un mois dans ce canton.

Arrondissement d'Abbeville : Le louage des maisons et bâtiments ruraux est réglé, quant à sa fin, par une sentence de la sénéchaussée de Ponthieu du 20 juin 1766, qui est encore en vigueur, et aux termes de laquelle l'année commence au 15 mars et le congé se donne avant le 15 décembre (Voyez Pièces justificatives n° 8).

Les granges, lorsqu'elles sont louées séparément, sont censées l'être pour un an à partir du 24 juin, c'est-à-dire du moment où elles sont débarrassées de la récolte précédente, jusqu'au moment où elles le seront de la récolte prochaine.

Le délai du congé est le même que celui des maisons.

Gamaches, Crécy : Le bail finit de plein droit à l'expiration de l'année.

Article 49.

Le paiement du loyer se fait en un seul terme, sans fractionnement. *Cet usage est général.*

Amiens, Poix : A défaut de stipulation contraire, les loyers sont exigibles le lendemain de l'échéance du terme.

Article 50.

Amiens : Le locataire sortant ne peut prétendre à aucune impense faite sur le jardin, ni à aucune récolte de fruits, grains ou légumes qui ne pourrait se faire qu'après sa sortie.

Article 51.

Sont considérées comme réparations locatives :

Rue : Le couronnement des toits en chaume qui doit être renouvelé tous les trois ans, les réparations ordinaires des couvertures en chaume d'au moins 1 mètre de surface ; celles des trous survenus naturellement aux parois en terre, à quelque hauteur que ce soit ; celles des solins en pierres ou en briques, jusqu'à deux pieds (66 centimètres) de hauteur.

Gamaches, Poix : L'entretien de la couverture en chaume seulement.

7

Corbie : Les réparations des haies de clôture et leur entretien, le curage des fossés, le faucardement des rivières et cours d'eau.

Ault, Villers-Bocage : Les réparations aux parois et solins jusqu'à la hauteur d'un homme de taille ordinaire.

Nouvion : Le ramonage des cheminées, l'entretien des bornes et barrières qui, dans les cours de ferme, sont destinées à prévenir le choc des voitures contre les murs, les réparations aux haies vives et mortes, les soins à donner aux arbres et aux plantations, le curage des fossés, l'entretien de l'aire à battre, du pressoir et des ustensiles à faire le cidre.

Article 52.

Abbeville : Le preneur a droit au produit des arbres montants et des haies vives, en se conformant à l'aménagement établi lors de son entrée en jouissance, mais à la condition d'entretenir les haies en bon état de clôture. *Usage général.*

Moyenneville : Le preneur a les arbres morts à la condition de les remplacer.

Gamaches : De tout arbre qui meurt ou qui tombe, le bailleur a le tronc et le fermier les branches jusqu'à la couronne. Le propriétaire ne remplace que les arbres fruitiers; s'il laisse le corps de l'arbre au locataire, celui-ci doit planter un sujet et le faire greffer.

Article 53.

Arrondissement d'Abbeville : Le preneur ne peut élaguer les haies vives plus de trois fois, et les arbres montants plus de deux fois, dans le cours d'un bail de neuf ans. *Usage général.*

Dans quelques localités, un quart des haies se coupe chaque année; dans d'autres, tous les trois, quatre ou cinq ans, selon l'essence et la force végétative des bois (1).

---

(1) HAUTEUR DES BAIES VIVES.

Les Commissions cantonales fixent la hauteur des haies vives de la manière suivante :
Corbie, Rosières, Bernaville, Domart, Nesle, Chaulnes, 1 m. 50 c.

Dans les parties basses des cantons de Saint-Valery et d'Ailly-le-Haut-Clocher, les haies doivent être taillées tous les ans au mois de juin.

Rue, 1 m. 66 c.

Conty, 1 m. 65 c.

Moreuil, 1 m. 33 c.

Amiens, 4 cantons, et Péronne, 1 m. 33.

Ailly-sur-Noye, entre héritages limitrophes, 1 m. 33 c.; sur les chemins vicinaux, 2 m.

Albert : Tiepval, 1 m.; Grandcourt et Lavieville, 1 m. 25 c.; Irles, 1 m. 30 c.; Mametz, Miraumont, Pozières, 1 m. 33 c.; Albert et Buires, 1 m. 40 c.; Fricourt et Maisnil-Martinsart, 1 m. 50 c.; Pys, 1 m. 66 c.; Beaucourt, Bécourt, Bouzincourt, Dernancourt, Méaulte, 2 m.; Bazentin, 3 m.

Villers-Bocage : Villers, Montonvillers, Flesselles, Vaux, Saint-Vast, Querrieux, Pont, Saint-Gratien, 1 m. 50 c.; Raineville, Bertangles, 1 m. 33 c. à 1 m. 50 c.; Coisy, 1 m. 33 c à 1 m. 66 c.; Cardonnette, 1 m.; dans les autres communes pas d'usage.

Ces différentes constatations n'ont pas paru à la Commission centrale offrir assez de précision pour être admises comme règles certaines. Elle a seulement accueilli le vœu des Commissions de Chaulnes et de Bernaville qui demandent que la hauteur de la haie vive soit fixée à 1 m. 50 c., conformément à l'usage le plus général, sans préjudice à la pousse annuelle et à la coupe périodique. Les haies qui ferment les jardins et vergers, entre voisins, ne peuvent être assujetties aux mêmes conditions que les haies contiguës à des terres labourables. Il ne doit pas être permis de laisser croître ces dernières au-delà d'une certaine hauteur ou d'y laisser pousser des arbres montants et des baliveaux susceptibles de nuire aux récoltes du champ voisin.

ÉLAGAGE PÉRIODIQUE DES ARBRES ET DES HAIES.

Chaulnes : Dans l'intérêt de l'agriculture, il serait convenable de faire couper les haies vives tous les cinq ans et de défendre d'y laisser des baliveaux et des arbres montants.

Rue : La haie vive doit être retaillée tous les six ans.

Bernaville : Les haies vives se taillent tous les quatre ou cinq ans, et jamais plus de deux fois dans le cours d'un bail de neuf ans.

Péronne : Les haies qui séparent les héritages ou les terres doivent être coupées tous les ans, en février ou mars, à 1 m. 33 c., afin de ne pas nuire aux voisins.

Albert : L'époque de *l'élagage des haies,* à Bazentin, Beaucourt, Beaumont, Bécordel, Fricourt, Mametz, Maisnil, Ovillers, Pys, Tiepval, est

Article 54.

Amiens : Les aires et hortillonnages se louent, en général, pour un an qui commence à la Chandeleur (2 février). Le congé doit être donné avant les trois derniers mois.

Le fermier, même après sa sortie, conserve le droit de recueillir les productions dont la récolte a été retardée par l'intempérie des saisons, mais seulement quand le bail commence à la Chandeleur.

Saint-Valery : Le bail verbal des hortillonnages et des terres à aires qui rapportent chaque année, est réputé fait pour trois ans, à moins qu'il ne soit consenti pour un an ou pour une récolte déterminée, telle que celle du lin, de la pomme de terre, des carottes, etc.

en février et mars ; à Bouzincourt et Pozières, en mars et avril; à Méaulte, fin d'avril et d'août ; à Auchonvillers, en mars et octobre ; à Albert et Buires, en juin et septembre ; à Miraumont, du 1er novembre au 1er février; à Courcelette, du 1er novembre au 1er avril; à Aveluy, à la Fête-Dieu et à la sève morte.

L'époque de *l'élagage des arbres fruitiers,* à Albert et dans beaucoup d'autres communes, est en février et mars ; à Méaulte, en décembre ; à Pys, en octobre;

Celle de l'élagage des autres arbres, à Albert, Buires et autres communes, est en février et mars ; à Irles, en octobre; à Courcelette, du 1er novembre au 1er avril.

Hornoy : L'élagage a lieu dans le temps propre à la taille pour ne pas faire périr l'arbre ou la haie, c'est-à-dire dans les mois de février, mars ou avril.

Abbeville : L'ébranchage des arbres à bois tendre a lieu tous les trois ans, celui des autres arbres tous les six ans.

Il existe un abus qu'il serait désirable de voir cesser, c'est celui d'ébrancher les arbres outre mesure. Ils ne devraient l'être qu'aux deux tiers de leur hauteur.

Domart : Les haies qui ferment les jardins, suivant l'ancienne coutume, devraient être élaguées tous les ans ; celles qui séparent les vergers des terres labourables devraient l'être tous les cinq ans, pour les bois durs, tous les quatre ans, pour les bois tendres.

Ces usages sont certainement ceux qu'il est le plus important de bien connaître pour déterminer les conditions de la jouissance du bon père de famille. Malheureusement, les constatations recueillies jusqu'à présent ne sont ni assez précises, ni assez complètes pour éclairer les tribunaux. On se borne à les enregistrer à titre de renseignements.

Article 55.

Quand le bail est sans écrit, les terres labourables, assolées ou non assolées, sont réputées louées pour trois ans.

Si les terres sont assolées, (1) l'année commence et finit le

(1) **Si les terres sont assolées.** — L'enquête de 1855 contient à cet égard de précieux renseignements qui ne seront point ici déplacés, puisqu'ils permettent d'apprécier, par comparaison, l'état et les progrès de l'agriculture dans 23 cantons du département.

Les deux cantons d'Abbeville : L'assolement est triennal : blés, mars, jachères. Par exception, en cette année (1855), la terre qui devait se reposer complétement a été ensemencée en *trèfles, minettes, warats.*

Certaines terres, dites *terres à aires,* rapportent chaque année.

Ailly-le-Haut-Clocher : Les terres, généralement, se conduisent par par trois soles ; mais la moitié des jachères est chargée soit de graines oléagineuses, soit de prairies artificielles et de légumes.

Hallencourt : L'assolement triennal est encore suivi pour la production des céréales ; mais le dessolement des jachères s'accroit chaque année à cause de l'avantage considérable qu'y trouvent les cultivateurs.

Gamaches : Les terres labourables se conduisent par trois soles. Pour les chanvrières l'assolement est biennal. Les jachères tendent à diminuer d'une manière sensible.

Crécy : Par suite du développement que prend l'agriculture dans ce canton, la sole de jachères ne reste, à l'état de terre nue, que jusqu'à concurrence d'un sixième ; le reste est ensemencé en prairies artificielles et oléagineux dont les fermiers profitent dans la dernière année de leur jouissance.

Ault : L'assolement est toujours triennal ou censé tel. Les jachères tendent à disparaître de plus en plus ; la jurisprudence elle-même s'associe à ce mouvement. La jachère est remplacée généralement par des trèfles, des minettes, des lins, des colzas, des pommes de terre, des carottes, des navets et autres plantes.

Nouvion : Les terres se divisent par trois soles. Quelques cultivateurs ont essayé de les diviser par quart ; dans ce cas ils font beaucoup plus de prairies artificielles et récoltent des légumes.

Saint-Valery : L'assolement est triennal, mais les jachères sont presque entièrement supprimées.

Bray : Le blé se sème régulièrement tous les trois ans ; seulement la jachère qui, autrefois, précédait les semis de blé, a presque disparu. Les plantes à racines et les graines oléagineuses la remplacent avec avantage. Les cultivateurs, malgré la grande variété des cultures, s'entendent pour partager chaque territoire en trois soles.

Albert : Dans presque toutes les communes de ce canton, l'assolement triennal, bien que tendant à disparaître, est encore pratiqué. A Albert, Aveluy, Pozières et Tiepval, la culture n'a plus lieu par soles et saisons.

1er octobre. Le fermier entrant a la jachère libre au 1er octobre qui précède la dernière année du bail, afin de pouvoir cultiver cette sole et y répandre des engrais une année d'avance, et l'ensemencer en blé lors de son entrée en jouissance, l'année suivante.

Abbeville : L'entrée en jouissance des fermes a lieu au 15 mars qui précède la première récolte.

Article 56.

Amiens, Corbie, Sains : Le congé des terres labourables louées verbalement, se donne avant le 24 juin qui précède la dernière année du bail.

Poix : Avant le premier octobre qui précède l'expiration du bail.

Picquigny : Si les terres sont assolées, avant la Saint-Jean qui précède la dernière année du triennal; et, à la Saint-Jean de la récolte pendante, si les terres ne sont point assolées.

Villers-Bocage : Querrieux, Pont, Saint-Gratien, Raineville,

Roisel : La culture et l'assolement offrent assez de variété, ce qui prouve un progrès. Le triennal domine généralement, mais avec condition de jachère productive. D'autres assolements ont été essayés avec succès depuis l'introduction de la culture de la betterave.

Nesle : L'assolement ternaire n'existe plus dans ce canton; il n'y a plus de jachères. Quand quelques pièces de terre se trouvent en cet état, c'est que le cultivateur manque d'engrais.

Ham : La culture de la betterave et des plantes oléagineuses a détruit les assolements : la terre produit chaque année.

Combles : L'assolement est triennal. On ne fait presque plus de jachères.

Chaulnes : L'assolement n'existe plus comme autrefois. Chacun cultive à sa guise et laisse peu de terres en jachère.

Amiens (les 4 cantons) : Il n'y a point d'assolement pour les terres qui composent le territoire d'Amiens ; mais il existe dans les communes suburbaines.

Picquigny : Assolement triennal.

Doullens : Les terres à labour sont divisées en trois soles, blés, mars, jachères. On sème sur jachères des récoltes intercalaires telles que lins, colzas, œillettes, etc.

Les dix-huit autres commissions ne se sont pas expliquées sur le mode d'assolement pratiqué dans leurs cantons respectifs.

Molliens, avant la Saint-Jean et avant l'expiration du triennal commencé.

Villers-Bocage, Montonvillers : Avant la récolte qui précède la dernière année du bail et avant de commencer la culture pour semer.

Cardonnette, Flesselles, Vaux, Saint-Vast, Beaucourt : un an d'avance.

Montigny, Contay, Vadencourt, Béhencourt, Fréchencourt : Trois ans d'avance.

Bertangles : Deux ans d'avance.

Abbeville, Ault : Les congés sont réglés par un arrêté de la sénéchaussée de Ponthieu, du 20 juin 1766. (V. Pièces justicatives, n° 7.)

Nouvion : Il n'y a point d'époque déterminée. Le propriétaire peut déposséder le fermier à l'expiration des trois années lorsque ce dernier n'a pas ensemencé les terres, et en lui tenant compte des labours qu'il a faits.

Crécy : Le congé doit être donné avant l'enlèvement de la récolte si le triennal finit par blé ou mars, avant la récolte de mars, s'il finit par la sole de jachère.

Albert : Albert, Bazentin, Buire-sous-Corbie, Dernancourt, Grancourt, Irles, Lavieville, Méaulte, Mesnil-Martinsart, Posières : Au plus tard à la Saint-Jean.

Aveluy : Au 1er juillet, au plus tard.

Beaumont : Du 31 août au 30 septembre.

Bécourt-Bécordel, Fricourt : Six mois d'avance.

Bouzincourt : Un an d'avance.

Tiepval : Six mois avant la fin de la troisième année.

Pys : On ne signifie pas de congé.

Article 57.

Chaulnes : Quoique le bail écrit cesse de plein droit à l'expiration du terme fixé, il est d'usage constant de faire signifier un

congé avant la Saint-Jean, que le bail soit écrit ou non ; en
l'absence de ce congé on invoque la tacite réconduction (1).

(1) Cet usage doit être général dans le Santerre où les propriétaires des
terres libres ont un si puissant intérêt à empêcher leurs fermiers de se
perpétuer dans leur jouissance par tacite réconduction. C'est pourquoi on
croit devoir rapprocher de cette disposition, et pour lui servir de com-
mentaire, les observations des cinq commissions qui ont parlé du droit de
marché.

DU DROIT DE MARCHÉ.

Roye : Quoique ce prétendu droit qui existe sur les terres à ferme, pa-
raisse en opposition avec la loi et la jurisprudence, la Commission constate
qu'il est encore en vigueur dans un grand nombre de communes de ce
canton.

Sa valeur qui n'est que de 200 fr. l'hectare, dans quelques communes,
s'élève à 500 fr. dans les autres.

Rosières : De même que le propriétaire a le droit de transmettre son
héritage, le fermier dispose de sa jouissance, et il ne peut être dépossédé,
même à l'expiration du bail, sans, au préalable, avoir obtenu une indemnité.
La *tacite réconduction* a toujours lieu.

Ce droit a disparu dans quelques localités. Dans les autres, on commence
à reconnaître que c'est un abus, une atteinte au droit de propriété.

Les membres de la Commission ne peuvent rien préciser sur l'origine de
cet usage qui a été observé de temps immémorial.

Chaulnes : De tout temps on a reconnu, dans ce canton comme dans
beaucoup d'autres, un droit de marché, dont il n'est pas possible de décou-
vrir l'origine, mais qui paraît fondé sur une espèce de convention tacite
d'après laquelle un fermier ne peut être dépossédé, sans son consentement,
des biens qu'il tient à ferme, même sans bail.

Ce droit qu'aucun titre ne constate affecte une partie notable de la propriété, en ce sens qu'un hectare qui serait vendu 4000 fr. ne vaut guère,
grevé du droit de marché, que 3000 fr., ce qui représente le quart du prix
réel ; ce droit se perpétue, dans la famille, de même que la propriété. Les
pères en dotent leurs enfants. Il est prisé dans les inventaires, comme une
valeur de la succession, et il devient souvent l'objet d'une adjudication à la
criée.

Les fermiers se considèrent comme ayant un droit inhérent au fonds. Ils
font la loi aux propriétaires qui ne peuvent louer ni vendre à d'autres, avant
d'avoir remboursé le droit de marché, car on ne trouverait personne qui
osât, selon l'expression vulgaire, *dépointer* un fermier, sachant bien que ce
serait s'exposer à des actes de vengeance dont on peut malheureusement
citer plus d'un exemple.

Cet usage a subsisté malgré toutes les mesures prises par le Gouvernement lui-même, notamment malgré un arrêt du Conseil d'État, du 25 mars
1724 (FOURNEL, *Lois rurales*, liv. II, tit. IV, ch. IV).

Il faut reconnaître néanmoins que plusieurs propriétaires ont le tort de
sanctionner ce qui existe en concédant des biens à ferme avec réception et
reconnaissance de sommes d'argent, ce qui confond les anciennes et les

Corbie : Même usage fondé sur ce que le propriétaire, quand il s'agit de baux dont la durée est déterminée par la nature des héri-

nouvelles tenures, et explique jusqu'à un certain point la résistance des fermiers, lesquels prétendent, avec une apparence de raison, que ce qui se fait aujourd'hui a dû se faire autrefois.

Cette situation est évidemment nuisible au bien de l'agriculture ; pour la faire cesser, il faudrait que la France fût dotée d'un Code rural. La Commission exprime le vœu de voir bientôt entreprendre ce travail destiné à produire un immense bienfait.

Nesle : Le droit de marché est généralement répandu dans le canton de Nesle, et surtout dans les cantons voisins où il est un obstacle à la libre circulation des biens et au progrès de l'agriculture.

Ce droit qui ne repose sur aucun article de loi ni sur aucun titre, autorise le fermier à prétendre qu'il ne peut jamais être dépossédé de sa jouissance, ni subir aucune aggravation des charges de son bail de la part du propriétaire, lequel est réduit au droit de percevoir, aux époques déterminées par la coutume ou par le bail, un fermage dont la quotité est invariable, tant qu'il n'a pas acheté du fermier ou de ses successeurs la renonciation à leur droit de jouissance : renonciation qu'on n'obtient qu'à un prix qui s'élève quelque fois au tiers et même à la moitié de la valeur des biens.

On prétend que l'origine de cet usage remonte aux Croisades. Une convention serait intervenue entre les propriétaires du sol et leurs fermiers : ceux-ci, moyennant une somme payée par eux, auraient obtenu un bail sans terme et une jouissance qui, par la suite des temps, ne devait éprouver aucune variation.

Le droit de marché a-t-il été réellement acheté dans l'origine ? Rien ne vient justifier cette assertion. Le fermier n'en a pas moins persisté, jusqu'à ce jour, dans sa prétention. Il a fait plus : il entend que l'indemnité du rachat à lui payer, en cas de dépossession, doit croître proportionnellement à la valeur de la terre.

Il se considère donc comme co-propriétaire du sol, et certain, suivant son opinion, qu'il ne sera jamais évincé de la jouissance du sol qu'il cultive, il se retranche dans un droit qui, à défaut de la garantie de la loi, trouve sa sanction dans sa résolution à le défendre par tous les moyens. En effet, le propriétaire fatigué de ne recevoir qu'un fermage inférieur à celui qu'il devrait toucher, eu égard à la valeur de la propriété, vient il à demander à son fermier une augmentation ? celui-ci la lui refuse. Veut-il l'obtenir d'un nouvel occupeur ? il n'en trouvera aucun. Personne n'osera s'exposer au danger qui menace tout *dépointeur* de se voir frappé dans ses biens et même dans sa vie. Cette qualification le voue à l'exécration du pays et le livre sans défense aux coups d'une vengeance inexorable qui se traduit par le bris des charrues, le vol des grains et la destruction des bestiaux, par la mutilation des arbres, par l'incendie et l'assassinat.

Si le propriétaire se trouve réduit à la nécessité de cultiver lui-même ses terres, il ne sera pas, pour cela, plus à l'abri des périls qui viennent d'être signalés.

S'il veut se défaire de sa propriété, d'abord, il doit obtenir l'agrément de son fermier auquel il faut compter la somme qu'il demande pour prix de ce qu'il appelle son droit de marché. S'il trouve un acquéreur — le fermier ne

tages affermés, doit signifier congé pour avertir le fermier qu'il n'ait à faire aucuns travaux en vue de la récolte prochaine.

Albert : Le délai dans lequel doit être signifié le congé, pour faire cesser l'effet d'un bail par tacite réconduction des terres labourables se divisant par soles ou saisons, est, pour Courcelette, avant la 1er octobre.

Les autres communes du canton ne reconnaissent pas d'usage.

Bernaville : Avant l'ensemencement des terres et, pour la sole de jachères, avant la raie de la Saint-Jean.

Roye : Avant le 25 juin de la dernière année de jouissance.

Article 58.

Amiens : Le fermier, pendant la durée du bail verbal qui est de trois ans, doit respecter l'assolement établi et remettre les terres dans l'état qu'il implique.

le permet pas toujours, même encore aujourd'hui — cet acquéreur ne donnera qu'un prix inférieur à la valeur de la propriété, déduction faite du droit de marché ; car il faut que le nouveau propriétaire ait quelque chose qui compense le mauvais gré de son prédécesseur dans l'exploitation.

A diverses époques déjà le législateur s'est préoccupé du droit de marché; mais ses efforts pour en faire cesser les abus, ne paraissent pas avoir été couronnés de succès. Ainsi un arrêt du Conseil d'État du roi Louis XIV, du 4 novembre 1679, un autre du 17 juin 1707, un édit du 17 décembre 1714, un arrêt du Conseil d'État du 25 mars 1724 et d'autres arrêts et déclarations du 10 octobre 1747 et 20 juillet 1764, ont tous eu pour objet la répression des abus qui s'étaient introduits, dans la Généralité d'Amiens, du côté de Roye, Péronne et Montdidier.

La Commission cantonale n'a pas à discuter les moyens plus ou moins efficaces qui pourraient être proposés dans la vue d'anéantir cet usage; mais elle croit devoir faire observer que le droit de marché a subi de graves atteintes depuis l'introduction de la culture industrielle dans le canton, sans cependant que ces atteintes en puissent faire présager l'extinction dans un temps plus ou moins éloigné.

Roisel : Il existe dans ce canton, sur les terres à ferme, un droit qu'on appelle droit de marché, en vertu duquel le fermier se perpétue dans sa jouissance, en dispose comme d'une propriété et la transmet à titre héréditaire.

Le prix du droit de marché varie suivant les localités. Mais depuis dix ans, il a perdu de sa valeur. Ce qui se vendait alors 1000 fr., 1500 fr., 1800 fr. l'hectare, ne se vend plus aujourd'hui que 800 fr. et 900 fr., terme moyen.

On a beaucoup écrit sur l'origine de ce prétendu droit qui est toujours **problématique.**

Quand le bail est d'une plus longue durée, l'usage autorise le fermier à dessoler, pourvu que, dans le dernier triennal, il rétablisse l'assolement régulier.

Doullens : Les fermiers sont dans l'usage de mettre, sur jachères, des récoltes intercalaires, telles que lins, colzas, œillettes, etc. Dans la dernière année du bail, le fermier n'a pas ce droit.

Picquigny, *Sains* : L'usage ne considère pas comme dessolement une verdure sur jachère.

Poix : Toutes récoltes, autres que des prairies artificielles, faites sur jachères, pendant le cours du bail, sont considérées comme dessolement ; mais le fermier ne peut semer de prairies artificielles pour les récolter dans la dernière année de sa jouissance.

Crécy : Les fermiers, dans la dernière année, profitent du dessolement.

Gamaches, *Sains*, *Picquigny* : Dans la dernière année du bail, lorsque les jachères portent des prairies artificielles, la première coupe appartient au fermier sortant, la seconde au fermier entrant.

Amiens : Dans la banlieue de cette ville les terres ne sont point assolées. Le fermier, dans la dernière année, jouit des deux premières coupes de prairies artificielles qu'il a semées l'année précédente, mais il ne peut prétendre à la troisième, s'il y en a une.

Poix : On ne peut exiger du fermier, d'après l'usage, de fumer plus de deux fois, dans le cours d'un bail de neuf années, si son fumier a été réparti de manière à ce que le second amendement soit mis pendant la seconde moitié de sa jouissance.

Cet usage est général.

Article 59.

Gamaches, *Nouvion* : Le fermier sortant fournit une pièce à feu, ordinairement le fournil, pour y loger un charretier, une écurie pour les chevaux, afin de faciliter, au fermier entrant, la culture des jachères qu'il doit ensemencer en blé.

Hallencourt : A cause du morcellement des propriétés, il n'existe qu'un très petit nombre de fermes dans le canton.

Le principe que le fermier doit se renfermer dans son droit, en ne travaillant que pour lui, est accepté sans opposition.

Article 60.

Rue : Dans ce canton qui est un pays de pâturage, les vaches sont les seuls animaux qu'on donne ordinairement à loyer.

Quand la vache est adulte, elle est censée louée pour un an. Quand elle ne l'est pas, le preneur doit en jouir *vache* aussi longtemps qu'il l'a nourrie *veau*.

Article 61.

Corbie : Le propriétaire voisin d'une tourbière est tenu de fournir, sur son terrain, des étentes pour y déposer la tourbe extraite, la faire sécher et la manœuvrer, moyennant un loyer annuel de 100 fr. par journal de 42 ares 20 centiares.

Cette espèce de location forcée est généralement acceptée dans les localités où il existe des tourbières en exploitation.

Picquigny : Le congé pour les terrains qui ont servi aux extractions de tourbes doit être donné au plus tard au mois d'octobre.

Section II. — Louage des choses en ville ou bourg.

Article 62.

Amiens : Le bail des maisons entières, quel que soit le prix du loyer, est censé fait au terme.

Il y a trois termes dans l'année : *Noël, Pâques,* 1er *août*.

Le congé doit être donné un terme entier à l'avance

Abbeville : Le délai des congés pour les maisons de ville varie suivant le prix du bail.

Pour celles dont le loyer n'est pas supérieur à 50 fr., le délai est de deux mois.

Pour celles de 50 fr. à 100 fr., trois mois.

Pour celles de 100 et au-dessus, quatre mois.

Montdidier : Les maisons se louent généralement à l'année pour trois, six ou neuf ans. Le congé se donne trois mois d'avance. Les loyers se paient par trimestre.

Péronne : Les maisons dont le prix de location est peu élevé, sont censées louées au mois. Le congé se donne un mois d'avance.

Les locations des maisons importantes sont faites pour six mois.

Ham : Les maisons importantes se louent à l'année; on prévient un an d'avance.

Bray : Le congé est de trois mois. Le paiement se fait par trimestre.

Albert : Les maisons se louent pour trois, six ou neuf années. Le délai des congés est de trois mois.

Corbie, Moreuil : On loue à l'année; l'année se divise en trois termes : *Noël, Pâques,* 1er *août.*

Corbie : Si le prix de la location est inférieur à 100 fr., le congé doit être donné six semaines avant l'expiration du terme; s'il est supérieur à cette somme, trois mois d'avance.

Oisemont : Le délai du congé, pour le bail d'une usine, est de six mois.

Poix : Si le loyer est de 300 fr., le délai est de six mois.

Hornoy : Le prix de la location n'exerce aucune influence sur la durée du bail et le délai du congé.

Gamaches : Les maisons du bourg avec jardin et herbages, se louent pour un an, les autres pour six mois, du 15 mars au 1er octobre, du 1er octobre au 15 mars. Les paiements se font aux mêmes époques.

Le congé pour les locations au-dessous de 50 fr. se donne trois mois d'avance; pour celles au-dessus, six mois d'avance.

Article 63.

Amiens : Les maisons destinées au commerce ou à l'industrie se louent à l'année. Le congé doit être donné deux termes à l'avance.

Extrait du procès-verbal. L'existence de cet usage est contestée par quelques membres de la Commission centrale.

Abbeville : Pour les maisons de négociants et auberges, le congé doit être donné six mois d'avance.

Péronne : Le délai des congés, qui est de six mois pour les maisons importantes, est d'une année quand elles sont à usage de commerce.

Article 64.

Amiens : Le bail d'une maison entière, dans les faubourgs, est réputé fait pour un an, si la maison comprend un jardin mis en rapport ou en culture, qui forme l'objet principal.

Le loyer est exigible par tiers, à *Noël, Pâques* et le 1er *août.*

Si le bail a commencé en même temps que le terme, le congé doit être donné avant le commencement du troisième, pour éviter la réconduction d'une année.

Si cette coïncidence n'existe pas, le congé doit être donné avant le commencement des quatre derniers mois, délai réputé équivaloir à un terme ; dans ce cas, le loyer est payable par année, sans fractionnement.

Si la maison n'a pas de jardin, ou si le jardin n'est pas l'objet principal de la location, l'usage est le même que pour le louage des maisons en ville.

Article 65.

Amiens : Partie de maison, chambre ou pièce dans la ville et les faubourgs :

Si le prix du loyer n'excède pas 100 fr., pour faire cesser le bail avec le terme commencé, il faut donner congé le jour qui précède les six dernières semaines de ce terme (42 jours) ; faute de ce congé, le bail se prolonge de tout un terme, au-delà du terme commencé.

Ault : Les chambres sont assimilées aux maisons entières, quand elles sont louées en vue d'une habitation régulière et permanente.

Article 66.

Amiens : Petites maisons louées à la semaine :

Le paiement du loyer par semaine n'exerce aucune influence sur la durée du bail et le délai du congé.

Article 67.

Amiens : Logis ou logement en garni à des ouvriers :

Le bail est réputé fait à la semaine, avec réconduction, faute de congé qui doit être donné une semaine entière d'avance.

Le loyer est également payé à la semaine.

Abbeville : Les chambres louées en garni à des ouvriers sont réputées louées au mois. On s'avertit quinze jours d'avance.

Montdidier : Le même usage s'applique aux logements et habitations des ouvriers et journaliers ; mais on loue peu en garni.

Article 68.

Amiens : Magasin, écurie, hangard, chantier :

Si l'objet loué est l'accessoire obligé d'une maison ou partie de maison, le bail est réglé comme celui des maisons.

Dans le cas contraire, le bail est réputé fait pour un an. Le congé, quel que soit le prix du loyer, doit être donné deux termes à l'avance, si la chose louée est à usage de commerce (1); et seulement avant l'expiration du dernier terme, si elle est consacrée à un autre usage.

Le paiement du loyer, dans l'une et l'autre hypothèse, se fait par terme et par sommes égales.

(1) Même observation qu'à l'article 63.

Si le bail n'a pas commencé avec le terme, le congé se donne avant le commencement des huit ou quatre derniers mois, selon que l'objet est ou n'est pas à usage de commerce.

Article 69.

Amiens : Maison, chambre ou appartement garni :

Le bail est censé fait au mois avec réconduction successive de mois en mois, à défaut de congé. Le loyer est exigible à l'expiration de chaque mois. Le congé se donne la veille des quinze derniers jours. L'usage n'admet pas de durée moyenne et compensée de trente jours.

Article 70.

Amiens : Le bail fait à des militaires en garnison, lorsqu'ils sont obligés, par ordres de leurs chefs, de quitter la ville ou le quartier, cesse, sans congé préalable, aussitôt la justification des ordres reçus. Le loyer se paie proportionnellement à la durée de la jouissance supputée jour par jour.

Rue, Saint-Valery : Dans le bourg du Crotoy et à St-Valery, tout bail de maison ou de chambre fait à un employé du service actif des douanes ou des contributions indirectes, est résilié de plein droit, quand l'administration lui a donné son changement.

Saint-Valery : Il n'est tenu de payer, en cas de départ, en sus du loyer exigible, qu'un 12e seulement du prix annuel.

Article 71.

L'usage ne prescrit pas la forme du congé. Sous cette dénomination, on confond généralement l'avertissement et le congé qui se donne par écrit.

Amiens : Le dernier jour du bail des maisons et appartements comprend la matinée du lendemain ; le locataire n'est tenu de remettre les clefs que le jour de *Pâques*, du 1er *août*, ou de *Noël*, à midi.

L'usage n'autorise le propriétaire à mettre un *à louer* qu'après le congé donné ou reçu.

L'usage n'assujettit le locataire à souffrir la visite des lieux, après l'apposition de l'écriteau, que trois jours par semaine, pendant deux heures ; ces jours et ces heures sont fixés par le locataire.

TITRE VIII.

LOUAGE DES SERVICES.

Section I. — Louage des services à la campagne. (1)

Article 72.

Amiens, Villers-Bocage, Molliens-Vidame, Doullens, Acheux, Bernaville, Domart, Abbeville, Roye, Rosières : Les domestiques de labour sont assimilés aux gens de service à gages. Ils se louent à l'année ou au mois. L'entrée est à la Saint-Martin.

Ault, Crécy, Gamaches, Hallencourt, Sains, Moyenneville, Hornoy, Oisemont, Corbie : L'année se divise en deux périodes ou termes, dont la première comprend le service d'hiver et la seconde le service d'été. Si elles sont inégales en durée, le salaire est le même pour chacune ; si elles sont égales, le domestique est moins rétribué pour les six mois d'hiver que pour les six mois d'été.

Dans les cantons de Crécy et de Moyenneville, les domestiques gagnent autant pour les quatre mois de juillet, août, septembre et octobre que pour les huit autres mois.

---

(1) Les constatations des commissions cantonales sur le louage des *valets de charrue*, des *bergers*, des *moissonneurs*, sont reproduites textuellement à la suite des Pièces justificatives.

8

Rue : Il est d'usage, dans ce canton, de diviser l'année en douze parties égales, d'attribuer deux de ces parties aux trois mois de novembre, décembre et janvier, six parties aux six mois de février à juillet, et quatre parties aux trois mois d'août, septembre et octobre.

Montdidier, Ailly-sur-Noye, Moreuil : Les domestiques de labour sont autant payés pour le terme du 24 juin au 11 novembre, que pour celui du 11 novembre au 24 juin.

Péronne, Roisel, Ham, Bray, Combles, Chaulnes : Les domestiques de labour s'engagent pour un an, le 11 novembre ; leurs gages ne commencent à courir qu'au 1er mars et leur sont payés : un tiers le 24 juin (116 jours), un tiers le 1er septembre (68 jours), et un tiers le 11 novembre (72 jours).

Si le domestique quitte avant le 1er mars, il n'a droit à aucun salaire ; mais le nouveau maître chez lequel il s'engage, au 1er mars ou avant le 1er mars, lui doit le salaire de l'année entière.

Les maîtres et les domestiques doivent s'avertir réciproquement huit jours, quinze jours ou un mois à l'avance.

Cet usage, déjà établi par une sentence fort ancienne du bailliage de Péronne, a été consacré par un règlement du tribunal de cette ville du 21 germinal an IX (Voyez pièces justificatives n° 7).

Article 73.

Les servantes de ferme se louent à l'année ou au mois ; elles gagnent autant l'hiver que l'été.

Article 74.

Les parcours ou valets d'août s'engagent ordinairement du 24 juin au 1er octobre, depuis la première jusqu'à la dernière gerbe.

Article 75.

Péronne : Les bergers, comme les domestiques de ferme, sont assujettis au règlement du 21 germinal an IX, dont il est fait mention en l'article 72. Ils gagnent moins l'hiver que l'été.

Amiens, Villers-Bocage, Hornoy, Molliens-Vidame, Oisemont, Saint-Valery : Le service des bergers se divise en trois *sertes* ou périodes de service. La première comprend le temps pendant lequel les moutons restent à l'étable, du 1er novembre au 2 février ou du 11 novembre au 15 mars ; la seconde, le temps de la dépaissance jusqu'à la tonte ; c'est-à-dire du 2 février ou du 15 mars au 24 juin; la troisième, la saison du parc, depuis le 24 juin jusqu'au 1er ou jusqu'au 11 novembre

Abbeville, Hallencourt, Rue, Nouvion, Sains, Montdidier : Dans ces cantons, le louage des bergers est censé fait pour deux *sertes* ou périodes de service, avec faculté réciproque de rompre l'engagement avant l'expiration de chacun des deux termes.

Les époques d'entrée en serte sont le 1er novembre et le 24 juin, le 11 novembre et le 24 juin, le 25 décembre et le 24 juin, de sorte que, quand l'année se divise en deux sertes égales, comme dans le dernier cas, les bergers sont moins rétribués dans la première ; au contraire, quand elles sont d'une durée inégale , malgré cette inégalité, le salaire est le même.

Généralement, les bergers de commune sont payés en argent jusqu'à la tonte, et en blé pendant la saison du parc. Chacun des intéressés y contribue dans la proportion du nombre de bêtes et de son contingent de nuits de parc.

Les congés se donnent réciproquement huit jours, quinze jours, un mois ou six semaines avant l'expiration du terme.

Montdidier : Lorsque le berger, qui a commencé le terme de la Saint-Martin, vient à quitter avant la fin du terme commencé, le maître lui retient deux mois de gages.

Sains : Lorsqu'il est renvoyé après la Saint-Jean, les hertiers sont obligés de lui payer le parc.

Le maître, comme le berger, ne peut rompre l'engagement avant l'expiration du terme.

Article 76.

Gamaches : Le louage des pâtres et vachers de commune est à la saison ou année do pâturage, c'est-à-dire environ huit mois.

Amiens, Hornoy : Ils sont loués au mois, avec condition de huitaine franche pour le congé.

Albert : Ils sont payés par têtes de bétail.

Article 77.

Le louage des moissonneurs est présumé fait pour durer jusqu'à la fin de l'ouvrage qu'ils entreprennent. Généralement, ils sont payés en nature et au dixième. C'est par dérogation à l'usage et par suite de conventions, que le mode de paiement, à raison de tant en argent ou de tant en blé battu, s'est introduit dans quelques cantons.

D'après un usage qui existe de temps immémorial, les moissonneurs qui sont payés en nature s'engagent pour l'année, avec faculté réciproque de rompre l'engagement avant le 24 juin. Jusqu'à cette époque, les moissonneurs sont assujettis à certains travaux qu'on appelle *corvées*, et qui ont pour objet la récolte à laquelle ils participeront ; ces travaux consistent à charger les fumiers, à les épandre sur les terres, à semer les cendres, à couper les chardons, etc.

Ordinairement ceux qui font les corvées n'ont droit qu'à la nourriture seulement.

Tout moissonneur qui a fait les corvées a droit de faire la moisson. Le maître qui le renvoie, avant la moisson, doit lui payer ses corvées et une indemnité pour la nourriture, s'il y a lieu.

Tout moissonneur qui a commencé la moisson doit la continuer usqu'à la fin, sous peine de perdre ses corvées.

Rue : Le moissonneur renvoyé pendant la moisson a droit à quatre bottes du cent du grain qui reste à moissonner et, en outre, au prix des corvées qu'il a faites.

Bernaville : Si le propriétaire vend ses récoltes sur pied, il est dû aux moissonneurs qui ont fait les corvées, une indemnité égale au 10e de leur prélèvement, moins le prix des travaux de la moisson qu'il ne font pas.

Oisemont, Molliens-Vidame : Les moissonneurs entrent en service au 1er janvier.

Abbeville, Rue : A la Saint-Remi, 1er octobre.

Gamaches : A la Saint-Jean qui précède celle de l'année où se fera la récolte qu'ils doivent moissonner.

Ailly-sur-Noye, Sains : Le congé est obligatoire huit jours avant la Saint-Jean.

Amiens : Il n'y a pour les moissonneurs ni congé ni tacite réconduction.

Roisel : Dans l'arrondissement de Péronne, les moissonneurs sont assujettis au règlement de 1801 (21 germinal an IX.) (V Pièces justificatives, n° 7.)

Article 78.

Ault : Les batteurs, dans les exploitations un peu considérables, se louent quelquefois pour tout le temps que doit durer le travail qu'ils entreprennent.

Ils travaillent à la tâche ou à la journée. On les paie en argent ou en blé. Les conventions plutôt que l'usage régissent ces sortes d'engagements.

Article 79.

Les domestiques de l'un et de l'autre sexe, attachés à la personne, se louent à l'année et sont payés au mois, c'est-à-dire par douzièmes.

Le délai de l'avertissement est :

Amiens, Abbeville, Ham, Moreuil : Huit jours.

Ailly-le-Haut-Clocher : Quinze jours.

Gamaches, Saint-Valery : Un mois.

Bray : Le maître et le domestique se quittent sans délai.

L'usage de donner des arrhes ou le *denier à Dieu* est inconnu dans le département.

Article 80.

Les journaliers et hommes de peine ne sont point nourris dans les fermes; on les paie en argent et à la journée. La journée se divise par demi-jour ou *attelée*.

Morcuil : Les ouvriers agricoles étrangers sont logés gratuitement chez leurs maîtres.

Section II. — Louage des services en ville.

Article 81.

Amiens, Abbeville, Montdidier, Corbie : Le louage des domestiques et gens de service à gages et le mode de paiement sont fixés par les conventions. Il n'y a d'usage qu'en ce qui concerne le délai de l'avertissement qui est de huit jours.

Article 82.

Amiens : Les journaliers des deux sexes travaillent et sont payés à la journée.

Il n'y a obligation d'avertissement réciproque que lorsqu'ils s'engagent pour un travail suivi et d'une certaine durée.

Dans ce cas, l'engagement ne peut être rompu que par un congé dont l'usage règle le délai, conformément au mode de paiement du salaire.

Article 83.

Amiens : Les services des employés, commis, dames de comptoir, etc. n'ont point de durée déterminée. Le paiement de leurs émoluments qui comprennent quelquefois la table et le logement, est censé s'effectuer mois par mois.

Le congé doit être donné un mois d'avance.

En cas de renvoi, sans motif, il y a lieu à une indemnité égale au traitement du mois commencé, la table et le logement compris.

Article 84.

Amiens : Est assimilé au cas de renvoi sans motif, la sortie de la nourrice, par suite de la mort de l'enfant.

Articlé 85.

Amiens : L'art. 85 est applicable aux clercs de notaire, d'avoué et d'huissier quant au délai de l'avertissement.

Extrait du procès-verbal. Cet usage est contesté.

Section III. — Louage d'ouvrage à la campagne.

Article 86.

Les cultivateurs qui font des labours pour autrui s'engagent pour tout faire jusqu'à la récolte inclusivement, ou pour ne faire que les labours seulement (1).

---

(1) **Abbeville** : *Celui qui laboure les terres d'autrui est obligé de rentrer les grains, de voiturer les fumiers nécessaires à raison de 1 fr. 50 c. l'attelée ou de 3 fr. par jour. L'attelée comprend le travail du matin à midi et de midi au soir.*

Le prix du labour, quoique subordonné aux conventions, est fixé par l'usage des localités lorsqu'il n'y a point d'engagement écrit, et le traité est censé fait pour un an.

Crécy : *Les travaux de culture que font les cultivateurs pour des personnes qui ne le sont pas, dès qu'ils sont commencés, doivent être continués toute l'année. Le propriétaire ou ménager ne peut plus changer son laboureur, et celui-ci est obligé de faire tous les charrois, de quelque nature qu'ils soient, jusqu'à la fin de l'année.*

Ault : *Celui qui laboure pour autrui est obligé de faire tous les travaux de la campagne, d'une récolte à l'autre. S'il continue de travailler, à la campagne suivante, il s'opère une tacite réconduction. On doit s'avertir avant qu'elle commence.*

Moyenneville : *Celui qui laboure pour autrui, peut cesser ses travaux à toute époque de l'année, et a droit alors au paiement du travail effectué, bien qu'il cultive telle ou telle quantité de terre au prix de tant l'hectare.*

Gamaches : *Les engagements sont à l'année. Ils ont lieu pour les labours seulement ou pour tout faire. Dans le premier cas, le prix est à tant*

Gamaches, Saint-Valery, Moyenneville : Celui qui s'engage pour les labours seulement, n'est tenu que de finir la pièce qu'il a

la raie de charrue. Dans le second, celui qui s'engage pour tout faire doit *mener et ramener*. Alors l'engagement commence et expire après la récolte de blé et comprend tous les travaux jusqu'à l'entière rentrée de la récolte. C'est le moment où l'usage veut qu'on se prévienne réciproquement de l'intention qu'on a de continuer ou de cesser l'engagement.

Hallencourt : Les engagements sont toujours d'une année ; on doit s'avertir réciproquement au 25 décembre, époque où se règlent les comptes de l'année.

Rue : Celui qui laboure pour autrui n'est tenu que de rentrer la pièce qu'il a cultivée.

Saint-Valery : Le laboureur n'est tenu que de finir la pièce qu'il a commencée. Il est payé au prix de 5 francs par journal de 40 ares 66 centiares.

Quand le laboureur a hersé, quand le propriétaire a payé, ils sont quittes l'un envers l'autre.

Nouvion : Les engagements se font à l'année, à raison de 4 à 6 francs la raie de charrue, par journal de 42 ares 91 centiares. Les mars reçoivent trois ou quatre raies, les jachères 5 raies, pour blé, au même prix.

Le défrichement des prairies artificielles se paie à raison de 12 à 13 francs la raie de charrue.

Le laboureur charrie les fumiers et rentre les récoltes sans augmentation de prix.

Les parties peuvent faire cesser l'engagement, avant l'expiration de l'année, en payant le prix de chaque raie, sauf déduction pour le charriage s'il y a lieu.

Molliens-Vidame : L'engagement se fait à Noël.

On entend par terre préparée celle qui a reçu les labours et hersages nécessaires pour être ensemencée.

Oisemont : Celui qui a préparé la récolte en faisant les labours et en portant les fumiers, doit la rentrer chez le propriétaire. Lorsqu'on change de laboureur, on se trouve avoir à la fois deux cultivateurs, dont l'un rapporte la récolte précédente, et l'autre prépare la récolte suivante.

Villers-Bocage : Dans les vingt-trois communes du canton, il est d'usage que le cultivateur qui laboure une pièce de terre pour autrui, s'oblige à la cultiver avec soin, en temps et saison convenable jusqu'à son ensemencement et à charrier la récolte ; et réciproquement, le propriétaire ne peut changer son laboureur pendant une année entière.

Le congé se donne à l'expiration de l'année de culture.

A Querrieux, Pont, Raineville et Molliens, le cultivateur et le ménager peuvent rompre l'engagement en tout temps en se faisant payer ou en payant le travail fait.

Domart : Le cultivateur qui, sans avertissement préalable en temps utile, cesse de labourer les terres du ménager, de même que le ménager qui change son laboureur, est tenu de payer une indemnité fixée par l'usage à 5 francs le journal de 42 ares 21 centiares de terre labourable.

et usage tend à disparaître.

commencée. Le prix est réglé, par les conventions, à tant la raie de charrue par hectare.

Quand le laboureur a hersé, quand le propriétaire a payé, ils sont quittes l'un envers l'autre, sans congé ni avertissement préalable.

Abbeville, Gamaches, Ault, Hallencourt, Rue, Crécy, Villers-Bocage, Domart, Oisemont, Molliens-Vidame : Le laboureur qui s'engage pour tout faire, doit *mener et ramener*, en ce sens qu'il est obligé de faire tous les labours, en temps et saison, jusqu'à l'ensemencement, de charrier les fumiers et de rentrer les récoltes.

La durée du louage est toujours d'une année.

Les travaux de culture, une fois commencés, ne peuvent plus être interrompus que du consentement des deux parties. Celle qui a l'intention de cesser, doit avertir après la campagne terminée.

Ault, Gamaches : Le congé se donne après la récolte et avant l'ouverture de la nouvelle campagne.

Molliens-Vidame, Hallencourt : An 25 décembre, en réglant le le compte des travaux de l'année.

Villers-Bocage : Au 1er, au 11 ou au 30 novembre, selon les localités.

Nouvion : Les parties peuvent rompre l'engagement avant la fin de l'année, en payant le prix de chaque raie de charrue, sauf déduction pour le charriage, s'il y a lieu.

TITRE IX.

USAGES DIVERS.

Article 87.

Rue : Les haies mortes sont réputées meubles.

Article 88.

Gamaches, Montdidier : Le propriétaire d'un essaim d'abeilles qui quitte la ruche, le suit et le prend partout où il le trouve, en frappant avec force sur un instrument en cuivre ou autre corps sonore, pour faire connaître son droit de propriété.

Article 89.

Abbeville, Rue : Les domestiques de ferme ont un droit de *vin* ou de *queue*, de chaque tête de bétail vendue par leur maître.

Ce droit est payé par l'acheteur lors de la livraison.

Dans le faubourg Saint-Gilles d'Abbeville, il est d'usage d'accorder un droit de *vin* de 7 fr. par hectare de chanvre vendu ; mais ce droit n'est acquis qu'aux domestiques qui ont fait toute la campagne.

Rue : A moins de convention contraire, celui qui achète des moutons doit payer au berger, en sus du prix, 15 centimes par tête.

Ces divers usages existent dans un grand nombre de localités du département.

Article 90.

Rue : Lorsqu'on vend 100 bottes de foins, il est d'usage constant de livrer 104.

Extrait du procès-verbal : Cet usage est généralement admis pour les œufs, les fruits et les denrées qui se vendent par compte (1).

Le Commissaire-Rapporteur,

A. BOUTHORS.

_____

(1) Cet usage est fort ancien, car il en est déjà fait mention dans les titres de la baronnie de Picquigny, ainsi que le constate un état des lapins de la garenne vendus pour le compte du Vidame, depuis le 14 octobre 1409 jusqu'au 18 février 1410 :
« Le seizième jour d'octobre, livré à Colin de Vaulx, poulailler à
» Paris, 120 conins au prix de onze francs le cent *et quatre d'avantage*
» sur chascun cent ». (*Cout. loc. du Bailliage d'Amiens*, tome 1er, page 103 *in fine*).

PIÈCES JUSTIFICATIVES

DES

USAGES LOCAUX.

―――――

I.

PATURAGE DES COMMUNAUX.

Coutume locale d'Amiens. — Article 24 de la coutume de 1507, article 9 de la coutume réformée.

Par ladite coustume se aucunes bestes à layne sont trouvées paissans ez marais communs d'icelle banlieue, ceux à qui sont les dites bestes eschéent en amende de LX solz parisis (*Coutumes locales du bailliage d'Amiens*, tome Ier, page 88).

Coutume générale du bailliage d'Amiens. — Article 48 : Nul ne peut envoyer ès pâtis communs, bestes chevalines qui soient ferrées des pieds de derrière, sous peine de LX sols parisis au seigneur qui a la justice des marais (*Coutumier de Picardie*, tome Ier, 1re partie, p. 575).

Coutume locale d'Abbeville. — Article 47 : Nul bourgeois ni autres ne peuvent envoyer ne tenir, de nuit, leurs bestes es pastis communs et depuis la cloche sonnée, sous peine de LX sols d'amende.

Article 48 : Nul ne peut envoyer bestes chevalines qui soient ferrées des pieds de derrière, à semblable peine (*Coutumier de Picardie*, tome I, IV⁰ partie, page 59).

Boves. — Article 21 : Par la coutume, nul ne peut faucher ne faire herbe en maretz communs de Boves, mais seulement aller soyer à la faucille par les habitants dudit Boves seulement, à peine de **LX** sous parisis, envers le seigneur, pour chascune fois qu'ilz feroient le contraire ; ne pareillement ne peuvent mener vache ne autre beste, à peine que dessus, sauf au maretz séans au-dessous dudit Boves entre Fortmanoir, tant à un lez qu'à l'autre de la rivière, esquelz sont envoiées pasturer les dites bestes.

Article 28 : Nul ne peut faucher herbe croissant en marretz comme subgectz à pasture de la dite chastellenie, ne y picquier, heuer, fouïr, carier, ne mettre chevaux pour pasturer en yceux maretz si ce n'est que yceux chevaux fussent defferrez des deux pieds de derrière, à peine chascun et pour chascune fois, de **LX** sous parisis d'amende à appliquer au profit dudit seigneur de la chastellenie de Boves (*Cout. loc. du bailliage d'Amiens,* tome Iᵉʳ, p. 171, 172, 175).

Picquigny. — Article 12 : Nul ne peu faucher herbe croissans es marais de ladite chastellenie, ne y picquer, fouïr, heuer, carier ne mettre chevaux pour pasturer en iceulx, si ce n'estoit que iceulx chevaux fussent déferrez des deux pieds de derrière, à peine chascun et pour chascune fois que l'on feroit le contraire de ce que dit est, de **LX** sous parisis d'amende à appliquer au profit de mondit seigneur le vidame (*Cout. loc.,* tome Iᵉʳ, p. 190).

Corbie (comté). — Article 6 : Quant aucuns blancs bestiaux ou pourchaulx sont trouvés pasturans ès marais d'aulcuns seigneurs hauts-justiciers, iceulx blancs bestiaulx ou pourchaux sont submis payer **LX** sous parisis d'amende; et se ilz sont trouvés en aulcun prez ou aux champs es ablais, ils commettent amende de **VII** s. **VI** d. parisis.

Article 7 : Y a coustume que quiconque picque, feue, heue esdits marais, il commet amende de LX sols parisis ; — si on met ou laisse aller auxdits marais aulcunes bestes chevalines, foires durant, on commet, pour chascune beste et pour chascune fois, pareille amende de LX sols parisis ; et pareillement bestes qui n'auroient droit de communaulté es dits marais commettent pareille amende de LX sols parisis envers le seigneur ayant la seigneurie desdits marais (*Cout. loc.*, tome Ier, p. 281, 282).

Airaines. — Article 25 : Les habitans subgetz et sous manans ont droit de communier et pasturer leurs bestiaux à corne, chevaux et jumens es prés de la prioré dudit lieu, et en quatre journeulx de préz appartenans audit seigneur d'Airaines, depuis le jour de la Magdeleine jusqu'au mi-mars enssièvans, supposé que lesdits prez soient fauchés ou non ; et pareillement ont ledit droit en tous les autres prez appartenans audit seigneur, en sadite seigneurie d'Airaines, depuis le jour Saint-Remy jusques audit my-mars. — Après lequel temps de my-mars, ils ne y peuvent ne doivent y aller sur peine et amende de LX sols, pour chascune foys.

Article 24 : Et pareillement ne peuvent ne doivent y mener pasturer, en quelque temps que ce soit, leurs blanches bestes ou pourchaux sur pareille amende et pour chascune fois (*Cout. loc.*, tome Ier, p. 378).

Boismont-sur-Mer. — Article 1er : Et primes, en la ville de Baimont y a maire, eschevins et bourgois.... et sy ont droit de pasturaiges pour leurs gros bestial, comme vaches, vaux, jumens et chevaux, poullains et autres, sur certain nombre de prairies, maretz et pasturaiges situéz près dudit lieu de Baimont ; sur lesquelz prairies, marais et pasturaiges nulz autres que eulx ne peuvent ne doivent mettre, mener ne envoyer pasturer leurs bestes, quelles qu'elles soient, sur peine de confiscacion des dites bestes, se elles y sont trouvées et prinses par les sergens et officiers de ladite chastellenie, ou par le sergent d'iceulx maire et eschevins ; de laquelle confiscacion en appartient au seigneur la moitié et ausdits maire et eschevins l'autre moitié.

Article 2 : Iceulx maire, eschevins et bourgois, à cause de leur mairie, ont, de toute anchienneté, acoustumé de mener, faire mener et conduire leurs dits bestiaux, quels qu'ils soient, pasturer sur les larris et mollières situez près dudit Baimond, tant sur celles-là où la mer, chascun jour, cœuvre et descœuvre, comme aultres (*Cout. loc.*, tome Ier, p. 585,586).

Gamaches. — Article 8 : Nulz, quelz qu'ilz soient, ne peuvent garder, ne mettre pasturer aucunes bestes chevalines, bœufs, vaches, pourchaulx, ne autres bestes dedens les maretz, prairies et communes d'icelle ville de Gamaches, excepté et réservé les jurez et bourgois dudit lieu, sans le congié, licence et consentement des maïeur et eschevins d'icelle ville, sur et à peine d'amende de **LX** sols, au pourffit des dits maïeur et eschevins.

Article 9 : Nulz des bourgois et habitants d'icelle ville ne aultres quelzconques ne pœuvent mettre pasturer ne faire garder leurs bestes à laine, tant brebis, moutons comme aultres, dedens lesdits maretz, prairies et communes dudit lieu de Gamaches, sur à peine de confiscacion, amycion et perdicion desdites bestes à laine ; et icelles appartenir et tourner au pourffict des dits maïeur et eschevins (*Cout. loc.*, tome Ier, p. 400).

Frohen-le-Grand. — Article 12 : Les manans et habitans sujets demourans audit lieu, ont droit de pasturage, comme ceulx du Petit-Frohens, es marais et communaultés que l'on dist les marais et communaultés de Mezerolles et de Frohens, ainsy et comme les dits marais se comprendent et estendent, tant en largeur comme en longueur, depuis ledit lieu de Frohens jusques à la barrière dudit lieu de Maizerolles, allencontre dudit marais, pour en icelle distance et estendue de lieu et maresquage, garder et tenir, faire garder et tenir à herde ou sans herde, leurs bestes à corne et d'aumaille, et samblablement leurs bestes chevalines, saouf leurs bestes à laine et pourchaulx ; lesquels leurs pourchaulx ils peuvent garder et tenir en pasture en ung aultre marez communément appelé les Marquiaulx. — Pareillement ont droit de pasturage en ung aultre marez assis et scitué entre ledit lieu de Frohens, au-delà de la rivière d'Authie et les pretz qu'on appelle le pré de Lannoy ; auquel Lannoy aussy contigü et tenant au marez dessus dit, ils pœuvent aussy mectre leurs bestes chevalines et à corne.... et ne leur loist ne appartient de y tenir bestes estranges par louages ou ventes simulées ne aultrement, sous peine de confiscacion des dites bestes ou de amende de LX sols parisis au choix du seigneur (*Cout. loc.*, tome II, p. 119 et 120).

Mézerolles. — Article 9 : Ont les subgetz dudit Mezerolles droit de toute anchienneté de mener pasturer leurs bestes, tant vaches comme poullains et jumens, exceptez pourchaux et bestes à layne, au marez dudit Mézerolles jusques aux termes et limittes anchiennement acoustumées, et aussy avant que la seignourie dudit Mézerolles s'estend, et non aultres ; ains lesdits pourchaux pœuvent aler au lieu nommé les Marquiaux ; et se aucunes bestes à layne sont trouvées esdits *Marquiaux*, il y a LX sols parisis d'amende à appliquier à mondit seigneur.

Article 10 : Item que nul ne pœut prendre bestes, par forme de louage ou sous faintise de vente, pour mectre pasturer ausdits marez, se ceux à qui elles appartiennent ne sont résidans et demeurans audit lieu de Mézerolles, sur peine de confiscacion desdites bestes.

Article 11 : Ne peuvent aucunes bestes chevalines usencer ne gésir de nuit ausdits marez, se elles n'ont labouré le jour précédent à gorelle ou à bas, sur peine d'amende de III sols parisis à appliquier au seigneur (*Cout. loc.*, tome II, p. 139).

Occoche. — Article 4 : Les mayeur et eschevins ont à eulx appartenant et dont ils ont usé de tout temps et anchienneté, tous les maretz et waquiers qui sont situez et assis ès methes du fief d'Occoch, pour yceulx mectre en pasturages communs, sauf qu'ilz pœuvent bailler partie desdits waquiers à louage ou autrement au prouffit d'icelle ville, et du tout en faire et user ainsy que bon leur samble, en la présence et du consentement de la pluspart desdits habitans.

Article 7 : Par la coustume dudit lieu, toutes bestes oyseuses ne pœuvent estre mises aux maretz et pasturaiges communs d'icelle ville que de jour et entre soleil levé et soleil esconsé, sans commettre amende de LX sols, par chascun et pour chascune foys.

Article 9 : Et sy ne pœut-on passer à charriot ou chevaux par lesdits maretz sans le congié desdits maïeur et eschevins, sinon en commettant amende pareille de LX solz parisis (*Cout. loc.*, tome II, p. 147, 148).

Outrebois. — Article 7 : Aucun ou aucuns ne pœuvent mettre ès maretz dudit lieu aucunes bestes pasturer, sinon les habitans et demourans audit lieu, sous paine de confiscacion ou amende. Pœuvent lesdits habitants mettre leurs vaches, chevaux, jumens au petit maretz d'entre Oultrebois et Occoch, et pareillement es prés de Canaples audit lieu, aprez que la première coppe sera faite et despouillée (*Cout. loc.*, tome II, p. 154).

Bourdon-sur-Somme. — Article 9 : Les quatre seigneurs de Bourdon ont, chascun, quarante ou cinquante journaux de maretz, esquels les subgetz d'iceulx seigneurs pœuvent envoyer pasturer leurs vaches et bestes chevalines, et ne sont tenus payer aucun droit aux dits seigneurs.

Article 13 : Tous les prez, quelz qu'ilz soient, sont communs aux dits habitans depuis le jour Saint-Remy jusqu'au jour Nostre-Dame en mars (*Cout. loc.*, tome II, p. 212).

Flixecourt. — Article 19 : Nous pouvons envoïer bestes estranges aux maretz, vacques et chevaux, et en prendre prouffit.

Article 29 : Est coustume de bailler les marais de le Soubitte et en prendre le prouffit tel que bon nous a samblé ; et sy avons voie et coustume de y aller par le chemin de Bethencourt et descendre parmy une pièche de terre qui se nomme le Cartelle, et de là, entre camp et maretz, jusques à ladite Soubite.

Article 30 : Avons coustume d'aller par tous les préz, aprez le jour Saint-Jehan, mener nos bestes en pasture (*Cout. loc.,* tome II, p. 216).

II.

RIVIÈRES NON-NAVIGABLES. — CURAGE DES FOSSÉS ET CANAUX.

Saigneville. — Article 6 : Tous les tenans d'icelle terre et seignourie ayant prez ou terres touquans et contigus aux eschaulx et courans qui fleuent et descendent à la mer, sont tenus de entretenir et nettoyer lesdits eschaulx et courans, chascun à l'endroit de sa terre, pré ou ténement. (*Cout. loc. du bailliage d'Amiens,* tome I, p. 419).

Saint-Valery. — Article 6 : Sont tenus tous les subgez tenans de l'église et abbaye dudit lieu ayant terres et prez contigus et joignans à la rivière du Mollinet, rellever, nettoyer, chascun à l'endroit de son ténement, prez ou terre, la dite rivière autant et si avant que leurs dits prez, terres et ténements se comportent, et jusques au milieu de ladite rivière, en coste et liste de leurs ténemens, en telle fachon que ladite rivière puisse avoir son cours pour fleuer à la mer, sur peine de LX solz.

Article 7 : tous les tenans et subgetz de ladite église et abbaye ayans prez tenus d'icelle église, allentour et à l'environ de ladite rivière, sont tenus, eux sur ce sommés, rellever tous et chascun les fosséz qu'ils ont en leurs dits prez, chascun à son lez et pour autant que son héritaige contient soit de long ou de costé, en telle fachon que les eaues qui ont acoustumé avoir cours en ladite rivière, y puissent venir et fleuer, sur pareille amende que dessus, s'ils estoient reffusans ou délayans de ce faire en temps deu. (*Cout. loc.,* tome I, p. 427.)

9

Favières. — Article **17** : Sont tous les subgietz tenans de
l'église et abbaye (de St-Valery) audit Favières, ayant prez et terres
contigus et joignans à la rivière, tenus rellever et nectoyer, chascun
à l'endroit de son ténement pré ou terre, autant et se avant que
leurs dits prez, terres et héritaiges s'estendent, quant mestier est,
en telle fachon que les eaues puissent avoir cours pour fleuer à la
mer sur paine et amende de LX solz parisis, et pour chascune
foys qu'ils seroient reffusans de ce faire, eux sur ce sommés
de temps deu et compectant — saouf toutes voyes que les
circonvoisins ayans terres labourables ou prez estans allentour
et à l'environ des dites rivières, lesquelles, par faulte de nectoyer,
leur porroient noyer leurs terres et prez, seront tenus, comme
d'anchienneté a esté acoustumé faire, de contribuer et payer audit
nectoyage à leur cotte et porcion et au journel le journel.

Article 18 : Tous les subgietz de ladite terre et seignourie ayans
prez ou terres tenus d'icelle église à l'entour et à l'environ desdites rivières sont tenus, eux sur ce sommés, rellever tous et
chascun les fossés qu'ilz ont en leurs dits prez et terres , chascun
à son letz et pour autant que son héritage contient, soit de
bout ou de costé, en telle fachon que les eaues qui ont acoustumé à avoir cours esdites rivières, y puissent venir, fleuer, sur
paine et amende de LX solz parisis, se de ce faire sont reffusans,
eulx sur ce sommés de temps deu, et compectant, comme dist est.
(*Cout. loc.* tome Ier, page 488.)

III.

DÉFENSES CONTRE LA MER. — DIGUES.

Extrait de la Coutume locale et particulière du pays et roch (*sic*)

de Cayeu-sur-la-Mer. — 15 avril 1567. — Article 7 : Toutes bestes trouvées et prinses pasturans sur les cauchies et deffenses pour la garde dudit pays et roch de Cayeu, contre la mer, tant du costé d'amont que du costé d'aval, escheent envers le seigneur en amende de LX sous parisis, saouf les rempars anchiens et ordinaires qui servent pour le passage.

Coutume locale de Saigneville, *près Saint-Valery.* — Septembre 1507. — Article 3 : En icelle vicomté, y a pluiseurs pièces de terre que l'on dist lottières qui ne doibvent aucune censive, sinon entretenement de aucunes cauchies et courans ; desquelles terres quand elles sont vendues, le ratraict se doit faire en dedans la tierce marée aprez la dessaisine faite et la saisine bailliée à l'achepteur ; et ne doivent icelles terres que IV deniers parisis de rellief pour chascun journal (*Cout. loc. du bailliage d'Amiens,* tome I, page 409) (1).

(1) Les terres lottières dont il est ici question sont des portions de terrains aujourd'hui nommées *renclôtures* qui ont été soustraites à l'action des marées au moyen d'endiguements. Les exemptions dont elles jouissaient s'expliquent par les sacrifices que les possesseurs étaient obligés de faire pour en assurer la conservation. L'autorité seigneuriale qui était alors chargée de la direction et de la surveillance des travaux, avait intérêt à connaître les détenteurs et à ne pas laisser longtemps la propriété incertaine. C'est pour cela que la coutume obligeait le liguager qui voulait en opérer le retrait, à exercer son action dans l'intervalle de la troisième marée après la saisine.

Les terres lottières étaient exemptes de tout droit de censive ou contribution annuelle, en considération des dépenses assez considérables auxquelles les possesseurs étaient assujettis. Il est en effet très rationnel que l'impôt foncier des renclôtures soit allégé dans la proportion des charges que ceux-ci ont à supporter pour l'entretien de digues dont la conservation peut dépendre d'un coup de mer.

Ce principe est proclamé par l'article 44 du décret du 4 thermidor an XIII sur les endiguements aux termes duquel : nul propriétaire ne pourra être taxé, pour les contributions aux travaux dans le cours d'une année, au delà du quart de son revenu net, déduction faite de toutes les autres impositions.

SYNDICAT DU MARQUENTERRE.

ARRÊTÉ DES CONSULS DE LA RÉPUBLIQUE.

Paris, le 5 prairial an VIII.

Les Consuls de la République,

Sur le rapport du Ministre de l'Intérieur :

Vu les délibérations arrêtées dans la commune de Rue, département de la Somme, les 30 fructidor an IV, et 3 floréal an VII, par des propriétaires des terrains renclos entre les baies de la Somme et de l'Authie, tendantes à obtenir la répartition, sur l'universalité des propriétaires desdits terrains, des sommes nécessaires à la réparation des digues et buzes qui les protégent contre la mer;

Vu les pétitions, en date des 16 frimaire et 29 nivôse de la présente année, souscrites par des propriétaires dans les communes de Favières et du Crotoy, tendantes aux mêmes fins ;

Considérant que les propriétaires des terrains renclos du Marquenterre ont toujours été tenus de l'entretien des digues et buzes qui les garantissent des irruptions de la mer; que cet usage a été rappelé par différents arrêtés et notamment par ceux des 13 mai et 8 juillet 1738 ;

Considérant que, dans l'état de dégradation des digues qui défendent le Marquenterre, il est à craindre que ce pays ne soit submergé dans les marées d'équinoxe, ce qui détruirait les propriétés les plus précieuses du département de la Somme ;

Le Conseil d'Etat entendu, arrêtent :

Article premier. — L'ingénieur en chef du département de la Somme rédigera l'état des réparations à faire pour protéger, contre l'irruption de la mer, les terrains renclos entre les baies de la Somme et de l'Authie, dont le montant a été évalué par lui, par approximation, à trente mille francs. Cet état sera soumis à l'approbation du Préfet.

Art. 2. — Il sera passé une adjudication pour l'exécution desdits travaux, d'après les devis et détails estimatifs de l'ingénieur en chef, et le cahier des charges qui sera rédigé à cet effet.

Art. 5. — Le montant de l'adjudication et les frais accessoires seront répartis sur tous les propriétaires de terrains renclos, proportionnellement à la valeur et au produit desdits terrains.

Art. 4. — Le rôle de répartition sera fait par trois commissaires pris parmi les intéressés, et nommés par le Sous-Préfet ; ce rôle sera soumis à l'approbation du Préfet, arrêté et rendu exécutoire par lui.

Art. 5. — Le contingent de chaque propriétaire sera acquitté dans le délai de six mois ; savoir :

Un tiers, deux mois après la mise du rôle en recouvrement ; un tiers, deux mois après l'échéance du premier paiement ; le dernier tiers, deux mois après l'échéance du second paiement.

Art. 6. — Le Sous-Préfet nommera parmi les intéressés un percepteur qui sera chargé du recouvrement du rôle.

Art. 7. — Les propriétés nationales seront soumises à la répartition ; la cote qui leur sera appliquée sera acquittée par la régie de l'Enregistrement, sur le produit desdites propriétés.

Art. 8. — Les produits des recouvrements seront versés au receveur général du Département qui en rendra compte au Préfet; il ne comprendra cette recette particulière que pour *mémoire* dans les bordereaux qu'il est tenu de fournir au trésor public.

Art. 9. — Les adjudicataires des travaux seront payés par le receveur général, sur l'avis de l'ingénieur en chef, et sur les ordonnances du Préfet.

Art. 10. — Les comptes définitifs des réparations seront soumis à l'approbation du Préfet, et définitivement arrêtés par le Ministre de l'Intérieur.

Art. 11. — Les canaux de desséchement et d'irrigation continueront d'être entretenus par les propriétaires riverains ; ils ne pourront intercepter le cours des eaux, et pourvoiront à leurs frais, à la construction des ponts, pour leurs communications respectives.

Art. 12. — Les Ministres de l'Intérieur et des Finances sont chargés, chacun en ce qui le concerne, de l'exécution du présent arrêté qui ne sera pas imprimé.

En l'absence du premier Consul, le second Consul. *Signé* CAMBACÉRÈS. Par le second Consul, le Secrétaire d'Etat. *Signé* HUGUES ; B. MARET.

Contresigné par le Ministre de l'Intérieur. *Signé* LUCIEN BONAPARTE.

—

PRÉFECTURE DE LA SOMME.

Amiens, le 6 messidor an VIII de la République française.

Le Préfet du Département de la Somme,

Vu : 1° L'arrêté des Consuls de la République, du 5 Prairial an VIII, portant que les travaux nécessaires pour protéger, contre les irruptions de la mer, les terrains renclos du Marquenterre, situés entre les baies de Somme et d'Authie, et pour l'écoulement des eaux de cette contrée, seront exécutés aux dépens des propriétaires desdits terrains ;

2° Les conventions conclues les 10 décembre 1782 et 15 octobre 1783, entre les habitants de Favières et les commissaires au nom du ci-devant comte d'Artois, duement enregistrées en Parlement, par lesquelles le ci-devant comte d'Artois s'est engagé, envers lesdits habitants, à l'entretien du canal de la Maye, et de la buse d'écoulement à l'extrémité ;

3° Autres conventions conclues entre les mêmes, les 6 et 16 juin 1788, par lesquelles lesdits habitants se reconnaissent redevables d'une rente de trois boisseaux de blé froment, par chacune des 87 mesures 1/2 de terre renclose, aux frais dudit d'Artois, lequel, par les mêmes actes, est tenu de la construction, réparation et entretien de la nouvelle écluse de Favières ;

4° La délibération, du 30 nivôse an VII, des propriétaires des communes de Rue, de Favières et du Crotoy, par laquelle les propriétaires des deux dernières communes ont reconnu et sont convenus que la réparation de la digue à la mer, qui défend seule aujourd'hui tout leur territoire, devait être à la charge de la totalité des terrains qu'elle protége, à la seule différence que les terres nouvellement rencloses par ladite digue, devaient être cotisées au double ; et sur ce que quelques opposants prétendaient que les propriétaires seuls, en arrière de la dernière renclôture, devaient en être chargés, lesdits propriétaires ont arrêté de s'en rapporter à la décision de l'administration centrale du département, comme aussi sur la difficulté élevée entre Favières et le Crotoy sur la portion de digue que chacune de ces deux communes devait réparer à ses frais : celle de Favières offrant de se conformer à cet égard à ce qui s'était pratiqué de tout temps, de l'aveu même de la commune du Crotoy, il en a également été référé à la décision de ladite administration ;

5° Autre délibération, du 3 floréal an VII, dans laquelle il a été proposé de ne former qu'une masse de travaux de toutes les digues d'enceinte du Marquenterre le long des rivières de Somme et d'Authie, pour être entretenues en commun par toutes les communes, laquelle proposition a été unanimement rejetée pour s'en tenir aux anciens usages ; ensuite la réparation des digues de Favières étant traitée, il a été convenu à l'unanimité qu'elle ne devait point être à la charge des propriétaires seuls des dernières renclôtures, mais aussi de ceux des terres qu'elle abrite, avec les seules réserves que les terres dernières rencloses paieraient double et que lesdites digues deviendraient propriétés communes ; et il a été pareillement arrêté de s'en rapporter à la décision de l'administration départementale sur la difficulté qui s'était élevée dans la délibération précédente, entre le Crotoy et Favières ;

6° Autre délibération, en forme de pétition, du 5 fructidor an VII, des propriétaires des communes de Favières et du Crotoy, domandant l'autorisation nécessaire pour la répartition des sommes auxquelles ont été évalués les travaux à faire dans leur canton, et d'étendre cette répartition sur tous les terrains intéressés à la conservation des digues ;

Vu également le rapport de l'ingénieur en chef, en date du 19 messidor an IV, sur l'état du Marquenterre, et sur le moyen de le défendre des invasions de la mer et de le dessécher :

Considérant :

1° Que les travaux nécessaires pour la réparation des digues d'enceinte du Marquenterre et des buses d'écoulement sont d'une urgence qui n'admet aucun retard ;

2° Que l'on doit entendre par *terrains renclos* tous ceux qui seraient exposés à une submersion inévitable si les digues susdites étaient emportées;

3° Que depuis la construction de la majeure partie des digues en avant, les propriétaires de celles en arrière en ont abandonné l'entretien et même les ont détruites, ainsi que les buses d'écoulement, et que, par là, ils ont contracté implicitement l'obligation de concourir aux frais de l'entretien des digues à la mer;

4° Que la position physique de l'enceinte du Marquenterre admet des distinctions entre les différentes portions de digues dont la dépense de réparation et d'entretien doit être à la charge des terrains qui en sont particulièrement protégés;

5° Que par un ancien usage consacré par une ordonnance du ci-devant intendant, du 12 novembre 1744, reconnu et approuvé dans les trois délibérations susdatées, les terres dernières rencloses sont assujetties à une double contribution, en raison de ce que leurs digues sont plus exposées que celles qui défendaient le pays en arrière, et qu'au surplus, les propriétaires, dans lesdites délibérations, ayant déclaré s'en rapporter sur cette difficulté, ainsi que sur les autres qui les divisaient, à la décision de l'administration du département, il ne reste plus qu'à régler, en définitive, les obligations respectives des propriétaires à raison de l'utilité qui doit revenir de l'exécution desdits travaux ;

6° Que par les actes susdatés, conclus entre le ci-devant comte d'Artois et les propriétaires de la commune de Favières, la réparation de l'écluse neuve de Favières a cessé d'être aux frais desdits propriétaires, moyennant une redevance par eux consentie, et est devenue une charge de l'Etat, comme ayant succédé aux droits et partant aux obligations dudit comte d'Artois ;

7° Que, quant à l'entretien des canaux de desséchement et des courses d'eau, plusieurs d'iceux ont constamment été entretenus à frais communs, répartis entre les propriétaires des terrains qui en profitaient, suivant les diverses démarcations relatives à l'utilité de chacun d'eux ;

8° Qu'il convient également de pourvoir à l'entretien et à la conservation des ouvrages qui vont être exécutés en vertu dudit arrêté des Consuls,

Arrête ce qui suit :

Article premier. — L'ingénieur en chef remettra incessamment le devis des ouvrages à faire pour la réparation des différentes sections de travaux nécessaires à la défense des terrains renfermés entre les rivières de Somme et d'Authie, en les distinguant d'après les diverses portions de travail que la situation des lieux rend indépendantes les unes des autres, pour en être passé une ou plusieurs adjudications particulières.

Art. 2. — Le corps de digues en avant, le long de la rivière de Somme, depuis et compris la digue des Essarts jusqu'au Crotoy, sera à la charge des communes de Morlais, le Hamelet, le Crotoy et Favières réunies, les marais et maisons exceptés : les dernières renclôtures paieront dans une proportion double.

Les Bas-Champs de Rue, de Mayoc et autres intermédiaires, à l'exception de ceux dont les eaux s'écoulent par la rivière de Maye et par l'écluse de Saint-Firmin, contribueront à la réparation desdites digues.

Art. 3. — Les commissaires nommés par le Sous-Préfet du premier arrondissement, en vertu de l'art. 6 de l'arrêté des Consuls, termineront sous le délai d'un mois les rôles de répartition de la dépense nécessaire auxdits travaux, entre les propriétaires qui doivent être appelés à y concourir, d'après les distinctions admises dans l'article précédent. Ils commenceront par ceux relatifs aux digues qui couvrent Morlaix, le Hamelet, Favières et le Crotoy. Ils pourront s'adjoindre, à cet effet, les maires ou adjoints des diverses communes, lesquels seront tenus de leur remettre les cadastres à ce nécessaires, ainsi que les évaluations des terrains d'après les matrices des rôles de la contribution foncière. Les uns et les autres seront aidés, dans leur travail, par le citoyen Daniel, conducteur chargé desdits travaux.

Les frais que cette opération occasionnera feront partie de la dépense, et le montant en sera fixé par le Sous-Préfet, et arrêté par le Préfet.

Art. 4. — En cas de difficultés élevées par les propriétaires, il sera prononcé par le Préfet, sur le rapport de l'ingénieur en chef, si leurs terres ont été duement comprises dans le rôle, d'après les principes énoncés en l'article précédent.

Art. — Le percepteur qui sera chargé du recouvrement des différents rôles, sera nommé incessamment par le Sous-Préfet, conformément à l'article 7 ; il sera responsable, et il lui sera alloué une rétribution de 5 centimes par franc.

Art. 6. — Pour faciliter l'exécution de l'article 7 de l'arrêté des Consuls, le percepteur versera le montant de ses recouvrements entre les mains du receveur particulier du premier arrondissement, lequel en comptera au receveur général du département.

Art. 7. — Les dépenses pour les réparations de l'écluse de Favières, estimées provisoirement à la somme de 2,907 francs, seront
à la charge de l'Etat, et payées sur la caisse des Domaines ; et
pour en faciliter l'acquit, il sera procédé, par le receveur des Domaines, à la liquidation du compte des arrérages qui peuvent être
dus à la République par les propriétaires de la renclôture faite sur
le territoire de Favières, conformément à l'article 4 de transaction, des 6 et 16 juillet 1788 ; et ce qui pourrait être dû, sera versé
de suite dans la caisse du receveur des Domaines, pour être employé
à ladite destination. Les redevables pourront imputer, sur leurs
arrérages, les dépenses légalement constatées qu'ils ont pu avoir
faites pour les réparations de ladite écluse de Favières.

Art. 8. — Les propriétaires des terrains sujets à inondation
dans les communes de Noyelles, Morlais, Ponthoile, Favières,
Rue, le Crotoy, Saint-Firmin, Saint-Quentin, Quend et Villers-
sur-Authie, seront tenus de se réunir dans la décade de la notifica-
tion du présent, à l'effet de nommer parmi eux un délégué pour
chaque commune, qui se rendra dans la décade suivante à Abbeville, chez le Sous-Préfet, au jour qui lui sera indiqué, et qui sera
chargé des pouvoirs nécessaires pour délibérer, en présence dudit
Sous-Préfet et de l'ingénieur en chef, sur les mesures à prendre
pour l'entretien et conservation des digues, buses et courses d'eau,
ainsi que sur les règlements de police à observer pour prévenir
leur dégradation, pour, sur ledit règlement et l'avis du Sous-Préfet,
être statué ce qu'il appartiendra.

Art. 9. — Il sera présenté par l'ingénieur en chef un état des
principales courses d'eau qui sont dans le cas d'être entretenues
par la réunion des propriétaires des terrains qui profitent de chacune
d'elles. Il y joindra un devis et une estimation de dépenses à faire
pour leur curement, ainsi que les autres travaux nécessaires à leur
remise en bon état, pour la dépense en être acquittée par lesdits
propriétaires, conformément à ce qui en a été prescrit ci-dessus.
Cette dépense sera en surplus de celle fixée par l'arrêté des Consuls,

pour la défense du Marquenterre et la réparation des buses, et formera l'objet de différents rôles particuliers.

Les courses d'eau qui environnent les propriétés particulières, seront aux frais des riverains, chacun en droit soi.

Art. 10. — Le présent arrêté sera imprimé, et il en sera adressé des exemplaires au Ministre de l'Intérieur, à celui des Finances et au Conseiller d'Etat chargé des ponts-et-chaussées, navigation, cadastre et taxe d'entretien.

Signé : QUINETTE.

Le Secrétaire-Général de la Préfecture,

DEMAUX.

—

PRÉFECTURE DE LA SOMME.

Amiens, le 19 vendémiaire an IX de la République française.

Le Préfet du Département de la Somme,

Vu 1° la délibération des délégués des communes de Noyelles, Ponthoile, Favières, le Crotoy, Saint-Firmin, Rue, Quend, Saint-Quentin et Villers-sur-Authie, intéressées à la défense et au desséchement du Marquenterre, arrêtée en leurs assemblées des 29 messidor et 4 thermidor, tenues chez le Sous-Préfet du premier arrondissement, en conséquence de l'article 8 de l'arrêté du 5 messidor dernier, pour proposer les mesures tendantes à la réparation et entretien des digues, buses, courses d'eau, ponts et écluses, ainsi que les règlements de police à observer pour prévenir leur dégradation ;

2° L'avis du Sous-Préfet du premier arrondissement ;

3° Les rapports de l'Ingénieur en chef des 9 messidor et 30 fructidor an IV, et celui du 15 vendémiaire dernier.

Considérant, 1° que, par l'arrêté du 6 messidor, approuvé par le Conseiller d'Etat chargé des ponts et chaussées et navigation, il a été statué, à l'avance, sur l'objet de la réclamation non motivée de plusieurs des délégués desdites communes contre l'assujettissement des bas-champs de Rue et de Mayoc, à la réparation et entretien des digues de défense du Marquenterre, depuis celle dite *des Essarts* jusqu'au Crotoy ;

2° Que rien ne peut contribuer plus efficacement au succès des mesures tendantes à assurer la défense et le desséchement du Marquenterre, et par conséquent à faire parvenir les terrains de cette contrée au degré de fertilité dont ils sont susceptibles, comme le concert dans les moyens et l'unité dans l'administration relative aux travaux ;

3° Que les divers autres objets particuliers proposés par lesdits délégués, ainsi que le règlement de police dont ils demandent l'approbation, ne peuvent qu'assurer la conservation des travaux entrepris et à entreprendre, et perpétuer la jouissance des avantages pour lesquels les propriétaires se déterminent à des sacrifices pécuniaires aussi considérables, ARRÊTE :

Article 1er. — Il n'y a pas lieu à délibérer sur la réclamation des délégués des communes de Rue et de Saint-Firmin, tendant à faire distraire des rôles, pour la contribution à la réparation et entretien des digues, depuis celle dite *des Essarts* jusqu'au Crotoy, les terrains desdits communes qui y sont assujettis par l'article 2 de l'arrêté du 6 messidor dernier.

Art. 2. — Les travaux pour la défense et le desséchement de tous les bas-champs du Marquenterre, compris entre les baies de Somme et d'Authie, sont soumis au même régime, quant à l'administration, nonobstant tout autre usage.

Art. 3. — Les courses d'eau désignées par les délégués des communes, dans la délibération du 29 messidor dernier, et leurs dépendances, ayant été ci-devant à la charge commune des pro-

priétaires, continueront d'être entretenues de la même manière ;
et il sera incessamment passé plusieurs adjudications pour leur
curage, lesquelles comprendront la reconstruction et réparation
des ponts et aqueducs sur lesdites courses d'eau ; il sera passé de
même une adjudication pour la reconstruction de l'écluse des
Masures.

. Les adjudicataires du curement des canaux seront tenus de
l'entretien desdits ouvrages jusqu'au premier brumaire de l'an XI,
et les conditions des adjudications seront rédigées de manière à ce
qu'ils ne puissent en exiger le paiement qu'à raison des deux tiers,
au plus, dans le courant de l'an IX, et le surplus dans les années
suivantes.

Art. 4. — La dépense pour lesdits ouvrages sera acquittée par
les propriétaires des terrains qui se dessèchent par lesdites courses,
à raison de la surface dudit terrain, à l'exception toutefois du prix
de l'adjudication de l'écluse des Masures qui fait partie des ouvrages ordonnés par l'arrêté des Consuls, du 5 prairial, et pour
laquelle les terrains qui devront y contribuer, seront imposés
d'après leur valeur, ainsi qu'il est prescrit par l'article 3 dudit
arrêté.

Art. 5. — Les digues d'enceinte du Marquenterre à entretenir à
frais communs, sont 1° du côté de la Somme : les petites digues
de Noyelles nouvellement réparées, dont l'entretien sera a la
charge des bas-champs de ladite commune, et le corps de digue,
depuis et compris celle dite des Essarts jusqu'au Crotoy, à l'entretien de laquelle contribueront les bas-champs des communes de
Morlais, le Hamelet, le Crotoy, Ponthoile et Favières réunies, et
les bas-champs de Rue et Mayoc, le tout ainsi qu'il est prescrit
par l'arrêté du 6 messidor dernier, dont l'exécution est maintenue
en son entier.

2° Du côté de l'embouchure de la Maye, la digue de la Haye-
Pénée, à la charge des propriétaires des terrains dont les eaux
s'écoulent par l'écluse de Saint-Firmin.

3° Le long de la baie d'Authie, la digue du Château-Neuf, depuis *les Royons* jusqu'au bac, et la continuation de l'ancienne digue jusqu'au noc des Masures, à entretenir aux frais des propriétaires de la commune de Quend.

Art. 6. — La démarcation du Marquenterre pour l'administration des travaux, ainsi qu'elle a été proposée par les délégués des communes, est approuvée, et sa surface est divisée en trois sections relatives à l'écoulement des eaux par les rivières de Somme, de la Maye et d'Authie.

Le citoyen Delahaye, résidant au Crotoy, est nommé commissaire pour la section de la Somme.

Le citoyen Doudou l'aîné, résidant à Rue, est commissaire pour la section de la Maye.

Le citoyen Wales, résidant à Quend, est commissaire pour la section de l'Authie.

Le citoyen Pierre Hecquet, résidant à Abbeville, est nommé délégué général pour la suite de toutes les affaires qui intéressent les travaux du Marquenterre en général.

Les fonctions desdits commissaires et délégués sont déterminées ci-après.

Art. 7. — Il y a un percepteur, avec un ou plusieurs gardes pour chaque section, et un conducteur des travaux pour toute l'étendue du Marquenterre. Les rétributions des percepteurs sont fixées à trois centimes pour franc des sommes à recouvrer.

Le traitement du conducteur est fixé à 100 francs par an, et 300 francs en sus pour l'entretien d'un cheval qui lui est nécessaire pour la surveillance dont il est chargé.

Les salaires des gardes seront particulièrement fixés pour chacun d'eux, par le Préfet, sur la proposition des commissaires, et l'avis du Sous-Préfet.

Art. 8. — Les Percepteurs sont choisis par le Sous-Préfet, parmi les propriétaires, chacun dans leur section. Ils verseront directement les fonds dont ils seront dépositaires, aux entrepreneurs des travaux, d'après les mandats du Préfet ; ils pourront toutefois acquitter les rôles d'ouvriers employés en cas d'urgence, lorsqu'ils seront certifiés par l'Ingénieur et arrêtés par le commissaire de la section.

Art. 9. — Les fonctions des commissaires de section sont :

1° De donner leur avis sur tous les travaux proposés par l'Ingénieur en chef, et d'indiquer ceux dont il conviendra de faire les projets, chacun pour leur section, sauf à se réunir pour délibérer sur les travaux intéressant les autres sections ;

2° D'assister aux adjudications, surveiller l'exécution des devis, dont il leur sera remis des copies ; d'être présents aux visites, toisés et réceptions des travaux dont ils signeront les procès-verbaux, vérifieront les certificats d'à-compte et parfait paiement à délivrer aux entrepreneurs, d'arrêter tous les mémoires de dépenses pour les ouvrages urgents et non prévus aux devis, dont aucuns ne s'exécuteront qu'ils en aient été prévenus ;

3° De dresser les rôles de répartition des sommes affectées à chaque objet de dépense, d'après les principes établis dans les articles précédents, et d'arrêter les comptes des percepteurs dont ils surveilleront les opérations ;

4° De proposer la nomination des gardes, de les surveiller et de leur donner tous les ordres qui tendront à régulariser leur service ;

5° De correspondre avec les autorités administratives pour tous les objets intéressant leur section ;

6° De suivre auprès du juge de paix la répression de tous les délits intéressant la conservation des travaux, tant qu'ils demeureront dans les attributions de ce Tribunal (1).

Art. 10. — Les fonctions du délégué général ont rapport à la suite de toutes les affaires administratives ou contentieuses qui peuvent intéresser lesdits travaux, la correspondance avec les au-

(1) V. la loi 16 septembre 1807, art. 27.

torités supérieures, pour les objets généraux et tous ceux sur lesquels ils seront consultés, la poursuite au Tribunal correctionnel et criminel de tous les délits qui y seront déférés.

Il sera consulté pour tous les travaux à entreprendre dans la suite lorsqu'ils intéresseront le Marquenterre en général.

Art. 11. — Les fonctions du conducteur sont : 1° de surveiller, sous les ordres de l'ingénieur ordinaire, les travaux qui s'exécutent par entreprise ou par régie ; de lui rendre compte, ainsi qu'au commissaire, de leur progrès et de l'exactitude des entrepreneurs, contre lesquels il dressera des procès-verbaux , s'il y a lieu ;

2° De lever tous les plans et faire tous les nivellements dont les ingénieurs le chargeront ;

3° D'aider les commissaires dans la confection du rôle dont il sera tenu de faire les expéditions ;

4° De visiter fréquemment les digues et écluses à la mer, au moins une fois après chaque grande marée; de parcourir les courses d'eau, examiner les ponts, aqueducs, et en général tous les travaux à la charge des propriétaires ; de rendre compte de leur état aux commissaires de chaque section et à l'ingénieur ordinaire, qui lui prescriront les travaux urgents à exécuter ;

5° De surveiller les gardes, de leur donner tous les ordres qui concernent le service dont ils sont chargés ; de se transporter, lorsqu'il sera nécessaire, aux lieux où il aura été commis des délits, afin d'en constater l'importance ; il en fera l'évaluation au bas des procès-verbaux des gardes, et il les remettra dans cet état, au commissaire de la section chargé de poursuivre les délinquants, ainsi qu'il appartiendra.

Il tiendra une note exacte desdits procès-verbaux, de laquelle il enverra une copie à l'ingénieur ordinaire.

Art. 12. — Les gardes sont chargés, sous l'autorité des commissaires de chaque section, de surveiller l'exécution du règlement

10

de police ci-après ; ils parcourront les courses d'eau, visiteront les ponts, nocs, écluses et digues à la mer, avertiront des dégradations qui s'y manifesteront, dresseront des procès-verbaux contre les individus qui contreviendront au règlement, lesquels ils remettront au conducteur après les avoir affirmés devant le juge de paix.

Lesdits gardes pourront en outre être chargés de l'entretien journalier des digues à la mer et courses d'eau, sauf à leur adjoindre des manœuvres en cas de dégradations extraordinaires; il leur sera remis une clef des vannes, des buses à la mer et autres où il en sera placé, pour les ouvrir ou fermer, d'après les ordres qu'ils recevront du conducteur.

Art. 13. — Lesdits commissaires et délégués s'assembleront au mois de frimaire de chaque année, à la maison du Sous-Préfet d'Abbeville, pour recevoir les comptes des percepteurs, déterminer les travaux à exécuter dans la campagne suivante. L'ingénieur en chef sera présent à ladite assemblée, et il remettra auxdits commissaires et délégués, les états de situation des travaux, ainsi que les devis de ceux à exécuter dans la campagne suivante, pour y être fait telles observations qu'ils aviseront ; le procès-verbal de ladite assemblée sera adressé au Préfet avec l'avis du Sous-Préfet, pour être statué par lui, ainsi qu'il appartiendra.

Tous les contribuables aux travaux pourront requérir, des commissaires de chaque section, la communication, sans déplacer, des comptes des percepteurs et celui de l'emploi des fonds, et il en sera dressé un état général au mois de frimaire an XI, lequel sera imprimé, avec renvoi aux pièces justificatives.

Art. 14. — Les dépenses à la charge des propriétaires sont de trois natures : les premières ayant pour objet le curage des courses d'eau et écluses à la mer sur chacune d'icelles, seront supportées par les propriétaires qui en profitent, proportionnellement à la surface des terrains, les marais communs et maisons exceptés, et il sera fait autant de rôles particuliers qu'il y aura de divisions à ce relatives.

Les deuxièmes ont rapport à chacune des sections dans lesquelles le Marquenterre est divisé, et comprendront l'entretien des digues à la mer, ainsi qu'il est dit ci-dessus article 5, et les dépenses particulières à chaque section, pour le tout être porté dans une colonne à part.

Les troisièmes, enfin, ont rapport aux frais généraux d'administration intéressant les travaux du Marquenterre, et seront portées dans une troisième colonne, avec une dernière, qui comprendra le montant total de chaque cote.

Art. 15. — Aucune somme ne pourra être répartie que la quotité et l'objet n'en soient déterminés à l'avance par un arrêté du Préfet, sur l'avis du Sous-Préfet, les commissaires de section et le délégué général ayant été consultés.

Art. 16. — Aucuns travaux ne seront exécutés que d'après une adjudication au rabais, dont le devis et les conditions auront été rédigés par l'ingénieur en chef, et approuvés par le Préfet.

Lors des dégradations subites et imprévues qui pourront survenir aux digues et écluses à la mer, il y sera préposé des ouvriers, sous la direction du conducteur et la surveillance du commissaire de la section, et il y aura toujours entre les mains des percepteurs des fonds en réserve pour y pourvoir.

Art. 17. — Les commissaires de la section de l'Authie, et par suite le délégué général, le maire de la commune de Villers-sur-Authie, et tous autres ayant qualité pour réclamer à cet égard, sont chargés de poursuivre la remise, en leur ancien état, des terrains usurpés en avant des digues à la mer, depuis le bac d'Authie jusqu'au noc des Masures, et de faire rentrer dans ses limites le concessionnaire de la partie de terrain appartenant à la commune de Quend. Ledit concessionnaire réparera à ses frais la digue, et comblera les fossés dans les parties hors des limites de sa concession. Les digues anciennes depuis le bac d'Authie jusqu'au noc des masures, même celles en deuxième ligne, seront remises dans leur état aux frais de ceux qui les ont dégradées, et le chemin au bas d'icelles, rendu viable comme par le passé.

En cas d'insolvabilité des particuliers, les frais auxquels la poursuite et la réparation du dommage auront donné lieu, seront à la charge des contribuables aux travaux de la digue en question.

Art. 18. — Il n'est dérogé en rien par le présent à ce qui est prescrit par l'arrêté des Consuls, du 5 prairial dernier, et l'arrêté du Préfet, du 6 messidor suivant, concernant les travaux pour la défense et l'écoulement à l'extérieur des eaux du Marquenterre.

POLICE.

Art. 19. — Tous les travaux entrepris et à entreprendre pour la défense et le desséchement du Marquenterre, ainsi que ceux pour la facilité des communications dans le pays, même les simples fossés d'écoulement autour des propriétés particulières, sont placés sous la surveillance de l'autorité publique, et les individus sont soumis à leur égard aux mêmes lois et règlements relatifs à la conservation des travaux des ponts-et-chaussées et navigation (1).

Art. 20. — Nul ne pourra se permettre aucune dégradation ni voie de fait relatives auxdits travaux. Les courses entretenues tant aux frais des communes qu'à ceux des particuliers, lorsqu'il y a actuellement de l'eau, ne pourront être obstruées par aucun versement de terre, même sous prétexte de communication pour ensemencement, récolte et transport d'engrais; et lorsqu'il en aura été pratiqué de cette espèce, dans le cas de sécheresse, ils seront enlevés à la première réquisition, par les propriétaires.

Art. 21. — Il est expressément défendu à tous particuliers, même aux riverains, de faire paître les bestiaux dans lesdits fossés

(1) V. la loi du 16 septembre 1807, art. 27.

à peine de répondre du dommage, et d'être poursuivis devant le juge-de-paix ; les bestiaux en pâture, le long des chemins, seront tenus exactement en lesse. Les gardes noquetiers sont autorisés à dresser des procès-verbaux en cas de contravention. Les pères et mères et les maîtres sont civilement responsables, tant à cet égard que sur les autres articles du présent règlement.

Art. 22. — Les propriétaires ne pourront empêcher les noquetiers ni autres préposés aux travaux, de passer sur leurs héritages, le long des courses d'eau, ni d'y déposer les herbes et vases provenant, du curement sur un mètre de large de franc-bord de chaque côté du fossé. Les herbes qui y croissent appartiennent aux propriétaires ou fermiers, et nul ne peut se permettre de les couper.

Art. 23. — La pêche dans les fossés et courses d'eau appartient aux riverains, et il est défendu à qui que ce soit d'y pêcher, et il est même interdit aux propriétaires de se servir de la fouine ou du dard et de tout autre engin qui puisse faire ébouler les terres, à peine d'être poursuivi conformément à l'ordonnance des eaux et forêts de 1669.

Art. 24. — Il est défendu de faire aucune plantation qui puisse arrêter le cours des eaux : celles existantes seront ou arrachées aux frais des riverains, ou simplement élaguées de manière à ce que les branches ne retombent point dans l'eau, et à ce que le curage des courses soit facile en tout temps.

Art. 25. — Le contre-fossé en arrière des digues devra être à distance de 5 mètres au moins du pied du talus intérieur ; et lorsqu'il sera plus rapproché, les terres provenant du curage seront rejetées du côté de la digue, afin de parvenir successivement à éloigner le bord du fossé jusqu'à ce qu'il soit parvenu à cette distance; pour quoi cette manœuvre est sous la surveillance de la direction des travaux, et aucun particulier ne pourra l'entreprendre sans en avoir prévenu le garde, qui en avertira le conducteur : ce dernier prescrira la manière de faire ce curage, et les propriétaires seront tenus de s'y conformer.

Art. 26. — Il est défendu de parcourir les digues à la mer à cheval ou en voiture; aucuns bestiaux, même les moutons, ne pourront y pâturer pendant les deux années qui suivront leur réparation, et d'ici à ce qu'elles soient parfaitement herbées; et dans tout autre temps les moutons seuls pourront y paître, les temps de fortes pluies et de dégel exceptés. Les commissaires des sections de la Somme et de l'Authie donneront à cet égard les ordres convenables.

Art. 27. — Le canal de la Maye devant être affermé par bail à la charge de son entretien, sera surveillé par les gardes noquetiers ou ceux des digues, et les particuliers tenus, à son égard ainsi que relativement à la rivière de Maye, aux mêmes règles qui viennent d'être établies.

Art. 28. — Outre la surveillance qui sera exercée par les gardes noquetiers, les gardes-champêtres ordinaires tiendront la main à l'exécution du présent règlement, et de tout autre à intervenir, comme aussi lesdits noquetiers dresseront des procès-verbaux contre les délits ordinaires relatifs aux propriétés rurales.

Art. 29. — Il est défendu expressément de commettre aucune dégradation aux digues de défense du Marquenterre, tant en première qu'en seconde ligne, même sous prétexte de propriété; nul ne pourra les bêcher ou labourer, ni les couper par des fossés; et dans le cas où il aurait été fait de pareilles entreprises, leurs auteurs seront tenus de les réparer sur la sommation qui en sera faite à la diligence du commissaire de la section, d'après le procès-verbal qui en sera rédigé par le conducteur.

Art. 30. — Les commissaires des travaux pourront proposer tel autre article additionnel au présent règlement, qu'ils jugeront convenable, l'adresseront au Sous-Préfet pour obtenir l'approbation du Préfet, qui le rendra exécutoire.

Art. 31. — Les gardes des travaux, les gardes-champêtres, le conducteur, les commissaires des sections, les maires et adjoints des communes situées dans l'intérieur du Marquenterre, sont chargés de surveiller et tenir la main à l'exécution du présent règlement, de dénoncer et poursuivre les contrevenants devant les tribunaux, pour y être condamnés aux peines de droit.

Le présent règlement sera imprimé et affiché partout où besoin sera, et un exemplaire adressé au Conseiller d'Etat chargé des ponts-et-chaussées et navigation.

Signé : QUINETTE.

Le Secrétaire-Général de la Préfecture du département de la Somme,

DEMAUX.

—

PRÉFECTURE DE LA SOMME.

Amiens, le 23 pluviôse an X de la République française.

LE PRÉFET DU DÉPARTEMENT DE LA SOMME,

Vu : 1° les délibérations prises par les propriétaires des bas-champs compris entre le bourg d'Ault et St-Valery, en leurs assemblées des 30 nivôse et 1er floréal an VII, tenues à Cayeux, en conséquence de l'arrêté du département, du 21 frimaire précédent ;

2° Celle arrêtée par les délégués des communes d'Ault, Woignarue, Brutelles, Lanchères, Pendé et Cayeux, en leur assemblée du 21 floréal an IX, tenue chez le Sous-Préfet du premier arrondissement, en conséquence de l'article 5 de l'arrêté du 29 ventôse an IX ;

3° L'avis du Sous-Préfet du premier arrondissement ;

4° Les rapports de l'Ingénieur en chef ;

Considérant : 1° que, par l'arrêté du **29** ventôse, approuvé par le Conseiller d'Etat chargé des ponts-et-chaussées, navigation, etc., il a été statué sur l'assujettissement respectif des · communes de Woignarue, Brutelles, Lanchères, Pendé et Cayeux, à la conservation des digues de défense à la mer, depuis le bourg d'Ault jusqu'à St-Valery, de même qu'à l'entretien des canaux et courses de desséchement ;

2° Que rien ne peut contribuer au succès des mesures tendantes à assurer la défense et le desséchement de ces bas-champs, comme le concert dans les moyens à employer ;

3e Que le règlement de police, dont les commissaires délégués demandent l'approbation, ne peut qu'assurer la conservation des ouvrages faits et à faire, et rendre à ces terrains le degré de fécondité dont ils sont susceptibles ;

Arrête :

DES RÉPARATIONS ET ENTRETIENS.

Article premier. — Les travaux reconnus nécessaires pour la défense et le desséchement des bas-champs compris entre le bourg d'Ault et St-Valery, seront régulièrement exécutés.

Il en sera passé plusieurs adjudications suivant les devis que l'ingénieur en chef rédigera à cet effet.

Les digues à la mer existantes entre le Perroir d'Ault et le Cap-Hornu, les écluses, nocs ou aqueducs établis sous icelles, les haies, les clayonnages et tous les autres travaux faits et à faire pour empêcher la mer de se répandre dans lesdits bas-champs, sont à la charge de tous les propriétaires ; et nul enclos, nul canton ne sera excepté de cet entretien.

Les dépenses utilement faites pour ces divers objets, depuis le 8 brumaire an IV, seront passées en compte, et les propriétaires qui les ont supportées, seront acquittés de toute contribution, a cet égard, jusqu'au parfait remboursement des sommes dont ils se sont mis à découvert.

Les canaux de Lanchères et Cayeux, de même que les ponts qui les traversent, à l'exception des écluses en tête, resteront à la charge de ceux qui ont contribué jusqu'aujourd'hui à leur entretien, conformément aux arrêts qui en ont permis l'ouverture, et à la transaction passée entre les divers propriétaires à l'époque du 31 mai 1776.

La convention faite par lesdits propriétaires, le 20 mars 1774, de laisser aux eaux la liberté de se porter dans l'un ou l'autre canal, sera maintenue et observée; mais chacun sera obligé de mettre et conserver son canal dans l'état de sa première perfection, sans qu'il soit dérogé à la transaction susdite.

DES IMPOSITIONS.

Art. 2.—Pour assurer ces différentes sortes d'entretiens, la loi du 12 pairial an V, faite pour le territoire de Cayeux seulement, sera appliquée, à commencer de l'an X, à toutes les terres des bas-champs; savoir, à celles qui ont leur égoût par l'un ou l'autre canal, en ce qu'elle ordonne une imposition annuelle de *trente-cinq centimes* par journal (ancienne mesure) dont *vingt centimes* seront destinés aux entretiens du canal de Lanchères, et *quinze* aux réparations communes à la mer; aux cantons et enclos qui ont leur égoût particulier, une imposition de *vingt-cinq centimes*, dont *quinze* pour les entretiens communs, et *dix* pour leurs besoins respectifs; enfin, à tous les marais communs, une contribution de *vingt centimes*, dont *dix* pour les ouvrages à la mer, et le reste pour le canal qui reçoit leurs eaux.

On ne pourra jamais disposer du produit de cette imposition annuelle pour les travaux extraordinaires, tels que l'exhaussement des digues, le renouvellement des ponts, écluses, nocs, haies, clayonnages, etc.

Pour solder ces dépenses majeures, il sera établi des impositions particulières et proportionnées à leur importance ; mais aucune somme ne pourra être répartie, que la quotité et l'objet n'en soient déterminés à l'avance par un arrêté du Préfet, les commissaires ayant été consultés ; et les réparations seront faites proportionnellement à l'étendue des terrains qui a toujours servi de base à ces sortes d'opérations.

Il n'est rien dérogé toutefois à l'exception faite en faveur des marais communs qui seront exceptés de cette disposition générale, de même que les terres endommagées par le sable.

Les premiers ne supporteront que la moitié de l'imposition, et celles-ci ne seront jamais cotisées qu'en raison de leur valeur.

DE LA CONFECTION DES RÔLES.

Art. 3. — Pour déterminer ces impositions, il sera fait autant de rôles particuliers qu'il y aura d'espèces de travaux à exécuter. Ceux pour les entretiens ordinaires seront faits chaque année durant le mois de vendémiaire, et ceux pour les ouvrages extraordinaires seront établis dans le délai fixé par les adjudications.

Tous seront dressés sur le cadastre que chaque commune fournira, d'après l'arrêté du département du 21 frimaire an VII, rédigés par les quatre principaux propriétaires résidants en chaque commune, soumis au Préfet pour être rendus exécutoires, et enfin livrés aux percepteurs qui devront en faire le recouvrement.

DES PERCEPTEURS OU CAISSIERS.

Art. 4. — Pour faire le recouvrement de ces rôles, et conserver les fonds qui en proviendront, il y aura trois percepteurs différents.

Le premier fera le recouvrement des rôles qui seront établis tant pour l'entretien ordinaire que pour les réparations majeures des ouvrages à la charge commune, et il aura *trois centimes* pour franc des sommes à recouvrer.

Le second sera chargé des rôles faits pour les entretiens, tant ordinaires qu'extraordinaires, du canal dit *de Lanchères*, et des cantons extérieurs vers le *Cap-Hornu*.

Le troisième aura à recouvrer ceux qui seront faits pour le canal de Cayeux et les enclos particuliers situés en cette commune.

Les deux derniers, vu la modicité de leur recette, auront *cinq centimes* pour franc, et les frais de perception seront pris sur le produit de chaque rôle.

Pour éviter toute confusion dans l'emploi des fonds, et pour trouver toujours disponibles ceux dont on aura besoin pour chaque espèce de travail, les caissiers auront grand soin de tenir des états séparés et distincts, des fonds dont ils seront dépositaires.

Ils les verseront directement aux entrepreneurs des travaux extraordinaires, d'après le certificat des ingénieurs et le mandat du Préfet. Ils pourront toutefois acquitter les rôles d'ouvriers employés en cas d'urgence, lorsqu'ils seront certifiés par le *vater-grave*, et arrêtés par le commissaire de section. Il en sera de même des dépenses relatives aux simples entretiens des canaux, ponts et autres travaux intérieurs.

Ces caissiers, que le Sous-Préfet choisira sur la présentation des commissaires de section, seront des propriétaires intéressés à la chose et solvables.

DES COMMISSAIRES.

Art. 5. — Vu la démarcation des bas-champs susdits et leur division en deux sections relatives à l'écoulement des eaux par les canaux de Lanchères et de Cayeux, il y aura deux commissaires de section, auxquels le citoyen Dubrun, homme de loi à Saint-Valery, sera adjoint.

Le citoyen Delarocque, propriétaire à Bourseville, est nommé commissaire pour la première section, et aura dans ses attributions la surveillance des digues entre le bourg d'Ault et Cayeux avec celle du canal de Lanchères et des courses qui y aboutissent.

Le citoyen Morel, officier de santé à Cayeux, est commissaire pour la seconde section, et aura sous sa surveillance les digues, depuis le dernier barrement du Hable jusqu'à leur fin vers le Cap-Hornu et le canal de Cayeux, avec les courses d'eau qui s'y déchargent.

Outre cette surveillance, ils auront encore pour fonctions :

1° De donner leur avis sur tous les travaux qui seront proposés par l'ingénieur en chef, et d'indiquer ceux dont il conviendra de faire les projets, chacun pour sa section, sauf à se réunir pour se concerter sur les objets majeurs ;

2° D'assister aux adjudications, surveiller l'exécution des devis dont il leur sera remis des copies, être présents aux visites, mètrages et réceptions des travaux dont ils signeront les procès-verbaux, viser les certificats d'à-comptes et parfaits paiements à délivrer aux entrepreneurs, et arrêter tous les mémoires de dépenses pour les ouvrages urgents et imprévus, dont aucuns ne s'exécuteront sans qu'ils en soient prévenus ;

3° De proposer, au Sous-Préfet, la nomination des caissiers et celle des vatergraves, de correspondre avec les autorités administratives, dénoncer aux tribunaux compétents les délits qui parviendront à leur connaissance.

4° De veiller à ce que le recouvrement des rôles soit fait dans les délais qui seront prescrits, et de recevoir les comptes des percepteurs particuliers en présence des maires, qui se réuniront au lieu indiqué par le commissaire de la section ;

5° Enfin, de faire rétablir, de suite, les dégradations imprévues qui pourraient survenir aux digues, buses, nocs et autres ouvrages, tant que le rétablissement n'excédera pas la somme de 100 francs.

S'il en survenait de plus considérables, le commissaire de la section se bornera à faire promptement exécuter les travaux nécessaires pour en prévenir l'augmentation, en préviendra le Sous-Préfet et l'ingénieur ordinaire avec lesquels il se concertera pour aviser aux moyens de remédier sur-le-champ aux dégradations.

Dans le cas où ils trouveraient indispensable d'ajouter quelque nouveau travail, ils en feront connaître la nécessité à l'ingénieur en chef qui en fera les devis estimatifs, s'il le trouve également nécessaire.

Si la dépense n'excède pas trois mille francs, on en fera connaître la nécessité au Préfet, pour l'approuver, s'il y a lieu; après quoi on procédera à l'adjudication et à la confection des rôles nécessaires.

Si les dépenses à faire devaient excéder la somme susdite, ils solliciteraient du Préfet la permission de convoquer une assemblée des propriétaires pour obtenir leur assentiment.

Lesdits commissaires s'assembleront, au mois de nivôse de chaque année, chez le Sous-Préfet, pour recevoir les comptes du percepteur chargé des fonds destinés aux travaux communs, et déterminer les ouvrages à exécuter dans la campagne suivante.

L'ingénieur en chef, qui sera présent à cette réunion, leur donnera connaissaance et communication des devis estimatifs des travaux, afin de les mettre à portée de faire leurs observations.

Le procès-verbal de l'assemblée sera adressé au Préfet, avec l'avis du Sous-Préfet, pour être statué par lui ainsi qu'il appartiendra.

DES VATERGRAVES.

Art. 6. — Pour veiller au maintien de tout ce qui peut intéresser la défense et le desséchement des bas-fonds susdits, il y aura deux vatergraves ou gardes qui seront choisis parmi les terrassiers les plus intelligents et les plus instruits.

L'un aura la surveillance de la première section et sera chargé de visiter les digues à la mer, depuis le bourg d'Ault jusqu'à Cayeux, surtout durant les hautes marées et les mauvais temps ;

De parcourir, au moins une fois par décade, le canal de Lanchères dans sa longueur, de même que les courses qui y aboutissent ;

D'avertir exactement le commissaire de la section des dégradations qu'il aura remarquées, pour recevoir de lui les ordres nécessaires ;

De veiller soigneusement à l'exécution complète du règlement de police, dresser des procès-verbaux contre tout individu qu'il trouvera en contravention à quelqu'un de ses articles, et les porter au commissaire, après les avoir affirmés devant le juge-de-paix.

L'autre exercera dans la seconde section et sera obligé:

De visiter toutes les digues à la mer depuis Cayeux jusqu'à leur extrémité vers Saint-Valery pendant les hautes marées et les mauvais temps;

De parcourir, au moins une fois par décade, le canal de Cayeux et toutes les courses d'eau qui en dépendent,

Enfin de faire, dans sa section, le même service absolument que le premier dans la sienne.

Il leur sera alloué à chacun une somme de *deux cents francs*, au moyen de quoi ils feront régulièrement leur service, et surveilleront constamment les ouvriers employés aux travaux qui se feront par régie, chacun toutefois dans sa section.

Cette somme leur sera payée, moitié par le caissier commun, sur le mandat du Sous-Préfet, et l'autre moitié par le caissier du canal de leur section, sur le mandat du commissaire.

POLICE.

Art. 7. — Tous les travaux faits et à faire, pour la sûreté et conservation des bas-champs susdits, sont placés sous la surveillance de l'autorité publique, et les individus sont soumis, à leur égard, aux lois et règlements relatifs à la conservation des travaux des ponts-et-chaussées et navigation.

Art. 8. — Les canaux de Lanchères et de Cayeux seront faucardés et nettoyés deux fois chaque année ; une dans le courant de vendémiaire, et l'autre durant le mois de prairial.

Le curement des vases et éboulements sera fait lorsqu'il sera jugé nécessaire.

Art. 9. — Les courses d'eau adjacentes aux canaux seront faucardées et curées, dans l'an X, une fois pour tout, aux dépens de la caisse du canal auquel elles appartiennent, et une fois mises en bon état, elles seront à la charge des *occupeurs* riverains, qui se-ront tenus de les y conserver à leurs frais, sauf leurs recours en-vers leurs propriétaires, s'il y a lieu.

Art. 10. — Ces courses ne pourront être obstruées par aucun versement de terre, même sous prétexte de communication pour ensemencement récolte ou transport d'engrais ; et tout individu pris en contravention à cet article, subira les peines portées contre ceux qui nuisent aux travaux publics, et sera responsable de tous les dommages que la retenue des eaux occasionnera.

Art. 11. — Les passages qui auront été faits, sur les simples fossés de communication pour les besoins de l'agriculture, seront relevés par les *occupeurs* voisins, après que chaque espèce de travail sera achevé.

Art. 12. — Il est expressément défendu à tous particuliers, même aux riverains, de faire paître des bestiaux dans les canaux ou les courses susdites, et même les simples fossés de communication, à peine de répondre du dommage et d'être poursuivis devant les tribunaux.

Les parents et les maîtres sont responsables, tant à cet égard que sur tous autres articles du présent règlement.

Art. 13. — Les propriétaires ne pourront empêcher les gardes, les préposés aux travaux, ni autres individus, de passer sur leurs terres, le long des canaux, ni d'y déposer les herbes ou vases provenant du curage, sur un mètre (trois pieds, ancienne mesure) du franc-bord de chaque côté, qu'il leur est enjoint de laisser inculte d'après la concession qu'ils en ont faite anciennement.

Art. 14. — Les herbes qui croissent sur les talus des canaux appartenant à ceux qui en ont payé l'ouverture, nul particulier ne pourra se permettre de les couper. Celles qui poussent dans les courses ou fossés de communication appartenant aux propriétaires, nul autre qu'eux n'aura le droit de les enlever, personne absolument n'aura la faculté de les faire pâturer.

Art. 15. — Il est défendu de faire aucune plantation qui puisse arrêter le cours des eaux, en quelque endroit que ce puisse être; s'il en existe de cette nature, elles seront arrachées ou simplement élaguées par les riverains, ou à leurs frais en cas de refus, et de manière à ce que le cours de l'eau n'en souffre pas de gêne.

Art. 16. — La pêche dans les canaux est défendue à qui que ce soit, et il est même interdit aux propriétaires des courses et fossés de communication de se servir, pour y pêcher, de la fouine, du dard, ou de tout instrument capable de faire ébouler les terres, à peine d'être punis suivant l'ordonnance des eaux et forêts de 1669.

Art. 17. — Il est défendu de parcourir en voiture les digues à la mer; aucuns bestiaux ne pourront y pâturer durant les deux années qui suivront leur réparation; après cela les moutons seuls pourront y paître, les temps de fortes pluies et de dégel exceptés.

Art. 18. — Enfin, il est défendu de commettre aucune dégradation aux digues de défense, tant en première qu'en seconde ligne, et à toutes les autres. Nul ne pourra les bêcher ou labourer, ni les couper par des fossés ; et dans le cas où il aurait été fait de pareilles entreprises, les auteurs seront tenus de les réparer sur la sommation qui leur en sera faite, à la diligence du commissaire, d'après le procès-verbal qui en sera dressé par le vatergrave.

Art. 19. — Outre la surveillance qui sera exercée par les vatergraves, les gardes-champêtres tiendront aussi la main à l'exécution du présent règlement et de tout autre à intervenir. Les vatergraves dresseront également des procès-verbaux contre les délits commis sur les propriétés rurales.

Art. 20. — Les maires et adjoints des communes intéressées à la conservation des bas-champs dont est question, sont chargés de surveiller l'exécution du présent, de dénoncer au commissaire de section les délits qui parviendront à leur connaissance, et les officiers préposés aux douanes seront invités à recommander à leurs subalternes, en service sur la côte, de prêter aussi la main à à son observation.

Signé : QUINETTE.

Le Secrétaire-Général de la Préfecture,

DEMAUX.

IV.

DUNES.

Bercq-sur-Mer. — Coutume de 1507, art. 5 : Item, par la coutume dudit lieu, quiconque coppe, arrache ou emporte les lesques estans audit lieu, sans congié, commet, envers ledit seigneur, amende de X solz parisis ; et sont lesdits lesques en manière de grands joinctz croissans qui entretiennent les sablons ensemble, et qui empeschent que lesdits sablons ne puissent voller, gaigner ou emprendre sur ladite ville (*Cout. loc.*, tome II, page 607).

11

V.

PUITS ET MARES.

Beauvoisis. — L'autre manière de compaignie qui se fet par reson de communaulté, si est des habitans es villes où il n'a pas de commune, c'on apele *villes bateices*. Et ceste compagnie si se fet es frès et es cous qui lor convient mettre es cozes qui lor sont communes, si comme de lor moustier refère et de lor caucies ramender, de lor puis et de lor qués maintenir, si comme de coz qui sont mis en plès par lor droits maintenir et por lor coustumes garder. En toz tes cas et en autres saullavles, font tes manières de gens compaignie ensamble, et convient que cascun pait son avenant des frès selonc droit. Ne nus de tes manières d'abitans ne se pot oster de compagnie, s'il ne va manoir hors du lieu et renonce as aisemens (Beaumanoir. *Cout. de Beauvoisis,* chapitre XXI, n° 27).

Brucamps. — Art. 6 : Se l'on fait en ladite ville quelque ouvrage que ce soit aux puits à eaue, tant de machonnerie que aux estréures et pareillement pour les cordes et soues desdits puis, les manégliers d'icelle ville font assiette sur les manoirs et masures amasées et non amasées ; et de ladite assiette paient les possesseurs d'iceulx, tant pour l'un manoir ou masure que pour l'aultre, également (*Cout. loc.,* tome Ier, p. 479).

Bertangles. — Art. 7 : Les habitans dudit Bertangles sont tenus, chascun à l'équipollent de sa puissance, de nettoyer les puis et mares dudit village, quant ils y sont adiournés et qu'il est de nécessité ; et en deffaulte d'aide, le lieutenant peut envoïer desgager sur le champ et y mettre gens à leurs despens ; auxquels puis et mares du villaige, nulz ne nulles ne pœuvent aller, ne venir, ne riens emporter sans confisquier les vaisseaux, se ils ne demandent congié du seigneur ou lieutenant dessusdit (*Cout. loc.*, tome II, p. **211**).

Beauquesne. — Art. **17** : Item, se aulcuns desdits habitans de Beauquesne vont ou envoient laver drapaux ou autres wardes, laines, ou font aucune aultre immondisse à un quay que l'on appelle le *flot du Boille*, estant en ladite ville de Beauquesne, sans le congié desdits eschevins, ils escheent, ponr chascune fois, envers le roy, en l'amende de V sols parisis (*Cout. loc.*, tome II, p. 208, 209).

Boves. — Art. 20 : Par ladite coustume, il loist audit seigneur de Boves ou à ses officiers de faire, toutes fois que bon leur samble, visitacion des fosses communes estans devant et derrière les maisons et héritaiges dudit Boves, savoir si elles sont bien nettoyez ou non, et que l'eaue y puist fleuer facilement, pour esviter aux inconvénients des feux qui y pourraient advenir; et les propriétaires, possesseurs ou occupeurs desdites maisons, jardins et heritaiges qui seroient trouvez estre négligens d'avoir nettoyé à l'endroit de leurs dits terrements, tant derrière que devant, en ce cas, eschecroient envers ledit seigneur en amende de V sols, pour chascune fois qui seroient trouvez négligens, et que ainsy seroit trouvé par ladite visitacion (*Cout. loc.*, tome Ier, p. 171).

Camons. — Art. 2 : Ont acoustumé les eschevins de Camons de asseoir, chascun an, sur tous les tenans et subgets d'icelle seigneurie de Camons, quelque somme de deniers, selon ce qu'ils voient que le cas le requiert et qu'il est besoin pour l'entretenement des puis, ponts, passages, voiries d'icelluy village, pour laquelle assiette lesdits subgetz et tenans sont justichables (*Cout. loc.*, tome Ier, p. 279).

VI.

SERVITUDES. — CLOTURES.

Vron. — Art. 7 : Quant aux clostures de partie contre l'aultre, les ungs cloent par moitié l'ung contre l'aultre, et les autres cloent l'ung l'amont et l'aultre l'aval, et n'y a point de coustume local quant à ce. (*Cout. loc.*, tome Ier, p. 522.)

Flixecourt. — Art. 55 : Est coustume que tous ceux qui ont terres ou prez aboutans sur les marais aux bornes de ladite ville, doibvent closture souffisant sous peine d'amende. (*Cout. loc.*, tome II, p. 215.)

Coutume locale d'Amiens. — Art. 23 : Chascun doit clôture suffisante de pierre, brique, blocail, moillon, pallis de sept pieds de hauteur pour le moins d'une part et d'autre, allencontre de son voisin, et non plus si bon ne lui semble. (*Coutumier de Picardie*, tome Ier, 2e partie, p. 362.)

— ENCLAVES.

Coutume de Péronne et Montdidier. — Art. 12 : Laboureurs ayans champs et pièces de terre contiguës l'une l'autre, chargées de bled ou autres grains, sont tenus, en la moisson, les desranger et séparer avec leurs voisins, et avant la dépouille, pour éviter entreprinse et querelle, à peine de l'amende contre les contrevenans reffusans ou delayans, ayans esté interpellés de ce faire. (*Coutumier de Picardie*, tome II, p. 7).

— OUVRAGES INTERMÉDIAIRES.

Coutume locale d'Amiens de 1507. — Art. 58 : Il n'est loisible à aucuns de faire fosse en ténement pour servir à faire retraitz, qu'il n'y ait, entre ladite fosse et la terre à son voisin, deux pieds et demi de franche terre ; et ne se polroit, tel qui auroit fait faire les dits retraits, aucunement ensaisiner par prescription (1). (*Cout. loc. du bailliage d'Amiens*, tome Ier, p. 90.)

(1) Cet article n'a pas été reproduit dans la coutume locale d'Amiens, réformée en 1569, parce qu'il est conforme à l'article 166 de la coutume générale du bailliage d'Amiens.

Coutume générale du bailliage d'Amiens. — Art. 166 : Nul ne peut faire fosse à latrine ou retraits, qu'il n'y ait, entre ladite fosse et la terre de son voisin, deux pieds et demi de franche terre ; et pour quelque temps qu'il l'ait autrement possédée, il ne peut acquérir aucune possession. (*Coutumier de Picardie,* tome Ier, 1re partie, p. 454.)

VII.

DU LOUAGE.

Extrait du registre aux causes de la Sénéchaussée de Ponthieu à Abbeville.

Du 20 juin 1766.

Demachy, procureur d'Antoine-François Bazin.

Duflos, procureur de Jacques Flicot.

Duwanel, procureur de Jacques Douville.

Lavernier, procureur de Marie-Marguerite Roussel, veuve Dacheux.

Vu les pièces mises sur le bureau, en la chambre du conseil, et icelles rendues aux procureurs des parties,

Nous ordonnons que la partie de Demachy passera par ses offres telles que de payer, à la partie de Duflos, la somme de douze livres, pour les dommages et intérêts résultant de l'éviction de la maison dont s'agit.

Et faisant droit sur le réquisitoire des gens du roi, avons arrêté par provision, jusqu'à ce qu'il en ait été autrement ordonné, que dorénavant les délais, pour sorties de maisons et délaissements de fermages qui seront demandés en vertu de la loi *emptorem,* et les indemnités résultantes des dites demandes, demeureront fixés ainsi qu'il suit.

Le délai de sortie pour les maisons de ville sera de deux mois, pour les maisons dont la location ne sera que de 50 livres et au-dessous ; et l'indemnité du sixième du prix de la location, eu égard au temps qui restera à parachever du bail.

Le délai pour les maisons dont la location excédera 50 livres jusqu'à 100 livres inclusivement, sera de trois mois, et l'indemnité du quart du montant des loyers, pour le temps du bail qui restera à expirer.

Le délai pour les maisons dont le prix de location sera depuis 100 livres jusqu'à 200 livres et au-dessus, sera de quatre mois, et l'indemnité du tiers du prix de la location relativement au temps qui restera à parachever du bail.

Et pour les maisons occupées par des négociants ou à usage d'auberges, le délai de sortie sera de six mois, et l'indemnité, sera fixée, eu égard à la situation des dites maisons et à l'importance du commerce.

En ce qui touche les maisons de la campagne, le délai de sortie pour les maisons qui seront occupées par des ménagers, continuera d'être fixé au 15 mars, pourvu que le congé ait été donné trois mois auparavant ; et l'indemnité résultante de l'éviction, sera du sixième du temps qui restera à parachever.

Les occupeurs de maisons à usage de fermes, sans qu'il y ait de terres jointes, auront une année de délai, pourvu que le congé ait été signifié avant le 15 mars précédent, et l'endemnité, le quart des loyers relativement à ce qui restera à parachever du bail.

Les fermiers d'immeubles, soit qu'il y ait ou non maisons jointes, auront un an de délai du jour du congé, et le tiers du prix du fermage pour le temps qui restera à faire, sans préjudice à la répétition des impenses.

Et sera le présent arrêté exécuté par provision et jusqu'à ce que, par ladite cour, en ait été autrement ordonné, nonobstant oppositions ou appellations quelconques, et sans préjudice d'icelles, attendu qu'il s'agit de matière sommaire et de l'intérêt du public ; et les présentes imprimées, lues, publiées et registrées dans les bailliages royaux et juridictions patrimoniales du ressort, à la diligence du procureur du roy ; enjoint à ses substituts et procureurs fiscaux d'en certifier dans le mois.

Donné et expédié, à Abbeville, par devant nous Paul–Henry Crignon, conseiller du roy, lieutenant particulier en la Sénéchaussée de Ponthieu, pour l'absence de M. le lieutenant-général de ladite Sénéchaussée, le vendredy vingt juin mil sept cent soixante-six,

Signé : BAUDELIQUE, avec paraphe.

—

Arrêt du Parlement.

Le mardy 3 janvier 1625, au rôle d'Amiens, jugé au profit du sieur Popincourt, que la tacite réconduction, en un bail à ferme, n'est que pour un an, suivant la loi *item quæritur* § *qui impleto* ff. *locati*, en remboursant, par lui, au fermier les labours et semences qui pourroient avoir esté faits pour les années à venir.

L'on soutenoit que la tacite réconduction devoit avoir lieu pour trois ans, à cause des trois différentes façons qu'il faut donner aux terres labourables, lesquelles il eschet de préparer dès la première année pour les deux suivantes. — Le bailly d'Amiens l'avoit ainsi ordonné par sentence dont est appel.

Néanmoins *l'usage est contraire*, n'estant point raisonnable qu'un propriétaire, sans aucune convention, demeure plus d'un an privé de sa chose, en indemnisant le fermier de ses façons. — Aussi Coquille, praticien judicieux et jurisconsulte tout ensemble, en ses Institutes coutumières a mis pour règle ordinaire et certaine au *titre du louage* que : qui jouit et exploite un héritage, après le terme fini, sans aucune dénonciation, peut et doit jouir *un an après seulement*, à pareil prix que devant. (*Journal des Audiences*, tome Ier, livre Ier, chapitre XXXVIII.)

Extrait du registre aux délibérations du Tribunal de première instance de Péronne.

24 germinal an IX de la République.

Les membres du tribunal réunis pour délibérer sur les questions proposées par différents juges de paix, touchant le règlement des difficultés qui s'élèvent pour le paiement des gages des valets de charrue, bergers, servantes, parcours et moissonneurs, ont arrêté qu'il serait adressé, aux juges de paix de leur arrondissement, la circulaire suivante :

Péronne, le 24 germinal an IX.

Les membres du Tribunal de première instance de l'arrondissement communal de Péronne,

Aux juges de paix dudit arrondissement,

Citoyens :

Nous sommes informés qu'il se présente journellement, devant vous, des difficultés pour le paiement des gages des valets de charrue, bergers, servantes, parcours et moissonneurs, et que ces difficultés sont réglées diversement dans les justices-de-paix de cet arrondissement. Plusieurs d'entre vous nous ont même prié de leur faire connaître la jurisprudence du tribunal à cet égard.

Pour établir l'uniformité en cette partie, nous avons cru devoir adopter *l'ancien usage* du ci-devant bailliage de Péronne dont l'expérience a démontré les avantages dans notre ressort.

Les valets de charrue qui sont uniquement occupés aux travaux de l'agriculture, ne gagnent que leur nourriture pendant l'hiver qui se compte, pour eux, du 20 brumaire (11 novembre) jusqu'au 10 ventôse (1er mars). Ils gagnent le premier tiers de leurs gages, du 10 ventôse au 5 messidor (24 juin), le second tiers du 5 messidor au 15 fructidor (1er septembre), et le dernier tiers du 15 fructidor au 20 brumaire (11 novembre).

Lorsqu'ils sont employés, pendant l'hiver, à d'autres travaux que ceux de l'agriculture, ils rentrent dans la classe des autres domestiques et gagnent également en tout temps ; les bergers, les servantes et parcours gagnent également et sont payés au *prorata* de leurs services.

La règle générale est que tout moissonneur qui a entrepris une moisson est tenu de la finir.

Le maître ne peut non plus, sans sujet légitime, renvoyer un moissonneur au milieu des travaux de la moisson.

Les circonstances variant à l'infini, dans ces sortes de règlements, les juges de paix, après avoir entendu le cultivateur et le moissonneur, devront régler ces contestations suivant l'équité.

     Salut, etc.

Signé : Huet, Cadot, Carpeza et Dehaussy-Robécourt.

Pour copie conforme délivrée à la requête de M. le Sous-Préfet de l'arrondissement de Péronne, par le commis-greffier soussigné.

Péronne, le 27 août 1856.

                     Signé : GALLIEN.

NOTA. Le juge de paix de Péronne n'a pu trouver sur les registres du greffe du tribunal civil la sentence du ci-devant bailliage relative aux valets de charrue et autres ouvriers de l'agriculture. Elle a cependant existé. Elle a été rendue, d'une part, dans l'intérêt de l'agriculture, pour mettre obstacle à ce que les ouvriers quittent leurs maîtres, de l'autre, par un sentiment de justice envers ces ouvriers, en ce qu'elle augmente leurs salaires au fur et à mesure que les travaux des champs deviennent plus actifs et plus pénibles La circulaire ci-dessus reproduit les dispositions de ladite sentence.

L'usage établi par suite de cette sentence est fort ancien. Il a force de loi dans tout l'arrondissement de Péronne. Il faut croire qu'il repose sur des bases équitables, puisque jamais ni les cultivateurs, ni leurs domestiques, n'en ont demandé la réformation.

CONSTATATIONS

DES COMMISSIONS CANTONALES

SUR LE LOUAGE DES SERVICES AGRICOLES.

———◦◉◦———

ART. 72. — VALETS DE CHARRUE.

Arrondissement d'Abbeville.

Abbeville (deux cantons) : Il n'y a pas d'usage sur l'époque de l'entrée et de la sortie des valets de charrue ; on leur donne congé huit jours d'avance. En sus du salaire stipulé, ils ont un *droit de vin* lors de la livraison de chaque cheval, vache ou tout autre animal vendu par leur maître.

Au faubourg Saint-Gilles d'Abbeville on accorde aux domestiques qui voiturent les chanvres vendus par leurs maîtres un droit de 7 francs par hectare, ou de 3 francs 42 centimes par arpent de 42 ares 91 centiares ; mais ce droit n'est acquis qu'aux domestiques qui ont fait toute la campagne.

Ailly-le-Haut-Clocher : D'après un ancien usage, qui tend de plus en plus à tomber en désuétude, les charretiers se louent à l'année qui commence à la Saint-Martin (11 novembre). Lorsqu'on déroge à cet usage, ils sont loués au mois.

Ault : Les valets de charrue se louent généralement à l'année. Mais pour prévenir l'abus des renvois et surtout des abandons intempestifs, on a pris l'habitude de diviser leurs gages en deux parties, dont la plus forte s'applique aux six mois d'été.

Crécy : Aujourd'hui les domestiques se louent généralement au mois. L'usage de louer à l'année les domestiques attachés à la culture, moyennant un salaire qui se divisait en *serte d'hiver*, du 11 novembre au 4 juillet, et en *serte d'été* du 4 juillet au 11 novembre, cesse tous les jours de plus en plus. Dans l'un comme dans l'autre cas, ceux qui quittent avant l'expiration du temps pour lequel ils se sont engagés, ne sont payés que pour le temps qu'ils ont servi

Gamaches : Le louage des valets de charrue se fait à l'année. L'année se divise en deux sertes, du 24 juin au 1er novembre, du 1er novembre au 24 juin. Malgré l'inégalité de temps, le salaire est égal pour chaque période de service.

Hallencourt : Les valets de charrue se louent en deux sertes, du 11 novembre au 24 juin et *vice versâ*. Dans la première période de leur service, ils sont moins rétribués que dans la seconde.

Moyenneville : On les loue à l'année. ils gagnent autant pour les quatre mois de juillet, août, septembre et octobre, que pour les huit autres mois.

Nouvion : Les domestiques de ferme et de moulin doivent être prévenus ou prévenir huit jours d'avance, sous peine d'indemnité réciproque.

Rue : On les loue à l'année, mais les gages de l'année se divisent en douze fractions égales, dont il est d'usage d'attribuer deux douzièmes aux trois mois de novembre, décembre, janvier, six douzièmes aux six mois de février, mars, avril, mai, juin, juillet, et quatre douzièmes aux trois mois d'août, septembre et octobre.

Cette distinction n'a pas lieu quand le valet de charrue bat à la grange. Alors il doit toucher tous les mois un douzième.

Le congé doit être donné quinze jours d'avance.

Saint-Valery : Les domestiques de ferme se louent à l'année. Le *denier à Dieu* n'est pas usité. L'année commence le jour de leur entrée dans la maison. Les gages se paient par douzièmes.

Le congé se donne un mois d'avance.

Arrondissement d'Amiens.

Amiens (quatre cantons) : Les domestiques de ferme sont assimilés aux gens de service à gages.

Corbie : Les domestiques de ferme se louent pour un an, qui commence à la Saint-Martin d'hiver (11 novembre). Le prix n'est pas le même pour toute l'année. Il est divisé en deux parties. Il est moins élevé pour le terme d'hiver, du 11 novembre au 1er avril, que pour le terme d'été, du 1er avril au 11 novembre.

Cet usage est fondé sur la nécessité de conduire à fin les travaux de l'agriculture.

Hornoy : Les domestiques de labour sont engagés pour un an, à partir de la Saint-Martin (11 novembre). On leur laisse partout la faculté de quitter leurs maîtres à la Saint-Jean (24 juin). Mais dans ce cas, ils n'ont droit, quoique ayant servi plus de six mois, qu'à la moitié des gages convenus pour l'année.

Cette retenue sur les gages est fondée sur l'équité ; car il est juste que le maître qui a gardé le domestique pendant l'hiver, temps où il lui est le moins utile, le paie moins que pendant la moisson.

Le droit de ne pas finir l'année n'appartient qu'au domestique seul.

Oisemont : Dans certaines contrées, notamment dans la vallée, on divise le service en deux périodes égales pour le paiement, mais inégales quant à la durée. La première commence au 11 novembre, la seconde au 4 juillet.

Cette coutume s'est établie, malgré son injustice apparente, à cause de la difficulté qu'éprouve le cultivateur à se procurer des ouvriers pendant la serte la plus courte à la vérité, mais la plus importante, attendu qu'elle comprend la récolte et la semaille.

Sains : Les valets de charrue se louent à l'année avec condition d'avertissement huit jours d'avance. Il y a deux termes dans l'année, du 11 novembre au mois d'avril, et du mois d'avril au 11 novembre, et un prix particulier pour chacun de ces deux termes.

Villers-Bocage : Bertangles, Saint-Vast, Vaux, Coisy, Flesselles, Querrieux, Pont, Saint-Gratien, Raineville, Molliens, Rubempré, Mirvaux, Contay, Vadencourt, Beaucourt, Béhencourt, Bavelincourt, Montigny, les gages des domestiques de labour se règlent à l'année de culture, et au mois pour ceux qui font les semailles: à Villers-Bocage et à Cardonnette, ils se règlent au mois.

Le congé se donne à Coisy, au mois, à Flesselles, quinze jours d'avance ; dans les autres communes, huit jours d'avance, sans indemnité.

Arrondissement de Doullens.

Acheux, Doullens, Domart : Pas de constatation d'usage.

Bernaville : Tout domestique à gages a droit à un salaire proportionné à la durée du service, sur le prix convenu entre le maître et lui.

Arrondissement de Montdidier.

Ailly-sur-Noye : Les charretiers se louent à l'année, à la Saint-Jean et à la Saint-Martin d'hiver, avec la faculté de pouvoir quitter à l'un de ces deux termes, pourvu qu'ils avertissent huit jours d'avance.

Ces termes sont égaux pour le prix, bien qu'ils soient inégaux en durée.

Montdidier : Les valets de charrue se louent en deux termes, le 24 juin et le 11 novembre. Moitié du salaire convenu est payée à chaque terme.

L'usage autorise le maître à retenir, à titre d'indemnité, deux mois de gages au domestique qui, ayant commencé le terme de la Saint-Martin, vient à quitter avant l'expiration du terme.

Moreuil : Dans les maisons de culture, les domestiques sont loués en deux termes. Le premier commence le 11 novembre, le second le 24 juin ; mais ils n'ont droit, pour le premier terme, qu'à un tiers seulement de leurs gages

Roye : D'après un usage généralement observé, les domestiques de labour se louent pour une année à partir du 11 novembre.

Arrondissement de Péronne.

Péronne, Chaulnes, Combles, Roisel, Bray, Ham : On suit le règlement du tribunal de Péronne, du 21 germinal an IX.

Albert : A Courcelette, Pys et Irles, les domestiques et valets de charrue se louent au 1er novembre pour un an, ou au 1er mars pour neuf mois environ.

ART. 75. — BERGERS.

Arrondissement d'Abbeville.

Abbeville : Les bergers ont deux époques d'entrée, le 1er novembre et le 24 juin. Leurs gages sont divisés en deux sertes, dont l'une commence à la Toussaint et finit à la Saint-Jean, et l'autre dure seulement de la Saint-Jean à la Toussaint. Des motifs graves peuvent seuls faire cesser le louage dans l'intervalle.

On doit se donner congé quinze jours avant l'expiration de chaque terme de serte.

Ailly-le-Haut-Clocher : Les bergers sont loués à l'année. L'année se divise en deux sertes : l'une du 1er novembre au 23 juin, l'autre du 24 juin au 31 octobre. Ceci a lieu pour les bergers communs.

Ault : Les bergers et pâtres ne se louent qu'à l'année.

Gamaches : Les bergers se louent à l'année, le plus souvent à la serte, comme les charretiers.

Hallencourt : Même usage que pour les valets de charrue.

Moyenneville : Même usage.

Nouvion : Les bergers particuliers et ceux des communes se paient, les uns en blé et en argent, les autres en argent seulement. Beaucoup de ces serviteurs ont des bêtes nourries chez leur maître, et cette faculté existe principalement pour les bergers communs.

Leur service se divise en serte d'été et serte d'hiver.

Ils doivent prévenir et être prévenus huit jours d'avance.

Rue : L'année, pour les bergers, se divise en deux sertes : du 25 décembre à la Saint-Jean (24 juin), et du 24 juin au 25 décembre.

Le louage est censé fait pour deux sertes. Cependant le maître et le berger peuvent se quitter à la fin de chaque serte, en se prévenant huit jours d'avance.

Saint-Valery : Les bergers ne se louent pas à l'année, mais à la serte. Dans quelques communes, il y a deux sertes dans l'année, savoir : la Saint-Martin et la Saint-Jean. Dans d'autres, il y a trois sertes : la première, du 15 mars au 25 juillet, la seconde, du 25 juillet au 11 novembre, la troisième, du 11 novembre au 15 mars.

Le berger qui s'engage pour une ou plusieurs sertes, ne peut quitter son service avant l'échéance du terme pour lequel il s'est loué. Le maître, le cas de faute grave excepté, ne peut pas non plus le renvoyer.

Arrondissement d'Amiens.

Amiens : Le service des bergers se divise en trois périodes, du 1er novembre au 2 février, du 2 février au 24 juin, et du 24 juin au 1er novembre.

Leur salaire est en blé et en argent. Le troisième terme, qui est la période du parc, se paie en blé ; les deux premiers en argent. Le

congé doit être donné, au plus tard, la veille des six dernières semaines de chaque période.

Hornoy : On loue les bergers à l'année ; on paie leurs gages en
trois termes.

Molliens-Vidame : L'engagement des bergers est généralement
en trois termes, 2 février, 24 juin et 11 novembre.

Oisemont : Les bergers se louent à l'année à partir du 1er novembre ; leur service se divise en plusieurs sertes; leurs gages sont
payés par chacun des hertiers, dans la proportion du nombre de
bêtes mises au troupeau commun.

La première serte va de la Toussaint à la Chandeleur (2 février);
la seconde, du 2 février à la Saint-Jean, et la troisième, de la
Saint-Jean à la Toussaint. Les deux premiers termes sont payés
par têtes de bétail, et le troisième par ceux qui profitent du parc.
Les agneaux comptent.

Sains : Les bergers se louent en deux termes, le 1er novembre
et le 24 juin. Lorsque le berger est renvoyé après la Saint-Jean,
les hertiers sont obligés de payer le parc.

Villers-Bocage : Dans toutes les communes du canton, le berger
commun se loue en deux termes, la Toussaint et la Saint-Jean. Le
premier terme se partage en deux, à *la Chandeleur* (2 février).

Il est payé par tête de bétail et en argent pour les deux premiers
termes, et en blé pour dernier.

Il a droit, en outre, à quelques profits pour ses *calinées* (siestes
des moutons sur les jachères, à l'heure de midi), et à 15 centimes
par tête de moutons vendus.

Il doit visiter les bêtes à laine chez les propriétaires, les réunir
en troupeau, les mener paître, rendre compte du nombre et de
l'état sanitaire.

Le berger est tenu de finir le terme commencé, mais on peut le
remplacer s'il manque à ses devoirs ; le congé doit être donné, huit
jours avant l'expiration de chaque terme, à Villers, Querrieux,

Pierregot, Cardonnette, Pont, Rubempré, Saint-Gratien ; quinze jours auparavant, à Bertangles, Flesselles, Vaux, Saint-Vast ; et, un mois avant le terme, à Coisy.

Arrondissement de Doullens.

Bernaville : Le berger de ferme est soumis aux mêmes obligations que les autres domestiques de ferme, sans avoir égard au nombre de bêtes à laine qu'il a dans le troupeau, par le motif que la rétribution pécuniaire est en proportion de cette charge.

Acheux, Doullens, Domart : Pas d'usage constaté.

Arrondissement de Montdidier.

Ailly-sur-Noye : Les bergers se louent à l'année, à partir du 1er novembre.

Les bergers de commune sont rémunérés en argent et en blé par les propriétaires de moutons, qui paient proportionnellement au nombre de bêtes et des nuits de parc.

Montdidier : Même usage que pour les valets de charrue.

Rosières, Roye : Pas de constatation.

Arrondissement de Péronne.

Péronne, Chaulnes, Combles, Roisel, Ham : Les bergers sont assujettis au règlement du tribunal civil de Péronne du 21 germinal an IX.

Albert, Bray : Les bergers gagnent moins l'hiver que l'été. Ils sont payés partie en blé, partie en argent

ART. 77. — MOISSONNEURS.

Arrondissement d'Abbeville.

Abbeville : L'entrée en service des moissonneurs a lieu ordinairement après la moisson terminée. Ils sont tenus, dans le courant de l'année qui précède la récolte pour laquelle ils s'engagent, à un travail de corvée qu'ils font gratuitement, c'est-à-dire pour la nourriture ou pour un hectolitre de blé, par couple de moissonneurs. Ce travail consiste à charger le fumier et à l'étendre sur les terres, à faire et défaire les meules de grains, à reclore les haies, à couper les chardons, à lier les avoines et les camomilles.

Dans le faubourg Saint-Gilles d'Abbeville, les moissonneurs ne sont pas tenus de couper les foins.

Ils ont droit à la onzième botte en blé, warats, pamelle, fourrage : cette botte est tirée au sort.

Quand le moissonneur quitte son maître avant la fin de la moisson, il perd le prix des travaux qu'il a faits par corvée ; son successeur en profite, sauf convention entre eux.

Si le maître renvoie son moissonneur, il est obligé de lui payer le prix de ses jours de corvées à raison de 1 fr. dans quelques localités, la nourriture en sus.

Ailly-le-Haut-Clocher : Les moissonneurs qui font les corvées sont payés en nature, par la dixième ou onzième botte ; ceux qui n'en font pas par la douzième botte. D'autres sont payés en grain battu ou en argent.

Ault : Les moissonneurs sont engagés pour tout le temps que durera la moisson ou pour un temps déterminé, passé lequel leur travail est rétribué à la journée. L'usage le plus fréquent est de les payer à tant par journal de 40 ares 66 centiares, qui est le journal du pays. Quelquefois on les paie en nature, à tant pour cent sur la récolte.

Le salaire attribué au moissonneur comprend parfois un travail supplémentaire. Il est tenu, par exemple, d'engranger les récoltes, de charger et d'épandre les fumiers, etc.

Crécy : Assez généralement, les moissonneurs lèvent la onzième botte, sur la récolte des cultivateurs, pour se payer de leurs travaux.

Tout moissonneur qui a commencé la récolte doit la continuer jusqu'à la fin.

S'il quitte avant de l'avoir terminée, le maître a droit à une indemnité.

Si c'est le cultivateur qui congédie son moissonneur avant la moisson — elle commence par les prairies artificielles —, il doit lui payer, pour les travaux de corvée qu'il a faits, 1 fr. par jour, ou 1 fr. 50 c. sans la nourriture.

Gamaches : Le louage des moissonneurs se fait à l'argent ou au grain. Les moissonneurs ont, ainsi que le maître, droit de dédit jusqu'à la Saint-Jean.

Les moissonneurs au grain font les corvées à partir de la Saint-Jean de l'année qui précède celle où se fera la récolte pour laquelle ils s'engagent, de sorte qu'ils ne sont plus tenus aux corvées à dater du 25 juin qui précède la récolte qu'ils doivent faire.

Moyenneville : Les moissonneurs se louent à l'année, moyennant un salaire en nature qu'ils prélèvent sur la récolte. Ce salaire est de 8 pour cent quand ils font les corvées, de 6 pour cent quand ils ne les font pas.

Une fois les travaux commencés, le maître et le moissonneur sont engagés jusqu'à la fin de la récolte.

Nouvion : Les moissonneurs entrent à la Saint-Jean, et ne peuvent quitter leur maître qu'en prévenant avant cette époque et réciproquement.

Rue : La serte des moissonneurs est d'un an, et commence à la Saint-Remi (1er octobre).

Ils sont tenus de faire, sans rétribution, les rigoles de dessèchement, la réparation des haies vives et mortes, de charger et d'épandre les fumiers, de couper les grains et de donner tous les soins nécessaires, jusqu'à l'engrangement inclusivement.

Ils ont droit, pour toute rétribution, à la dixième botte que le cultivateur doit conduire jusqu'à leur porte.

Les petits cultivateurs qui font eux-mêmes les corvées, ne don
que six bottes du cent.

Si le moissonneur qui a fait les corvées est renvoyé avant la
moisson ou avant la moisson terminée, il lui est dû une indemnité
égale à la valeur de quatre bottes pour cent du grain produit par
la terre qu'il a été empêché de moissonner

Si le moissonneur, pour cause légitime, est empêché de faire
lui-même la moisson, ou si elle n'est pas encore commencée, il a
droit de réclamer le prix de ses corvées à raison de 1 fr. par jour.

Saint-Valery : Les moissonneurs sont payés sur le produit de la
moisson à raison de 5, 6 et même 9 bottes pour cent, suivant qu'ils
font ou ne font pas les corvées, consistant dans certains travaux
qu'ils exécutent gratuitement avant la moisson.

Tout ouvrier qui a fait les corvées a droit de faire la moisson.

Si le maître le congédie, avant ou pendant la moisson, le moissonneur exerce son prélèvement sur la partie dépouillée au moment de sa sortie, et reçoit, en outre, une indemnité en argent
pour les corvées qu'il a faites.

Les corvées consistent dans le chargement des fumiers de la
ferme et leur distribution sur les terres, dans la coupe des foins,
l'abattage des pommes à cidre, l'élagage des arbres dans les
haies, etc.

Arrondissement d'Amiens.

Amiens : Les moissonneurs sont loués chaque année, pour tous
ou pour certains travaux de la moisson, jusqu'à l'entier achèvement
des travaux.

Il n'y a ni congé, ni tacite réconduction.

La rupture ou l'inobservation, sans griefs sérieux, des engagements, donne lieu à des dommages-intérêts réciproques.

Corbie : Les moissonneurs, soit qu'ils reçoivent leur salaire en
nature, soit qu'on les paye en argent, doivent servir pendant tout

le temps pour lequel ils se sont engagés, c'est-à-dire depuis la récolte des verdures jusqu'aux derniers travaux des champs.

Le maître ne peut renvoyer le moissonneur sans motifs sérieux, dès l'instant que la moisson est commencée. Le moissonneur ne peut quitter le maître qu'après l'entier achèvement de la tâche pour laquelle il s'est engagé.

Hornoy : Le louage des moissonneurs est toujours présumé fait pour durer jusqu'à la fin de l'ouvrage qu'ils entreprennent.

Indépendamment des travaux de la moisson, ils sont obligés de faire les corvées qui s'y rattachent, comme de couper les chardons, de faire la fenaison des prairies artificielles, de ramasser et de lier les avoines.

Le maître qui ne veut plus d'un moissonneur après la campagne terminée, doit lui donner congé avant la Saint-Jean et *vice versâ.* Cette époque passée, il s'opère un nouveau louage pour l'année suivante.

Molliens-Vidame : Les engagements entre maîtres et moissonneurs se font ordinairement au 1er janvier.

Oisemont : On engage les moissonneurs au 1er janvier. On les paye, dans quelques communes, en argent, dans d'autres à la gerbe, à raison de tant pour cent ou en grain battu.

Sains : Maîtres et moissonneurs sont obligés de se prévenir avant la Saint-Jean, sinon il s'opère une tacite réconduction.

Villers-Bocage : Les usages varient suivant les communes : Lorsque les moissonneurs font les corvées, le maître ne peut les congédier, avant la Saint-Jean, qu'en leur payant leurs jours de corvées.

Dans toutes les communes du canton, on paye le travail fait jusqu'au moment ou le moissonneur quitte.

Arrondissement de Doullens.

Acheux : Pas de constatation d'usage.

Domart : Les moissonneurs font les corvées gratuitement. Leur salaire est en nature à raison du dixième. Dans les deux tiers des communes, ils sont dispensés d'élaguer les arbres et de clore les haies.

Doullens : Les moissonneurs font les corvées à l'année, et, dans ce cas, le maître qui veut les renvoyer est tenu de leur payer une indemnité.

Bernaville : Les moissonneurs opèrent la coupe et la rentrée des grains, moyennant un salaire en nature égal au dixième du produit des récoltes en blé, seigle, orge, pamelle, warats, hyvernages, féverolle, trèfle, minette et autres plantes fourragères.

Les corvées qu'ils sont tenus de faire consistent à charger et à épandre les fumiers sur les terres, à ramasser les cailloux dans les prairies artificielles, à y semer la cendre, moyennant une indemnité qui varie suivant les localités.

Ils entrent en service lors de la fauchaison des avoines, et font tous les travaux subséquents de l'année suivante, excepté ceux des avoines.

Si le propriétaire vend ses récoltes sur pied, il est dû aux moissonneurs une indemnité égale au dixième qu'il doivent prélever, moins le prix des travaux de la moisson qu'ils ne font pas.

Arrondissement de Montdidier.

Ailly-sur-Noye : Les moissonneurs sont assujettis à certains travaux additionnels et supplémentaires, comme de charger et d'épandre les fumiers et de couper les chardons.

Ils sont payés en nature : *blé, méteil, seigle, orge.*

Une fois la Saint-Jean passée, les moissonneurs comme les maîtres sont liés. Les moissonneurs ne peuvent plus quitter avant d'avoir terminé leurs travaux. En tout autre temps, ils peuvent le faire en prévenant huit jours d'avance.

Montdidier : Les moissonneurs se louent pour tout le temps nécessaire à l'accomplissement du travail qu'ils entreprennent et qui dure environ six semaines. Ils sont payés à raison de 1 hectolitre 40 litres de blé, par hectare.

Ils sont obligés, en outre, de ramasser et de lier les récoltes sur une quantité de terre égale à celle qu'ils ont moissonnée en blé. On les paye, pour les avoines, à raison de 7 à 9 francs par hectare suivant l'abondance de la récolte.

Rosières: Les moissonneurs se louent pour tout le temps que doit durer la moisson.

Roye: Ils sont payés en nature et très-rarement en argent.

Arrondissement de Péronne.

Péronne: Les moissonneurs sont assujettis au réglement du 21 germinal an IX qui oblige le maître à ne pas les congédier, à moins de motifs graves, jusqu'à la fin de la moisson, et les moissonneurs à ne pas quitter leur tâche avant de l'avoir terminée.

Ce réglement s'exécute plus ou moins bien, selon que le commerce est plus ou moins actif car, dans le premier cas, les cultivateurs ne trouvent plus d'ouvriers et sont obligés d'employer des *piqueteurs* du nord qui travaillent à tant par hectare.

Roisel: On observe le réglement du 21 germinal an IX.

Les moissonneurs sont payés généralement en blé, par suite de conventions entre les maîtres et les ouvriers.

Combles: Leur salaire est payé indistinctement soit en nature soit en argent.

Bray: Ils sont payés en blé; un petit nombre ont, pour salaire, la onzième botte des blés, seigles et orges.

Albert: Dans certaines communes, les moissonneurs ont la dixième botte des blés, seigles, orges. Ils fauchent les avoines, trèfles, fourrages, etc. au prix de 1 fr. 50 cent. à 2 francs l'arpent.

Ils sont obligés de faire ce que l'on appelle les corvées, c'est-à-dire de charger et d'épandre les fumiers, de semer les cendres, mais alors, ils sont nourris et non payés.

On les paye aussi en blé battu pour tout faire; dans quelques localités, à raison de 6 francs par arpent.

SECONDE PARTIE.

RÉGIME DES EAUX.

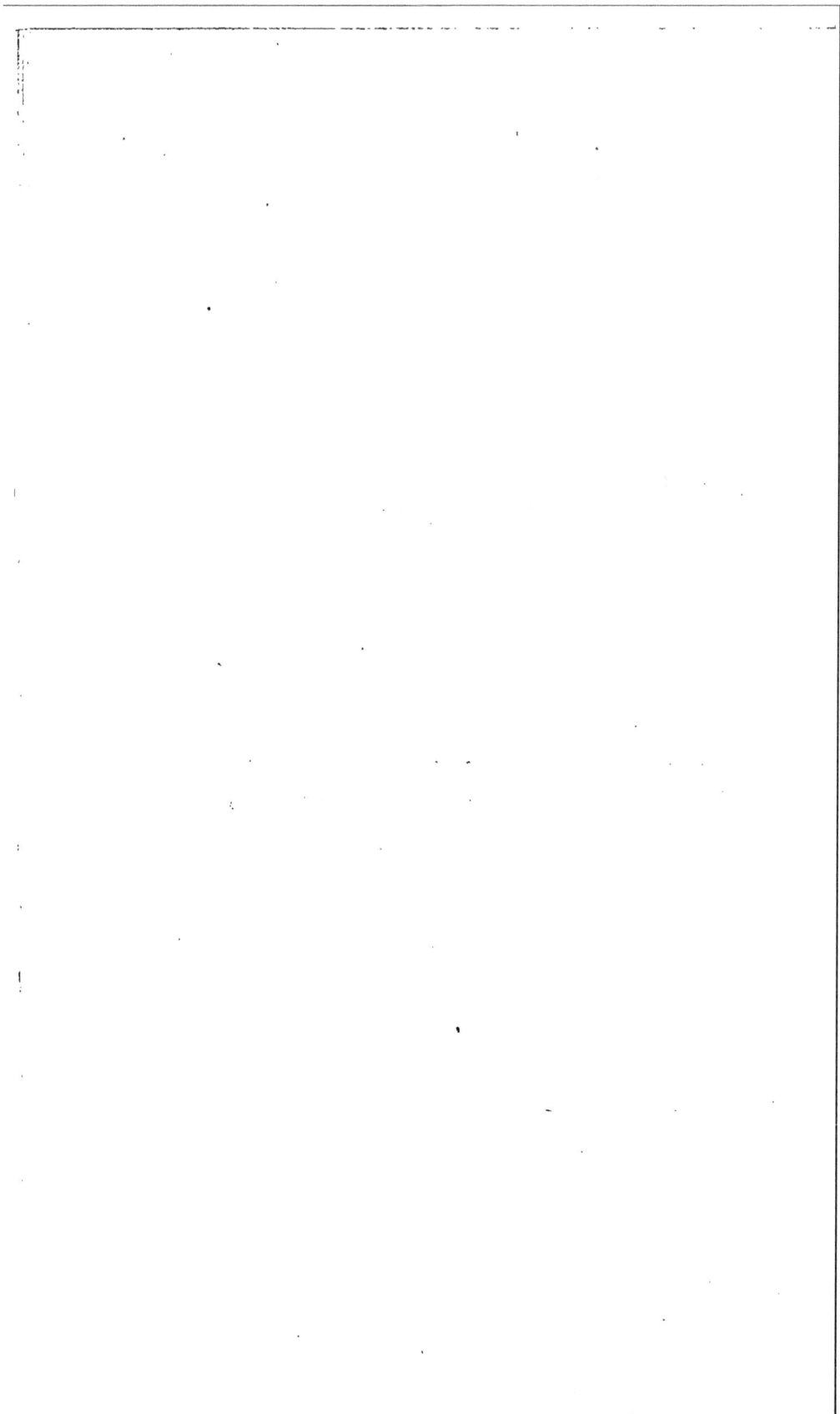

RECHERCHE

DES

USAGES ET RÈGLEMENTS

CONCERNANT LE

RÉGIME DES EAUX.

PRÉFECTURE DE LA SOMME.

—

Institution d'une Commission chargée de réunir les usages locaux en ce qui concerne le régime des eaux.

Le Préfet du Département de la Somme,

Vu le procès-verbal, en date du 5 janvier 1857, de la commission centrale établie pour vérifier les travaux des commissions cantonales chargées de recueillir les usages locaux en vigueur dans le département de la Somme,

ARRÊTE :

Art. 1er — Une commission est instituée à l'effet de rechercher et de réunir tous les usages, statuts et règlements sur le curage et l'entretien des rivières non navigables, sur les endiguements et les travaux de défense contre la mer et les dunes, ainsi que les arrêtés municipaux sur les mares et les puits.

Art. 2. — Cette commission étudiera, analysera et comparera ces divers documents ; elle signalera les avantages qu'ils présentent, les lacunes qu'ils renferment, ainsi que les modifications qui pourraient y être introduites, dans l'intérêt de la sécurité et de salubrité publique,

Art. 3. — Sont nommés membres de cette Commission :

MM.

Boullet, premier président de la cour impériale.

Mary, inspecteur général des ponts-et-chaussées, membre du conseil général.

Fuix, ingénieur en chef des pont-et-chaussées.

Oger, président honoraire de la cour impériale.

Hardouin, président du tribunal civil.

Cosserat, membre du conseil général.

Dupuis, propriétaire, membre du conseil général.

Dhavernas, propriétaire, membre du conseil général.

Cte. d'Hinnisdal, propriétaire, membre du conseil général.

De Morgan (Edouard) , propriétaire, membre du conseil général.

De Neuvillette, propriétaire, membre du conseil général.

De Rambures, propriétaire, membre du conseil général.

Perdry, propriétaire, membre du conseil général,

D'Hornoy (Albéric) , maire de Fourdrinoy, membre du conseil d'arrondissement.

De Marsilly, ingénieur des mines.

Delegorgue, délégué général du Marquenterre.

Mancel, propriétaire, directeur du syndicat de la Noye.

Lottin, juge au tribunal de Montdidier, directeur du syndicat des Trois-Doms.

De Monthières, propriétaire et maire à Bouttencourt.

Laurent, vice-président du comice agricole d'Amiens, membre. de la commission syndicale de l'Encre.

MM.

Petit, maire de Buire-Courcelles, directeur du syndicat de la Cologne.

Dubois, suppléant du juge de paix du canton de Ham, directeur du syndicat de l'Omignon.

Siffait, conseiller de Préfecture.

Bouthors, greffier en chef de la cour impériale, rapporteur de la commission centrale des usages locaux.

Deberly, avocat, ancien bâtonnier.

Girardin, avocat, ancien bâtonnier.

Daussy, avocat.

Darsy, ancien notaire à Gamaches, propriétaire à Amiens, membre du conseil de l'arrondissement d'Abbeville.

Feuilloy, propriétaire irrigateur, maire de Senarpont.

Vion, Emile, maire de Villers-Faucon.

D'Aubercourt, propriétaire des bas-champs de Lanchères, à Montdidier.

Vincent Lefèbvre, propriétaire à Quend.

Villemant, avoué à Péronne, secrétaire du syndicat de la Somme.

Art· 4. — M. Boullet, premier président, remplira les fonctions de président de la commission. Celle-ci choisira son secrétaire.

Art. 5 — La commission nous présentera son travail dans le délai de deux mois.

Fait, en l'Hôtel de la Préfecture, le 12 mars 1857.

Signé: L. SENCIER.

PRÉFECTURE DE LA SOMME.

Commission chargée de rechercher les usages locaux en ce qui concerne le régime des eaux.

Séance du lundi 29 juin 1857.

Le vingt-neuf juin mil huit cent cinquante-sept, la commission chargée, par l'arrêté de M. le Préfet, en date du 12 mars 1857, de rechercher les usages locaux en ce qui concerne les eaux, s'est réunie, en la salle des Feuillants, à Amiens, sous la présidence de M. Boullet, premier Président de la Cour impériale d'Amiens.

MM. Lottin, de Monthières, de Rambures, de Morgan (Ed.) et Dubois, se sont excusés, par lettres adressées à M. le Président, de ne pouvoir assister à la réunion.

La séance étant ouverte, la commission a fait choix de M. Girardin pour secrétaire chargé de la rédaction des procès-verbaux de ses séances.

La commission a ensuite décidé qu'une sous-commission, composée de neuf membres, serait chargée de dresser l'état des questions sur lesquelles il paraissait important d'attirer l'attention de chacun des membres de la commission, et que ce travail leur serait communiqué avant la prochaine réunion.

Cette sous commission a été ainsi composée :

MM. Bouthors, président, Cosserat, Daussy, Delegorgue aîné, Fuix, ingénieur en chef, d'Hornoy, de Marsilly, ingénieur des mines, de Monthières et Siffait ; M. Girardin, secrétaire de la commission, restant membre adjoint de la sous-commission.

M. Feuilloy, maire de Senarpont, dont le concours était vivement désiré, n'a pu faire partie de cette sous-commission à cause de l'éloignement de sa résidence ; mais il a bien voulu promettre de lui transmettre des renseignements sur la matière des irrigations.

Enfin, la sous-commission a décidé que trois de ses membres, MM. Bouthors, Fuix et Girardin, secrétaire, seraient plus spécialement chargés du travail de la rédaction des questions.

M. le Président a ensuite levé la séance.

Etaient présents : MM. Boullet, premier président à la Cour impériale, président de la Commission ; Oger, président honoraire à la Cour impériale ; Hardouin, président du Tribunal civil ; Mary, membre du Conseil général ; Dhavernas , Dupuis, membres du Conseil général ; Fuix, ingénieur en chef des Ponts-et-Chaussées ; de Commynes de Marsilly, ingénieur des mines ; d'Hornoy, membre du Conseil de l'arrondissement d'Amiens ; Darsy, membre du Conseil de l'arrondissement d'Abbeville ; Delegorgue aîné, directeur du syndicat du Marquenterre ; Feuilloy, propriétaire, à Senarpont ; Daussy, avocat ; Girardin, avocat ; Cosserat, membre du Conseil général ; Bouthors, greffier en chef de la Cour impériale.

Le Secrétaire de la Commission,

GIRARDIN.

—

PREMIÈRE RÉUNION DE LA SOUS-COMMISSION.

L'an mil huit cent cinquante-sept, le vingt-un décembre, à une heure après midi, la sous commission choisie dans le sein de la commission chargée de rechercher les usages locaux, en ce qui concerne le régime des eaux, s'est réunie en la salle des Feuillants.

M. Bouthors, président de la sous-commission, a ouvert la séance ; le procès-verbal de la séance générale du 29 juin a été lu et adopté.

Ensuite, sur la proposition de M. le Président, et à raison de l'impossibilité dans laquelle se trouve M. Girardin d'assister à toutes les séances, la sous commission a décidé que le procès-verbal de ses travaux serait rédigé par M. Siffait, qui a consenti à se charger de ce soin.

La sous-commission a pris d'abord connaissance d'un travail préparatoire qui lui a été présenté par MM. Bouthors, Fuix et Girardin, et, après discussion des diverses questions mises en délibération, elle a arrêté la formule des questions des cinq premières sections du programme.

La séance est levée à quatre heures, et la sous-commission ajourne à une autre réunion, qui sera indiquée par le Président, l'examen des questions qui doivent compléter le programme.

Le Président,
BOUTHORS.

Le Secrétaire ,
J. SIFFAIT.

• DEUXIÉME RÉUNION.

L'an mil huit cent cinquante-huit, le onze janvier, à deux heures après midi, la sous-commission s'est de nouveau réunie.

Etaient présents : MM. Bouthors, président, Fuix, Cosserat, Girardin, Daussy et Siffait, secrétaire.

Le procès-verbal de la précédente séance est lu et adopté.

La sous commission a continué le classement et la rédaction des questions qui doivent être adressées aux membres de la commission générale.

PROGRAMME.

RIVIÈRES ET COURS D'EAU.

SECTION PREMIÈRE.

Organisation de la Direction et de la Surveillance.

Première question. — La réglementation d'un cours d'eau doit-elle toujours avoir pour conséquence l'organisation d'un syndicat représentant les usiniers et les propriétaires intéressés?

Deuxième question. — Quel sera le rôle du syndicat ? Quelles seront ses attributions ?

Troisième question. — Quel rôle et quelles attributions l'Administration doit-elle se réserver ?

Quatrième question. — Ne conviendrait-il pas, en principe, de réserver à la commission syndicale l'examen de toutes les questions d'intérêt, notamment de celles relatives à la répartition de dépenses et à l'activité des travaux à exécuter. Ne convient-il pas, d'un autre côté, d'investir l'Administration des pouvoirs les plus efficaces, pour qu'elle fasse exécuter convenablement et rapidement les travaux ordonnés par la commission ?

Cinquième question. — S'il y a des cas où l'organisation d'un syndicat n'est pas nécessaire, comment conviendrait-il d'y suppléer ?

Qu'y aurait-il lieu de faire, notamment, lorsque le cours d'eau n'a d'utilité que pour le jeu des usines qu'il met en mouvement, et lorsque tous les riverains n'en tirent actuellement aucun avantage ni profit ?

Sixième question. — Si la rivière coule sur la limite de deux départements, quelle sera l'autorité réglementaire ? Faudra-t-il constituer un syndicat pour chaque rive, ou un syndicat unique pour toute la rivière ou pour chaque section de rivière ?

Septième question. — Que convient-il de faire dans le cas où une rivière coule successivement dans plusieurs départements ?

DEUXIÈME SECTION.

Curage.

Huitième question. — Quelles sont les diverses catégories d'intéressés au curage ?

Le curage doit-il être obligatoire pour les riverains indistinctement, même pour ceux qui, à raison de l'élévation de leurs propriétés, sont à l'abri des dangers qui pourraient résulter du défaut d'entretien du lit de la rivière ?

Neuvième question. — N'y a-t-il pas lieu de faire contribuer les communes traversées par un cours d'eau, non-seulement à raison des propriétés riveraines qu'elles peuvent posséder, mais encore comme se servant du cours d'eau pour y décharger leurs égoûts ?

Dixième question. — L'obligation de contribuer au curage doit-elle être étendue à tous les propriétaires, riverains ou non riverains, qui subissent l'influence du cours d'eau ?

Onzième question. — Les propriétaires de terrains non irrigués, mais susceptibles de l'être, peuvent-ils être tenus de participer à la dépense du curage, et dans quelle proportion ? (*V. Seine-Inférieure, règlement de la Scie.*)

TROISIÈME SECTION.

Irrigations.

Douzième question. — Peut-on, pour l'utilité des usines, restreindre les prises d'eau et limiter les époques, la durée et le mode d'irrigation consacrés par l'usage ?

Réciproquement, peut-on, pour l'utilité des agriculteurs, restreindre les prises d'eau des usines, et limiter les époques, la durée et le mode de jouissance consacrés, à leur profit, par l'usage ?

QUATRIÈME SECTION.

§ 1er. Digues et défenses contre la mer.

Treizième question. — Les associations syndicales du Marquenterre et des Bas-Champs situés entre le bourg d'Ault, Cayeux et Saint-Valery, quoique formées dans un but identique, la conservation des travaux de défense contre la mer, sont-elles régies par des statuts uniformes ?

Leurs règlements ne constatent-ils pas des usages différents fondés sur des circonstances particulières à chacun des deux pays ? Quels sont ces usages ? Quelles en sont les causes ?

Quatorzième question. — Présentent-ils dans l'application, notamment en ce qui concerne la part contributive à la charge de l'usufruitier et les obligations respectives des propriétaires protégés par les digues de seconde et de troisième enceinte, des difficultés qui soient de nature à en motiver la révision ?

Quinzième question. — Dans l'enceinte des terrains renclos par des digues, l'entretien des canaux de desséchement est confié à des syndicats ou à l'Administration ; mais il n'en est pas de même des fossés qui traversent ou entourent les propriétés particulières. Il arrive souvent que l'incurie du propriétaire inférieur empêche l'égouttement du terrain supérieur dont les eaux, ainsi retenues, ne peuvent plus arriver au canal de desséchement ou à la rivière qui doit les recevoir.

Ne serait-il pas à désirer qu'un règlement d'administration publique intervînt, pour imposer à chaque propriétaire l'obligation de tenir en bon état les fossés qui fournissent passage aux eaux des propriétés supérieures ?

§ 2ᵉ Nouvelles renclôtures.

Seizième question. — Lorsque, par suite d'une concession des relais de la mer, de nouvelles digues sont construites en avant des digues actuellement existantes, et pour la conservation desquelles les syndicats ont été organisés, les concessionnaires peuvent-ils faire entrer dans l'association les nouveaux terrains endigués ? — Ou faut-il attendre, pour les y admettre, que le temps ait consolidé les travaux qu'ils ont fait exécuter à leurs risques et périls ?

Pendant combien d'années l'association peut-elle décliner l'obligation de contribuer à l'entretien des nouvelles digues?

Dix-septième question. — Comment déterminerait-on les conditions auxquelles tout nouvel associé sera admis ou forcé à entrer dans l'ancienne société ?

CINQUIÈME SECTION.

Dunes et garennes.

Dix-huitième question. — Quelles sont les mesures prises, quels sont les usages adoptés relativement à la plantation et à la fixation des dunes, notamment en ce qui concerne les droits et les obligations des riverains ou du syndicat qui les représente ?

Dix-neuvième question. — N'y aurait-il pas lieu de permettre aux syndicats des renclôtures d'opérer, comme substitués par délégation aux droits de l'Etat, le semis ou la plantation des dunes ? (*V. décret du* 14 *décembre* 1810.)

Ne devrait-on pas, dans tous les cas, faire contribuer les propriétaires des dunes aux frais de plantation ou de semis, en raison des avantages qu'ils retirent de ces travaux ?

Par quelle voie arriver à ce résultat ? Suffirait-il d'un règlement administratif ?

SIXIÈME SECTION.

Puits et mares communs.

Vingtième question. — Y a-t-il utilité à réglementer les puits et les mares communs ?

Vingt-unième question. — Quels sont les usages qu'il conviendrait de consacrer dans les règlements ?

La sous-commission restreint, quant à présent , à ces deux questions les demandes qui devront être adressées à MM. les membres de la commission générale, pour ce qui concerne les puits et mares communs. Mais elle décide qu'il convient de réclamer, auprès de M. le Préfet, l'envoi, par son intermédiaire, à tous les maires du département d'une série de questions spéciales sur cette matière, afin que les résolutions de la commission générale puissent être basées sur des éléments certains.

La sous-commission décide en même temps que le programme des questions soumises à l'examen des membres de la commission générale sera adressé à chacun d'eux dans un bref délai, avec invitation de vouloir bien envoyer leur travail, avant le 15 mars prochain, à la sous-commission chargée de résumer tous les renseignements recueillis et d'en faire le rapport à l'assemblée générale.

La sous-commission détermine ensuite les questions qui devront être adressées à MM. les maires du département.

La sous-commission ayant, quant à présent, terminé ses travaux, ajourne toute réunion jusqu'à l'époque à laquelle M. le président jugera nécessaire de la convoquer de nouveau, pour remplir la mission qu'elle a reçue de ses collègues.

La séance est levée à quatre heures.

Le Président.
BOUTHORS.

Le Secrétaire.
J. SIFFAIT.

PRÉFECTURE DE LA SOMME.

RÉGIME DES EAUX. — PUITS ET MARES COMMUNS.

Amiens, le 20 Janvier 1858.

Le Préfet de la Somme,

A MM. les Maires du département.

Messieurs,

La commission que j'ai instituée le 12 mars dernier, à l'effet de rechercher les usages locaux, en ce qui concerne le régime des eaux, a décidé, dans l'une de ses dernières séances, que diverses questions sur les puits et mares communs vous seraient adressées.

Voici ces questions :

1° N'existe-t-il pas des puits dont l'entretien est une dépense exclusivement à la charge de la commune ?

2° N'y a-t-il pas des puits de quartier dont les frais d'entretien sont à la charge des habitants du voisinage ?

3° Quels sont les usages qui régissent leur association ?

4° Quel est le mode de répartition de la dépense entre les participants ?

5° Y a-t-il dans la commune des règlements sur la police des mares communes, soit pour en prescrire le curage, soit pour assurer la conservation et l'aménagement de ces réservoirs d'eaux pluviales si utiles en cas d'incendie et de sécheresse continue ?

6° Existe-t-il dans la commune, indépendamment des mares de quartiers, une mare principale placée plus spécialement sous a surveillance de l'autorité municipale ?

7° Cette mare principale est-elle livrée d'une manière absolue au libre usage des habitants de la commune ? Peut-on y puiser de l'eau pour tous les besoins indistinctement, par exemple pour les besoins d'une industrie qui en absorberait une certaine quantité ?

8° Est-il permis d'abreuver, soit dans la mare principale, soit dans les mares de quartiers, toute espèce de bestiaux ?

9° Existe-t-il pour les mares publiques des dispositions réglementaires, ou un usage quelconque, relativement aux troupeaux étrangers qui traversent la commune ?

10° Le nombre des mares publiques existant dans la commune est-il considéré comme suffisant pour les besoins de la population ?

11° Les plantations doivent-elles être conservées autour des mares publiques, comme moyen d'empêcher l'évaporation et la corruption des eaux?

12° Toutes les plantations indistinctement doivent-elles être tolérées dans le voisinage des mares publiques? N'y a-t-il pas quelques espèces d'arbres qui doivent être proscrites comme dangereuses, par exemple les frênes, les platanes?

Je vous prie de vouloir bien, dans un délai de 15 jours, au plus, m'adresser directement vos réponses à ces questions.

Vous y joindrez une copie des règlements municipaux qui seraient en vigueur dans vos communes, sur les puits et mares.

Recevez, Messieurs, l'assurance de ma considération très-distinguée.

Le Préfet de la Somme,

Signé **L.** Sencier.

—

TROISIÈME RÉUNION.

Séance du jeudi 1er juillet 1858.

Présidence de M. Bouthors.

Etaient présents : MM. Bouthors, Oger, Hardouin, Fuix, Delegorgue aîné, de Monthières, Girardin, *secrétaire.*

MM. de Marsilly et Daussy font connaître, par lettres, les motifs qui les empêchent d'assister à la réunion.

La séance est ouverte à six heures.

Le secrétaire donne lecture du procès-verbal de la dernière séance qui est adopté.

M. Bouthors présente à la sous-commission et dépose sur le bureau les quatorze mémoires qui lui ont été adressés par les membres de la commission, et donne lecture d'un travail contenant l'analyse de leurs diverses observations en réponse aux dix-neuf premières questions du programme imprimé et distribué en exécution de la délibération prise dans la séance du 29 juin 1857, à l'effet de rechercher et de constater les usages du régime des eaux.

Après examen et discussion des renseignements fournis par les auteurs des mémoires, la sous-sommission charge son bureau de formuler un projet de résolutions qui sera discuté dans la prochaine séance.

M. Bouthors annonce qu'il vient de terminer le dépouillement des quatre cent trente-deux réponses des maires des communes rurales aux douze questions de la circulaire de M. le Préfet, du 20 janvier 1858, relative à la constatation des usages qui régissent les puits communs et les mares publiques dans le département, et qu'il présentera, à la prochaine séance, un rapport sur le résultat de cette enquête.

La séance est levée à neuf heures et demie.

Le Président.
BOUTHORS.

Le Secrétaire,
SIFFAIT.

— ✻

QUATRIÈME RÉUNION.

Séance du vendredi 5 novembre 1858.

Présidence de M. BOUTHORS.

Etaient présents : MM. Bouthors, Hardouin, Cosserat, Daussy, et Girardin, *secrétaire*.

MM. Fuix, de Marsilly, de Monthières, et Delegorgue aîné, par lettres adressées au Président de la sous-commission, donnent les motifs qui les empêchent d'assister à la réunion.

La séance est ouverte à trois heures.

Le Président présente un rapport contenant l'analyse des réponses des maires aux questions de la circulaire du 20 janvier 1858, sur les usages qui régissent les puits et les mares communs.

Les conclusions de ce rapport sont adoptées.

M. Girardin, secrétaire, fait un rapport sur le résultat des réponses des membres de la commission aux dix-neuf premières questions du programme qui a été distribué en exécution de la délibération du 29 juin 1857.

Les conclusions de ce rapport sont pareillement adoptées avec quelques modifications,

La sous-commission déclare que sa mission étant accomplie, il en sera donné avis à M. le Président de la commission.

La séance est levée à cinq heures et demie.

Le Président,

BOUTHORS.

Le Secrétaire,

SIFFAIT.

DEUXIÈME RÉUNION DE LA COMMISSION GÉNÉRALE

Séance du 13 novembre 1858.

Présidence de M. BOULLET.

Le treize novembre mil huit cinquante-huit, la commission instituée par l'arrêté de M. le Préfet, en date 12 mars 1857, à l'effet de rechercher les usages locaux, statuts et règlements concernant le régime des eaux, et de donner son avis sur les modifications qu'il conviendrait d'y introduire dans l'intérêt de la sécurité et de la salubrité publique, s'est réunie, à une heure, en la salle des Feuillants, sur la convocation et sous la présidence de M. Boullet.

Etaient présents : MM. Boullet, premier président de la Cour impériale, président de la commission ; — Hardouin, président du

Tribunal civil d'Amiens ; — Fuix, ingénieur en chef des ponts-et-chaussées ; — de Commynes de Marsilly , ingénieur des Mines ; — Delegorgue aîné, avocat, à Abbeville, directeur du syndicat des digues et nocages du Marquenterre ; Lottin, juge au Tribunal civil de Montdidier, directeur du syndicat des Trois-Doms ; — Mancel, membre du Conseil municipal d'Amiens, directeur du syndicat de la Noye ; — d'Hornoy, propriétaire, à Fourdrinoy, membre du Conseil de l'arrondissement d'Amiens ; — Darsy, archiviste du Département, membre du Conseil de l'arrondissement d'Abbeville ; — Bouthors, conseiller de Préfecture, président de la sous-commission, — Girardin, avocat à la Cour impériale, secrétaire de la commission.

MM. Oger, président honoraire de la Cour impériale ; —Dupuis, propriétaire, membre du Conseil général, et Dhavernas, propriétaire, aussi membre du Conseil général, s'excusent par lettres de ne pouvoir assister à la réunion.

En l'absence de M. Girardin, retenu pendant quelques instants par les devoirs de sa profession, M. Darsy est prié par M. le Président de remplir les fonctions de secrétaire.

La parole est donnée au président de la sous commission.

M. Bouthors expose en ces termes le but et le résultat des travaux de la sous-commission :

Messieurs,

Avant qu'il vous soit donné lecture des rapports que nous avons à vous présenter , il n'est peut-être pas inutile de vous rappeler les circonstances qui ont engagé M. le Préfet à instituer une Commission consultative du régime des eaux, avec les attributions spécifiées dans son arrêté du 12 mars 1857.

Vous n'ignorez pas qu'en exécution d'une circulaire de M. le Ministre de l'Agriculture, du Commerce et des Travaux publics, en date du 15 février 1855, il a été procédé dans tous les cantons du département, à la constatation des usages locaux encore en vigueur. La commission chargée de vérifier ces usages — plusieurs membres de cette assemblée en faisaient partie — a fait connaître, dans le procès-verbal de sa séance du 5 janvier 1857, les vœux émis par un certain nombre de commissions cantonales et s'y est associée en exprimant le désir que tous les usages et règlements sur le curage et l'entretien des rivières non navigables, sur les endiguements et les travaux de défense contre la mer et les dunes, sur les puits et les mares communs, fussent recherchés et réunis pour être ensuite analysés, comparés et étudiés par une commission spéciale composée d'hommes compétents qui en ferait son rapport à M. le Préfet.

C'est pour répondre à ce vœu et préparer les moyens de le réaliser, que M. Léon Sencier, nouvellement placé, par la confiance de l'Empereur, à la tête de l'administration de notre département, a, par son arrêté du 12 mars 1857, nommé une commission qui a reçu mandat de l'éclairer sur l'un des plus grands intérêts du pays.

Cette commission s'est constituée le 29 juin suivant. La sous-commission nommée dans cette première assemblée s'est, tout d'abord, occupée de rechercher les règlements sur le régime et la police des eaux qui sont observés dans les deux départements de l'Eure et de la Seine-Inférieure. Cette communication ne s'est pas fait attendre. Un premier envoi de neuf règlements imprimés a été suivi d'un second qui n'en contenait pas moins de treize, parmi lesquels un mémoire volumineux où sont traitées et discutées les questions les plus délicates de la matière.

Or, comme la comparaison de ces règlements avec les nôtres est un des principaux objets de notre mission, il est indispensable que nous vous exposions les principes qu'ils consacrent, afin que vous puissiez apprécier les avantages qu'ils présentent ou les lacunes qu'ils renferment.

Pour la Seine-Inférieure, nous ne voyons que des règlements particuliers. Les cours d'eau auxquels ils s'appliquent sont la Saânne, l'Oison, le Crevon, la rivière d'Arques et de Varenne, la Durdent, la Scie, l'Epte et la Morette réunies. Chacune de ces rivières a son règlement à elle, et est placée sous la direction d'un syndicat qui fait exécuter les travaux et répartit la dépense, au marc le franc du revenu cadastral et de la patente, suivant les diverses catégories d'intéressés. Mais cette règle n'est pas toujours suivie d'une manière uniforme. Il arrive parfois qu'un arrêté intervient pour modifier l'article du règlement qui la consacre.

L'obligation de contribuer au curage et au faucardement est imposée à tous les propriétaires de barrages, d'une part, et à tous les propriétaires riverains d'autre part. Les non riverains en sont exempts, excepté ceux qui font usage de l'eau pour l'irrigation de leurs prairies

Un seul des treize règlements communiqués par M. le Préfet de l'Eure, celui de l'Iton et de ses affluents qui est une rivière flottable, mentionne l'existence d'un syndicat Il n'en est pas question dans les autres. Tous se distinguent par des dispositions particulières. Les uns ont pour objet spécial, la pêche, le curage, ou l'entretien des digues ; les autres concernent les retenues des usines, ou les prises d'eau irrégulières et leur rentrée après l'irrigation, ou bien le desséchement et l'assainissement des prairies marécageuses Mais aucun ne détermine les attributions du pouvoir réglementaire.

Dans le département de l'Eure, le curage et le faucardement des cours d'eau sont à la charge des riverains, qui doivent faire exécuter les travaux à leurs risques et périls. L'admnistration n'intervient que lorsqu'ils ne sont pas faits en temps opportun et de la manière prescrite. Dans ce cas, ce sont les maires qui dressent les rôles de répartition.

Pour la Somme, nous avons, outre l'arrêté du 27 thermidor an X, une formule générale qui sert de type et de modèle aux règlements particuliers. Aux termes du règlement de la rivière de

Trie, le seul de cette espèce qui nous ait été communiqué, tous les travaux de curage se font sous la direction de la commission syndicale ; elle est aussi chargée de la répartition de la dépense. Les propriétaires intéressés y contribuent dans la proportion de l'intérêt que chacun retire du cours d'eau. Les propriétaires d'usines et de barrages supportent les frais dans l'étendue du remous produit par leur retenue d'eau. A cet effet, il est dressé, par le syndicat, un état général des *terrains submersibles ou riverains* intéressés au curage, ainsi que des usines et autres ouvrages qui retiennent le cours des eaux, avec délimitation contradictoire du remous de chaque établissement.

Comme vous le voyez, Messieurs, le système de réglementation diffère dans les trois départements. Les règlements de l'Eure semblent reposer sur l'idée qu'un syndicat n'est pas nécessaire pour assurer le libre écoulement des eaux. Ceux de la Seine-Inférieure et celui de la Somme proclament cette nécessité pour les cours d'eau d'une certaine importance. Dans la Seine-Inférieure, les propriétaires de barrages, les riverains et les non riverains propriétaires de prairies irriguées supportent seuls la dépense. Dans la Somme l'obligation de curer s'étend à tous les propriétaires de terrains submersibles, riverains ou non riverains intéressés au curage. Dans ce dernier département, on laisse toute latitude aux syndicats pour la répartition des frais, tandis que, dans la Seine-Inférieure, on fixe une base de répartition différente, pour chaque catégorie d'intéressés, qui oblige les syndics répartiteurs à s'y conformer.

Chacun de ces divers systèmes a trouvé, parmi nous, ses partisans et ses adversaires ; car, nous avons regret de le dire, les mêmes contradictions existent dans les observations qui nous ont été adressées par nos collègues, en réponse aux questions comprises sous les deux premières sections du programme. L'impossibilité de les concilier nous oblige à déclarer que la sous-commission a cru devoir laisser à l'assemblée générale le soin de résoudre celles de ces questions qui ont rapport aux attributions du pouvoir réglementaire et du syndicat, au mode de curage, à la répartition de la dépense, à la participation des communes qui se servent du cours d'eau pour la décharge de leurs égoûts, enfin au partage des eaux entre les usiniers et les propriétaires de prairies irrigables. Vous verrez, par le rapport que vous allez entendre et l'analyse du débat que la douzième question a soulevé, combien il est difficile d'arriver à un système de réglementation qui satisfasse tout à la fois les intérêts de l'agriculture et ceux de l'industrie.

Nous avions aussi, Messieurs, à nous occuper de la conservation et de la protection des bas-champs de notre littoral maritime, à rechercher les usages, à donner notre avis sur les changements ou les modifications que comportent les règlements relatifs aux travaux de défense contre la mer et les dunes. Les renseignements recueillis, ainsi que les explications qui ont été fournies sur les quinzième, seizième, dix-septième et dix-neuvième questions du programme sont de nature à amener une solution conforme aux espérances de l'association du Marquenterre.

Nous devons également appeler votre attention sur les résultats de l'enquête prescrite par la circulaire de M. le Préfet, en date du 20 février 1858. La masse des réponses aux questions posées dans cette circulaire, a été telle que la sous-commission a été obligée de confier à un second rapporteur le soin de dépouiller et d'analyser cette volumineuse correspondance. Grâce au concours empressé des maires du département, les usages qui régissent les puits et les mares communs, ainsi que bon nombre d'arrêtés municipaux sur cet objet si important de la police rurale, ont été mis en lumière ; des révélations d'une extrême gravité ont été faites sur l'insuffisance des dépôts d'eaux pluviales dans un grand nombre de localités. Éclairées par l'expérience d'une première année de sécheresse, les autorités locales ont compris combien était légitime le désir manifesté par l'administration de connaître les ressources de l'avenir. Leur réponses, en nous signalant des besoins auxquels il est urgent de pourvoir, nous indiquent en même temps le moyen de leur donner satisfaction. Du moins , nous nous flattons de l'espoir que M. le Préfet trouvera, dans les résolutions qu'elles nous ont suggérées et que nous vous proposerons d'adopter, tous les éléments des mesures réglementaires que l'arrêté du 12 mars 1857 a eu pour but de préparer.

Tels sont, en somme, les résultats de vos travaux. Votre mission va être accomplie. Permettez qu'elle se termine par l'offre d'un tribut de remerciements au fonctionnaire qui nous a donné ce haut témoignage de confiance, en nous associant à ses efforts pour accroître la richesse du pays, assurer le bien-être et la sécurité des populations.

M. Girardin, secrétaire, lit son rapport sur les sections du programme spécialement relatives aux rivières et cours d'eau et s'exprime en ces termes :

Messieurs,

La sous-commission choisie par vous, dans la séance du 29 juin 1857, a maintenant réuni tous les documents dont l'ensemble lui paraît devoir être transmis à M. le Préfet pour répondre aux intentions manifestées par son arrêté du 12 mars 1857.

Sur les diverses questions proposées par le programme, et relatives aux rivières et cours d'eau, quatorze membres de la Commission générale ont présenté une série de réponses dont l'Admnistration appréciera l'importance.

A la différence de ce qui s'est produit relativement aux puits et aux mares, leurs investigations et leurs études se sont peu étendues sur les usages locaux qui régissent les rivières et les cours d'eau. Et il en devait être ainsi; car les usages proprement dits ne sont que des lois non écrites; toutes les rivières de ce département sont régies, depuis longtemps, par des règlements précis émanés de l'administration elle-même; les simples usages locaux, si importants à connaître, lorsqu'il n'existe aucune loi écrite, se sont donc trouvés, en quelque sorte, absorbés dans ces règlements administratifs. Mais toutes les questions se rattachant au régime des cours d'eau, au point de vue de l'intérêt général ou de l'intérêt particulier, ont conservé la même importance.

En se livrant à une sérieuse étude de ces questions, la commission générale s'est donc rapprochée, autant que possible, du but que lui proposait l'arrêté de M. le Préfet; et nous devons espérer que l'Administration trouvera un véritable intérêt dans l'examen des observations qu'elle nous a transmises.

Vous vous rappelez, Messieurs, que le programme dressé par la sous-commission, en vertu de votre délibération du 27 juin 1857, comprenait vingt-et-une questions réparties en six sections principales.

Les questions groupées dans la première section avaient pour objet l'organisation de la direction et de la surveillance des cours d'eau.

Celles qui furent groupées dans les autres sections se rattachaient :

Au curage ;

Aux irrigations ;

Aux digues et défenses contre la mer et aux nouvelles renclôtures ;

Et enfin aux puits et mares communs, objet de la sixième section.

Le Président de la sous-commission a voulu vous présenter lui-même l'ensemble des travaux relatifs aux puits et aux mares communs; nous ne devons donc plus vous en entretenir ; et le rapport que nous avons l'honneur de vous soumettre ne s'appliquera qu'aux objets compris dans les cinq premières sections du programme, c'est-à-dire aux cours d'eau proprement dits, aux digues à la mer, aux dunes et aux garennes.

Pour ne point étendre ce rapport au-delà des limites dans lesquelles il nous a paru nécessaire de le restreindre, nous ne transcrirons pas ici l'analyse de toutes les réponses et de toutes les observations présentées sur les dix-neuf premières questions.

Mais nous devons immédiatement vous dire que cette analyse a été faite par le président de la sous-commission ; et nous allons vous en faire connaître le plan, pour vous faire apprécier l'utilité qui nous a paru devoir en résulter.

Dix-neuf analyses séparées se rattachant, chacune distinctement, à chacune des dix-neuf premières questions proposées, ont été dressées par lui.

En tête de chacune, se trouvent transcrits le texte et le numéro de la question posée dans le programme. En marge de chacune aussi, se trouvent indiqués les noms de tous les membres de la commission générale qui ont bien voulu les traiter, et qui nous ont adressé des observations, des renseignements, quelquefois même de véritables mémoires sur les différents objets soumis à leur examen, ou même, comme cela s'est une fois présenté, sur des questions émanées de leur propre initiative, se rapportant toujours à l'objet principal de nos études.

Pour vous donner une idée plus exacte encore de la nature et de la méthode de ce travail consciencieux, nous transcrirons littéralement ici l'analyse des réponses obtenues sur la douzième question, celle précisément qui touchait vivement les intérêts difficiles a concilier, de l'agriculture et de l'industrie, lorsqu'il s'agit du partage des eaux courantes.

« 12ᵐᵉ Question. *Peut-on, pour l'utilité des usines, restreindre* » *les prises d'eau et limiter les époques, la durée et le mode* » *d'irrigation consacrés par l'usage?* »

« Cette question, Messieurs, se rattache à un grand intérêt » agricole que le Gouvernement veut protéger, celui de la multi-

14

» plication du bétail et de l'amélioration du pâturage. Malheureu-
» sement, un intérêt contraire, celui de l'Industrie qu'alimentent
» la plupart des cours d'eau non navigables ni flottables, force
» l'Administration, qui a mission de régler le partage des eaux,
» de laisser à la disposition des usines la plus grande partie de
» celles qui pourraient servir à féconder les prairies, au moyen
» des irrigations. On la met dans la nécessité, pour concilier ces
» deux intérêts, de prendre des mesures qui froissent l'un, sans
» donner complète satisfaction à l'autre.

» Cette question a été abordée avec une excessive réserve, par
» les auteurs des observations qui vous ont été transmises. Dans
» l'opinion de Messieurs Mancel, d'Hornoy, Hardouin, de Neuvil-
» lette, Dhavernas, Petit, Feuilloy et Darsy, il faut respecter les
» droits acquis, ne jamais chercher à établir la prépondérance
» d'un intérêt sur un autre, afin de ne pas jeter la perturbation dans
» les fortunes ; d'où il suit qu'on ne peut restreindre ou augmenter
» les prises d'eau sans donner lieu à des indemnités réciproques.
» L'eau, dit M. Mancel, doit être mise d'abord à la disposi-
» tion de ceux qui ont des titres; subsidiairement, à la disposition
» de ceux qui n'en n'ont pas. Il faut laisser au syndicat le droit
» de régler les prises d'eau proportionnellement au volume à
» dépenser et au nombre d'hectares à irriguer.

» Si l'Administration avait à règlementer un pays neuf, si aucun
» intérêt ne se trouvait engagé, rien ne serait plus facile que de
» faire une répartition équitable des eaux. Mais l'état de choses
» actuel prescrit le respect des droits acquis, et le maintien des
» anciens usages fondés sur l'expérience des siècles, sur la destina-
» tion du père de famille, sur celle du souverain et des anciens
» seigneurs, sur des titres et des transactions particulières que le
» temps a rendus inattaquables, autant toutefois que l'intérêt public
» n'en peut souffrir.

» M. Hardouin croit qu'il ne serait pas légal de déclarer,
» dans un règlement administratif, que les restrictions et limites

» apportées à la durée, au mode, aux époques de prises d'eau,
» soit dans l'intérêt de l'industrie, soit dans l'intérêt de l'agriculture,
» seront observées sans tenir compte des usages contraires; car ce
» sont là des questions qui appartiennent au pouvoir judiciaire,
» et la plupart des règlements faits par les Préfets, les réservent au
» contraire formellement, en déclarant ne rien préjuger à cet
» égard.

» En cette matière, fait observer M. d'Hornoy, il ne peut y avoir
» de règle fixe applicable à tous les cours d'eau ; car il peut arri-
» ver que les usiniers jouissent par concession des riverains ou
» même par prescription. Dans ce cas, le droit des usiniers doit
» primer celui des riverains Les usages locaux doivent être suivis
» ou au moins consultés, quand il s'agit de règlementer la jouis-
» sance des rivières non navigables ni flottables, quoique, généra-
» lement parlant, le droit des riverains ait précédé celui des
» des usiniers et que la culture du sol ait précédé les établissements
« industriels.

» Selon M. Oger, les progrès de l'agriculture et de l'industrie
» ne permettent plus de suivre les anciens usages, et commandent
» de les remplacer par des règlements nouveaux.

» M. l'Ingénieur en chef fait observer que la loi des 12-20
» août 1790 veut que les eaux soient dirigées, autant que possible,
» vers un but d'utilité générale, d'après les principes de l'irriga-
» tion ; d'où il suit que la préférence est toujours due à l'agricul-
» ture sur l'industrie. Les autorisations d'usines ne sont accordées
» que sous la réserve des droits des tiers, et, en particulier, des
» droits d'irrigation. Mais lorsque l'Administration est appelée
» à régler le partage des eaux entre les divers ayants droit, elle fait
» les choses de manière à concilier tous les intérêts. Lorsque la
» nature des choses, telle que l'insuffisance du débit d'une rivière
» se refuse à la conciliation, la préférence doit être accordée à l'agri-
» culture, à moins de titres contraires, ou de dispositions consa-

» crées par destination du père de famille, ou même par la pres-
» cription.

» M. Feuilloy, dont l'opinion mérite d'autant plus d'être prise
» en considération qu'elle émane d'un propriétaire de prairies,
» pense que, tout en respectant les droits acquis, il est possible
» de faire une sage répartition des eaux entre les usiniers et les
» irrigateurs. Ce serait de diminuer la quantité d'eau donnée aux
» prairies pendant l'été, et de l'augmenter pendant l'hiver, attendu
» que les irrigations d'hiver sont plus fertilisantes que celles d'été,
» et que les usiniers en ont plus besoin pendant l'été que pendant
» la mauvaise saison où l'abondance des eaux, souvent trop fortes
» pour le jeu régulier de leurs usines, permettrait d'en faire pro-
» fiter les prairies.

Tels sont, Messieurs, les éléments qui vous sont fournis sur la
douzième question du programme, la plus importante et la plus
délicate de toutes celles que vous avez à résoudre. Votre résolution, qu'il est permis de pressentir, d'après les réponses dont je
viens de vous présenter l'analyse, sera basée sur les principes
d'équité qui ont dicté la disposition de l'article 645 du code
Napoléon et l'observation si concluante de M. l'Ingénieur en
chef.

La lecture de cette analyse, que nous avons choisie comme
spécimen, doit vous faire comprendre, Messieurs, ce que sont toutes
les autres.

Conçues sur le même plan, rédigées avec le même ordre, les
analyses des réponses obtenues sur les dix-huit autres questions du
programme, présentent donc un résumé, et, tout-à-la-fois, une
discussion raisonnée de tous les travaux de la commission
générale.

Les noms propres, indiqués en marge de chaque analyse, ne
sont point un vain hommage rendu au zèle de ceux des membres
de la commission générale qui ont bien voulu nous adresser leurs

observations ou leurs mémoires. Ils indiquent, à première vue, l'auteur des renseignements ou des opinions qui sont parvenus à la sous-commission ; et, par conséquent, ils fourniront à M. le Préfet un prompt et sûr moyen de remonter à la source pour avoir des développements originaux et complets.

C'est ici le lieu de vous parler, Messieurs, des derniers et de plus importants documents que nous ayons pu réunir sur les dix-neuf questions proposées.

Quatorze membres de la commission générale ont répondu à notre appel. Ce sont Messieurs : Darsy ; — Delegorgue : — Dhavernas ; — Dubois ; — Feuilloy ; — Fuix ; — Hardouin ; — d'Hornoy ; — Mancel — de Neuvillette ; — Oger ; — Perdry ; — Petit et Siffait.

Sur quelques questions fondamentales, des opinions à peu près unanimes se sont produites. Mais des divergences notables, et de sérieuses discussions, se sont élevées sur d'autres points. Il en devait être nécessairement ainsi, lorsqu'on abordait des questions aussi délicates que celles de savoir, par exemple :

Quelles seront les attributions des membres du syndicat et celles de l'administration ?

Quelles seront les diverses classes de propriétaires intéressés au curage d'une rivière ? Comment ils devront y contribuer ? Quelles seront, relativement au curage, les obligations des villes et des grandes communes que traverse un cours d'eau dans lequel elles déchargent leurs égoûts ? etc., etc., etc.

Aussi, Messieurs, quoique les analyses de toutes ces opinions aient été faites avec autant de soin que d'impartialité, elles ne peuvent suffire seules à éclairer l'administration.

Lorsqu'une divergence d'opinions est signalée par l'analyse de la réponse donnée sur une des questions proposées, il faut absolument remonter à la source, et lire, pour les comparer, les opinions originales de tous ceux des membres de la commission générale qui ont traité le sujet.

C'est pour cela, Messieurs, que nous avons cru devoir réunir en un corps particulier de documents toutes les lettres, mémoires et observations recueillies; et nous les avons classées méthodiquement sous cette rubrique : « *Renseignements, observations et* » *réponses de la commission générale.* »

En tête de chaque pièce, se trouve le nom du membre de la commission générale qui nous l'a adressée.

Nous avons également réuni, en un seul corps de documents, les dix-neuf analyses rédigées distinctement sur les dix-neuf premières questions du programme. Le texte imprimé de ce programme lui-même, attaché en tête des analyses, leur sert tout à la fois de table et de sommaire : chaque question et chaque analyse se trouvant classées sous des numéros d'ordre correspondants. Enfin ce programme est en même temps aussi la table de tous les travaux de la commission générale.

Les renseignements que l'administration pourra puiser dans tous ces documents comparés avec les règlements particuliers de la Seine-Inférieure et de l'Eure qu'elle nous a communiqués, l'extrême facilité avec laquelle on pourra consulter, sur chaque question du programme, soit l'analyse des opinions de la commission générale, soit ces opinions originales elles-mêmes, lorsque leur analyse aura signalé quelques divergences entr'elles, présentent un caractère d'utilité qui se démontre de lui-même.

Nous avons donc de l'honneur vous proposer, Messieurs, la résolution suivante :

« Comme résultat de ses travaux et pour répondre à l'appel que M. le Préfet a bien voulu lui faire par son arrêté du 12 mars 1857, la commission générale, chargée de rechercher les usages locaux en ce qui concerne le régime des eaux, a l'honneur d'adresser à M. le Préfet :

» 1° Le programme des questions posées en vertu de sa délibération du 29 juin 1857 et les analyses des opinions et des réponses de la Commission générale, classées distinctement par ordre de questions ;

» 2° Un corps de documents consistant dans la réunion des réponses et des opinions originales elles-mêmes émanées des divers membres de la commission générale désignés dans ce rapport ; chaque réponse reproduisant, en marge, le numéro d'ordre de la question correspondante. «

Nous aurions voulu, Messieurs, vous soumettre aussi un projet de résolutions spéciales sur chacune des dix-neuf questions du programme ; mais nous vous ferons remarquer que le but de l'Administration, en vous consultant, n'a pu être d'obtenir des solutions et bien moins encore des décisions auxquelles s'imprimât un caractère quelconque d'autorité. Elle faisait appel à vos lumières ; elle vous demandait des renseignements, des avis, et une sorte d'enquête que lui faisait désirer sa sollicitude pour les intérêts généraux du pays ; elle trouvera ces avis, méthodiquement classés, dans les deux corps de documents que nous vous proposons de lui adresser ; tantôt unanimes et ne pouvant, par conséquent, soulever d'objections graves ; tantôt divergents, mais, dans l'un et l'autre cas, toujours accompagnés de discussions sérieuses et de raisons dignes d'être prises en considération par le Magistrat qui les a demandés.

Le Secrétaire-Rapporteur,

GIRARDIN.

M. Bouthors fait observer que la sous-commission ayant décidé, contrairement aux conclusions de son rapporteur, qu'un projet de résolutions spéciales serait présenté à l'assemblée générale, il a dû, pour faciliter l'avis qu'elle a à émettre sur les dix-neuf premières questions du programme, mettre en regard de chacune d'elles le résultat des réponses individuelles qui y ont été faites.

Il est ensuite donné lecture de ce travail.

Les dix-neuf premières questions du programme sont ensuite discutées et résolues.

M. Bouthors donne lecture, sur les deux dernières questions, d'un rapport conçu en ces termes :

PUITS ET MARES.

MESSIEURS,

La sixième et dernière section du programme adressé aux membres de la commission comprend, sous le n° 20, la question suivante :

Y a-t-il utilité de réglementer les puits et les mares communs ?

Et, sous le n° 21, celle-ci :

Quels sont les usages qu'il conviendrait de consacrer dans les règlements ?

Vous avez pensé que ces deux questions ne pouvaient être résolues avant qu'une enquête préalable vous eût fait connaître les usages et les règlements actuellement en vigueur. A cet effet, et conformément au désir exprimé par la sous-commission, M. le Préfet a adressé, à la date du 20 janvier dernier, par la voie du *Recueil des Actes administratifs,* une série de questions aux maires du département, dans l'espérance que leurs réponses faciliteraient les résolutions que vous avez à prendre relativement au régime des puits et des mares.

Nous avons hâte de le dire, Messieurs, les résultats de l'enquête ont dépassé nos prévisions ; car plus de 400 communes nous ont donné leur bilan de situation. Si leurs réponses ne sont pas toutes également concluantes, elles témoignent du moins, par leur grand nombre, de la gravité de l'intérêt qui s'y rattache, et de l'empressement que les maires ont mis à fournir les renseignements demandés : empressement du reste bien justifié par la sécheresse continue qui règne depuis plus d'un an, et par la disette d'eau qui, naguère encore, se faisait sentir si cruellement dans les hauts pays.

Sans doute, l'Administration ne peut empêcher les sources de se
tarir et les dépôts d'eaux pluviales de se dessécher, lorsque le Ciel
refuse le moyen de renouveler les unes et d'approvisionner les
autres ; mais il est en son pouvoir de les multiplier et de les répartir
dans les différents quartiers, proportionnellement aux besoins de la
consommation, d'en régler l'usage de manière à prévenir le gaspil-
lage et les abus de jouissance ; car l'eau aussi, dans certaines circonstances, doit être considérée comme une épargne héréditaire
qu'il ne faut pas laisser dépenser follement par un usufruitier pro-
digue ou insoucieux des intérêts de ses successeurs. Telle doit être,
en effet, la préoccupation de ceux qui ont mission de régler la police
et la distribution des eaux ; et c'est pour cela, Messieurs, que nous
avons été conviés, par l'habile Administrateur que la confiance du
Souverain a placé à la tête de notre riche et beau département, à
rechercher et à recueillir les usages dont il peut être fait une utile
application aux nécessités du présent et aux éventualités de
l'avenir.

Vous allez juger si ceux qui ont été constatés répondent à l'idée
que nous nous faisons de leur importance.

§ 1er. — PUITS COMMUNS.

Il n'y a qu'un très-petit nombre de localités, dans le département,
où les puits communs situés sur la voie publique soient exclusivement à la charge de la commune. Même dans les cas très-rares où
les grosses réparations figurent, comme articles de dépense, au
budget municipal, les menus frais d'entretien sont supportés par les
usagers.

Ainsi, à Bourseville, canton d'*Ault*, à Quesnoy-Montant, canton
de *Moyenneville*, à Cachy et à Rumigny, canton de *Sains*, à Allonville, à Saveuse, canton d'*Amiens*, à Montmarquet, à Beaucamp-le-
Jeune, à Croixrault, à Guignemicourt, à Guibermesnil, à La Fresnoy,
à Méricourt-en-Vimeu, à Saint-Germain-sur-Bresle, canton d'*Hor-*

noy, à Esquennes et à Offignies, canton de *Poix*, tous les puits sont communaux excepté pour la corde et la chaîne.

A Glisy, canton de *Sains*, et à Fresnoy-en-Chaussée, canton de *Moreuil*, les grosses réparations sont payées moitié par la commune et moitié par les usagers.

Remaisnil, canton de *Bernaville*, Fourdrinoy, canton de *Picquigny*, sont peut-être les seuls villages où il soit fait mention de puits communaux entretenus au moyen d'un crédit porté au budget.

De même qu'il y a des localités qui n'ont que des puits communaux, il y en a d'autres qui n'ont que des puits particuliers, d'autres aussi qui ont, tout à la fois, des puits communaux et des puits de quartier. La diversité des usages, à cet égard, s'explique par les circonstances locales qui motivent l'agglomération des habitations sur tel point plutôt que sur tel autre, quelquefois aussi par les frais plus ou moins considérables que nécessite le percement d'un puits dans certaines conditions géologiques.

Ainsi, au Mont-Saint-Quentin, commune d'Allaines, canton de *Péronne*, où l'eau de source est à 70 mètres de profondeur, il n'existe qu'un seul puits qui est communal, tandis qu'à Allaines même et à Feuillaucourt, autre annexe de cette commune, où les puits n'ont que 9 à 10 mètres, chaque maison a le sien. Par la même raison, 15 communes du canton de Roye, 9 du canton de Chaulnes, 12 du canton de Nesle, et un assez grand nombre de villages du Santerre n'ont que des puits particuliers. Dans certains pays, comme les bas-champs où sont situées la plupart des communes des cantons de Rue et de Saint-Valery, les puits communs seraient un luxe inutile, puisque chaque habitant a, pour ainsi dire sous la main, toute l'eau nécessaire à sa consommation.

Les quatre cinquièmes au moins des communes qui ont fourni des renseignements n'ont que des puits de quartier, en ce sens que les habitants du voisinage en ont seuls la jouissance et la charge d'entretien.

On nomme puits de quartier ceux qui ont été fondés originairement, sur la voie publique, par une réunion de participants; car,
en vertu d'un principe consacré par l'article 50 de la coutume fla-
mande de Desseldonck, *chacun, avec la permission des échevins,
est autorisé à percer des puits sur le chemin du prince, là où ils
ne sont point incommodes*. Il existe un grand nombre de puits
dans le département qui ont été établis de cette manière. A Framicourt, canton de *Gamaches*, trois puits de quartier ont été fondés
par des familles qui en ont conservé les titres. A Frucourt et à
Longpré, canton de *Hallencourt*, et dans d'autres communes, on
trouve des actes sur timbre, des partages de famille, en vertu
desquels les participants forment entre eux une sorte d'association
régie par un ou plusieurs syndics qui se chargent de l'entretien du
puits et de la répartition de la dépense commune. Les usages, à
cet égard, sont excessivement variés parce qu'ils sont le résultat
de conventions arrêtées entre les sociétaires. Par exemple, à Barly,
canton de *Doullens*, chaque puits a son usage particulier.

S'il est permis de dégager des 400 réponses des maires à la circulaire de M. le Préfet, des principes qui puissent servir de base à
une réglementation générale, on arrive à la conclusion suivante :

Il y a deux modes de répartition, parce qu'il y a deux espèces
de dépenses : les frais d'entretien et les grosses réparations. Celles-ci
sont une charge de la propriété ; celles-là une charge de l'usufruit.

Les dépenses d'entretien sont la conséquence de l'usage habituel
que l'on fait du puits situé dans le quartier qu'on habite. Le droit
d'y puiser résulte du fait du domicile. Le changement de résidence
le fait perdre dans un quartier et acquérir dans un autre. — « Un
» ménager qui va à un puits, dit le maire de Courcelette, canton
» d'Albert, ne participe pas aux dépenses passées, mais à toutes
» celles qui ont lieu pendant qu'il en use. En quittant, il n'a point
» de réclamation à faire. Il laisse les choses dans l'état où elles

» sont sans être tenu des dépenses futures. » — « Anciennement,
» dit le maire de Villers-Campsart, canton d'Hornoy, un particu-
» lier pouvait refuser de contribuer à la corde en renonçant à user
» du droit de puisage ; mais cette question ayant été portée devant
» le tribunal de paix, il a été jugé qu'un participant ne peut se
» soustraire aux charges de la communauté en renonçant à ses
» bénéfices, et que la renonciation, même par écrit, ne formerait
» pas un titre qui l'empêchât d'y revenir plus tard, s'il en mani-
» festait l'intention. »

Cette jurisprudence peut servir à résoudre une question soulevée
par le maire de Thiepval, canton d'Albert. Plusieurs propriétaires
de cette commune refusent de contribuer à la dépense du puits de
leur quartier, en se fondant sur ce que les citernes qu'ils ont fait
construire sur le terrain de leur habitation, rendent pour eux l'usage
du puits inutile ; mais cette prétention doit être repoussée, car le
droit qu'ils ont d'y puiser et qu'ils ne peuvent perdre, implique
pour eux l'obligation de contribuer aux charges communes et dans
une certaine proportion, puisque, en cas d'insuffisance ou d'épuisement de leurs citernes, rien ne pourrait les empêcher de retourner
au puits qu'ils ont abandonné. Aux termes d'un ancien règlement
de la ville de Bruxelles, que nous aurons bientôt occasion de citer
textuellement, ceux qui avaient des puits dans leurs maisons
payaient la moitié de la taxe imposée aux maisons sans puits. Ce
règlement, qui reposait sur un principe équitable, pourrait très-
bien s'appliquer aux propriétaires qui font construire des citernes
pour s'épargner l'embarras d'aller puiser au puits commun.

La répartition de la dépense d'entretien, à la charge des usagers,
doit être proportionnelle à la quantité d'eau que chaque ménage est
présumé consommer pour ses besoins domestiques. C'est pour cela
que, dans le plus grand nombre de nos communes, la contribution
est basée sur le nombre de personnes et de gros bestiaux de chaque
ménage, les espèces ovine et porcine exceptées.

Les grosses réparations, ainsi que les frais d'établissement, d'un

nouveau puits ne sont point considérées comme une charge usufructuaire personnelle aux habitants du quartier, mais comme une
charge réelle des héritages qui forment la circonscription du puits,
attendu que cette espèce de dépense doit profiter aux propriétaires
qui les possèdent actuellement ou qui les posséderont par la
suite.

Cette règle est formulée dans quelques coutumes de la Flandre.
Aux termes de l'article 35 de la loi municipale de Malines, du mois
de juillet 1535, lorsqu'un puits commun est à faire ou à réparer,
tous les voisins qui veulent avoir l'usage de l'eau sont tenus de
contribuer à la dépense, proportionnellement à l'étendue et à l'importance de leur tènement : *pro magnitudine rationeque suorum*
fundorum.

L'article 48 d'un règlement imprimé à la suite de la coutume
de Bruxelles porte : « Ceux qui ont leur héritage auprès des puits
situés sur la rue ou nouvellement établis, paient la plus forte partie
des frais proportionnellement à l'étendue de leur façade ; ceux dont
les héritages sont plus éloignés paient une part moindre ; ceux qui
ont des puits dans leurs maisons ou des jardins sans puits, paient la
moitié de la taxe imposée aux maisons sans puits. »

Nous pourrions aussi trouver des précédents dans les coutumes
locales de notre province rédigées en 1507. L'article 6 de celle de
Brucamps dispose en ces termes : « Si l'on fait en ladite ville quel-
» que ouvrage que ce soit aux puis à eaue, tant de machonnerie
» que aux estréures (au treuil), et pareillement pour les cordes et
» soues, les manégliers d'icelle ville font assiette sur les manoirs et
» masures amasés et non amasés, et de ladite assiette paient les
» possesseurs d'iceux, tant pour l'un manoir ou masure que pour
» l'autre également. »

Vous nous pardonnerez, Messieurs, de citer ces vieux textes de
coutumes complétement tombées dans l'oubli, en considération de
ce qu'ils consacrent des principes dont on retrouve l'application
dans les usages constatés par l'enquête.

Ainsi, au Tronchoy, canton d'*Hornoy*, la dépense des grosses réparations au puits du quartier, se répartit sur chaque parcelle close de terrain comprise dans sa circonscription.— A Croixrault, canton de *Poix*, la répartition se fait par feux ou cheminées. — A Lignières-Châtelain et à Morvillers-Saint-Saturnin, même canton, sur les cours, jardins et herbages, d'après le revenu cadastral. — A Vergies, canton d'*Oisemont*, sur les maisons classées, suivant l'aisance des propriétaires. — A Colincamps, canton d'*Acheux*, on a aussi égard à la distance des habitations, par rapport au puits, pour déterminer la part contributive des maisons participantes. — A Frégicourt, canton de *Combles*, et à Villers Faucon, canton de *Roisel,* les propriétaires paient pour les locataires; mais les renseignements fournis par ces deux communes ne font pas de distinction entre les grosses réparations et les menus frais d'entretien.

D'après ces données, vous pouvez, ce nous semble, vous prononcer sur le point de savoir s'il est utile de réglementer les puits communs et décider sur quels principes doivent être basés les règlements. Cette question, déjà bien éclaircie par les documents de l'enquête, est tranchée par des arrêtés municipaux où vous trouverez la preuve que cette réglementation peut être tentée avec succès.

RÈGLEMENTS SUR LES PUITS COMMUNS.

Le premier et le plus important des arrêtés municipaux sur cette matière est celui du maire de Villers-Faucon, du 26 novembre 1856.

Ce règlement, qui n'est sans doute que la reproduction d'un autre plus ancien, pose d'abord en principe que tout les puits situés sur le sol de la commune, sont communaux; puis il détermine les conditions de la jouissance, les pouvoirs des administrateurs, la durée de leurs fonctions, et le mode de répartition des dépenses communes.

L'administration du puits est confiée à un syndicat composé de trois membres nommés, pour cinq ans, par les participants réunis en assemblée générale, sous la présidence du maire ou d'un usager délégué par lui.

Les syndics choisissent parmi eux un trésorier. Le trésorier dirige les travaux d'entretien et de réparation, fait la répartition de la dépense et exige des nouveaux usagers le droit d'intrade. Il rend compte des dépenses d'entretien aux syndics, et, à l'assemblée générale, des grosses réparations ordonnées par elle.

La répartition de la dépense se fait par ménages. Le ménage se compose du chef de la famille, de sa femme et de ses enfants ; un homme seul, ou une femme seule, compte pour un demi-ménage, avec un domestique pour un ménage, et chaque domestique en plus pour un demi-ménage. Les bestiaux comptent, savoir : chaque tête de gros bétail, pour un demi-ménage, et dix têtes de menu bétail — espèce ovine ou caprine — pour un demi-ménage.

Les propriétaires paient pour leurs locataires.

Le droit au puits commun s'acquiert par le paiement d'un droit d'intrade de deux francs. Cette taxe peut être plus forte quand il s'agit d'un puits nouvellement creusé ; mais, au bout de six ans, il est soumis au droit commun.

Les usagers qui refusent de payer leur quote part de la dépense commune sont déchus de leur droit au puits, et ne peuvent le récupérer qu'après l'avoir acquittée et payé un nouveau droit d'intrade.

Un autre arrêté, pris par le maire de Wiencourt-l'Equippée, canton de *Moreuil,* le 27 février 1858, ordonne que tous les puits de la commune, qui sont des puits de quartier, seront entretenus par les habitants du voisinage, et que les réparations, en cas de négligence ou de mauvais vouloir de la part des usagers, seront faites par les soins de l'autorité municipale.

Un troisième arrêté, pris sur l'avis du conseil municipal, le 20 décembre 1851, par le maire de Plessier-Rozainvillers, canton de

Moreuil, fixe la circonscription de chacun des cinq puits de cette commune, enjoint aux habitants de tenir en bon état le puits affecté à leur usage, fait défense à ceux qui n'ont point payé leur cotisation de fréquenter les puits des autres quartiers, et rend les parents responsables des dégâts occasionnés par leurs enfants.

Enfin, un quatrième arrêté, rendu le 31 mars 1856, par le maire de Nurlu, canton de *Roisel*, institue une commission composée du maire et de quatre conseillers municipaux désignés par lui, à l'effet de dresser la liste des usagers dans chaque circonscription, d'ordonner et de surveiller les réparations jugées nécessaires, de faire tous les ans la répartition de la dépense, de statuer et de prononcer, à la majorité des voix, sur les incidents et les difficultés qui peuvent survenir à l'occasion de l'usage du puits.

En résumé, Messieurs, l'usage de l'eau et la répartition de la dépense commune sont les deux objets principaux de la réglementation des puits communs.

L'interdiction du puits, à quiconque refuse de contribuer à la dépense, est une mesure rigoureuse mais nécessaire si l'on veut remédier à un abus malheureusement trop fréquent dans nos campagnes, où le mauvais état des puits n'est souvent dû qu'à la négligence des usagers participants. Au premier appel de fonds pour des travaux d'entretien, ils s'en vont puiser au puits du quartier voisin, au risque d'en troubler l'eau et de provoquer des rixes avec les personnes qui en ont la possession légitime. Le refus de la corde est le seul moyen d'avoir raison des récalcitrants, et c'est une mesure dont ne doivent être exceptés que les indigents invalides.

Selon nous, le droit de réglementation, par les maires, de tous les puits communs situés sur la voie publique ne saurait être mis en doute ni sérieusement contesté ; car l'article 50 de la loi du 14-15 mars 1790, place dans leurs attributions, la surveillance de tous les établissements qui appartiennent à la commune, ceux qui sont entretenus de ses deniers comme ceux qui sont destinés à l'usage des citoyens dont elle est composée.

Les règlements municipaux doivent, autant que possible, être mis en rapport avec les usages de chaque localité, surtout en ce qui concerne la répartition de la dépense commune. Peut-être ne serait-il pas prudent de vouloir réformer ces usages pour les ramener à des règles uniformes et invariables. M. le Préfet, à cet égard, ne peut qu'engager les maires à respecter ceux qui existent de temps immémorial et à ne les changer que lorsqu'il y a nécessité de le faire.

Ainsi, à Oresmaux, canton de *Conty*, on se demande s'il ne serait pas urgent de mettre tous les puits à la charge de la commune, parce que, contribution pour contribution, il vaut mieux payer à la commune qu'à un syndicat qui n'a pas de moyens coercitifs ; mais, en même temps, le maire d'Hallivillers, canton d'*Ailly-sur-Noye*, constate que, dans cette commune, où tous les puits sont à la charge du budget municipal, plusieurs habitants veulent s'organiser en société pour avoir un puits entretenu à leurs frais et exclusivement consacré à leur usage.

L'un et l'autre système a son bon et son mauvais côté, ses partisans et ses adversaires ; mais la distinction qu'on voudrait établir entre les puits communaux proprement dits et les puits de quartier ne peut avoir de portée que relativement au droit de jouissance. Les usagers des puits de quartier sont soumis comme les autres à l'exécution des règlements municipaux et justiciables de l'autorité qui a mission de les faire respecter.

§ 2. — MARES COMMUNALES.

Les réponses des maires aux questions n° 5, 6, 7, 8 et 9 de la circulaire du 20 janvier, offrent peu d'intérêt et peuvent se résumer en quelques lignes :

En général, les mares publiques ne sont point réglementées ou ne le sont que temporairement et dans des circonstances exceptionnelles. La mare principale, lorsqu'il en existe une, est abandonnée,

15

comme les autres, au libre usage de tous ceux qui veulent s'en servir ; on y puise pour tous les besoins indistinctement, même pour les besoins d'une industrie ; on y abreuve toute espèce de bétail, sans en excepter les bestiaux étrangers qui traversent la commune.

L'ancien mode de curage, par voie de réquisition et de presta-tions volontaires, commence à tomber en désuétude ; ce sont, maintenant, les administrations municipales qui se chargent de ce soin, parce que, quand les mares sont à nettoyer, le produit de la vente des vases suffit et au-delà, pour payer les frais d'extraction et de charriage.

Néanmoins, l'enquête relève quelques faits particuliers qui méri-tent d'être signalés.

A Neuville-Coppegueule, il y a une mare réservée qui est située à l'extrémité du village. L'accès en est interdit au bétail ; l'eau ne sert qu'aux besoins du ménage et pour la fabrication du cidre.

A Aumont, il est d'usage constant qu'aucun habitant ne peut détourner les eaux pluviales qui s'écoulent sur la voie publique, pour les faire entrer dans sa mare ou dans son champ, jusqu'à ce que les mares communes soient complétement remplies.

A Champien, à Assevillers, à Pressoir et à Rambures, les pro-priétaires et marchands de bestiaux étrangers ont accès aux abreu-voirs publics ; mais à Saint-Vast-en-Chaussée, il leur est seule-ment permis d'y puiser de l'eau et de la transvaser dans des auges ou cuviers pour les y faire boire.

Quelques communes ont l'avantage inappréciable de posséder de grandes mares qui ne tarissent jamais ou qui ne s'épuisent qu'à la longue par l'accumulation des vases que charrient les ruisseaux au moyen desquels elles sont alimentées. A Baizieux, la mare dite *du Château*, est si considérable que les bergers des communes voisines y viennent abreuver leurs troupeaux sans opposition de la part des habitants. — A Aumont, canton d'Hornoy, il existe aussi une grande mare qui a été approfondie de trois mètres, il y a vingt ans, et qui n'a pas moins de 25 ares de superficie. Depuis cette époque on ne l'a jamais vue sèche ; l'eau qu'elle contient pourrait suffire à la consommation de plusieurs villages. « Ce beau travail, dit le » maire de la commune, a été fait par corvées ou prestations vo- » lontaires des habitants. »

A Souplicourt, canton de Poix, il n'y a qu'une seule mare, au centre du village. Quoique indispensable aux trois quarts de la population, elle est actuellement sans eau, à cause du mauvais état de la maçonnerie qui en forme les berges ; mais le conseil muni- cipal refuse de voter les fonds demandés par le maire pour la réparer, parce que la majorité de ses membres étant domiciliés à l'extrémité du village, dans un quartier où il existe des mares parfaitement tenues et approvisionnées, n'ont pas un intérêt personnel à la dépense.

Les résultats de l'enquête sur la dixième question sont précieux au point de vue de la statistique rurale de notre département. En effet, sur les 452 communes qui ont répondu à la circulaire préfec- torale du 20 janvier 1838, 120 constatent un déficit dans le nombre ou la quantité des dépôts d'eaux pluviales nécessaires à leur con- sommation.

Ainsi, dans l'arrondissement d'Abbeville, 17 communes sur 56, dans l'arrondissement d'Amiens, 44 sur 154, dans l'arrondisse- ment de Doullens, 12 sur 42, dans celui de Montdidier, 18 sur 66, et dans celui de Péronne, 29 sur 134, déclarent que leurs mares ne suffisent pas aux besoins de la population.

Les quatre mares d'*Allonville*, qui suffisent en temps ordinaire, sont complétement à sec aussitôt qu'arrivent les chaleurs. — La grande mare de *Taisnil*, au centre du village, ne tient pas l'eau et est vide la moitié du temps. — L'établissement de la route qui traverse *Villers-Campsart* a fait combler ou rétrécir la plupart des mares; c'est pourquoi il y a pénurie d'eau dans cette commune, qui n'en manquait jamais auparavant. — La mare unique d'*Etrejus* est presque toujours sèche, parce que sa situation ne lui permet de recevoir qu'une faible quantité d'eaux pluviales. — La mare unique de *Floxicourt*, qui est située au bas d'une longue côte, ne peut plus s'approvisionner depuis que le cantonnier a détourné les eaux qui s'écoulent le long des bas côtés de la route nouvellement créée pour les faire entrer dans une carrière où elles vont se perdre. — A *Framerville*, deux rues sont privées de leurs mares par suite de la construction de la route n° 20 Deux nouvelles mares seraient nécessaires dans un quartier où toutes les maisons sont couvertes en chaume ; mais on ne trouve point, sur le flégard, de terrain qu'on puisse affecter à cet usage. — A *Flers,* canton d'Ailly-sur-Noye, il y a des habitations qui sont à 710 mètres de la mare la plus rapprochée. — A *Bussus*, canton d'Ailly-le-Haut-Clocher, la *rue d'en bas,* sur une étendue de 600 mètres, n'a qu'une seule mare. — A *Gorenflos,* même canton, les habitants d'une rue, dont la mare a été comblée pour la confection du chemin de grande communication n° 46, sont obligés d'aller chercher l'eau à une très-grande distance.

Le tableau que nous joignons à ce rapport donne l'état des communes où les mares publiques ne suffisent pas aux besoins de la population, avec les indications fournies par les maires quand ils s'expliquent sur les causes de cette insuffisance.

Le plus grand obstacle à la multiplication et à la bonne répartition des dépôts d'eaux pluviales est la nature du terrain. Telle est la situation d'un grand nombre de communes des environs d'Amiens, dont le sol est tellement perméable, que les mares se vident à mesure qu'elles s'emplissent. Celles qui, à force de temps, ont fini par garder leurs eaux, sont d'autant plus utiles à conserver, qu'il y a pour ainsi dire impossibilité d'en créer de nouvelles.

Nous devons donc néanmoins vous signaler un fait qui indique le moyen de parer à cet inconvénient. C'est l'accroissement progressif des citernes privées. L'enquête constate qu'il en existe trente-cinq dans la commune de Millencourt, et qu'à Warfusée-Abancourt on en compte aussi un certain nombre dont la construction ne remonte pas à plus de douze ou quinze ans. Si nous sommes bien informé, l'année 1858 n'aura pas peu contribué à propager le bienfait de cette utile innovation. Or, ce que font les particuliers peut être fait aussi par les communes. Des citernes publiques seraient d'une très grande ressource, en cas de sécheresse et d'incendie ; n'en établit-on qu'une seule dans le voisinage de l'église, elle y serait d'autant mieux placée que les gouttières du toît de l'édifice serviraient à l'approvisionner, et qu'elle fournirait de l'eau pour porter secours aux propriétés menacées dans le rayon même où les habitations sont ordinairement le plus agglomérées.

Il est urgent que les hauts pays aient, à la portée et pour ainsi dire sous la main de leurs habitants, des dépôts d'eaux pluviales assez vastes, assez nombreux pour subvenir aux besoins domestiques et combattre un fléau destructeur. Les citernes publiques, dans les communes où les mares ne tiennent pas l'eau, sont un objet de première nécessité dont la dépense devait être déclarée obligatoire si, à défaut de disposition précise dans la loi, il était permis d'invoquer le principe qu'elle consacre pour vaincre la résistance qu'opposent systématiquement la plupart des conseils municipaux à toute mesure d'utilité générale qui doit avoir pour conséquence un sacrifice pécuniaire.

En effet, l'exposé des motifs et la discussion de la loi du 18 juillet 1837 à la Chambre des députés ne laissent pas de doute sur la nature des dépenses communales qu'il était dans la pensée des auteurs de cette loi de rendre obligatoires. « On doit déclarer » telles, disait le Ministre de l'Intérieur, toutes celles qui ont une » grande influence sur l'avenir de la commune. » (*Moniteur* du 4 février 1837.) Mais le rapporteur de la commission, M. Vivien, tout en reconnaissant que les administrateurs présents ne peuvent pas compromettre le sort des générations à venir, n'en demanda pas moins, avec instance, le retranchement de la disposition relative aux grosses réparations des édifices communaux, et ce n'est qu'après une première épreuve douteuse, que la Chambre a voté le maintien du paragraphe 16 de l'article 30.

Ainsi, en supposant que, considéré dans son ensemble, l'article 30 de la loi du 18 juillet 1857, soit limitatif, d'une manière absolue, du pouvoir souverain des conseils municipaux, en ce qui concerne les dépenses de leur budget, il faudrait en conclure qu'il n'y a de réellement obligatoires que celles qui ont pour objet les grosses réparations des édifices communaux, et que celles qui s'appliquent à des édifices à construire ne sont que purement facultatives, si ce n'est dans les cas prévus par des lois spéciales, de telle sorte que les communes ne peuvent être contraintes à s'imposer extraordinairement pour de nouveaux puits, de nouvelles mares, ou construire des citernes publiques, lors même qu'il y a nécessité de le faire. Cependant de semblables travaux réunissent tous les caractères que la loi a attachés aux dépenses obligatoires, car ils intéressent les générations futures aussi bien que la génération présente et peuvent *exercer une grande influence sur l'avenir de la commune.*

Il y a donc, dans la loi de 1857, une lacune à laquelle il est d'autant plus urgent de pourvoir, qu'elle offre un retranchement inexpugnable à ces oppositions qu'on est sûr de rencontrer, dans le sein des corps électifs des communes rurales, lorsqu'il s'agit de voter des mesures d'utilité qui ont le malheur de froisser ou de ne pas servir les intérêts particuliers. Nous vous citions, il n'y a qu'un instant, l'exemple d'une commune dont le Maire consulte le Préfet sur le moyen qu'il y aurait à prendre pour obtenir les fonds nécessaires à la réparation d'une mare indispensable aux trois quarts du village. Le conseil municipal refuse de lui accorder ces fonds, parce que ceux des membres qui forment la majorité de ce conseil habitent des quartiers éloignés et n'ont pas besoin de la mare qu'on leur demande de réparer. Il est probable que leur résistance fléchirait, s'ils étaient convaincus que la somme demandée par le maire peut être inscrite d'office au budget municipal, en vertu de l'article 39 de la loi de 1837, puisque la mare, dans les conditions indiquées, est un édifice communal dont les travaux de réparation ne peuvent être différés, sous peine de compromettre dans le présent, comme dans l'avenir, les intérêts et la sécurité du voisinage.

Comme vous le voyez, Messieurs, l'expérience a déjà donné raison à ceux qui défendaient le projet primitif du gouvernement, à ceux qui voulaient que la loi de 1837 fût conséquente avec les principes qui en ont déterminé les dispositions. Cette loi ne permet de réaliser qu'une partie des améliorations qu'on devait en attendre. Les souffrances des hauts pays, pendant les années 1857 et 1858, la disette d'eau qui les a si cruellement éprouvés, sont une leçon qui ne peut manquer d'ouvrir les yeux du législateur du Code rural. Il comprendra que des établissements communaux qui se lient aux conditons même de l'existence et de la sécurité des habitants, doivent être placés au moins sur le même rang que l'instruction primaire et les gardes champêtres. Les besoins de la vie passent avant tous les autres.

Nous avons aussi, Messieurs, à rechercher le moyen de pourvoir au remplacement des mares qui ont été supprimées par suite de la construction des routes. Ce moyen se présente tout naturellement à l'esprit. Il est basé sur ce principe fondamental de nos institutions que nul re peut être contraint de céder sa propriété, si ce n'est pour cause d'utilité publique et moyennant indemnité. Les communes ont le même droit que les particuliers à demander la compensation du sacrifice qu'elles sont obligées de faire à l'intérêt général, quand ce sacrifice est nécessaire.

Or, la mare étant une propriété communale, si la création d'un chemin vicinal ou départemental exige qu'elle soit comblée ou rétrécie, la commune ou section de commune dépossédée a droit à une indemnité proportionnelle à la dépense qu'elle aura à faire pour en construire une nouvelle ; et cette indemnité doit entrer en ligne de compte dans l'évaluation des dépenses générales du chemin qu'il s'agit de confectionner, et être à la charge des communes ou du département qui devront y contribuer.

Ce principe une fois admis, on voit de suite quelles en seront les conséquences. Le vote du chemin comprendra forcément le vote de l'indemnité due à la commune expropriée, par la raison que l'accessoire suit le sort du principal, et ce vote entraînera, par cela même, affectation de l'indemnité, ou rétablissement de la mare supprimée, sans qu'il soit besoin de faire délibérer le conseil municipal sur l'opportunité et le chiffre de la dépense à faire pour cet objet.

La question de savoir si les quartiers déshérités de leurs mares, ne seraient pas fondés à en exiger le remplacement par la commune qui n'a pas réclamé en temps utile, est beaucoup plus délicate. Nous n'avons pas à la discuter. Il doit nous suffire de constater le droit des communes qui pourront, dans l'avenir, être expropriées d'une ou de quelques-unes de leurs mares

A l'exception de quelques maires qui prétendent que les racines des arbres dégradent les berges et favorisent l'infiltration des eaux, tous les autres insistent sur la nécessité d'ombrager les mares et pour que les plantations actuellement existantes soient conservées, parce qu'elles préviennent les accidents, et que leur feuillage empêche l'évaporation des eaux et a la propriété d'absorber les gaz délétères qu'elles produisent dans la saison des chaleurs. Les opinions sont très partagées sur le choix des essences qui doivent être préférées. Les uns recommandent les peupliers, les tilleuls, les saules et les arbres à racines traçantes. Un maire fait observer que les mares ombragées par des saules sont toujours plus claires, plus limpides que les autres ; quelques-uns veulent qu'on proscrive les grands arbres, par exemple les ormes dont les racines s'enfoncent très profondément dans la terre, les noyers dont les feuilles donnent de l'acreté à l'eau, les peupliers de la Caroline et les platanes dont les efflorescences en tombant dans la mare peuvent occasionner des angines aux bestiaux.

Il est toutefois une espèce d'arbre que tous s'accordent à signaler comme dangereuse, dans le voisinage des mares; c'est le frêne, par la raison que les cantharides, qui s'attachent à ses feuilles en certaines saisons, peuvent infecter les abreuvoirs et devenir une cause de maladie et de mortalité pour les animaux domestiques.

Toute cette partie de l'enquête soulève des questions qui sont du domaine des comités d'hygiène et de salubrité. Nous ne sommes pas compétents pour les résoudre.

Permettez-nous seulement de compléter ces témoignages par celui d'un savant agronome qui a rendu de grands services à la science agricole. M. Girardin, de Rouen, indique le moyen d'avoir des mares dont les eaux ne pourront nuire ni à la santé des hommes, ni à celle des animaux :

« Il faut, dit-il, établir la mare dans un endroit en pente où les » eaux provenant des toits et des terres voisines, se rassem-
» blent ;

» Eloigner la mare des fumiers, des étables et des maisons » d'habitation ;

» Rendre le fond imperméable par un enduit de chaux hydrau-
» lique, d'argile et de ciment romain, par dessus cet enduit ré
» pandre du gravier, des petits cailloux et, si cela est possible, quel-
» ques fragments de charbon de bois ;

» Abriter la mare par d'épaisses plantations ; ce que l'on ne fait » presque jamais, enlever les lentilles d'eau à mesure qu'elles » apparaissent à la surface de la mare qu'elles couvriraient bientôt » d'une nappe de verdure.

» Enfin, lorsque, pendant les grandes chaleurs de l'été, l'eau » baisse, prend des couleurs diverses, devient louche et sapide, il

» faut y jeter plusieurs kilogrammes de noir animal grossièrement
» moulu. L'eau est aussitôt purifiée.

    » Ces procédés d'assainissement, dit-il, sont simples et peu coû-
» teux : ils ne demandent que des soins. »

RÈGLEMENTS SUR LES MARES COMMUNES.

Il ne nous reste plus, Messieurs, qu'à vous faire connaître les
arrêtés municipaux qui ont réglé l'usage et la police des mares
communales. Trente-huit vous ont été communiqués; ils se répartissent sur trente-une communes. Celles de Grévillers, Cavillon,
Longavesnes, Ovillers-la-Boisselle en fournissent chacune deux, et
celle de Sains quatre. Plus du tiers de ces arrêtés ont une date
postérieure à 1855. On en compte huit pour 1856, cinq pour 1857
et huit pour les mois de février et mars 1858. Ces derniers, évidemment, ont été inspirés par la circulaire du 20 janvier qui a
appelé l'attention des maires sur l'opportunité des mesures que le
résultat de leurs réponses devra nécessairement provoquer.

Ces règlements témoignent, du reste, comme vous allez le voir,
que les communes entrent parfaitement dans les vues de l'administration.

Résumons les dispositions qu'ils renferment.

§ Ier. — CURAGE.

Les mares sont curées et nettoyées pour le compte et au profit de
la commune (*Montrelet*).

Lorsque le curage des mares sera nécessaire, tous les cultivateurs
seront requis de s'y trouver avec voitures proportionnellement au
nombre de chevaux qu'ils emploient et au temps que devra durer
le curage. Les habitants, à tour de rôle, seront également requis et
tenus de charger les vases, lesquelles seront enlevées immédiatement et transportées dans les champs (*Longavesnes, Wiencourt-
l'Equipée*).

Défenses sont faites aux habitants d'enlever les boues des mares (*Sains*), sans autorisation (*Franvillers*).

Lorsque les mares seront complètement à sec et que l'ordre de les curer aura été donné, toutes les vases devront être enlevées dans un délai de vingt-quatre heures (*Franvillers*).

§ 2. — APPROVISIONNEMENT DES MARES.

Il est défendu de s'approprier les eaux pluviales qui ont leur écoulement sur la voie publique ou sur un terrain communal, au moyen de digues et autres obstacles, avant que les mares communes soient tout à fait remplies. (*Villers-Campsart*).

§ 3. — USAGE DE L'EAU DES MARES.

Celui qui voudra prendre de l'eau aux mares communes, pour tout autre usage que les besoins de sa maison et l'alimentation de ses bestiaux, devra se faire délivrer une permission du Maire (*Ribeaucourt, Saint-Fuscien, Vergies, Cavillon*).

Ceux qui voudront y puiser de l'eau pour des constructions seront tenus d'en faire la déclaration au Maire et être munis d'une autorisation spéciale (*Dury*).

Il est défendu aux briquetiers, pannetiers et potiers d'enlever l'eau des mares pour alimenter leurs établissements (*Dury, La Houssoye, Ovillers-la-Boisselle, Quesnoy-sous-Airaines, Sains*).

Aux propriétaires de machines à vapeur, pour l'approvisionnement de leurs chaudières, aux fabricants de bonneterie, aux peigneurs de laine et aux teinturiers d'y puiser pour le peignage, le dégraissage ou la teinture de leurs laines peignées ou fabriquées (*Villers-Bretonneux*) (1);

Aux propriétaires de moutons de les laver chez eux avec de l'eau prise à la mare commune (*Eplessier*).

(1) Règlement municipal d'Amiens, 27 septembre 1849, art 5.

En tout temps, l'enlèvement de l'eau des mares publiques pour réservoirs privés est interdit. Pendant les mois de juin, juillet, août, septembre, les habitants ne pourront enlever l'eau des mares pour la transporter chez eux, et en faire provision pour plus de deux jours de la consommation présumée de leurs maisons (*Buissy-lès-Poix, Grévillers, Maurepas, Quesnoy-sous-Airaines*) (1).

Le transport de l'eau des mares, lorsqu'il sera autorisé, ne pourra avoir lieu qu'avec seaux ou tonneaux de la contenance de quarante litres au plus (*Buissy-lès-Poix*).

Il est fait défense aux habitants des communes voisines de s'approvisionner d'eau aux mares publiques (*Sains*).

§ 4. — POLICE DES ABREUVOIRS.

Il est interdit de laisser en liberté les chevaux qui vont aux abreuvoirs communs (*Fricamp, La Houssoie*);

Aux femmes et aux garçons de moins de 18 ans d'y conduire des chevaux (*Epehy*) (2).

Les vaches et les chevaux ne peuvent être conduits aux abreuvoirs communs autrement que tenus par une corde ou longe, ni être abreuvés ailleurs qu'aux endroits indiqués (*Punchy*) ;

Il est interdit d'y conduire plus de deux chevaux tenus en laisse ou bridon (*Buissy-lès-Poix*) ;

Plus de trois chevaux et de les faire marcher plus vite que le pas (*Epehy*) (3);

De conduire ou laisser aller, la nuit, des chevaux et autres bestiaux aux abreuvoirs communs (*Epehy*);

De sortir les moutons dans les rues avant l'heure du berger (*Translay*).

(1) Ibid, art. 4.

(2) Règlement municipal d'Amiens, 20 août 1849, art. 2 : *Le conducteur devra être âgé de 16 ans au moins.*

(3) Ibid., Ibid.

§ 5. — MESURES DE SALUBRITÉ.

Il est enjoint à toute personne qui conduit des chevaux à l'abreuvoir de les faire ou laisser entrer dans la mare au-delà de la distance de trois mètres (*Boisrault*).

On doit s'arrêter lorsque les chevaux ont de l'eau jusqu'aux genoux (*Camps-en-Amiénois*).

Il est défendu d'entrer dans les mares avec cheval et voiture pour y puiser de l'eau (*Franvillers*);

D'y entrer autrement qu'à reculons et à plus de deux mètres de distance de la rive (*Boisrault*).

Il est défendu à toute personne de laisser boire aux mares communes les bestiaux atteints de maladies contagieuses (*Punchy, Epehy*);

Aux marchands étrangers d'y abreuver leurs bestiaux avant de s'être fait connaître et d'en avoir obtenu la permission du Maire (*Montrelet*).

L'accès des mares publiques est interdit aux oies et aux canards (*Aizecourt-le-Haut, Boisrault, Buissy-les-Poix, Cavillon, Erche, Fricamp, Grevillers, Ovillers-la-Boiselle, Roye, Sains, Translay*).

Cette interdiction n'a lieu qu'à l'époque et pendant la durée de la mue (*Framicourt*).

Il est défendu, en tout temps, de laisser couler des purins dans les mares communes (*Longavesnes*) (1); d'y laver du linge, des laines; d'y jeter des immondices ou autres objets de nature à troubler l'eau ou à en altérer la pureté (2) *Aizecourt-le-Haut, Epehy, Maurepas, Punchy, Wiencourt-l'Equippée, Villers-Carbonnel*); d'y laver des moutons (*Buissy-lès-Poix*); à toute personne de s'y baigner (*Camps-en-Amiénois, Sains*).

(1) Règlement municipal d'Amiens du 2 février 1858, art. 1er.
(2) Règlement municipal d'Amiens du 22 juillet 1840, art. 1er.

§ 6. — PLANTATIONS.

Les plantations autour des mares seront conservées et leur produit entrera dans la caisse municipale (*Montrelet*).

Il est temps, Messieurs, de résumer cette seconde partie de notre tâche.

L'enquête a démontré que les dépôts d'eaux pluviales sont loin de satisfaire aux besoins de nos campagnes. Leur insuffisance a pour cause, tantôt le nombre trop restreint des mares communes, tantôt leur inégale répartition dans les différents quartiers, tantôt le défaut d'emplacement convenable pour en établir de nouvelles ; quelquefois, c'est la nature du terrain où elles sont creusées, quelquefois aussi ce sont les changements et les travaux pour la confection ou l'élargissement des routes qui font que les communes n'ont pas ou n'ont plus la quantité d'eau nécessaire à leur consommation.

Nous vous avons recommandé, comme moyen de remplacer les mares qui sont à sec tous les ans à l'époque des chaleurs, la création de citernes publiques dont les eaux seraient réservées pour des nécessités éventuelles, en vous faisant observer que la loi ne permet pas de contraindre les communes à cette dépense, quand elles refusent de la voter.

Mais il n'en est pas de même lorsqu'il s'agit de réparer une mare communale. Les réparations qu'elle exige sont une dépense obligatoire , parce qu'elles ont pour but d'empêcher la ruine d'un édifice dont la conservation intéresse l'avenir de la population.

A l'égard des mares publiques condamnées à disparaître parce qu'elles font obstacle à l'établissement d'un grand chemin, nous croyons que leur suppression ne peut être prononcée que sous la condition d'une indemnité au profit de la commune ou section de commune qui en est dépossédée pour cause d'utilité publique.

L'utilité des plantations autour des mares ne saurait être mise en doute. Mais les espèces d'arbres qu'on doit tolérer ou proscrire soulèvent une question que la commission n'a pas à résoudre. Le seul point sur lequel tout le monde soit d'accord, c'est que les frênes sont un voisinage dangereux.

Les règlements dont nous venons de vous présenter l'analyse, ne sont pas tous susceptibles d'une application générale. Ce qui convient à une localité ne convient pas à une autre. Les Maires qui sont chargés de la police des mares font des règlements transitoires pour les besoins du moment, et leurs arrêtés n'ont pas plus de durée que les circonstances qui les ont motivés. Ce qu'ils doivent considérer avant tout, c'est l'intérêt de leurs administrés. Ils s'exposeraient à les froisser, s'ils voulaient prendre pour guide l'exemple des autres communes. Les usages suivis de temps immémorial, leur commandent d'agir avec la plus grande circonspection, quand on les sollicite à les abroger ou à les modifier.

Quelques-uns de ces règlements nous paraissent aussi trop absolus dans leurs termes. Ainsi, malgré les nombreux arrêtés qui interdisent de laisser aller les canards et les oies dans les mares communales, nous croyons ces oiseaux domestiques trop utiles au point de vue de la production des denrées alimentaires, pour approuver la rigueur d'une mesure qui ne tend rien moins, si elle se généralise, qu'à faire disparaître des marchés deux espèces de volailles fort recherchées du consommateur.

Tels sont, Messieurs, en ce qui concerne les mares communes, les motifs du projet de résolutions, que nous allons avoir l'honneur de vous soumettre.

Les conclusions de ce rapport sont adoptées.

Avant de se séparer l'assemblée qui a écouté avec un intérêt vif et soutenu, le rapport conscencieusement et savamment élaboré par M. Bouthors, lui vote d'acclamation des remerciments.

La séance est levée à quatre heures

Le président,

BOULLET.

Le membre de la commission
remplissant les fonctions de secrétaire,

DARSY.

RÉSOLUTIONS DE LA COMMISSION.

SECTION PREMIÈRE.

SYNDICATS.

Première Question.

Article 1er. *La réglementation d'un cours d'eau doit-elle toujours avoir pour conséquence l'organisation d'un syndicat représentant les usiniers et les propriétaires intéressés ?*

Réponses.   **Résolutions.**

Les auteurs des mémoires sont unanimement d'avis qu'un syndicat est toujours nécessaire, si ce n'est lorsque le cours d'eau ne traverse qu'une seule commune. Dans ce cas, qui se présente rarement, l'administration municipale suffit.   **Adopté.**

Deuxième Question.

Art. 2. *Quel sera le rôle du syndicat ? Quelles seront ses attributions ?*

Réponses.   **Résolutions.**

Les attributions respectives du syndicat et de l'administration sont tracées dans le règlement général de la Somme.   **Adopté.**

Troisième Question.

Art. 3. *Quel rôle et quelles attributions l'Administration doit-elle se réserver ?*

Réponses.	Résolutions.

Il y aurait lieu peut-être, par une addition à l'article 9 de ce règlement, de réserver à l'administration le droit de poursuivre d'office la réglementation des usines existant sans titre. — Adopté.

Quatrième Question.

Art. 4. *Ne conviendrait-il pas, en principe, de réserver à la commission syndicale l'examen de toutes les questions d'intérêt, notamment de celles relatives à la répartition des dépenses et à l'activité des travaux à exécuter ? Ne convient-il pas, d'un autre côté, d'investir l'Administration des pouvoirs les plus efficaces, pour qu'elle fasse exécuter convenablement et rapidement les travaux ordonnés par la commission ?*

Réponses.	Résolutions.

Toutes les questions d'intérêt doivent être réservées au syndicat. — Adopté.

Cinquième Question.

S'il y a des cas où l'organisation d'un syndicat n'est pas nécessaire, comment conviendrait-il d'y suppléer ?— Qu'y aurait-il lieu de faire, notamment, lorsque le cours d'eau n'a d'utilité que pour le jeu des usines qu'il met en mouvement, et lorsque les riverains n'en tirent actuellement aucun avantage ni profit?

Sixième Question.

Art. 5. *Si la rivière coule sur la limite de deux départements, quelle sera l'autorité réglementaire ? Faudra-t-il constituer un syndicat pour chaque rive, ou un syndicat unique pour toute la rivière ou pour chaque section de rivière ?*

16

Réponses.

Lorsqu'une rivière coule sur la limite de deux départements, il doit suffire d'une seule commission syndicale. Mais, pour éviter tout conflit entre les deux administrations départementales, le règlement doit être fait par décret impérial.

Les opinions ne sont pas unanimes sur le point de savoir comment sera composé ce syndicat unique. Les uns voudraient que le soin de le former fût confié, par un décret, à l'administration du département qui réunit le plus d'intérêts.

Selon les autres, il serait préférable qu'il y eût une section pour chaque rive, avec un seul directeur qui convoquerait et réunirait les deux sections.

Résolutions.

Le premier système est adopté.

Septième Question.

Art. 6. *Que convient-il de faire dans le cas où une rivière coule successivement dans plusieurs départements ?*

Réponses.

Résolutions.

Lorsque la rivière coule successivement dans plusieurs départements, chaque section de département a une existence qui lui est propre, ce qui semble proclamer la nécessité d'un syndicat distinct pour chacune. Un syndicat unique ne pourrait jamais fonctionner régulièrement.

Adopté.

Dans ce cas, il ne devrait y avoir qu'un règlement général pour toute la rivière, avec une commission spéciale qui connaîtrait de toutes les questions d'intérêt commun, et aurait ainsi des attributions analogues à celles des commissions instituées par les articles 42 et suivants de la loi du 16 septembre 1807.

SECTION DEUXIÈME.

CURAGE.

Huitième Question.

Art. 7. *Quelles sont les diverses catégories d'intéressés au curage ?*

Le curage doit-il être obligatoire pour tous les riverains indistinctement, même pour ceux qui, à raison de l'élévation de leurs propriétés, sont à l'abri des dangers qui pourraient résulter du défaut d'entretien du lit de la rivière ?

Réponses.

La difficulté de poser des principes certains est une raison de conclure qu'il faut laisser aux syndicats la solution des questions d'intérêt.

En général, il y a deux intérêts bien distincts : l'intérêt du profit et l'intérêt de la défense.

Le premier est celui des propriétaires de barrages, à cause de l'utilité que leur procure le cours d'eau, soit pour le jeu de leurs usines, soit pour l'irrigation de leurs prairies.

Le second est celui de tous les propriétaires dont les terrains peuvent subir l'influence du voisinage du cours d'eau.

Les uns et les autres doivent contribuer au curage, mais dans des proportions différentes.

Résolutions.

La commisest d'avis qu'il faut laisser la plus grande latitude aux syndicats.

Dixième Question.

L'obligation de contribuer au curage doit-elle être étendue à tous les propriétaires riverains ou non riverains , qui subissent l'influence du cours d'eau ?

Onzième Question.

Les propriétaires de terrains non irrigués, mais susceptibles de l'être, peuvent-ils être tenus de participer à la dépense du curage, et dans quelle proportion ?

Réponses.   Résolutions.

Quelques membres de la commission sont d'avis que le riverain dont la propriété n'est pas submersible ainsi que celui auquel la submersion ne peut causer aucun dommage, par exemple le propriétaire d'une tourbière exploitée, n'ont aucun intérêt au curage.

D'autres pensent que, s'il n'est pas possible, dans un règlement général, de déterminer les diverses catégories d'intéressés, au moins cela peut se faire dans un règlement spécial qui doit toujours être précédé d'études et d'enquêtes sur les besoins, sur les intérêts que peut servir le cours d'eau qu'il s'agit de réglementer.

La solution des questions d'intérêt appartient au syndicat.

Exemple : les règlements de la Seine-Inférieure.

N° 7. La Scie, art. 59.

N° 2. La Saanne, art. 17.

N° 5. La Varenne et l'Arques, art. 17.

N° 6. La Durdent, art. 41.

N° 3. L'Oison, art. 15.

N° 8. L'Epte et la Morette, art. 16.

N° 4. Le Crevon, art. 16 modifié par l'art. 1er d'un arrêté préfectoral du 31 mai 1856.

N° 1er Les rivières de Rouen, art. 18, § final.

Neuvième Question.

Art. 8. *N'y a-t-il pas lieu de faire contribuer les communes traversées par un cours d'eau, non seulement à raison des pro-*

priétés riveraines qu'elles peuvent posséder, mais encore comme
se servant du cours d'eau pour y décharger leurs égouts?

Réponses.   **Résolutions.**

Sur la deuxième partie de la question les opinions se contredisent.

Selon les uns, les communes qui se servent du
cours d'eau pour la décharge de leurs égoûts
ne doivent point contribuer au curage, parce que
la dépense mise à leur charge, retomberait presque toujours sur chacun des habitants par aggravation des impôts communaux, en dégrevant
d'autant les véritables intéressés.

Si les communes devaient contribuer, ce ne
pourrait être en vertu de la loi du 14 floréal an XI,
mais en vertu de l'art. 1382 du Code Napoléon,
et encore faudrait-il qu'il y eût faute ou négligence de la part de l'édilité.

Selon les autres, les communes doivent con-   La commis-
tribuer pour l'usage qu'elles font du cours d'eau,   sion est d'avis
et être taxées à une quote part proportionnelle   que les com-
au dommage qu'elles causent par l'accumulation   munes doivent
des vases que charrient leurs égoûts, et au pro-   contribuer pour
fit qu'elles retirent du voisinage de la rivière qui leurs égoûts.
les débarrasse, à peu de frais, d'immondices
qu'elles sont tenues de faire enlever de la voie
publique.

SECTION TROISIÈME.

IRRIGATIONS.

Douzième Question.

Art. 9. *Peut-on, pour l'utilité des usines, restreindre les*
prises d'eau et limiter les époques, la durée et le mode d'irriga-
tion consacrés par l'usage?

*Réciproquement, peut-on, pour l'utilité des agriculteurs, res-
treindre les prises d'eau des usines, et limiter les époques, la
durée et le mode de jouissance consacrés, à leur profit, par l'usage?*

Réponses.   **Résolutions.**

Aucune conclusion n'a été formulée relativement au mode de réglementation du partage des
eaux, entre les usiniers et les propriétaires riverains. Cependant douze membres de la commission ont traité cette question, moins pour proposer le moyen de la résoudre, que pour signaler le
danger d'un jugement qui la déciderait dans un
sens ou dans l'autre. Il faut, disent les uns, respecter les droits acquis, ne jamais chercher à   La commis-
établir la prépondérance d'un intérêt sur un autre,   sion est d'avis
afin de ne pas jeter la perturbation dans les for-   qu'il faut res-
tunes. Il ne serait pas légal de déclarer, dans   pecter les droits
un règlement administratif, que les limites,   acquis.
que les restrictions apportées à la durée, au
mode et aux époques des prises d'eau, seront
observées sans tenir compte des usages contraires ;
car ce sont là des questions réservées au pouvoir
judiciaire — Les usages sont fondés sur l'expérience des siècles, sur la destination du père de
famille, sur celle du souverain, des anciens seigneurs, sur des titres, sur des transactions que
le temps a rendus inattaquables.

Les progrès de l'agriculture et de l'industrie,
disent les autres, ne permettent plus de suivre
les anciens usages et commandent de les remplacer
par des règlements nouveaux. La loi du 12-20
août 1790 veut que les eaux soient dirigées, autant que possible, vers un but d'utilité générale,

d'après les principes de l'irrigation ; d'où il semble résulter que la préférence doit être accordée à l'agriculture sur l'industrie, lorsque la conciliation de ces deux intérêts n'est pas possible, lorsque, à moins de titre ou de possession contraire, l'état actuel des choses, tel que l'insuffisance du débit d'une rivière, commande de sacrifier l'un à l'autre.

Résolutions.

SECTION QUATRIÈME.

§ 1er. DIGUES ET DÉFENSES CONTRE LA MER.

Treizième Question.

Art. 10. *Les associations syndicales du Marquenterre et des bas-champs situés entre le bourg d'Ault, Cayeux et St.-Valery, quoique formées dans un but identique, la conservation des travaux de défense contre la mer, sont-elles régies par des statuts uniformes ?*

Leurs règlements ne constatent-ils pas des usages différents fondés sur des circonstances particulières à chacun des deux pays ?

Quels sont ces usages ? Quelles en sont les causes ?

Réponses.

Les règlements du Marquenterre et des bas-champs de St-Valery donnent eux-mêmes des éclaircissements sur les faits que cette question a pour mission de constater.

Le règlement du 19 vendémiaire an IX sur les travaux de défense du territoire compris entre les baies de la Somme, de la Maye et de l'Authie règle la part contributive des intéressés aux travaux de curage des cours d'eau et des écluses

Résolutions.

Adopté comme constatation.

à la mer, proportionnellement aux surfaces des terrains protégés.

La répartition des dépenses relatives à l'entretien des digues à la mer, aux termes d'un arrêté consulaire du 6 messidor an VIII, se fait de telle sorte que les dernières renclôtures paient le double de la cotisation imposée aux terrains protégés par les digues en arrière.

Cette combinaison, ainsi que le constate cet arrêté, ne fait que sanctionner l'ancien usage du Marquenterre, en ce qui concerne les dépenses annuelles.

Les contributions extraordinaires pour les travaux exécutés en vertu de l'arrêté consulaire du 5 prairial an VIII, ont été réparties sur tous les propriétaires des terrains renclos, proportionellement à la valeur et au produit desdits terrains.

Le règlement du 23 pluviose an X relatif aux bas-champs entre St-Valery, Cayeux et Ault fait deux catégories de travaux.

1° Ceux qui concernent l'entretien et la réparation des digues à la mer sont à la charge de tous les propriétaires des bas-champs sans exception.

2° Ceux qui sont relatifs à l'entretien des canaux de Lanchères et de Cayeux, à l'exception des écluses en tête qui font partie des travaux de la première catégorie, sont à la charge de ceux qui y avaient contribué jusqu'alors.

Une loi spéciale du 12 prairial an V et rendue applicable à tous les bas-champs, à partir de l'an X impose, savoir :

1° Aux proprétaires des terrains qui ont leur égoût dans l'un ou dans l'autre canal, une contri-

bution annuelle de *trente-cinq centimes* par journal, mesure ancienne, dont vingt centimes pour
l'entretien du canal, et quinze centimes pour les
réparations communes à la mer.

2° Aux cantons et enclos qui ont leur égoût
particulier, une contribution de *vingt-cinq centimes* par journal, dont quinze pour les entretiens
communs à la mer, et dix centimes pour leurs
entretiens particuliers.

Enfin, à tous les marais communs, une contribution de *vingt centimes*, dont dix centimes pour
les ouvrages à la mer et le reste pour le canal qui
reçoit leurs eaux.

Lorsqu'il y a lieu à contribution extraordinaire;
les répartitions doivent se faire proportionnellement à l'étendue des terrains qui a toujours servi
de base à ces sortes d'opérations ; mais les marais
communs ne supportent que la moitié de la contribution proportionnelle et les terres endommagées par les sables ne sont cotisées qu'à raison
de leur valeur.

Quatorzième Question.

Art. 11. *Présentent-ils dans l'application, notamment en ce
qui concerne la part contributive à la charge de l'usufruitier, et
les obligations respectives des propriétés protégées par les digues
de seconde et de troisième enceinte, des difficultés qui soient de
nature à en motiver la révision ?*

Réponses.

Aucun des membres de la commission n'a répondu à cette question.

Le placard des États de la Frise du 9 Mai
1774, communiqué à la commission par M. le

Résolutions.

La commis-
sion décide que
le placard de
1774 sera joint

président Boullet, constate sur le premier point à son procès-
l'usage de la Hollande. verbal, pour ser-

Sur le second on peut consulter le règlement vir de rensei-
du Marquenterre. gnement.

Quinzième Question.

Art. 12. *Dans l'enceinte des terrains renclos par des digues,
l'entretien des canaux de desséchement est confié à des syndicats
ou à l'Administration ; mais il n'en est pas de même des fossés
qui traversent ou entourent les propriétés particulières. Il arrive
souvent que l'incurie du propriétaire inférieur empêche l'égouttement du terrain supérieur dont les eaux, ainsi retenues, ne
peuvent plus arriver au canal de desséchement ou à la rivière
qui doit les recevoir.*

*Ne serait-il pas à désirer qu'un règlement d'administration
publique intervînt pour imposer, à chaque propriétaire, l'obligation de tenir en bon état les fossés qui fournissent passage aux
eaux des propriétés supérieures ?*

Réponses. **Résolutions.**

La raison de décider que les propriétaires sont
tenus de curer leurs fossés, est dans le règlement
du 19 vendémiaire an IX, dont le § II, art. 1er,
est ainsi conçu : « Tous les travaux entrepris ou
à entreprendre, pour la défense et le dessèchement du Marquenterre, ainsi que ceux pour la   Adopté.
facilité des communications, même les simples
fossés d'écoulement qui bordent les propriétés
particulières, sont placés sous la surveillance de
l'autorité publique et soumis aux lois et règlements relatifs à la conservation des travaux des
ponts et chaussées et de navigation.

Ce règlement est toujours en vigueur et maintenu dans toute sa force par la loi du 14 floréal

an XI, et par l'art. 27 de la loi du 16 septembre 1807.

§ 2ᵉ — NOUVELLES RENCLOTURES.

Seizième Question.

Art. 13. Lorsque, par suite d'une concession des relais de la mer, de nouvelles digues sont construites en avant des digues actuellement existantes et, pour la conservation desquelles, des syndicats ont été organisés, les concessionnaires peuvent-ils faire entrer dans l'association les nouveaux terrains endigués ? — Ou faut-il attendre, pour les y admettre, que le temps ait consolidé les travaux qu'ils ont fait exécuter à leurs risques et périls.

Pendant combien d'années l'association peut-elle décliner l'obligation de contribuer à l'entretien des nouvelles digues ?

Réponses.	Résolutions.

Il semble qu'en pareille matière on ne doit pas considérer seulement la solidité des travaux accomplis par l'endigueur, mais encore le profit qu'il peut tirer de l'endiguement; car, dans l'hypothèse où les terrains renclos seraient sans valeur, leur part contributive aux dépenses communes, s'élevât-elle au double de celle des autres intéressés, conformément au principe admis par les statuts du Marquenterre, serait encore insuffisante pour compenser le sacrifice que l'entretien des nouvelles digues ferait peser sur la communauté. Tout terrain renclos est présumé se suffire à lui-même, et le syndicat doit pouvoir repousser tout propriétaire endigueur qui ne lui apporterait pas au moins l'équivalent des nouvelles charges qu'il lui impose.

Si la question se présente, c'est au syndicat à la résoudre, sauf recours à l'autorité supérieure.

Dix-Septième Question.

Art. 14. *Comment déterminerait-on les conditions auxquelles tout nouvel associé sera admis ou forcé à entrer dans l'ancienne société ?*

Résolue comme la précédente.

SECTION CINQUIÈME.

DUNES ET GARENNES.

Dix-Huitième Question.

Art. 15. *Quelles sont les mesures prises, quels sont les usages adoptés relativement à la plantation et à la fixation des dunes, notamment en ce qui concerne les droits et les obligations des riverains ou du syndicat qui les représente ?*

Réponses.　　　　　　　　　　**Résolutions.**

Les réponses à cette question ont constaté les faits suivants :

La Garenne de St-Quentin qui, en majeure partie, appartient à l'un des membres de la commission et le reste au Domaine, a une superficie de 2775 hectares, 94 ares, dont 1690 hectares avaient été fixés naturellement avant le décret du 14 décembre 1810

L'association syndicale du Marquenterre, quoique ayant pour unique objet le desséchement des propriétés rencloses, consacre chaque année une somme assez importante à la fixation des dunes dans les parties les plus menaçantes pour les propriétés riveraines. Elle fait ces plantations bénévolement et sans y être aucunement tenue.

Adopté comme constatation.

De 1810 à 1834, elle a fixé 159 hectares de dunes, en consacrant, chaque année, à cette dépense, une somme que M. Delegorgue évalue s'élever de 7 à 900 francs.

En 1834, il existait dans les communes de Cayeux et du Crotoy 135 hectares 36 ares de dunes non fixées et 2 hectares de dunes fixées. Le service des ponts et chaussées a réclamé la remise de 49 hectares de dunes, sur la rive gauche de la baie de Somme pour y effectuer des semis.

Jusqu'à présent, l'oyat a été considéré comme le seul végétal susceptible de prendre racine dans les sables. Le syndicat du Marquenterre l'emploie de préférence à la fixation des dunes les plus dangereuses pour les propriétés voisines.

Des semis de sapin ont été tentés depuis quelques années. Le résultat obtenu permet de supposer qu'ils pourraient être continués avec grande chance de succès.

Résolutions.

Dix-Neuvième Question.

Art. 16. *N'y aurait-il pas lieu de permettre au syndicat des renclôtures d'opérer, comme substitué par délégation, aux droits de l'État, le semis ou la plantation des dunes?*

Ne devrait on pas, dans tous les cas, faire contribuer les propriétaires des dunes aux frais de plantation ou de semis, à raison des avantages qu'ils retirent de ces travaux?

Par quelle voie arriver à ce résultat? Suffirait-il d'un règlement administratif?

Réponses.   **Résolutions.**

Le droit, pour le propriétaire riverain d'une dune, de planter les endroits dangereux afin de se garantir de l'invasion des sables, ne saurait être mis en doute. Il est consacré par les usages

Adopté.

du Boulonnais, de la Flandre et de la Hollande.

Mais le droit de contraindre les propriétaires de dunes à faire eux-mêmes ces plantations, n'est écrit dans aucune loi, dans aucune coutume, ni autorisé par aucun usage.

Les propriétaires ne peuvent être assujettis qu'aux condi ions édictées par le décret du 14 décembre 1810, dont l'art. 5 autorise l'État à planter lui-même les dunes des particuliers, et à jouir des plantations jusqu'à complet rembour- sement de ses avances et des intérêts des sommes qu'il y a consacrées

Rien ne s'oppose à ce que l'État délègue, à une association comme celle du Marquenterre, le privilège que lui confère le décret du 14 décembre 1810.

Un décret impérial, en déterminant la zone de concession, permettrait au syndicat d'utiliser les terrains concédés par des plantations plus pro- ductives que l'oyat, de trouver, dans la jouis- sance des terrains fixés et des plantations, la compensation de ses sacrifices, et, en cas d'évic- tion, il aurait la certitude d'être remboursé inté- gralement de ses avances et des intérêts de ses capitaux, sans autres charges, envers l'État, que celles qui grèvent toutes les propriétés produisant un revenu appréciable.

SECTION SIXIÈME.

PUITS ET MARES COMMUNS.

Vingtième Question.

Y a-t-il utilité à réglementer les puits et les mares communs ?

Vingt-et-unième Question.

Quels sont les usages qu'il conviendrait de consacrer dans les règlements ?

RÉSOLUTIONS ET AVIS.

' Les réponses des Maires aux questions posées dans la circulaire préfectorale du 20 janvier 1858, sont assez explicites pour autoriser la commission à adopter les résolutions suivantes :

PUITS COMMUNS.

Art. 17. — Tous les puits situés sur la voie publique ou sur un terrain communal sont la propriété de la commune, sans distinction entre les puits dont l'entretien est à la charge du budget municipal et les puits entretenus par les habitants du quartier qui en ont l'usage.

Art. 18. — Les puits fondés originairement, sur la voie publique, par des sociétés de participants, conservent leur caractère d'établissements communaux, alors même que l'usage en est réservé exclusivement aux membres de l'association.

Art. 19. — Les fondateurs de ces puits, leurs héritiers ou ayants-cause ne doivent être considérés que comme de simples permissionnaires. Leurs titres, lorsqu'ils en ont, ne peuvent avoir d'efficacité que relativement au rayon de l'association et au mode de répartition de la dépense.

Art. 20. — L'autorité municipale peut élargir le cercle de la circonscription des puits de quartier fondés depuis moins de dix ans, et exiger des nouveaux participants, outre la contribution aux menus frais d'entretien, un droit d'*intrade* destiné à alléger d'autant les charges de l'association.

Les puits fondés depuis plus de dix ans, sont régis par le droit commun.

Art 21. — Les taxes que les autorités municipales imposent

aux usagers des puits communs, sont régies par les dispositions de l'article 44 de la loi du 18 juillet 1837, quand elles sont fondées sur des usages locaux constants et reconnus.

Art. 22. — Le droit de réglementation des puits communaux et des puits de quartier appartient aux maires ; mais ce droit peut très-bien se concilier avec les usages particuliers de chaque localité qui ne sont point en opposition avec les principes du droit commun.

Art. 23. — Les usages constatés par l'enquête, malgré leur diversité, relativement au mode de répartition de la dépense commune, ne diffèrent pas quant au principe qui leur sert de base.

La contribution aux menues dépenses d'entretien, est une charge usufructuaire qui doit être supportée par tous les usagers sans distinction, dans la proportion de la quantité d'eau que chacun est présumé consommer pour ses besoins domestiques.

Mais la contribution aux grosses réparations et aux frais que nécessite le percement d'un nouveau puits, est une charge réelle qui incombe aux propriétaires, proportionnellement à l'étendue et à l'importance des héritages amasés qu'ils possèdent dans la circonscription du puits.

On ne saurait donc approuver les arrêtés municipaux qui violent ce principe en exonérant le locataire de toute participation aux menus frais d'entretien, lesquels doivent toujours être considérés comme des charges locatives.

Art. 24. — Doivent être considérées comme dépenses d'entretien, celles qui ont pour objet le renouvellement de la corde et de la chaîne, les menues réparations au treuil et à la couverture, les frais faits pour extraire du puits les immondices qui y sont jetées, en général tout ce qui y tombe par accident, tout ce qui est de nature à salir ou à corrompre les eaux.

Art. 25. — Le curage, dans les communes où, à raison de la profondeur des puits, il n'a lieu que tous les dix ou quinze ans, est assimilé aux grosses réparations.

Art. 26. — Celui qui possède un puits ou qui établit une citerne sur son terrain, n'est pas pour cela exempt de contribuer à la dépense commune du puits de son quartier ; mais il ne doit y participer que pour moitié de la somme à laquelle il serait taxé s'il usait du droit qu'il a et auquel il ne peut renoncer, d'y puiser de l'eau quand bon lui semble.

Art. 27. — La circonscription, par quartiers, des usagers des puits communaux est une mesure qui mérite d'être recommandée à tous les maires du département, comme moyen de faciliter la surveillance de l'autorité locale et de connaître les usagers qui abusent de leur droit de puisage ou qui l'exercent avec négligence.

Cette mesure, en obligeant ceux qui ont un puits affecté à leurs besoins à le tenir en bon état, sous peine de se voir interdire l'accès des autres puits, préviendrait l'abus qui résulte de la promiscuité de jouissance, lorsque tous les puits d'une commune sont laissés à la libre disposition du premier venu.

Art 28. — Les usagers des puits communaux et les sociétés de participants aux puits de quartier, ne doivent relever, pour les difficultés qui surviennent entre eux à l'occasion de la jouissance des eaux et de la répartition de la dépense, que de l'autorité municipale, sauf leur recours à l'autorité supérieure.

Il ne s'agit point là, en effet, d'un intérêt privé pouvant donner lieu à une action civile, mais d'un intérêt public subordonné, pour les rapports et les obligations qu'il engendre, au contrôle du pouvoir administratif.

Art. 29. — Il en serait autrement si le puits consacré à un usage commun était construit en dehors de l'alignement de la voie publique, sur un terrain dépendant d'une propriété particulière.

Dans ce cas, l'association devrait être régie selon les principes du droit commun.

Art. 30. — Les syndicats chargés de l'administration des puits communaux, de quelque manière qu'ils soient organisés, doivent compte de leur gestion à l'autorité municipale.

17

MARES COMMUNALES.

Art. 31. — Les réservoirs d'eaux pluviales sont un objet de première nécessité, dans toutes les communes des hauts-pays, où les
puits dépassent la profondeur moyenne de 6 à 7 mètres, et dans
tous les pays de vallée où il existe des parties de village, en côte,
éloignées de plus de 500 mètres de la source la plus voisine.

Art. 32. — Ces réservoirs doivent être répartis, dans les différents quartiers, de manière à fournir la quantité d'eau nécessaire
aux besoins journaliers des habitants du voisinage, et, le cas
échéant, pour servir à éteindre les incendies.

Art. 33. — Il est indispensable que les pentes d'écoulement des
nouveaux chemins soient ménagées de manière à ne pas détourner
les eaux pluviales au moyen desquelles les mares sont alimentées.

Il est urgent que des mares nouvelles soient établies dans les
communes où elles sont insuffisantes, afin de remplacer celles qui
ont été comblées ou rétrécies pour la confection des routes et des
chemins vicinaux, ou par suite du classement de ces chemins en
routes départementales.

Art. 34. — On doit engager les communes à construire des
citernes publiques, pour suppléer à l'insuffisance des mares qui ne
retiennent pas les eaux, ou qui sont toujours sèches à l'époque des
chaleurs.

Une citerne réservée pour des besoins éventuels serait surtout
utile dans le voisinage de l'église.

Art. 35. — Autant que possible, les mares communales doivent
être ombragées au midi et au levant et environnées par des plantations, de manière à prévenir les accidents et à empêcher l'évaporation et la corruption des eaux.

Art. 36.— Les frênes plantés à moins de 50 mètres de distance,
sont un voisinage dangereux pour les mares. Les cantharides qui
s'attachent à ces arbres infectent les abreuvoirs où elles tombent ;

les feuilles elles-mêmes donnent un goût fétide à l'eau et peuvent aussi devenir une cause de maladie et de mortalité pour les bestiaux.

RÈGLEMENTS MUNICIPAUX SUR LES MARES.

Art. 37. — Les règlements doivent avoir pour objet le curage, et l'approvisionnement des mares, la police des abreuvoirs, les mesures de conservation et de salubrité.

Art. 38. — L'usage de faire curer les mares par voie de réquisition et de prestations des habitants, tombe en désuétude. Presque partout, aujourd'hui, ce sont les communes qui les font curer à leurs frais, attendu que le produit de la vente des vases qui ont leur valeur comme engrais, est plus que suffisant pour couvrir les frais d'extraction et de transport.

Art. 39. — Les mares s'approvisionnent au moyen de l'écoulement des eaux pluviales sur la voie publique.

Le droit qu'a tout riverain de la voie publique de détourner les eaux pluviales qui s'écoulent le long de sa propriété, peut être suspendu par des arrêtés municipaux dûment autorisés.

Ces arrêtés cessent d'être obligatoires aussitôt que les mares communales sont complétement remplies.

Art. 40. — En temps de sécheresse et aux mois de juin, juillet, août et septembre, les mares communes peuvent être interdites à certains usages industriels.

Pendant la durée de l'interdiction, les habitants qui ont des constructions à faire doivent être munis d'une permission du maire pour y puiser de l'eau.

Art. 41. — En temps de sécheresse, les villages voisins ne peuvent venir abreuver leurs bestiaux ou puiser de l'eau aux mares communes.

Les habitants ne peuvent, pareillement, puiser l'eau aux mares communales et en faire provision chez eux, pour plus de deux jours de la consommation présumée de leurs ménages.

Art. 42. — En tout temps il est interdit de détourner l'eau des mares communales pour la faire entrer dans des réservoirs privés.

Art. 43. — En tout temps, il doit être défendu aux étrangers qui traversent la commune, de faire entrer leurs bestiaux dans les mares communales. Il leur est seulement permis de puiser de l'eau dans des auges ou cuviers pour les y faire boire.

Art. 44. — L'accès des mares communes ne doit pas être interdit, toute l'année, aux oies et aux canards, mais seulement à l'époque et pendant la durée de la mue.

Art. 45. — Il doit être défendu de jeter des pierres et des immondices dans les mares communes, d'y laisser couler des purins, des eaux ménagères et autres matières qui seraient de nature à les encombrer, salir ou infecter, d'y laver des langes, des laines, des moutons, d'y abreuver des bestiaux atteints de maladies contagieuses.

Art. 46. — Pendant les chaleurs, il doit être défendu de laisser les bestiaux en liberté sur la voie publique et dans le voisinage des abreuvoirs, de sortir les vaches, les moutons et les porcs dans les rues, avant l'heure où les pâtres et bergers conduisent leurs troupeaux dans les champs.

Art. 47. — Les maires règlent la police des abreuvoirs. Ils peuvent en interdire l'accès aux bestiaux qui ne sont pas tenus par le lien; défendre aux mineurs âgés de moins de dix-huit ans et aux femmes d'y conduire des chevaux ; à un seul conducteur d'y entrer avec plus de trois chevaux à la fois, et de les mener plus vite que le pas, à toutes personnes de se baigner dans les mares publiques.

RÈGLES COMMUNES AUX PUITS ET AUX MARES.

Art. 48. — Les puits communaux, les mares et les citernes publiques étant destinés à l'usage commun des habitants répartis dans les différents quartiers, doivent, aux termes de l'article 50 de la loi du 14-15 mars 1790, être considérés comme des établissements communaux.

Art. 49. — Les grosses réparations de ces établissements rentrent dans la catégorie des dépenses obligatoires prévues par l'art. 30, § 16 de la loi du 18 juillet 1837, que l'article 39 de la même loi autorise à inscrire d'office aux budgets municipaux.

Art. 50. — Les frais que nécessite le percement d'un nouveau puits ou d'une nouvelle mare, ne sont pas des dépenses obligatoires.

Néanmoins, lorsqu'un puits ou une mare, ayant un caractère communal, aura été supprimé ou comblé par suite de la confection ou du classement d'une route, et que la commune aura été déclarée fondée à réclamer l'indemnité de l'expropriation pour cause d'utilité publique, le prix de cette indemnité devra être affecté, comme article de dépense du budget municipal, à la reconstruction, dans le même quartier, de la mare ou du puits supprimé.

Art. 51. — Le droit de réglementer les puits, les mares et les citernes publics appartient à l'autorité municipale.

Art. 52. — Le Préfet a aussi le droit de proposer et de décréter les mesures relatives à la jouissance et à la police des eaux qui ont un caractère d'utilité générale ; le pouvoir de suspendre l'effet et de limiter la durée des arrêtés pris par les maires, lorsque ces arrêtés ne doivent être exécutés que temporairement ou dans des circonstances exceptionnelles.

Art. 53. — Les arrêtés municipaux sur les puits et les mares doivent se concilier, autant que faire se peut, avec les nécessités géologiques et topographiques de chaque localité, avec les exigences des saisons, les besoins des habitants et les usages qu'ils ont toujours observés.

Art. 54. — Si des mesures contraires aux usages suivis de temps immémorial devenaient nécessaires, elles ne pourraient être prises qu'après enquêtes préalables et délibérations des conseils municipaux, sur l'opportunité des changements proposés.

VŒU DE LA COMMISSION.

La commission regrette de ne pas trouver, dans la loi du 18 juillet 1857, une disposition qui l'autorise à déclarer que les frais de premier établissement des puits communs, des mares et des citernes publiques sont des dépenses obligatoires pour les communes où les puits et les mares, actuellement existants, ne suffisent pas aux besoins des habitants et à la sécurité des habitations.

Elle émet le vœu que cette lacune soit comblée par une loi ou par une disposition du code rural.

ÉTAT des communes du Département où les mares communales sont insuffisantes pour les besoins de la population, avec l'indication des causes de cette insuffisance, dressé d'après les réponses des maires à la dixième question de la circulaire du 20 Janvier 1858.

Arrondissement d'Abbeville.

Abbeville (nord). — *Drucat-Plessiel :* Quoique cette commune soit située dans une vallée, de grandes mares communales y seraient très-utiles.

Ailly-le-Haut-Clocher. — *Bussus :* Insuffisantes ; la rue d'En-Bas n'a qu'une seule mare sur une étendue de 600 mètres.

Donqueur : Insuffisantes, sans indication de cause.

Gorenflos : Le nombre des mares, autrefois, était suffisant. Il serait nécessaire d'en creuser une nouvelle pour les besoins d'un quartier dont la mare a été comblée, lors de la construction du chemin de grande communication n° 46 ; les habitants de ce quartier sont obligés, aujourd'hui, d'aller chercher l'eau à une très-grande distance.

Ault. — *Allenay :* On est gêné en temps de sécheresse.

Ault : Insuffisantes. Il est urgent d'en créer une dans le quartier des Quatre-Rues ; mais la difficulté est de trouver un terrain convenable, dans un sol pierreux.

Ochancourt : Insuffisantes, sans indication de cause.

' **Crécy.** — *Noyelles-en-Chaussée :* Suffisantes pour les besoins domestiques, mais insuffisantes en cas d'incendie.

Fontaine-sur-Maye : Quelques mares bien placées seraient très-utiles en cas d'incendie.

Hallencourt. — *Wiry-au-Mont :* Insuffisantes en temps de sécheresse.

Wanel : Insuffisantes, souvent sèches.

Moyenneville. — *Chepy :* Insuffisantes, sans indication de cause.

Tœufles : Insuffisantes, sans indication de cause.

Nouvion. — *Gapennes :* Il n'y a pas de mares aux extrémités du village.

Buigny Saint-Maclou : Une seule mare est insuffisante.

Forest-l'Abbaye : La commune n'a qu'une seule mare, il en faudrait une deuxième ; mais la nature du terrain ne permet pas d'en établir à l'extrémité du village.

Lamotte-Buleux : Insuffisantes dans les grandes sécheresses.

Rue. — **Saint-Valery.** — Les communes des cantons de Rue et de Saint-Valery sont arrosées par un grand nombre de canaux de desséchement et de sources naturelles.

Arrondissement d'Amiens.

Amiens. — *Allonville :* Les quatre mares suffisent, sauf dans les moments de grande sécheresse.

Argœuves : Une de plus serait fort utile dans le haut du village.

Saveuse : Le nombre des mares est suffisant ; mais les travaux exécutés pour la confection de la route empêchent l'eau d'y arriver.

Conty.— *Oresmaux* : Nombre de mares suffisant ; mais il serait à désirer que les ressources de la commune lui permissent de les faire approfondir et murailler.

Velennes : La commune est en instance pour obtenir l'agrandissement de la mare d'en haut.

Wailly : Les mares sont insuffisantes.

Taisnil : L'une des trois mares de cette commune, celle au centre du village, est vide la moitié du temps.

Corbie. — *Bresle* : Insuffisantes.

Franvillers : La rue de l'Eglise, qui n'en a pas, est fort gênée.

Ribemont : Insuffisantes.

Warfusée-Abancourt : Suffisantes à cause du grand nombre de *citernes privées*.

Hornoy. — *Aumont* : Suffisantes, mais mal réparties.

Gouy-l'Hôpital : Pas la moitié de ce qu'il faudrait.

Guibermesnil : Insuffisantes.

La Fresnoye : Suffisantes, quant au nombre ; mais insuffisantes, relativement à la quantité d'eau. On vient d'en agrandir une ; on se propose d'en agrandir une autre, lorsque les ressources de la commune le permettront.

Villers-Campsart : Le recomblement de quelques mares, le rétrécissement de quelques autres pour l'établissement de la route, font qu'elles ne sont plus suffisantes ; mais on ne trouve pas de terrain convenable pour en établir d'autres.

Oisemont. — *Etrejus* : La mare unique est sèche la moitié du temps, car sa position topographique ne lui permet de recevoir qu'une faible quantité d'eaux pluviales.

Cannessières : Nombre insuffisant.

Frenoy-Andainville : Insuffisantes.

Fresneville : Suffisantes pour l'intérieur du village ; mais un quartier qui en est privé n'a pas d'emplacement convenable pour en établir une.

Forceville : Il en faudrait au moins trois.

Heucourt-Croquoison : Nombre suffisant ; mais elles demandent à être approfondies et élargies, ce qu'on ne fait pas faute de ressources.

Neuville-Coppegueule : Insuffisantes ; il en faudrait encore une.

Woirel : Il n'y a pas de mare communale ; on se propose d'en établir une. Chacun a son puits particulier.

Molliens-Vidame. — *Avelesges :* Insuffisantes ; mais il est impossible d'en créer d'autres.

Camps-en-Amiénois : Plusieurs quartiers se plaignent de leur éloignement des mares existantes aujourd'hui. Plusieurs ayant été comblées pour l'amélioration des deux routes qui traversent la commune. Il sera nécessaire, par la suite, d'acquérir des terrains pour en établir deux dans des quartiers éloignés.

Creuse : Suffisantes en temps ordinaire.

Floxicourt : La mare unique était suffisante autrefois, parce que, située au bas d'une longue côte, elle s'approvisionnait facilement ; mais, depuis que le cantonnier en a détourné l'eau qui coule sur les bas côtés, pour la faire entrer dans une carrière, cette mare est presque toujours sèche.

Saisseval : Insuffisantes.

Warlus : Une quatrième mare serait nécessaire, rue du Bois.

Picquigny. — *Cavillon :* Insuffisantes dans les années de sécheresse.

Fourdrinoy : Insuffisantes pour la même cause ; mais il y a impossibilité d'en établir d'autres.

Vignacourt : Insuffisantes pour certains quartiers.

Poix. — *Croixrault :* Un quartier sollicite l'agrandissement de sa mare, qui est insuffisante.

Agnières : Insuffisantes, sans indication de cause.

Blangy-sous-Poix : Insuffisantes,   id.

Souplicourt : Insuffisantes,   id.

Frettemole : Une de plus serait nécessaire.

Sains. — *Sains :* Quelques mares auraient besoin d'être agrandies. Le maire a demandé qu'un cassis soit établi sur la route n° **7**, afin de faciliter l'écoulement des eaux pluviales dans la mare de la chaussée, mais sa demande n'a pas été accueillie.

Saint-Fuscien : Les mares seraient suffisantes si elles tenaient l'eau.

Thésy-Glimont : Insuffisantes.

Villers-Bocage. — *Saint-Vast-en-Chaussée :* Insuffisantes.

Saint-Gratien : Suffisantes quant au nombre, mais trop petites.

Vadencourt : Insuffisantes.

Arrondissement de Doullens.

Acheux. — *Raincheval :* Il n'existe point de mares communes.

Bernaville. — *Autheux :* Le nombre des mares est insuffisant à cause de l'extrême profondeur des puits.

Beaumetz : Le nombre des mares n'est plus suffisant depuis que l'administration des ponts-et-chaussées les a fait rétrécir et diminuer.

Epécamps : Une seule mare est insuffisante.

Gorges : Le peu de largeur des rues ne permet pas d'y établir des mares communes.

Remaisnil : Une mare de plus est nécessaire.

Domart-en-Ponthieu. — *Franqueville :* Une seule mare est insuffisante.

Havernas : Insuffisantes en cas d'incendie ; la seule mare qui existe serait bientôt épuisée.

Montrelet : Les mares sont insuffisantes pendant les basses eaux.

Pernois : Le nombre des mares est insuffisant, mais on ne saurait en percer d'autres. Il serait bon que celle qui est située sur le chemin vicinal de Pernois à Fienvillers fût agrandie, car elle est très-nécessaire aux bestiaux qui vont dans les champs, et elle contribue à ménager *la mare d'en haut*.

Surcamps : Insuffisantes.

Doullens. — *Neuvillette :* Insuffisantes.

Arrondissement de Montdidier.

Ailly-sur-Noye. — *Coullemelle :* Insuffisantes.

Folleville : Insuffisantes.

Flers : Il y a des habitations qui sont à 710 mètres des mares.

L'Hortoy : Les mares sont sèches depuis longtemps.

Villers-Tournelle : Il n'existe plus qu'une seule mare ; deux petites ont été supprimées pour la confection des chemins. Ce n'est pas assez en cas d'incendie.

Montdidier. — *Etelfay :* Nombre suffisant ; mais trop petites.

Guerbigny : Il n'y a que deux mares ; elles sont dans le même quartier.

Remaugies : Insuffisantes.

Moreuil. — *Wiencourt-l'Equippée :* Insuffisantes dans les grandes sécheresses.

Hangest-en-Santerre : Insuffisantes, le nombre ayant été diminué de moitié depuis dix ans. Le défaut de pente et l'irrégularité des écoulements sont deux causes qui les font tarir très-souvent.

Quesnel : Insuffisantes. Deux mares ont été supprimées dans la rue de Caix, pour l'établissement de la route de Proyart à Montdidier. Une de plus serait très-utile aux habitants, surtout en cas d'incendie.

Rosières. — *Bayonvillers :* Il n'y a pas de mare au centre du village, et le besoin d'y en percer une se fait sentir tous les jours.

Roye. — *Fresnoy-lès-Roye :* Insuffisantes.

Biarre : Une seule mare, qui est très-grande, suffisait autrefois; mais un cultivateur, dont la propriété est contiguë, ayant fait pratiquer *une citerne* avec un tuyau correspondant à la mare, elle est, par ce moyen, mise à sec une grande partie de l'année.

Dancourt : Suffisantes, excepté dans les années sèches.

Léchelle-Saint-Aurin : L'unique mare de Saint-Aurin est insuffisante.

Rethonvillers : Le nombre de quatre mares est insuffisant.

Arrondissement de Péronne.

Albert — *Auchonvillers* : Nombre suffisant ; mais petites, mal entretenues.

Buire-sous-Corbie : Insuffisantes.

Becourt-Bécordel : Ne suffisent que dans les années ordinaires.

Courcelette : Une seconde mare serait très-utile.

Fricourt : Elles ne tiennent pas l'eau.

Miraumont : Les mares publiques devraient être plus nombreuses, car il n'existe pas de mares particulières dans cette commune.

Millencourt : Deux mares suffisent, parce qu'il y a *trente-cinq citernes particulières.*

Mametz : Insuffisantes.

Tiepval : Une troisième mare serait utile dans une rue dont les habitants sont très éloignés des mares.

Bray. — *Néant.*

Chaulnes. — *Framerville* : Deux rues sont privées de leurs mares, par suite de la création de la route n° 20, d'Albert à Roye. Deux nouvelles seraient nécessaires, autant pour les besoins des habitants que pour les ressources qu'elles offriraient en cas d'incendie, dans un quartier où toutes les maisons sont couvertes en chaume ; mais le terrain convenable manque

Combles. — *Carnoy* : Insuffisantes.

Ginchy : On est gêné en temps de sécheresse.

Guillemont : Les mares sont souvent sèches.

Lesbœufs : Insuffisantes.

Sailly-Saillizel : Insuffisantes.

Ham. — *Esmery-Hallon* : Insuffisantes.

Nesle. — *Languevoisins* : Insuffisantes.

Pargny : Deux mares ne suffisent pas.

Péronne. — *Mesnil-Bruntel* : Insuffisantes.

Bouchavesnes : Insuffisantes dans les années de sécheresse.

Allaines : Une mare serait utile dans le haut du village ; mais le terrain est trop perméable.

Feuillères : Insuffisantes. L'épuisement de la caisse municipale empêche d'en établir une dans un terrain communal très-convenable pour cet objet.

Roisel. — *Bernes* : Les mares suffisent au hameau de Fléchin ; elles sont insuffisantes à Bernes, où l'établissement des chemins de grande communication n°s 34 et 50 a nécessité le comblement des mares, et il n'en existe plus.

Driencourt : Trois mares ne suffisent pas.

Epehy : Les quatre mares sont insuffisantes.

Guyencourt-Saulcourt : Insuffisantes dans la section de Saulcourt, où il n'existe aucune mare.

Hesbecourt : Insuffisantes en temps de sécheresse.

Liéramont : Une quatrième mare, ouverte depuis peu de temps dans un quartier qui en manque, ne tient pas l'eau. Une grande dépense serait nécessaire.

Warlu : Insuffisantes en temps de sécheresse.

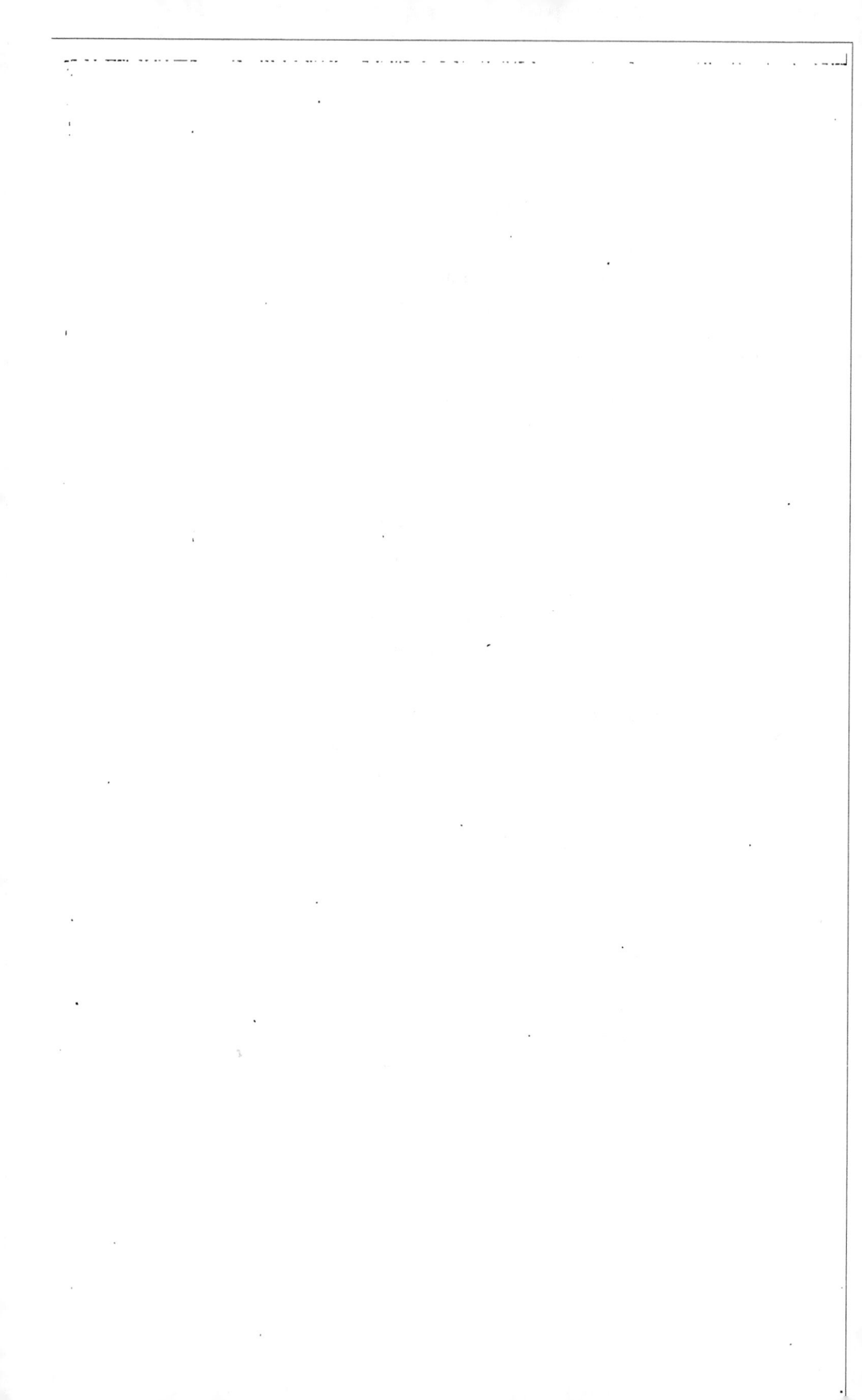

ANALYSE DES RÉPONSES

AUX QUESTIONS DU PROGRAMME.

Question préliminaire.

COMPOSITION DU SYNDICAT.

MM. de Neuvillette et Siffait.

Quoique la composition du syndicat n'ait pas fait l'objet d'une question du programme, deux membres de la commission se sont néanmoins préoccupés de cette partie essentielle et fondamentale de tout règlement administratif sur la police des cours d'eau.

M. de Neuvillette pense qu'il n'est pas absolument nécessaire que les usiniers soient appelés à faire partie du syndicat, attendu que leurs usines sont établies conformément à des autorisations anciennes ou récentes et que leurs intérêts sont garantis par des règlements particuliers

M. Siffait demande que le choix des membres du syndicat soit fait de telle sorte que jamais aucun d'eux ne réunisse la double qualité d'usinier et de possesseur de propriétés riveraines indépendantes de celles qui sont l'accessoire obligé de son usine ; cette confusion était souvent la source, au sein de la commission syndicale, de difficultés et de tiraillements, qu'il est du devoir de l'administration de prévenir.

Première Question.

La réglementation d'un cours d'eau doit-elle toujours avoir pour conséquence l'organisation d'un syndicat représentant les usiniers et les propriétairns intéressés ?

MM. Fuix, — Mancel, — d'Hornoy, — Oger, — Hardouin, Dhavernas, — Perdry, — Dubois, — Feuilloy, — Siffait, — Petit, — de Neuvillette.

Sur cette question, les avis sont à peu près unanimes. Un syndicat est nécessaire, parce que c'est le meilleur moyen de représenter tous les intérêts, ceux des propriétaires, des usiniers et des communes.

MM. Fuix et Mancel admettent toutefois une exception pour les petits cours d'eau. Celui qui ne traverse qu'une seule commune, dit M. Mancel, n'a pas besoin de syndicat. L'administration municipale suffit; mais s'il en traverse plusieurs, les ponts-et-chaussées doivent agir, parce que les autorités locales ne feront rien.

M. l'Ingénieur en chef, pour les cours d'eau d'une importance minime, indique un moyen très simple qui est pratiqué avec succès dans le département de la Sarthe. Les agents du service hydraulique font exécuter les travaux dont les conseils municipaux ont déclaré l'utilité. Ce système ne présente de difficulté que lorsque le cours d'eau est mitoyen entre deux communes et que leurs conseils municipaux sont en désaccord. Si la mesure était reconnue applicable au petit nombre des cours d'eau de la Somme qui se trouvent dans ce cas, on pourrait obvier à l'inconvénient signalé en faisant résoudre la difficulté par le Préfet, sur le rapport des ingénieurs. Un système analogue est en vigueur dans le département de l'Eure (Règlement du 4 juillet 1840).

Deuxième Question.

Quel sera le rôle du syndicat ? — Quelles seront ses attributions ?

MM. Mancel, — d'Hornoy, — Oger, — Dhavernas. — Perdry, — Dubois, — Fuix, — Feuilloy, — Siffait, — Petit, — Hardouin, — de Neuvillette.

Les questions n°s 2, 3 et 4 se trouvent souvent confondues dans les réponses des membres de la commission. Cela devait être, parce que, à quelque point de vue qu'on se place, le système qu'on adopte pour l'une, détermine nécessairement le mode de solution proposé pour les autres.

Sur la première, l'opinion qui domine demande qu'il ne soit rien changé aux attributions actuelles du syndicat. Son rôle, dit *M. Mancel*, est de rechercher les intérêts et les diverses ressources de la rivière et de la vallée qui peuvent être imposées, de préparer, de voter le budget des dépenses, d'arrêter les comptes, de surveiller l'emploi des deniers, l'exécution des travaux. Ses attributions sont celles d'un comité consultatif appelé à donner son avis sur l'utilité des travaux à entreprendre, sur les moyens de les exécuter et le meilleur mode de réglementation de la rivière.

M. Feuilloy voudrait que le syndicat fût consulté lorsqu'il s'agit de construire, de réparer et de modifier les retenues faites par les usiniers, qu'on lui accordât le droit de faire des propositions pour tout ce qui concerne les barrages, lavoirs, ponts, passerelles, de manière à décharger les propriétaires des frais de visite des ingénieurs, et à ne mettre à leur charge que la dépense de l'arpenteur chargé de faire le nivellement des eaux et du terrain, dans la partie la plus rapprochée, en aval et en amont, des terrains destinés à l'irrigation.

M Fuix adopte la formule du règlement général de la Somme, en opinant pour qu'on ajoute à l'article 9, titre Ier, que le syndicat pourra poursuivre d'office le règlement des usines existant sans titre.

M. Dhavernas voudrait, à côté du syndicat, un agent de l'administration, tel, par exemple, qu'un conducteur des ponts-et-chaussées à qui serait réservée l'initiative de toutes les mesures à prescrire. Cet honorable membre craint que les commissions syndicales n'agissent pas avec l'esprit de suite et la célérité qu'exige l'intérêt général, par la raison qu'étant composées d'éléments divers représentant des intérêts opposés, ces commissions sont exposées à vouloir aujourd'hui une chose et demain une autre, et à obéir au caprice de majorités dont les décisions dépendent souvent de la présence d'un membre et de l'absence d'un autre, ayant des vues distinctes.

Troisième Question.

Quel rôle et quelles attributions l'Administration doit-elle se réserver ?

MM. Mancel , — d'Hornoy, — Oger, — Hardouin , — Dhavernas, — Perdry, — de Neuvillette, — Fuix, — Dubois, — Feuilloy, — Petit, — Siffait.

M. Fuix : Le rôle de l'administration est tout tracé dans le règlement général de la Somme.

L'administration ne doit se réserver que le contrôle, que le droit d'approuver et de rejeter les décisions du syndicat et de le remplacer lorsqu'il y a nécessité de le faire.

Telle est aussi la conclusion de tous les membres de la commission qui ont fait parvenir leurs observations.

Quatrième Question.

Ne conviendrait-il pas, en principe, de réserver à la commission syndicale l'examen de toutes les questions d'intérêt, notamment de celles relatives à la répartition des dépenses et à l'activité des travaux à exécuter ? Ne convient-il pas, d'un autre côté, d'investir l'Administration des pouvoirs les plus efficaces, pour qu'elle fasse exécuter convenablement et rapidement les travaux ordonnés par la commission ?

MM. Mancel, — d'Hornoy, — Oger, — Hardouin, — Dhavernas, — Perdry, — de Neuvillette, — Fuix, — Dubois, — Feuilloy, — Petit, — Siffait.

Cette question se confond avec les deux précédentes, et se résout par les réponses qui y ont été faites.

M. Hardouin : Le syndicat sera surtout un pouvoir consultatif qui provoquera et préparera les mesures utiles et concourra, dans certains cas, à leur exécution (R. à la **2ᵐᵉ**); mais l'administration ne doit se dessaisir d'aucun des moyens qu'elle tient de la loi pour faire exécuter convenablement et rapidement les travaux reconnus nécessaires. Ces travaux ne seront *pas ordonnés* par la commission syndicale, comme l'énonce le 2ᵉ § de la question posée. Ils seront seulement proposés, indiqués par elle, et surveillés par elle, quand leur exécution aura été arrêtée par le Préfet.

M. de Neuvillette pense que l'administration ne doit intervenir que dans les cas d'absolue nécessité; *M. Perdry,* que le directeur du syndicat fera toujours mieux exécuter que tout autre agent de l'administration ; *M. Petit,* que l'exécution des travaux doit être exclusivement réservée à la commission sydicale, parce qu'elle offre des garanties et une responsabilité morale qu'on trouverait difficilement ailleurs, au même degré.

M. Siffait base son opinion sur les nécessités du service des travaux publics qui commandent de ne pas surcharger inutilement les ingénieurs et les conducteurs des ponts-et-chaussées d'opérations aussi multipliées, aussi diverses que celles qu'embrasse la réglementation des cours d'eau non navigables, ni flottables. Un tel système consacrerait la suppression des principales attributions des commissions syndicales. Il suffit que l'administration puisse, ainsi que le prévoient les règlements adoptés dans le département de la Somme, ordonner des travaux extraordinaires, sur la proposition du syndicat et l'avis des ingénieurs dont le concours peut toujours être réclamé par le Préfet, soit d'office, soit sur la demande de la commission syndicale elle même, et enfin que cette commission, lorsqu'elle se rend coupable de négligence dans l'exercice des pouvoirs qui lui sont conférés, puisse être remplacée par un agent désigné à cet effet.

M. Fuix : Les pouvoirs qu'il convient de donner aux commissions syndicales ainsi que ceux que doit se réserver l'administration, sont spécifiés dans la formule du règlement général de la Somme, sous le titre Ier, article 9, et sous le titre II, qui contient un ensemble de dispositions évidemment suffisantes pour assurer l'exécution des travaux prescrits.

Cinquième Question.

> *S'il y a des cas où l'organisation d'un syndicat n'est pas nécessaire, comment conviendrait-il d'y suppléer ? — Qu'y aurait-il lieu de faire, notamment, lorsque le cours d'eau n'a d'utilité que pour le jeu des usines qu'il met en mouvement, et lorsque les riverains n'en tirent actuellement aucun avantage ni profit ?*

MM. Mancel, — d'Hornoy, — Oger, — Hardouin, — Dhavernas, — Darsy, — Perdry, — de Neuvillette, — Fuix, — Dubois, — Feuilloy, — Petit, — Siffait.

M. Mancel : Un syndicat n'a de raison d'être que quand il y a des intérêts opposés. L'administration peut contraindre ceux qui profitent des eaux à en accepter les charges. Dans ce cas, dit *M. d'Hornoy*, on peut laisser l'initiative aux maires. La législation existante et les règlements généraux, ajoute *M. Neuvillette*, suffisent pour empêcher les usiniers d'abuser.

M. Hardouin : Un syndicat sera presque toujours utile ; seulement les dépenses qu'il nécessitera pèseront dans une plus forte proportion sur les usiniers. Les usiniers, ajoute *M. Oger,* n'ont que trop de propension à surélever leurs eaux. Un syndicat est nécessaire pour veiller à ce que leurs retenues n'occasionnent pas de débordements. Selon *MM. Petit, Perdry et Feuilloy,* il est d'une indispensable nécessité, même lorsque la rivière n'est utilisée que par les usiniers, parce qu'elle peut servir à des irrigations et que, d'un moment à l'autre, les intérêts des riverains peuvent être affectés.

M. Siffait n'admet point de cas où la constitution d'une commission syndicale soit inutile. S'il n'y a point d'usines, il y a, au moins, sur les deux rives, des propriétaires intéressés à les conserver dans leur état normal, et à ne point laisser à l'autorité locale seule le soin de veiller à l'exécution des règlements.

La surveillance des maires, si efficace qu'on la suppose, sera toujours isolée et circonscrite dans un rayon trop étroit pour que son action puisse être efficace. On ne peut pas dire qu'un cours d'eau n'a d'utilité que pour le jeu des usines. Les riverains ont toujours intérêt à ce que le cours d'eau soit bien entretenu ; il y a toujours des intérêts contraires qui exigent qu'une commission syndicale soit chargée de l'application des règlements administratifs.

M. l'Ingénieur en chef ne présente qu'une seule observation sur la cinquième question, dont le deuxième paragraphe lui paraît sans objet, attendu que tous les cours d'eau du département, sur lesquels il existe des usines, sont pourvus de règlements.

A l'exception des canaux dérivés pour le service d'une usine, il n'y a point de cours d'eau qui se trouve dans les conditions de ce paragraphe. L'usinier est et doit être tenu, par son règlement, d'entretenir la totalité du canal, sauf les usages contraires.

Sixième Question.

Si la rivière coule sur la limite de deux départements, quelle sera l'autorité réglementaire ? Faudra-t-il cons- tituer un syndicat pour chaque rive, ou un syndicat unique pour toute la rivière ou pour chaque section de rivière ?

MM. Mancel, — d'Hornoy, — Oger, — Hardouin, — Dhavernas, — Perdry, — de Neuvillette, — Fuix, — Dubois, — Feuilloy, — Petit, — Siffait.

Tous ceux de messieurs les membres de la commission qui ont fourni des mémoires sont d'avis qu'un syndicat unique doit être institué, lorsque la rivière coule sur la limite de deux départe- ments, et que le soin de le former et de le diriger soit confié, par un décret impérial, à l'administrateur du département qui réunit le plus d'intérêts. — Il existe, dit *M. de Neuvillette,* pour les dessé- chements de la vallée d'Authie, un syndicat unique composé de sept membres, dont quatre sont nommés par l'administration pré- fectorale du Pas-de-Calais, et trois par celle de la Somme. Une ordonnance royale a réglé les attributions de ce syndicat. Néan- moins les décisions qu'il prend sont quelquefois improuvées par l'autorité dans un département, et approuvées dans l'autre. Que serait-ce s'il y avait deux syndicats et deux approbations néces- saires ?

M. Hardouin pense qu'on ne peut enlever au Préfet de chacun des départements le *pouvoir réglementaire* qui lui appartient ; mais, pour préparer les décisions, il semblerait utile qu'il y eût une commission pour chaque rive, avec un directeur unique qui convoquerait et réunirait les deux commissions.

Dans ces assemblées, tous les intérêts seraient représentés et souvent conciliés.

M. l'Ingénieur en chef croit que, dans le cas prévu par la ques- tion, l'autorité réglementaire doit être le chef même de l'Etat, et qu'un décret est nécessaire. Il est convaincu qu'un syndicat unique composé d'éléments pris dans chaque département, en nombre proportionnel à l'importance des intérêts qu'il représente, fonctionnerait plus utilement que deux syndicats indépendants qui pourraient avoir souvent des intérêts contraires. La conciliation de ces intérêts lui paraît devoir mieux s'opérer dans le sein d'une commission unique qu'entre deux commissions indépendantes.

M. *Siffait,* tout en admettant, en principe, la nécessité d'un syndicat unique, voudrait que ce syndicat, pour la surveillance des travaux ainsi que pour l'accomplissement des diverses opérations qui n'exigeraient pas le concours de toute la commission réunie, pût se diviser en deux sections, une pour chaque rive, qui aurait, dans ses attributions, tous les petits détails d'administration, de répartition, de comptabilité et de police que comporte la réglementation d'un cours d'eau.

Au moyen de cette combinaison, chaque section ne pourrait prendre aucune mesure générale sans qu'elle ait été soumise à l'assemblée du syndicat tout entier ; mais aussi les Préfets de chaque département conserveraient, pour l'exécution des résolutions prises relativement aux intérêts qui touchent leurs administrés, avec le concours de la section qui les représente, les attributions qui leur sont dévolues par la loi.

Septième Question.

Que convient-il de faire dans le cas où une rivière coule successivement dans plusieurs départements ?

MM. Mancel, — d'Hornoy, — Oger, — Hardouin, — Dhavernas, — Perdry, — de Neuvillette, — Fuix, — Dubois, — Feuilloy, — Petit, — Siffait.

MM. Mancel, de Neuvillette, Dhavernas, Perdry, Dubois, Feuilloy et Siffait sont d'avis qu'il ne doit y avoir qu'un seul syndicat.

MM. d'Hornoy, Oger et Petit déclarent, au contraire, la nécessité de former autant de commissions syndicales qu'il y a de départements traversés par le cours d'eau. Un seul syndicat ne pourrait jamais fonctionner régulièrement, à cause de la difficulté qu'il y aurait à en réunir les membres.

M. l'Ingénieur en chef, tout en reconnaissant que chaque section de département a une existence qui lui est propre, ne verrait pas d'inconvénient à ce que chacune d'elles eût un syndicat; mais il pense qu'il ne doit y avoir qu'un seul règlement général pour toute la rivière, et une commission spéciale unique qui remplirait des fonctions analogues à celles des commissions instituées par les articles 42 et suivants de la loi du 16 septembre 1807. Les commissions départementales auraient les attributions ordinaires des syndicats pour les questions qui n'intéresseraient que la section de rivière qu'elles représentent, et la commission spéciale connaîtrait de toutes les questions d'intérêt commun. Ses décisions ne pourraient être déférées qu'au Conseil d'Etat

MM. Hardouin et Siffait se réfèrent à leurs observations sur la sixième question dont la solution doit nécessairement préjuger la septième.

Huitième Question.

CURAGE.

Quelles sont les diverses catégories d'intéressés au curage ?

Le curage doit-il être obligatoire pour tous les riverains indistinctement, même pour ceux qui, à raison de l'élévation de leurs propriétés, sont à l'abri des dangers qui pourraient résulter du défaut d'entretien du lit de la rivière ?

MM. Mancel, — d'Hornoy, — Oger, — de Neuvillette, — Dhavernas, — Perdry, — Petit, — Fuix, — Feuilloy, — Dubois, — Darsy, — Siffait, — Hardouin.

Dans l'opinion de *M. l'Ingénieur en chef*, il y a deux intérêts bien distincts qui peuvent déterminer l'obligation de contribuer au curage : un *intérêt positif* résultant du profit plus ou moins grand qu'on peut tirer de la rivière, par exemple du droit de pêche, de la faculté d'irriguer, et de la valeur d'une chute d'eau correspondant à l'étendue de la propriété sur les deux rives ; un *intérêt négatif* tel que celui qui porte tout riverain à se défendre d'un dommage possible. Ainsi, les prairies sont exposées à des inondations et les terres labourables élevées peuvent souffrir d'un défaut d'entretien du lit Une alluvion peut jeter la terre du côté opposé. La difficulté de poser des principes et des règles certaines est une raison de conclure qu'il faut laisser au syndicat la solution des questions d'intérêt.

Tel est, aussi, l'avis de *MM. Perdry, Petit et Dubois.*

Selon *MM. Mancel, Dhavernas, Darsy et Siffait* le curage doit être rendu obligatoire pour tous les riverains sans distinction, parce qu'un riverain a toujours intérêt au bon entretien du lit de la rivière et un avantage à en être voisin immédiat.

Cependant, *MM. d'Hornoy, Oyer, de Neuvillette, Perdry et Feuilloy* veulent qu'on fasse une exception pour les riverains dont la propriété n'est point submersible ou à laquelle l'inondation ne causerait point de dommage. Ainsi les riverains propriétaires de tourbières exploitées n'ont point d'intérêt au curage, parce que, en cas de débordement, elles ne peuvent que profiter des eaux sales qui viennent y décharger leur limon et contribuer d'autant à les attérir.

Partant du principe que tous ceux qui tirent avantage d'un cours d'eau sont intéressés à ce que la rivière conserve son libre écoulement, *M. Hardouin* établit ainsi les diverses catégories d'intéressés :

Les usiniers;

Les propriétaires riverains irrigués;

Les propriétaires non riverains de prairies irriguées;

Les riverains non irrigués.

Pour tous, dit-il, le curage et l'entretien sont des obligations qui résultent de la situation de leurs propriétés, mais d'une manière inégale, et ce sera une des attributions utiles du syndicat que de répartir la dépense dans une sage proportion, en remplissant le vœu de la loi du 14 floréal an XI, qui veut que la quotité de la contribution de chaque imposé soit toujours relative au degré d'intérêt qu'il aura aux travaux à exécuter.

Neuvième Question.

N'y a-t-il pas lieu de faire contribuer les communes traversées par un cours d'eau, non seulement à raison des propriétés riveraines qu'elles peuvent posséder, mais encore comme se servant du cours d'eau pour y décharger leurs égouts?

MM. Mancel, — d'Hornoy, — Oger, — de Neuvillette, — Dhavernas, — Perdry, — Petit, — Fuix, — Feuilloy, — Dubois, — Siffait, — Hardouin.

Pas de difficultés sur la première hypothèse. Les communes, pour celles de leurs propriétés qui subissent l'influence du cours d'eau, sont astreintes aux mêmes obligations que les particuliers; mais sur la deuxième, les opinions se contredisent.

Ainsi, sur le point de savoir si les communes sont tenues de contribuer au curage du cours d'eau où elles déchargent leurs égoûts, *MM. Mancel, Oger, de Neuvillette, Dhavernas, Hardouin, Perdry, Dubois et Feuilloy* se prononcent pour l'affirmative. *MM. d'Hornoy, Petit, Siffait,* ainsi que *M. l'Ingénieur en chef,* pour la négative.

Si les communes pouvaient être imposées, dit ce dernier, ce ne pourrait être par application de la loi du 14 floréal an XI, mais en vertu de l'article 1382 du Code Napoléon, et encore faudrait-il qu'il y eût faute ou négligence de la part de l'édilité, qu'elle ne prît pas toutes les mesures nécessaires pour empêcher les eaux pluviales, ménagères ou industrielles d'entraîner les immondices déposées sur la voirie municipale, qu'elle négligeât l'exercice de ses fonctions les plus importantes.

Je ne sache pas, fait observer *M. d'Hornoy*, que la ville de Paris contribue au curage de la Seine.

Il serait, en effet, peu équitable, ajoute *M. Siffait*, de mettre à la charge d'une commune une dépense qui retomberait presque toujours sur chacun de ses habitants, par une aggravation des impôts communaux, en dégrevant d'autant les véritables intéressés au bon entretien de la rivière.

Selon *M. Mancel*, non-seulement les communes, mais même l'Etat et le département doivent concourir, dans une certaine mesure, aux frais généraux de l'administration des syndicats, parce que le maintien en bon état des vallées et des usines importe à l'intérêt général, et que les vallées et les usines paient leur bonne part des charges départementales.

M. de Neuvillette : Les communes qui, par les égoûts d'eaux ménagères ou de toute nature, autres que les eaux pluviales, occasionnent l'envasement d'un cours d'eau doivent être taxées à une quote part proportionnelle au dommage qu'elles causent.

M. Perdry : Les syndicats apprécieront, d'après les circonstances, la part contributive à mettre à la charge des communes.

M. Petit : Il y a seulement des mesures à prendre lorsque les égoûts charrient des eaux délétères ou des immondices qui peuvent compromettre la salubrité publique.

MM. Dubois et Feuilloy : Il est de toute justice que les communes contribuent pour l'usage qu'elles font du cours d'eau où elles déchargent leurs égoûts.

Dixième Question.

L'obligation de contribuer au curage doit-elle être étendue à tous les propriétaires riverains ou non riverains , qui subissent l'influence du cours d'eau ?

MM. Mancel, — d'Hornoy, — Oger, — de Neuvillette, — Dhavernas, — Perdry, — Petit, — Fuix, — Dubois, Siffait, — Hardouin.

M. *l'Ingénieur en chef* : Toute propriété qui subit l'influence d'un cours d'eau doit contribuer aux dépenses ayant pour objet d'augmenter les avantages qu'il lui procure ou de diminuer les inconvénients auxquels il l'expose.

MM. *Mancel, d'Hornoy, Oger, de Neuvillette, Feuilloy et Siffait* n'admettent pas non plus, en principe, de distinction entre les riverains et les non riverains ; tous les terrains, en vallée, sont tenus de contribuer au curage du cours d'eau qui l'arrose, proportionnellement à l'intérêt de leurs propriétaires.

M. *de Neuvillette* : Les propriétaires des terrains élevés qui n'ont rien à redouter des inondations, quoique bordant immédiatement la rivière, ne doivent pas être exclusivement chargés de la curer.

M. *Dhavernas* : une partie des frais de curage doit être mise à la charge des riverains, quels qu'ils soient, une autre à la charge des usiniers, et une troisième à la charge des non riverains qui subissent l'influence du cours d'eau.

MM. *Perdry, Petit et Dubois* : En semblable matière, il n'est point possible de fixer un principe absolu et d'en tirer une règle d'application. C'est aux commissions syndicales qu'il appartient d'apprécier les questions d'intérêt.

Onzième Question.

Les propriétaires de terrains non irrigués, mais susceptibles de l'être, peuvent-ils être tenus de participer à la dépense du curage, et dans quelle proportion ?

MM. Mancel, — d'Hornoy, — Oger, — de Neuvillette, — Dhavernas, — Perdry, — Petit, — Fuix, — Dubois, — Feuilloy, — Siffait, — Hardouin, — Bouthors.

M. Dubois : Le principe est que, pour contribuer, il faut user ; tant que le propriétaire n'use pas de l'irrigation, il doit être exempt des charges qu'entraîne nécessairement l'exercice de cette faculté.

M. Mancel : On doit imposer une contribution spéciale aux propriétaires qui irriguent, parce qu'ils usent de l'eau. Ceux qui n'irriguent pas ne doivent rien ; ils sont dans la position du propriétaire d'une chute qui ne l'utilise pas.

M. d'Hornoy : Dans la position du propriétaire d'un terrain non bâti qui ne paie pas l'impôt de la maison qu'il pourrait bâtir, mais qu'il ne bâtit pas ; d'un industriel qui, fermant ses ateliers, cesse d'être assujetti à la patente pendant le temps qu'il n'exerce pas son industrie.

M. de Neuvillette : L'irrigation étant facultative, les propriétaires des terrains irrigables ne doivent être taxés que lorsqu'ils font usage de barrages *ad hoc*, et ne peuvent être taxés qu'au prorata du remous de ces barrages et dans l'étendue de leur propriété.

Tel est, aussi, l'avis de **MM. Dhavernas, Perdry, Petit et Oger.**

M. l'Ingénieur en chef manifeste à cet égard un doute plutôt qu'une opinion. L'article 645 du Code Napoléon, dit-il, prescrit aux juges, en matière d'irrigation, de concilier l'intérêt de l'agriculture avec le respect de la propriété. Or, si cette conciliation est déjà si difficile à opérer, par les tribunaux, dans les cas particuliers qui sont soumis à leur appréciation, comment la commission peut-elle avoir la pensée de l'opérer *à priori* par voie réglementaire ?

M. Boulhors : L'obligation de contribuer au curage des rivières non navigables ni flottables n'a pas de relation nécessaire avec le droit de prise d'eau. Ce dernier a sa cause dans un intérêt privatif individuel que l'article 644 du Code Napoléon a voulu protéger, tandis que l'obligation de contribuer au bon entretien du lit est basée sur un intérêt collectif qui est défini par la loi du 14 floréal an XI, laquelle veut que la quotité de la contribution de chaque imposé soit toujours proportionnelle au degré d'intérêt qu'il aura à leur confection, à quelque titre que ce soit. Par conséquent, les propriétaires des terrains non irrigués, mais susceptibles de l'être, n'en doivent pas moins contribuer au curage, quand ils y ont un intérêt quelconque et dans la proportion de cet intérêt.

Telle est, à cet égard, la règle adoptée par les règlements de la Seine-Inférieure, notamment par celui de la Scie.

« Les frais de curage et de faucardement sont répartis de la ma-
» nière suivante : Les propriétaires des prairies irriguées, riveraines
» ou non, sont imposés au marc le franc de l'impôt foncier; les
» propriétaires d'usines, à raison de l'impôt foncier cumulé avec
» la patente, sans préjudice de la part qu'ils peuvent avoir à sup-
» porter comme propriétaires de prairies.

» Enfin, les propriétaires de terrains non irrigués, quoique
» susceptibles de l'être, sont compris dans la répartition de manière
» à ce que chaque mètre de rive est compté comme un are de
» terrain. — A la surface hypothétique ainsi déterminée on appli-
» que l'impôt foncier des prairies de la dernière classe. La part
» contributive qu'elles ont à supporter, d'après cette règle, est aussi
» celle des pâturages et marais communaux.

» Le règlement de la Saâne impose les prairies irriguées, rive-
» raines ou non riveraines, à raison du revenu cadastral ; — les
» terrains riverains non irrigués, susceptibles ou non d'être irri-

» gués, à raison du revenu cadastral descendu d'une classe ; — les
» usines, à raison du revenu cadastral cumulé avec la patente. —
» Les communes possesseurs de biens communaux bordant la
» rivière, sont assujetties, comme les autres riverains et suivant les
» mêmes règles, aux mêmes cotisations annuelles ou temporaires.»

M. Feuilloy, directeur du syndicat du Liger et propriétaire de
prairies irriguées dans la vallée qu'arrose cette rivière, propose
un système de répartition sur lequel il est nécessaire d'appeler
l'attention de la commission.

Selon lui, deux catégories d'intéressés doivent être appelées à
concourir aux dépenses de curage et d'entretien.

La première comprendrait les usiniers ;

La deuxième, tous les propriétaires de terrains irrigués ou non
irrigués, riverains ou non riverains, situés dans le bas-fonds de la
vallée ; ceux dont la propriété, hors du bas-fonds de la vallée, est
riveraine du cours d'eau ; ceux enfin qui, n'étant pas riverains,
possèdent un terrain ou parcelle de terrain susceptible d'être
inondé.

Chacune de ces deux catégories supporterait une moitié de la
dépense ; mais la seconde formerait cinq divisions qui contribueraient dans des proportions différentes.

La première division de la deuxième catégorie, qui comprendrait les possesseurs des terrains irrigués riverains ou non, serait
imposée au prorata du nombre d'ares de la superficie.

La deuxième division, c'est-à-dire les possesseurs riverains de
terrains non irrigués, situés en vallée et susceptibles d'être inondés, seraient taxés à raison de deux ares non irrigués pour un are
irrigué; si ce terrain était insubmersible, à raison de dix mètres de
rive pour un are.

La troisième division — les propriétaires des terrains non riverains, mais susceptibles d'être inondés, — contribuerait à raison de
trois ares contre un de la première division.

Quatrième division — les possesseurs de terrains, de quelque nature qu'ils soient, non submersibles, riverains d'un cours d'eau, — à raison de dix mètres de rive pour un are de sol irrigué.

Cinquième division — les possesseurs de terrains placés dans les conditions de la quatrième division, mais non riverains et non submersibles, — devraient contribuer dans la proportion de dix ares pour un are de sol irrigué.

M. Hardouin : Pour tous, le curage et l'entretien du lit de la rivière sont des obligations qui résultent de la situation de leurs propriétés, mais d'une manière inégale, et ce sera une des attributions utiles du syndicat, de répartir les dépenses dans une sage proportion, en remplissant le vœu de la loi du 14 floréal an XI.

Douzième Question.

IRRIGATIONS.

Peut-on, pour l'utilité des usines, restreindre les prises d'eau et limiter les époques, la durée et le mode d'irrigation consacrés par l'usage?

Réciproquement, peut-on, pour l'utilité des agriculteurs, restreindre les prises d'eau des usines, et limiter les époques, la durée et le mode de jouissance consacrés, à leur profit, par l'usage?

MM. Mancel, — d'Hornoy, — Oger, — de Neuvillette, — Dhavernas, — Perdry, — Petit, — Fuix, — Dubois, Darsy, — Feuilloy, — Hardouin.

Cette question se rattache à un grand intérêt agricole que le Gouvernement veut protéger, celui de la multiplication du bétail et de l'amélioration du pâturage. Malheureusement, un intérêt contraire, celui de l'industrie qu'alimentent la plupart des rivières non navigables ni flottables, force l'Administration, qui a mission de régler le partage des eaux, de laisser, à la disposition des usines, la plus grande partie de celles qui pourraient être employées à féconder les prairies au moyen des irrigations. On la met dans la nécessité, pour concilier ces deux intérêts, de prendre des mesures qui froissent l'un sans donner complète satisfaction à l'autre.

Cette question a été abordée avec une excessive réserve par les auteurs des observations qui vous ont été transmises.

Dans l'opinion de *MM. Mancel, d'Hornoy, de Neuvillette, Dhavernas, Perdry, Petit, Feuilloy, Hardouin et Darsy,* il faut respecter les droits acquis, ne jamais chercher à établir la prépondérance d'un intérêt sur un autre, afin de ne pas jeter la perturbation dans les fortunes: d'où il suit qu'on ne peut restreindre ou augmenter les prises d'eau sans donner lieu à des indemnités réciproques. L'eau, dit *M. Mancel,* doit être mise d'abord à la disposition de ceux qui ont des titres, subsidiairement de ceux qui n'en ont pas ; il faut laisser au syndicat le droit de régler les prises d'eau proportionnellement au volume à dépenser et au nombre d'hectares à irriguer.

M. Darsy : Si l'administration avait à réglementer un pays neuf, si aucun intérêt ne se trouvait engagé, rien ne serait plus facile que de faire une répartition équitable des eaux ; mais l'état de choses actuel prescrit le respect des droits acquis et le maintien des anciens usages fondés sur l'expérience des siècles, sur la destination du père de famille, sur celle du souverain et des anciens seigneurs, sur des titres et des transactions particulières que le temps a rendus inattaquables, autant, toutefois, que l'intérêt public n'en peut souffrir.

M. Hardouin croit qu'il ne serait pas légal de déclarer dans un règlement administratif que les restrictions et limites apportées à la durée, au mode, aux époques des prises d'eau, soit dans l'intérêt de l'industrie, soit dans l'intérêt de l'agriculture, seront observées sans tenir compte des usages contraires ; car ce sont là des questions qui appartiennent au pouvoir judiciaire, et la plupart des règlements faits par les préfets les réservent, au contraire, formellement, en déclarant ne rien préjuger à cet égard.

En cette matière, fait observer *M. d'Hornoy,* il ne peut y avoir de règle fixe applicable à tous les cours d'eau, car il peut arriver

19

que les usiniers jouissent par concession des riverains ou même par prescription ; dans ce cas, le droit des usiniers doit primer celui des riverains. Les usages locaux doivent donc être suivis ou au moins consultés, quand il s'agit de réglementer la jouissance des rivières non navigables ni flottables, quoique, généralement parlant, le droit des riverains ait précédé celui des usiniers, et que la culture du sol ait précédé les établissements industriels.

M. Oger : Les progrès de l'agriculture et de l'industrie ne permettent plus de suivre les anciens usages et commandent de les remplacer par des règlements nouveaux.

M. l'Ingénieur en chef fait observer que la loi du 12-20 août 1790 veut que les eaux soient dirigées, autant que possible, vers un but d'utilité générale, d'après les principes de l'irrigation, d'où il suit que la préférence est due à l'agriculture. Les autorisations d'usines ne sont accordées que sous la réserve des droits des tiers et, en particulier, des droits d'irrigation ; mais lorsque l'administration a à régler le partage des eaux entre les divers ayants-droit, elle fait les règlements de manière à concilier tous les intérêts. Lorsque la nature des choses, telle que l'insuffisance du débit d'une rivière, se refuse à la conciliation, la préférence doit être accordée à l'agriculture, à moins de titres contraires ou de dispositions consacrées par la destination du père de famille ou même par la prescription.

M. Feuilloy pense que, tout en respectant les droits acquis, il est possible de faire une sage répartition des eaux entre les usiniers et les irrigateurs : ce serait de diminuer la quantité d'eau donnée aux prairies pendant l'été et de l'augmenter pendant l'hiver, attendu que les irrigations d'hiver sont plus fertilisantes que celles d'été, et que les usines en ont plus besoin pendant l'été que pendant la mauvaise saison où l'abondance des eaux, souvent trop fortes pour le jeu régulier de leurs machines, permettrait d'en faire profiter les prairies.

Tels sont les éléments qui sont fournis sur la douzième question du programme, la plus importante et la plus délicate de toutes celles que vous avez à résoudre. Votre résolution, qu'il est permis de pressentir d'après les réponses dont je viens de vous présenter l'analyse, sera basée sur les principes de justice et d'équité qui ont dicté la disposition de l'article 645 du Code Napoléon et l'observation si concluante de M. l'Ingénieur en chef.

Treizième Question.

DIGUES ET DÉFENSES CONTRE LA MER ET LES DUNES.

Les associations syndicales du Marquenterre et des bas-champs situés entre le bourg d'Ault, Cayeux et St.-Valery, quoique formées dans un but identique, la conservation des travaux de défense contre la mer, sont-elles régies par des statuts uniformes ?

Leurs règlements ne constatent-ils pas des usages différents fondés sur des circonstances particulières à chacun des deux pays ?

Quels sont ces usages ? Quelles en sont les causes ?

MM. Delgorgue, — Fuix, — Bouthors.

M. Delgorgue, directeur-général du syndicat du Marquenterre : Les relais de mer sont endigués à mesure qu'ils se forment et que l'administration juge convenable de les aliéner. Les uns sont sur la rive gauche de la Somme, les autres sur la rive droite. Il en existe encore de très-considérables sur la rive gauche de l'Authie, qui forme la limite de notre département avec celui du Pas-de-Calais. Les terrains, ainsi protégés par des digues contre l'invasion de la mer sont connus sous le nom de *bas-champs.* Les vestiges des anciennes digues sont là pour attester que ces riches terrains, qui forment les bas-champs du Marquenterre et de Cayeux, ont été autrefois couverts par les flots, et que, depuis nombre de siècles, de nouvelles digues ont été successivement construites en avant des anciennes.

Des syndicats sont organisés pour la conservation des renclôtures qui protègent cette intéressante partie de l'arrondissement d'Abbeville ; des rôles sont votés et rendus exécutoires par l'autorité préfectorale, et les fonds sont employés tout à la fois à l'entretien des canaux de desséchement et des digues à la mer.

M. Fuix, ingénieur en chef : Le règlement du Marquenterre, du 19 vendémiaire an IX, sur les travaux de défense du territoire compris entre les baies de la Somme, de la Maye et de l'Authie, détermine la part contributive des intéressés aux travaux de curage des cours d'eau et des écluses à la mer, proportionnellement aux surfaces des terrains protégés. Ni le règlement de vendémiaire an IX, ni l'arrêté des consuls du 6 messidor an VIII, n'indiquent quelle doit être la base des dépenses relatives à l'entretien des digues à la mer, dans le Marquenterre, qui sont à la charge respective des terrains défendus par ces digues ; seulement, l'arrêté de messidor an VIII porte que les dernières renclôtures paieront dans une proportion double. Cependant, il semble résulter de l'article 3 que la contribution foncière est la base de cette répartition ; rien n'est prescrit également en ce qui concerne les frais généraux.

M. Bouthors : Le règlement des bas-champs entre le bourg d'Ault, Cayeux et Saint-Valery, divise les travaux en 2 catégories : 1° Ceux concernant l'entretien et la réparation des digues à la mer sont à la charge de tous les propriétaires des bas-champs sans exception; 2° ceux qui sont relatifs à l'entretien des canaux de Lanchères et de Cayeux, à l'exception des écluses, lesquelles font partie des travaux de la première catégorie, restent à la charge exclusive des propriétaires qui s'en servent pour la décharge de de leurs eaux. (V. ces règlements, pages 132 et suivantes.)

Quatorzième Question.

*Les règlements présentent-ils dans l'application, no-
tamment en ce qui concerne la part contributive à la
charge de l'usufruitier, et les obligations respectives des
propriétés protégées par les digues de seconde et de
troisième enceinte, des difficultés qui soient de nature
à en motiver la révision ?*

M. Bouthors.

Aucun membre de la commission n'a répondu à cette question.

Le Président de la sous-commission entre dans quelques détails
pour expliquer le motif qui a déterminé ses collègues à poser cette
question.

Les règlements des associations syndicales qui ont pour objet les
travaux de défense contre la mer, imposent, dit-il, des obligations et
des devoirs auxquels il n'est pas permis de se soustraire, sous peine
de compromettre l'existence des propriétés situées dans l'enceinte
des endiguements. Les nus-propriétaires et les usufruitiers sont
intéressés à la conservation de ces travaux; mais dans quelle proportion doivent-ils participer à la dépense ? Tel est le point sur
lequel la sous-commission a désiré obtenir quelques éclaircissements;
elle n'en a recueilli aucun. C'est peut-être une preuve que les difficultés qui peuvent surgir, à cet égard, sont susceptibles d'être résolues par les principes du droit commun, ou que les usufruitiers
acceptent l'obligation de contribuer à toutes les dépenses, à quelque
titre que ce soit, qui se répartissent par annuités jusqu'à parfait
amortissement du capital engagé.

Sur cette première partie de la question, il n'y a de précédents
à consulter que ceux que nous offre la législation des polders de la
Hollande, et c'est dans cette vue que M. Boullet, président de la
commission, s'est procuré, par l'intermédiaire de M. le baron
d'André, son gendre, ambassadeur de France à La Haye, la copie

d'un placard des Etats de la Frise, du mois de mai 1774, spécial aux difficultés qui peuvent survenir entre l'usufruitier et le nu-propriétaire en matière d'endiguements.

Quant à celles qui concernent l'entretien des digues de première et de seconde enceinte, le cas est prévu par l'article 2 de l'arrêté préfectoral du 16 messidor an VIII, pour le Marquenterre ; les propriétés protégées par les digues en avant contribuent dans une proportion double, en vertu d'un ancien usage consacré par une ordonnance de l'Intendant de Picardie, du 12 novembre 1744.

Quinzième Question.

Dans l'enceinte des terrains renclos par des digues, l'entretien des canaux de desséchement est confié à des syndicats ou à l'Administration ; mais il n'en est pas de même des fossés qui traversent ou entourent les propriétés particulières. Il arrive souvent que l'incurie du propriétaire inférieur empêche l'égouttement du terrain supérieur dont les eaux, ainsi retenues, ne peuvent plus arriver au canal de desséchement ou à la rivière qui doit les recevoir.

Ne serait-il pas à désirer qu'un règlement d'administration publique intervînt pour imposer, à chaque propriétaire, l'obligation de tenir en bon état les fossés qui fournissent passage aux eaux des propriétés supérieures ?

MM. Delgorgue, — Fuix, — de Neuvillette, — Darsy, — Bouthors.

M. *de Neuvillette* insiste sur la nécessité d'une réglementation administrative.

M. *Siffait* la réclame au nom de l'intérêt public, qui ne doit pas permettre qu'un seul propriétaire puisse ainsi, à un instant donné, détruire la récolte de tout un canton, par sa négligence à curer des fossés qui facilitent l'écoulement des eaux.

M. *Delgorgue* : Le règlement à intervenir devra renfermer un disposition pour contraindre le propriétaire inférieur à tenir en bon état les fossés qui bordent ou traversent sa propriété, pour ne pas empêcher l'égouttement du terrain supérieur, dont les eaux, ainsi retenues, ne peuvent plus arriver au canal destiné à les recevoir.

M. *Fuix* : La solution de la question est dans la loi du 10 juin 1854, sur le drainage, qui donne à tout propriétaire le moyen d'assé- cher son fonds en conduisant les eaux souterrainement ou à ciel ouvert, à travers les propriétés qui séparent ce fonds du cours d'eau ou de toute autre voie d'écoulement ; — l'application de cette loi permettra l'intervention de l'administration, lorsque le propriétaire aura fait régler, par le juge de paix, les conditions auxquelles le fonds inférieur sera tenu de souffrir le passage de ses eaux.

M. *Darsy*, à raison de l'état exceptionnel du sol du Marquen- terre, considère les fossés qui bordent ou traversent les propriétés particulières, comme ayant été établis dans un intérêt commun qui ne permet pas aux propriétaires de se retrancher dans les disposi- tions absolues de l'article 640 du Code Napoléon. Il invoque à l'appui de cette opinion des actes antérieurs à la Révolution, qu'on peut consulter aux archives du département de la Somme, et qui prou- vent que la mesure qu'on réclame aujourd'hui a déjà été décrétée par un arrêt du Conseil d'Etat, du 8 juillet 1738.

M. *Bouthors* dit que le cas est prévu par l'article 19 du règle- ment du 19 vendémiaire an IX, sur la police des digues et nocages du Marquenterre.

« Article 19. — Tous les travaux entrepris et à entreprendre
» pour la défense et le desséchement du Marquenterre, ainsi que
» ceux pour la facilité des communications dans le pays, même
» *les simples fossés d'écoulement autour des propriétés des parti-*
» *culiers,* sont placés sous la surveillance de l'autorité publique

» et soumis aux lois et règlements relatifs à la conservation des
» travaux des ponts-et-chaussées et de navigation. »

Cette disposition est toujours applicable, car elle a été maintenue
dans toute sa force par l'article 27 de la loi du 16 septembre 1807.

Seizième Question.

*Lorsque, par suite d'une concession des relais de la
mer, de nouvelles digues sont construites en avant des
digues actuellement existantes et, pour la conservation
desquelles, des syndicats ont été organisés, les concessionnaires peuvent-ils faire entrer dans l'association les
nouveaux terrains endigués ? — Ou faut-il attendre,
pour les y admettre, que le temps ait consolidé les
travaux qu'ils ont fait exécuter à leurs risques et
périls ?*

*Pendant combien d'années l'association peut-elle
décliner l'obligation de contribuer à l'entretien des
nouvelles digues ?*

MM. de Neuvillette, — Delgorgue, — Bouthors.

M. de Neuvillette : Le temps nécessaire pour la consolidation
des nouvelles digues sera fixé par le syndicat des anciennes renclôtures, sauf appel devant le Préfet, s'il y a contestation entre les
intéressés.

M. Bouthors : En semblable matière on ne doit pas considérer
seulement la solidité des travaux accomplis, mais aussi l'étendue et
la valeur des terrains renclos, parce que leur part contributive à
l'entretien de ces mêmes travaux, s'élevât-elle au double de la part
des autres, conformément au principe admis par les statuts du
Marquenterre, serait encore insuffisante si ces terrains ne produi-
saient qu'un minime revenu. La règle, en pareil cas, est que tout
terrain endigué est présumé pouvoir se suffire à lui-même. Par

conséquent, la communauté du polder compris dans l'enceinte des anciennes digues doit pouvoir repousser tout propriétaire de digues en avant qui ne lui apporte pas au moins l'équivalent des nouvelles charges qu'il lui impose.

M. Delgorgue : Il existe, en effet, de nouvelles digues qui servent à protéger des concessions récentes que l'État a faites à l'embouchure de la Somme et de l'Authie; mais les propriétaires de ces nouvelles renclôtures ne font pas encore partie de l'association générale, et en voici la raison : L'acte de concession les ayant chargés de l'établissement et de l'entretien de leurs digues, on ne saurait en faire une charge pour le syndicat; car ces nouvelles digues, plus avancées que les anciennes, sont plus exposées aux coups de mer, et il serait injuste de mettre à la charge de l'association une digue nouvelle établie dans l'intérêt d'un concessionnaire qui doit supporter seul les mauvaises chances attachées, pendant quelques années, à sa propriété de création nouvelle.

Dix-Septième Question.

Comment déterminerait-on les conditions auxquelles tout nouvel associé sera admis ou forcé à entrer dans l'ancienne société ?

M. de Neuvillette.

M. de Neuvillette : Les conditions peuvent varier à l'infini ; il faut laisser au syndicat l'initiative des propositions et, à l'administration, la décision définitive.

Dix-Huitième Question.

Quelles sont les mesures prises, quels sont les usages adoptés relativement à la plantation et à la fixation des dunes, notamment en ce qui concerne les droits et les obligations des riverains ou du syndicat qui les représente ?

MM. de Neuvillette, — Delgorgue, — Fuix, — Bouthors.

M. Delgorgue : Il est plus difficile de préserver certaines propriétés de l'invasion des sables que de l'inondation. En creusant des fossés, en les entretenant jusqu'à la mer, on parvient à dessécher ; mais comment se garer de la mobilité des sables toujours envahissants ?

Depuis l'embouchure de la Somme jusqu'à celle de l'Authie, il existe des montagnes de sable volant connues sous le nom de dunes; les vents d'ouest qui règnent habituellement sur cette partie du littoral déplacent ces montagnes mobiles qui couvrent insensiblement les terres cultivables d'un sable tout à fait improductif.

Pour ne citer qu'un fait, le village de Saint-Quentin-en-Tourmont avait une église que les habitants ont été forcés d'abandonner; cet édifice, dont on retrouve des vestiges en faisant des fouilles, est depuis un demi-siècle complétement enseveli sous une montagne de sables. Les populations qui bordent les dunes s'alarment à juste titre d'un pareil état de choses, et seraient heureuses si l'administration leur venait en aide dans cette conjoncture.

Le moyen d'arrêter le progrès des sables consiste à planter des oyats ; c'est le seul végétal qui puisse prendre racine sur les dunes et les fixer. Le syndicat du Marquenterre, quoiqu'il ne soit organisé que pour l'entretien des digues et des canaux de desséchement, consacre chaque année une partie de son budget à la plantation des dunes, en proportionnant la dépense à ses ressources ; mais il n'en pourrait être toujours ainsi.

La Garenne de Saint-Quentin se compose de plusieurs milliers d'hectares ; les uns servent au pâturage des bestiaux, les autres sont couverts d'épines et de ronces vendues périodiquement ; puis, enfin, restent les montagnes de sable tout à fait improductives, mais sur lesquelles s'exerce le droit de chasse affermé à des conditions très-avantageuses pour les propriétaires. N'est-il pas juste que ceux qui ont l'émolument aient aussi la charge ? n'est-il pas juste que ceux qui ont la propriété, qui en perçoivent les fruits, fassent la dépense nécessaire pour que cette propriété ne devienne pas un sujet de ruine pour leurs voisins? M. le Préfet connaît maintenant le mode employé contre l'invasion des sables ; il lui appartient de rechercher le moyen de mettre la dépense de la plantation des oyats à la charge de qui de droit : elle ne saurait peser davantage sur *le syndicat du Marquenterre* (1).

M. de Neuvillette : Des semis de sapins, depuis quelques années, ont été tentés dans les dunes ; le résultat obtenu permet de supposer qu'ils pourraient être continués avec grande chance de succès.

M. Fuix, ingénieur en chef : La Garenne de Saint-Quentin a une superficie de 2,773 hectares 94 ares, dont 2,589 à M. de Lagrenée et le reste au domaine ; — sur les 2,773 hectares 94 ares, 1,690 hectares avaient été fixés naturellement avant le décret du 14 décembre 1810. De 1810 à 1834, le syndicat du Marquenterre dépensait annuellement 3 à 400 francs par hectare.

Il existait, en 1834, 135 hectares 56 ares de dunes non fixées et 2 hectares de dunes fixées dans les communes de Cayeux et du Crotoy. Le service des ponts-et-chaussées a réclamé la remise d'environ 49 hectares de dunes sur la rive gauche de la baie de Somme pour y effectuer des semis.

M. Bouthors cite l'article 3 de la coutume locale de Berck-sur-Mer, rédigée en 1507, qui défend, sous peine d'amende, de couper ou arracher les lesques (oyats) qui croissent dans les sables et les empêchent de voler ou emprendre sur ladite ville de Berck, et les articles 40 du règlement du grand canal de Blankenbergh et 38 de celui du territoire de Kamerling, dans le pays du Franc de Bruges, qui défendent de couper, d'abattre ou d'arracher les épines qui sont dans les dunes, au-delà ou aux environs, sous peine de 50 livres parisis d'amende.

(1) Voir l'observation à la suite de l'analyse des réponses sur la dix-neuvième question.

Il fait observer, en outre, que l'enquête sur les usages locaux a constaté que, dans le Boulonnais, l'usage permet aux propriétaires riverains d'une dune de planter les endroits les plus dangereux, en y faisant ce qu'on appelle dens le pays une *houblée*, c'est-à-dire un massif de plantations assez épais pour arrêter les sables dans leur marche.

Dix-Neuvième Question.

N'y aurait-il pas lieu de permettre au syndicat des renclôtures d'opérer, comme substitué, par délégation, aux droits de l'État, le semis ou la plantation des dunes ?

Ne devrait on pas, dans tous les cas, faire contribuer les propriétaires des dunes aux frais de plantation ou de semis, à raison des avantages qu'ils retirent de ces travaux ?

Par quelle voie arriver à ce résultat ? Suffirait-il d'un règlement administratif ?

MM. Delgorgue, — de Neuvillette, — Fuix, — Bouthors.

M. Delgorgue : Un décret du 14 décembre 1810 s'occupe des dunes et indique les mesures à prendre pour préserver les propriétés voisines de l'invasion des sables; mais ce décret fort peu connu ne se trouve pas au Bulletin des Lois. Il oblige, paraît-il, les propriétaires à faire les travaux nécessaires pour fixer ces terrains d'une nature tout exceptionnelle, et en cas de refus, indique les moyens coërcitifs qui devront être employés.

M. de Neuvillette : Il n'est pas équitable que le syndicat fasse seul les frais de la plantation ou du semis des dunes et de mettre ainsi à la charge de l'association du Marquenterre, une dépense qui n'est utile qu'aux riverains. Dans tous les cas, les propriétaires des dunes qui tirent un bon parti de ces terrains devraient être au moins tenus d'y contribuer, puisque, jusqu'à un certain point, ils pourraient être déclarés responsables du dommage auxquels les terres voisines sont exposées.

M. l'Ingénieur en chef : Rien ne s'oppose à ce que l'État délègue à une association syndicale le droit que lui confère le décret du 14 décembre 1810, pour la fixation et la plantation des dunes des particuliers, dans les départements maritimes. Mais ces particuliers ne peuvent être assujettis qu'aux conditions prévues par ce décret dont toutes les formes doivent être suivies. Par conséquent, les frais de semis et de plantation ne peuvent être mis à leur charge, à raison des avantages qu'ils retirent des travaux. L'État, en vertu de l'article 5, conserve la jouissance des plantations jusqu'à parfait remboursement de ses avances et des intérêts des sommes qu'il y a consacrées. Or, l'association qui se trouverait exactement dans la même position que l'État, ne perdrait pas tout le fruit de ses dépenses, si les plantations qu'elle ferait exécuter, étaient de nature à produire des avantages suffisamment rémunérateurs. Dans tous les cas, ajoute M. l'Ingénieur en chef, il faudrait un décret impérial pour déléguer à une association les pouvoirs de l'État.

OBSERVATION.

Depuis que la fabrication des nattes et paillassons a pris un certain développement dans le pays, les oyats sont mis en coupe réglée par des personnes qui se livrent à ce genre d'industrie, à tel point qu'il a fallu l'intervention d'un arrêté de police pour protéger les plantations, faites par le syndicat, que les adjudicataires s'obtinaient à comprendre dans les limites de leur concession. Ce n'est pas tout. Depuis que les oyats ont acquis une valeur commerciale qu'ils n'avaient pas auparavant, les propriétaires ne permettent plus d'arracher, dans l'intérieur des dunes, les plants destinés à la consolidation des endroits les plus menaçants pour les propriétés riveraines. C'est pourquoi l'association du Marquenterre ne peut ni protéger ses plantations anciennes ni continuer celles qui lui restent à faire. Dans cette situation, il semble qu'elle serait fondée à demander l'expropriation, pour cause d'utilité publique, de toute la zone de dunes qui serait jugée nécessaire, par l'administration, pour former la digue de ceinture à laquelle elle consacre, tous les ans, les ressources de son budget, et à solliciter, en même temps, l'autorisation d'occuper temporairement les parties de dunes où croissent naturellement les oyats qu'elle voudrait transplanter sur la bordure, sauf à elle à en payer la valeur comme s'il s'agissait de matériaux pris dans une carrière en exploitation.

En effet, les articles 49 et 55 de la loi du 16 septembre 1807, par cela même qu'ils comprennent *tous les travaux reconnus d'une utilité générale* qui peuvent motiver de semblables emprises, s'appliquent aussi bien aux endiguements contre l'action destructive des dunes qu'aux endiguements contre la mer. La législation des polders n'a jamais établi de distinction entre les uns et les autres. Dans l'espèce particulière, la minime valeur des terrains à exproprier serait peut-être une raison de préférer ce moyen de sauvegarder les intérêts de l'association, à celui qui est indiqué par le décret du 14 décembre 1810; car celui-ci ne peut lui transférer qu'une possession précaire, toujours subordonnée à la possibilité d'un remboursement, tandis que le premier doit avoir pour effet de la rendre propriétaire incommutable de tous les terrains compris dans le périmètre de l'endiguement. (V. à l'Appendice, le décret du 14 décembre 1816.)

APPENDICE.

—————

LOI DU 16 SEPTEMBRE 1807.

TITRE VI. — CONSERVATION DES TRAVAUX DE DESSÉCHEMENT.

Art. 27. — La conservation des travaux de desséchement, celle des digues contre les torrents, rivières et fleuves, et sur les bords des lacs et de la mer, est commise à l'administration publique. Toutes réparations et dommages seront poursuivis par voie administrative comme pour les objets de grande voirie. Les délits seront poursuivis par les voies ordinaires, soit devant les tribunaux de police correctionnelle, soit devant les cours criminelles en raison des cas.

TITRE VII. — TRAVAUX DE NAVIGATION... DES DIGUES, etc.

Art. 35. — Lorsqu'il s'agira de construire des digues à la mer, ou contre les fleuves, rivières et torrents navigables ou non navigables, la nécessité en sera constatée par le gouvernement et la dépense supportée par les propriétés protégées, dans la proportion de leur intérêt aux travaux, sauf les cas où le gouvernement croirait utile et juste d'accorder des secours sur les fonds publics.

Art. 34. — Lorsqu'il y aura lieu de pourvoir aux dépenses d'entretien ou de réparation des mêmes travaux, au curage des canaux qui sont en même temps de navigation et de desséchement, il sera fait des règlements d'administration publique qui fixeront la part contributive du gouvernement et des propriétaires. Il en sera de même lorsqu'il s'agira de levées, de barrages, de pertuis, d'écluses auxquels les propriétaires de moulins ou d'usines seraient intéressés.

Art. 35. — Tous les travaux de salubrité qui intéressent les villes et les communes, seront ordonnés par le gouvernement, et les dépenses supportées par les communes intéressées.

Art. 36. — Tout ce qui est relatif aux travaux de salubrité sera réglé par l'administration publique : elle aura égard, lors de la rédaction du rôle de contribution spéciale destinée à faire face aux dépenses de ce genre de travaux, aux avantages immédiats qu'acquerraient telles ou telles propriétés privées, pour les faire contribuer à la décharge de la commune, dans des proportions variées justifiées par les circonstances.

Art. 37. — L'exécution des deux articles précédents restera dans les attributions des préfets et des conseils de préfecture.

TITRE IX. — DE LA CONCESSION DE DIVERS OBJETS DÉPENDANTS DU DOMAINE.

Art. 41. — Le gouvernement concédera, aux conditions qu'il aura réglées, les marais, bois, relais de la mer. le droit d'endigage, les accrues, attérissements et alluvions des fleuves, rivières et torrents, quant à ceux de ces objets qui forment propriété publique ou domaniale.

Art. 49.—Les terrains nécessaires pour l'ouverture des canaux
et rigoles de desséchement, des canaux de navigation, de routes,
de rues, la formation de places, et *autres travaux reconnus d'une
utilité générale*, seront payés à leurs propriétaires et à dire d'experts, d'après leur valeur, avant l'entreprise des travaux, et sans
nulle augmentation du prix d'estimation.

Art. 54. — Lorsqu'il y aura lieu, en même temps, à payer une
indemnité à un propriétaire pour terrains occupés, et à recevoir de
lui une plus value pour des avantages acquis à ses propriétés restantes, il y aura compensation jusqu'à concurrence ; et le surplus,
selon les circonstances, sera payé au propriétaire ou acquitté
par lui.

Art. 55. — Les terrains occupés pour prendre les matériaux
nécessaires aux routes et aux constructions publiques pourront
être payés aux propriétaires comme s'ils eussent été pris pour la
route même.

Il n'y aura lieu à faire entrer dans l'estimation la valeur des
matériaux à extraire, que dans le cas où l'on s'emparerait d'une
carrière déjà en exploitation. Alors lesdits matériaux seront évalués, d'après leur prix-courant, abstraction faite de l'existence et
des besoins de la route pour laquelle ils seraient pris, ou des
constructions auxquelles ils seraient destinés.

TITRE XII. — DISPOSITIONS GÉNÉRALES.

Art. 58. — Les indemnités pour plus value, due à raison des
travaux déjà entrepris, et spécialement à raison des travaux de
desséchement, seront réglées d'après les dispositions de la présente loi. Des règlements d'administration publique statueront sur

la possibilité et le mode d'application à chaque entreprise particulière.. .....

Art. 59. — Toutes les lois antérieures cesseront d'avoir leur
exécution en ce qui serait contraire à la présente loi.

LOI DU 14 FLORÉAL AN XI.

Art. 1er. — Il sera pourvu au curage des canaux et rivières non
navigables et à l'entretien des digues et ouvrages d'art qui y correspondent, de la manière prescrite par les anciens règlements et
usages locaux.

Art. 1er. — Lorsque l'application des règlements ou l'exécution
du mode consacré par l'usage éprouvera des difficultés, ou lorsque
des changements survenus exigeront des dispositions nouvelles, il
y sera pourvu par le Gouvernement dans un règlement d'administration publique rendu, sur la proposition du préfet du département, de manière que la quotité de la contribution de chaque
imposé soit toujours relative au degré d'intérêt qu'il aura aux travaux qui devront s'effectuer.

Art. 3. Les rôles de répartition des sommes nécessaires au paiement des travaux d'entretien, réparation, reconstruction, seront
dressés sous la surveillance des préfets, rendus exécutoires par lui,
et le recouvrement s'en opèrera de la même manière que celui des
contributions publiques.

Art. 4. — Toutes les contestations relatives au recouvrement de
ces rôles, aux réclamations des individus imposés et à la confection
des travaux, seront portées devant le conseil de préfecture, sauf
recours au Gouvernement, qui décidera en Conseil d'Etat.

Citoyens législateurs,

Une loi qui vous fut présentée l'année dernière et qui obtint votre sanction, a donné les moyens d'entretien et de conservation des rivières et canaux navigables.

Mais ce n'est point assez d'avoir préparé les travaux utiles à la navigation et pourvu aux dépenses qu'ils nécessitent, il faut encore s'occuper des rivières non navigables ; il faut conserver, avec vigilance, le cours de ces nombreux ruisseaux qui alimentent et enrichissent nos grands fleuves.

Il faut empêcher que l'intérêt particulier n'abuse des eaux qui fécondent et embellissent nos campagnes ; il faut empêcher que l'insouciance n'en laisse obstruer le passage, changer le cours, rétrécir le lit, dégrader les rives.

Il faut aussi porter une surveillance attentive sur des eaux moins utiles, plus redoutables, sur celles de ces torrents que les montagnes lancent sur les plaines et contre les cités et les villages.

Il faut conserver la profondeur du lit où ils peuvent courir et gronder sans rien détruire ; il faut conserver la force des digues protectrices qui fortifient leurs bords et s'opposent à leurs dévastations.

Sur les bords de l'Océan, depuis l'embouchure de la Gironde jusqu'aux rives de l'Escaut, des salines de Marennes aux polders voisins de la Batavie, il faut entretenir ces digues qui défendent des attaques de la mer les conquêtes que l'art et l'industrie ont faites et font encore sur elle.

Près des terres qui furent jadis des marais fangeux couverts de joncs et de rouches, et qui sont devenues des plaines fertiles, couvertes de riches moissons et d'herbages abondants, il faut entretenir les canaux de desséchement qui les ont rendues à l'agriculture.

Des règlements non contestés, des usages consacrés par le temps avaient pourvu à leurs besoins.

De ces règlements, les uns sont tombés en désuétude ; les autres ne sont plus applicables depuis le changement de législation et la destruction de la féodalité.

De ces usages, les uns ont été oubliés, négligés par les propriétaires qui les observaient, par l'autorité qui les faisait respecter ; les autres, appliqués avantageusement à de vastes domaines possédés par un petit nombre de propriétaires, quelquefois par un seul, ne peuvent plus servir de règle pour des propriétés divisées en un grand nombre de mains.

De là la dégradation des ouvrages qui conservent, défendent de l'envahissement des torrents, des mers et des eaux stagnantes de vastes parties du territoire français.

Les propriétaires en ont joui trop longtemps avec insouciance ; le Gouvernement, après leur avoir conseillé la vigilance et des travaux réparateurs, au nom de leur intérêt particulier, doit pouvoir commander cette vigilance et ces travaux au nom de l'intérêt général.

Le temps n'est plus où l'on négligeait les propriétés anciennes que menaçait l'anarchie, ou des propriétés nouvellement acquises dont la garantie était douteuse.

Des lois tutélaires assurent la durée, le respect de tous les genres de propriété ; et, pour prix de cette protection, elles ne demandent à ceux qui jouissent de ces propriétés que de les conserver, de les garantir de toutes les causes de dégradation et de destruction.

Lorsque les statuts locaux, lorsque des coutumes équitables auront consacré des formes, des moyens justes et utiles pour effectuer les travaux ; lorsque aucune innovation n'aura rendu des changements nécessaires, l'administration procédera d'après les anciens errements.

Des modifications seront proposées au Gouvernement, quand des circonstances nouvelles prescriront de nouvelles mesures.

Mais toujours on prendra pour base de la part de chacun, dans le travail ou la dépense, une juste évaluation de son intérêt.

Si le propriétaire croit avoir à se plaindre, il pourra réclamer contre la fixation de cette contribution locale, de la même manière, avec les mêmes formes que contre la fixation de la contribution générale, c'est-à-dire devant les Conseils de préfecture avec le recours au Conseil d'Etat.

Ainsi, tous les besoins de l'administration générale seront satisfaits, tous les droits de la propriété particulière seront maintenus; ainsi s'appliqueront à une partie importante du territoire et de la fortune publique, les principes et les vues de restauration, de conservation, d'amélioration qui, après les secousses violentes, sont le premier vœu des peuples, le plus saint devoir des gouvernements et l'objet le plus pressant de la législation.

DÉCRET DU 14 DÉCEMBRE 1810.

CONCERNANT LES MESURES A PRENDRE POUR LA PLANTATION ET LA FIXATION DES DUNES (1).

Art. 1er. — Dans tous les départements maritimes, il sera pris des mesures pour l'ensemencement, la plantation, la culture des végétaux reconnus les plus favorables à la fixation des dunes.

Art. 2. — A cet effet, les préfets de tous les départements dans lesquels se trouvent des dunes, feront dresser, chacun dans leur département respectif, par les ingénieurs des ponts-et-chaussées, un plan des dunes qui sont susceptibles d'être fixées par des planta-

(1) Ce décret, fort peu connu, n'a été inséré dans aucune collection de lois.

tions appropriées à leur nature. Ils feront distinguer, sur ce plan, les dunes qui appartiennent au domaine, celles qui appartiennent aux communes, et celles, enfin, qui sont la propriété des particuliers.

Art. 3. — Chaque préfet rédigera ou fera rédiger, à l'appui de ces plans, un mémoire sur la manière la plus avantageuse de procéder, suivant les localités, à l'ensemencement et à la plantation des dunes. Il joindra à ce rapport un projet de règlement, lequel contiendra les mesures d'administration publique les plus appropriées à son département, et qui pourront être utilement employées pour arriver au but désiré.

Art. 4. — Les plans, mémoires et projets de règlements, levés et rédigés en exécution des articles précédents, seront envoyés, par les préfets, au ministre de l'intérieur, lequel pourra, sur le rapport du directeur-général des ponts-et-chaussées, ordonner la plantation, si les dunes ne renferment aucune propriété, et, dans le cas contraire, nous en fera son rapport, pour être par nous statué en Conseil d'État, dans la forme adoptée pour les règlements, d'administration publique.

Art. 5. — Dans le cas où les dunes seraient la propriété des particuliers ou des communes, les plans devront être publiés et affichés dans les formes prescrites par la loi du 8 mars 1810 (5 mai 1841) ; et si lesdits particuliers ou communes se trouvaient hors d'état d'exécuter les travaux commandés, ou s'y refusaient, l'administration publique pourra être autorisée à pourvoir à la plantation à ses frais ; alors elle conservera la jouissance des dunes et recueillera les fruits des coupes qui pourront y être faites jusqu'à l'entier recouvrement des dépenses qu'elle aura été dans le cas de faire et des intérêts ; après quoi lesdites dunes retourneront au propriétaire, à la charge d'entretenir convenablement les plantations.

Art. 6. — A l'avenir, aucune coupe de plants d'oyats, roseaux de sable, épines maritimes, pins, sapins, mélèzes et autres plantes aréneuses conservatrices des dunes, ne pourra être faite que d'après une autorisation spéciale du directeur-général des ponts-et-chaussées et sur avis du préfet.

Art. 7. — Il pourra être établi des gardes pour la conservation des plantations existant actuellement sur les dunes ou qui y seront faites à l'avenir. Leur nomination, leur nombre, leurs fonctions, leur traitement, leur uniforme, seront traités d'après le mode usité pour les gardes des bois communaux. Les délits seront poursuivis devant les tribunaux et punis conformément au code pénal.

Art. 8 et dernier. — N'entendons en rien innover, par le présent décret, à ce qui se pratique dans les plantations qui s'exécutent sur les dunes du département des Landes et du département de la Gironde.

EXTRAIT DU REGISTRE

AUX

RÉSOLUTIONS DES ETATS DE LA FRISE,

AN 1774.

PLACARD

POUR ENCOURAGER L'ENDIGUEMENT ET LA MEILLEURE
CULTURE DES TERRES.

Les Etats de la Frise,

A tous ceux qui verront ou entendront les présentes, salut. Faisons savoir :

Qu'animés du désir de faire acccroître la prospérité du pays, non seulement par la réforme des voies et moyens, et par l'introduction de bien des économies dans les dépenses provinciales, mais aussi par un meilleur usage des avantages qu'offre le sol même, et ayant pris de nouveau en considération une proposition qui nous a été faite, en 1769, par le collège de Messieurs les Etats-députés et tendant à engager les habitants à l'endiguement de terrains situés en deça des digues et d'autres bas-fonds, puis à l'exploitation et à la culture des landes infertiles, et, après avoir pris connaissance du rapport de la commission des finances et des très-sages considérations de Son Altesse illustrissime,

Nous avons trouvé bon et résolu de promulguer la publication et l'invitation suivante pour atteindre le but précité.

En premier lieu, nous déclarons être enclins à accorder toutes les libertés et priviléges, compatibles avec les intérêts publics et la justice, à ceux qui voudront consacrer leurs travaux et leur fortune à l'endiguement, de terres, exposées au flux et au reflux de la mer, à l'endiguement à titre de *polders,* de terres intérieures plus ou moins basses, au desséchement de lacs et mares et enfin à la culture de landes vagues, et bas-fonds de tourbières épuisées.

Les habitants ou étrangers, qui voudraient s'adonner à de telles entreprises, pourront s'adresser à nous par requête, afin qu'en faveur de leur intention, et après examen des choses. nous prenions telle résolution que les conditions où se trouvent les demandeurs, la position des terrains, la prévision d'avantages ou la crainte probable d'accidents désavantageux, conseilleront ou exigeront.

2° Et comme les endiguements peuvent facilement rencontrer des obstacles insurmontables par l'opposition ou le refus de tel ou tel propriétaire, possédant des terres dans le district qu'on veut endiguer à titre de polder, il est nécessaire avant tout que ces entraves soient écartées autant que possible.

C'est pour ce motif, qu'à l'exemple de nos ancêtres qui avaient déjà pris quelques précautions, dans ce même but, par une publication du 18 juillet de l'an 1635, nous trouvons bon d'arrêter et d'ordonner par la présente que, lorsque les propriétaires des deux tiers des terres situées dans un rayon déterminé, trouvent bon de les convertir en un polder, les propriétaires du troisième tiers devront y donner leur approbation et aider à en supporter les frais ou seront autrement obligés de vendre ces terrains sur taxation aux endigueurs, qui seront tenus, dans ce cas, d'en faire l'acquisition.

3° Cette taxation se fera par deux personnes impartiales, à nommer chacune par les parties, et d'une troisième que les deux premières, si elles ne parviennent pas à s'entendre, choisiront par le sort entre deux personnes.

Et s'il arrive que l'une des parties se croit lésée par la taxation, elle demandera, dans les dix jours, à la cour provinciale d'ordonner une nouvelle taxation qui, opérée à ses frais, servira alors de direction définitive à cet égard.

4° Si dans l'endiguement à titre de polder, il naît des disputes entre les entrepreneurs sur le niveau auquel l'eau devra être maintenue au moyen des moulins à vent, etc., les intérêts des propriétaires de terres, hautes ou basses, pouvant différer sur ce point; puis lorsque l'on n'est pas d'accord sur la force à donner aux moulins, sur la profondeur ou la direction des canaux pour l'écoulement de l'eau du polder, comme dans le cas précité, deux tiers des votes prévaudront, de telle sorte pourtant que la minorité, dans le terme d'un mois, après que les propriétaires ou possesseurs de deux tiers des terres au moins se seront adressés unanimement à la cour provinciale, laquelle, après audition des parties par écrit et après avoir tenté un accord à l'amiable, décidera sans forme de procès, et sans que cette décision soit sujette à appel.

5° Et comme il peut arriver que, dans l'enceinte des terres destinées à être endiguées à titre de polders, il y ait des lots chargés fiduciairement ou dont l'aliénation ne puisse se faire par quelque autre motif, ou bien dont l'usufruit et la propriété appartiennent à plusieurs personnes en indivis, toutes conditions qui pourraient entraver ces entreprises utiles, nous avons trouvé bon d'arrêter les dispositions suivantes : Dans ces cas, il sera permis de vendre, par la voie de taxation établie plus haut, les biens fiduciaires et autres non aliénables aux propriétaires des autres terrains, avec cette stipulation que le prix à payer, pour ces propriétés, sera déposé au bureau des rentes spéciales qui délivrera, à cet effet, des obligations à raison de trois pour cent, qui remplaceront les biens vendus, et il sera inscrit par le receveur général des dites rentes que, pour des motifs énoncés dans les obligations, elles ne pourront pas être aliénées.

Quant aux terres chargées d'usufruit, on agira de la manière suivante : Si le propriétaire n'est pas disposé à prendre part à l'établissement du polder, et que l'usufructier au contraire désirerait y contribuer, le premier vendra au dernier (s'il y consent) ses terres par la voie de taxation établie plus haut, et sous condition que celui-ci participe effectivement, pour sa quote part, à l'établissement du polder.

Pour peu que ni le propriétaire ni l'usufructier ne soient disposés à contribuer à cet effet, les terres en question seront transférées aux propriétaires des autres terrains, avec les stipulations établies plus haut ; et le propriétaire primitif, qui touchera le prix de la valeur, n'aura qu'à payer annuellement à l'usufructier le montant des fruits nets, estimés en moyenne, selon les résultats des dix dernières années, et ce pour la durée de l'usufruit et en donnant caution.

On agira de la même sorte dans le cas que le propriétaire, et non pas l'usufructier, veut consentir à l'établissement d'un polder ; il rentrera alors dans la possession pleine et entière de ces terres, sauf le payement précité à faire à l'usufructier.

Et pour peu qu'il arrive que le propriétaire aussi bien que l'usufructier soient disposés à favoriser une pareille entreprise, le dernier avancera les frais qui, lors de l'expiration de l'usufruit, seront soldés par le propriétaire éventuel à l'usufructier ou à ses héritiers.

Le possesseur de biens fiduciaires qui aura fait ces avances, dans le cas précité, pourra, ou bien ses héritiers pourront demander également le retour de ces frais du successeur dans les biens fiduciaires, toutefois sans intérêts, et lors d'une seconde dévolution de ces biens, on pourra demander la moitié de ces frais.

Néanmoins, comme une personne ou plusieurs personnes pourraient avoir un si grand intérêt dans la vente ou dans le transfert de tous les biens énoncés dans l'article précédent que, pour ce motif seul, on entreprît l'établissement d'un polder, et comme il serait tout à fait contraire à nos intentions que, sous ce prétexte et pour l'avancement de vues secrètes, la propriété des biens immeubles fût convertie, nous avons trouvé bon de prévenir autant que possible cet abus éventuel, et d'arrêter par la présente que, si l'on veut englober des biens fiduciaires et d'autres biens inaliénables dans un polder, l'utilité de cette mesure doit être démontrée à Notre Cour provinciale, laquelle aura à donner son approbation sur l'entreprise avant que celle-ci puisse être mise en exécution (1).

Et la présente sera publiée et affichée partout où il est de coutume de publier et d'afficher nos résolutions.

Ainsi résolue et arrêtée dans l'hôtel du gouvernement, à Leeuwarden, le 9 mai 1774.

(Paraphe) : I. J. DE SCHEPPER (vidit)

Pour Leurs Nobles Puissances,

(Signé) : H. W. VAN PLETTENBERG.

(1) Cette pièce est la copie exacte de la traduction française, faite en Hollande, du placard de 1774, dont nous donnons ci-après le texte hollandais.

EXTRACT UIT HET REGISTER

DER

RESOLUTIEN VAN VRIESLAND,

Anno 1774. F° 141.

PLACAAT

TER AANMOEDIGINGE TOT BEDYKING EN BETERE CULTURE DER LANDEN.

De Staten van Vriesland,

Allen den geenen die deesen sullen sien of hooren leesen salut, doen te weeten, dat wy bedagt zynde, om niet alleen door de verbeteringe der middelen, en het vaststellen van veele poincten van besuiniging der provinciale uitgaven, maar ook door het beeter gebruick maaken van de voordeelen, die de binnenlandsche bodem aan de hand geevt, den bloei en de welvaart des lands te bevorderen en te vermeerderen, ook onder anderen op nieuws in overweginge hebben genomen een voorstel in den jaare 1769 aan ons door het collegie der Heeren Gedeputeerde Staaten gedaan, en strekkende om de ingeseetenen aantemoedigen tot het bedyken en bepolderen van buiten dyhze of andere lage landen, en het aansteehen en bebouwen van onvrugtbaare heidvelden, en na het berigt van de commissie der Financien hier over ingenomen en gesien te hebben de Hoogwyse consideratien van Syne Doorl.ste Hoogheid daartoe betrekhelyk, Soo ist, dat wy hebben goedgevonden en geresolveert, ter bereikinge van vooren gemelde oogmerk de volgende publicatie en uitnodiging te doen uitgaan.

En in de eerste plaatse verklaaren wy genegen te syn, om alle sulke oryheeden en voorregten, als met de publyke belangens en de billyhheid enigsints bestaanbaar syn , te vergunnen van die geene, die hunne moecte en vermogen sullen willen besteeden aan het bedyken van landen, die aan zee voor ebbe en vloed bloot leggen, het bepolderen van binnen landsche in eene meerdere of mindere maate lage landen, het droogmaken van meiren en poelen, en eindelyk het bebouwen van woeste heidvelden en ondergronden afgegravene veenen;

En kunnen de ingeseetenen of vreemden die diergelybe ondernemingen willen in het werk stellen, sig aan ons by requeste te vervoegen, ten einde wy ter begunstiginge van hun voornemen, na ondersoek van zaaken sodanige resolutie daarop neemen, als de omstandigheeden der vorsoekers, de gesteldheid der gronden, het vooruitsigt van voordeelen , of de bedenkelyke vrees voor min gunstige toevallen, sullen aanraden en vorderen.

2° En vermits de bepolderingen lingtelyk onovereenkomelyke swarigheeden kunnen ontmoeten door de tegenkanting en weigering van deese of geene, die eenige landen bezitten in het district, hetwelk men in een polder wil brengen, is boven alles nodig, dat deese hinderpalen, soo veel mogelyk uit den weg geruimt woorden.

Het is daarom, dat wy na het voorbeeld van onse voorsaaten, die hieromtrent in den jaare 1653 by publicatie van den 18en July reeds eenige voorsiening hebben gemaaht, by deesen goedvinden vast te stellen en te ordonneeren, dat wanneer de eigenaren van twee derde gedeellens der landen in eene bepaalde omtrek gelegen, goedlvinden deselve in een polder te brengen, de besitters van het overige een derde deel hunne toestemming hiertoe sullen moeten geven, en de kosten daarvan meede helpen dragen of andersints verpligt syn die landen aan de bepolderareo op tauxatie over te doen, die in voorschreven geval gehouden sullen syn deselve dus over te neemen.

3° Dat deese tauxatie sal geschieden door twee onpartydige persoonen, by partyen ieder een te benoemen, met byvoeginge van een derde door deese twee, indien sy het kunnen eens worden, en anders by lotinge uit een tweetal te kiesen.

En gebeurt het dat een der partyen by de gedagte tauxatie sig agt beswaart te syn, sal hy binnen tien dagen, van den Hove provinciaal het doen van eene nieuwe tauxatie mogen versoeken, die ten synen koste synde geschied tot een onherroepelyk rigtsnoer in deesen sal verstrekken.

4º Als by het doen van eene bepoldering tusschen de ondernemers dispuit ontstaat over de peil, waarop het waater sal woorden gehonden en uitgemalen (en waar omtrent de belangens van de eigenaaren van hogere en lagere landen kunnen verschillen) gelyk meede als men het niet eens is over de vlugt der molens, het graven der uitwateringen en diergelyke schikkingen, sal als boven de de werstemming van twee derde deelen gelden, soo nogtans, dat de overstemde binnen een maand, nadat de eigenaren of besitters van ten minsten twee derde der landen sig over het onderwerp van het geschil eenparig sullen hebben verklaart, aan het Hoff Provincial hun behlag sullen moyen doen, hat welk na partyen schriftelyk accoord beproeft te hebben, de plans en sonder form van proces tusschen hien sal uitspraak doen, welke uitspraak aan geene verdere provocatie sal syn onderhevige.

5º En nadien het ligtelyk kan gebeuren, dat in den omtrek, die men in een polder wil brengen, landen leggen, die met fidei-commis syn beswaart of welke verkoping of vervreembing uit eenige andere oorsaake verbooden is, of sulke waarvan het vrugt gebruik en den eigendom aan verschillende persoonen toebehooren, iets waardoor de voortgang van deese nuttige ondernemingen moet opgehouden en belemmert worden, soo hebben wy goedgevonden de volgende schikkingen daaromtrent te beraamen en by deesen vast te stellen, dat het in cas voorschreven geoorlooft zal syn de fideicommissaire en andere goederen die niet mogen vervreemt worden, by tauxatie aan de eigenaaren van de oxerige landen op

den voet boven vermeld overledoen, des dat de danhandelaars den
prys, die voor deese goederen sullen moeten betalenaan het comptoir van de lasle renthen brengen en sorge dragen, dat daarvoor
obligatien tegens drie procento werden uitgegeven, die in de
plaatse van de verkogte goederen sullen komen, en op welke sal
worden aangetekent door den Antvanger Generaal der gemelde
renthen, dat om reedenen in de obligatie te melden, niet mogen
worden vervreemdt.

Dog wat aanbelangt de landen met vrugtgebruik belast, salmen
daar meede op de volgende wyse handelen, indien de eigenaar
ongenenaar ongenegen is om in de bepoldering deel te neemen, dog
de vrugtgebruiker daar teegens wel soude wenschen, dat deselve
meede ten synen koste geschiede, sal de eerste aan de laatste
(sulhs begeerende) die landen op tauxatie als vooren moeten over-
doen, des dat deese dan ook in de daad syn aandeel ter voortsettinge
der bepadering toebrenge.

Soo nog de eigenaar nog de vrugtgebruiker hier toe gewillig syn,
sullen die landen overdragen worden aan de eigenaar der overige,
op de voorwaarden boven reeds ter nedergestelt, en sal dan de
eerste eigenaar aan wien den prys of waarde derselve door de
aanhandelaren woord voldaan, kunnen volstaan, met aan den
vrugtgebruiker jaarlyks te betaalen het beloop der suivere vrugten,
gerekent over de tien laatste jaaren door elkanderen, soo lang het
vrugtgebruik duurt, en daarvoor moeten stellen behoorlyke cautie.

En sal dit laaste ook plaats hebben, indien niet de vrugtgebruiker, maar wel de eigenaar tot het aanleggen van een polder syne
toestemming wil geven, in welk geval hy onder uitkeering, soo
even genoemt, in het volkoomene besit dier landen sal moyen
treeden.

Dog gebeurt het dat de eigenaar en die geene die het vrugtgebruik heeft, beide sig volvaardig toonen om sulk eene onderneming te helpen bevorderen, sal de laatste de onkosten moeten
verschieten, die by het eindigen van het vrugtgebruik, aan hem

of syne erfgenamen door den geenen, die dan eigenaar syn sal, renteloos sullen worden terug gegeven.

En sal een besitter van fideicommissaire goederen, die goedgevonden heeft dit verschot in het voorschreven geval te doen, of syne erfgenamen by de overgang van het fideicommis van den opvolger in het selre insgelyks mogen vorderen, dat die penningen aanhem (dog sonder intressen) werden goedgedaan, en by een tweede devolutie van dit goed de helvt van die gelden kunnen weederom geeischt worden.

En vermits somtyds een of meerdere persoonen sulk een belang souden kunnen hebben in de verkopinge of overdragt van alle de goederen in het vorige artl. vermeld, dat alleen ter bereikinge van dat oogmerk eene bepoldering wierde ondernomen, en het teegens onse welmeening seer soude stryden, dat onder dit voorwendsel en ter bevorderinge van heimelyke insigten, de eigendommen der vaste goederen wierden verwisselt, venden wy goed om sulks soo veel mogelyk voor te komen by deesen te ordonneeren, dat wanneer men fideicommissaire met vrugtgebruik beswaarden en andere goederen die niet veralieneert mogen worden, in een polder wil brengen, de nuttigheid van dien aan onsen hove provincial sal moeten aangetoont, en die onderneming door het selve goedgekeurt worden, voor en al eer dit werk ter uitvoert word gebragt.

En sal deese, opdat een ieder bekent worde, alomme worden gepubliceert en geaffigeert daar men gewoon is, publicatie en affixie te doen.

Aldus geresolveert en gearresteert op het landschapshuis binnen Leeuwarden den 9ᵉ Mey 1774.

/Gephᵗ/ I. J. DE SHEPPER vₜ.

Fer ordᵗⁱᵉ van Hun Ed. Mog,

/Get/ H. W. v. PLETTENBERG.

ORDONNANCE DE L'INTENDANT DE PICARDIE RELATIVE AUX NOCS, ÉCLUSES, COURSES ET CANAUX DU MARQUENTERRE.

Nous, Jacques-Bernard Chauvelin, chevalier, conseiller du roy en ses conseils, maître des requêtes ordinaire de son hôtel, intendant de justice, police, finances et des troupes de Sa Majesté, en Picardie, Artois, Boulonnais, pays conquis et reconquis;

Sur les représentations à nous faites par les habitants des territoires de Marquenterre, Rue, le Crotoy, Favière et Morlay, que leur pays n'ayant été précédemment submergé que par le défaut d'entretien des écoulements qui avaient été pratiquez, et parce que les deniers qui se levaient fréquemment, sans formes, sans autorité, sur chaque arpent de terre, étaient mal employez et souvent dissipez ou emportez par ceux qui en étaient chargez ou qui n'étaient ny assez solvables pour en répondre, ni assez intelligents pour les employer utilement;

Attendu la nécessité de pourvoir, d'une façon stable et permanente, à la sûreté et à l'entretien des digues, écluses, nocs, ponts, canaux et courses que nous avons fait faire, en vertu des arrêts du Conseil, dans les dits cantons actuellement préservez des inondations qui les avaient ruinés, et pour les empêcher de tomber dans le même état,

Avons ordonné ce qui suit :

Art. 8. Enjoignons à tous ceux qui n'ont pas encore curé ou fait curer les fossés qui sont au dedans ou autour de leurs terres, tant en Marquenterre qu'au Crotoy et à Morlay, de le faire incessamment et au plus tard avant le 15 avril prochain, et de les curer et entretenir tous les ans, de façon que les eaux se répandent dans les courses et canaux publics à peine de dix livres d'amende ; et faute par eux d'y satisfaire, les dits travaux seront faits à leurs frais par les ouvriers qui y seront mis par l'inspecteur ou les nocquiers par nous préposez.

Fait le 22 avril 1744.

Signé : CHAUVELIN.

(Extrait des Archives du Département de la Somme. — Pièces de l'Intendance, liasse 109.)

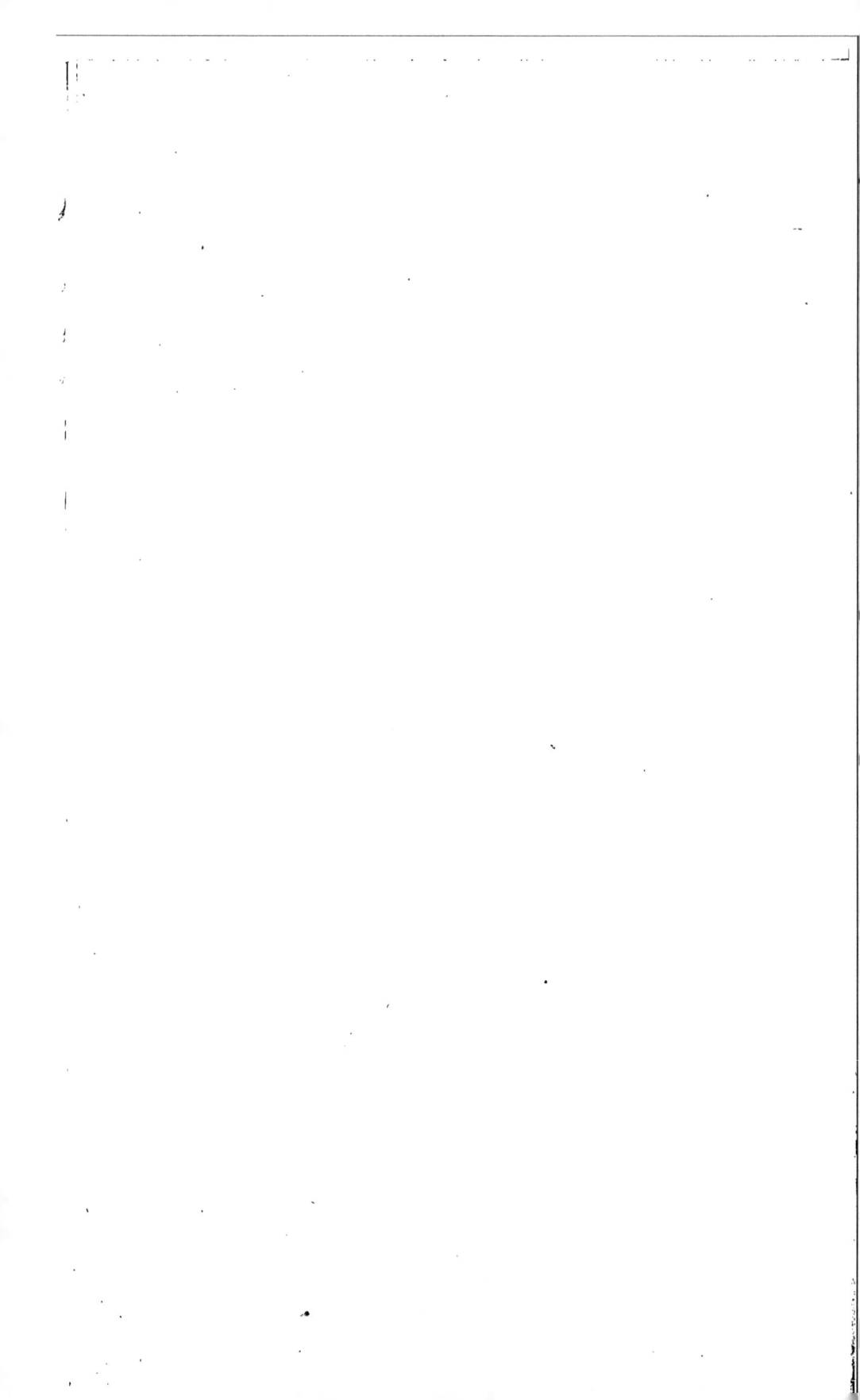

TABLE ALPHABÉTIQUE

DES USAGES CONSTATÉS ET VÉRIFIÉS.

———⟡———

Le premier chiffre indique le numéro de la page et le second le numéro de l'article.

A

Abeilles. (Essaim d') — Comment se manifeste le droit de suite de l'essaim fugitif, 122, 88.

Affouage. — Bois communaux. Comment s'acquiert et se perd le droit à la communauté de l'affouage, 81, 19.

— Tourbières communales. Mode de distribution, 80, 18.

Agneaux. — Troupeau commun. Quand commencent à compter pour une tête de bétail, 74, 10.

Aires et hortillonnages. — Entrée, durée et sortie du bail sans écrit. Délai du congé, 100, 54.

A louer. — Apposition de l'écriteau annonçant maison, chambre, appartement à louer, 113, 71.

Aménagement des bois taillis et époque des coupes périodiques, 81, 20.

Amiens. — Locations au terme. — Délai des congés, 108, 62.

Appartement à louer. — Apposition de l'écriteau, 113, 71.

—· Jours et heures où la visite des lieux est permise, 113, 71.

Arbres à haute tige. — Distance des plantations, 89, 34.

— croissant dans les haies. Droit de l'usufruitier, 82, 21.

— Récolte des fruits de l'arbre dont les branches avancent sur le voisin, 89, 35.

— montants. A quelle condition l'usufruitier profite de l'élagage, 82, 22.

—· A quelle condition en profite le preneur des héritages ruraux, 98, 52.

— Périodicité de l'élagage, 98, 53, note.

Assolements des terres. — Etat comparatif des différents cantons où l'assolement triennal est encore en usage, 101, 55, note.

Attelée. — Division de la journée du travail agricole, 118, 80.

Auberge. (Maison à usage d') Mode de location en ville, 110, 63.

Avertissement. — Congé donné verbalement, 112, 71.

— Services agricoles. Délai dans lequel il doit être donné, 114, 72, — 115, 75, — 117, 77, — 117, 79.

B

Bail écrit. — Délai du congé pour empêcher la tacite réconduction, 103, 57.

— verbal. — Présomption de durée pour les maisons, granges, bâtiments, jardins, vergers, 96, 48. — Voyez *Location.*

— id. pour les aires et hortillonnages, 100, 54.

— id.—Terres labourables, 101, 55.

— id. — Délai du congé, 102, 56.

Batteurs en granges. — Mode du louage, 117, 78.

Bergers communs et particuliers pour la conduite des bestiaux à la vaine pâture, 74, 2, — 75, 11.

— Comment se divise leur service et mode de paiement de leurs gages, 114, 75.

Bestiaux admis à la vaine pâture, 72, 4, —73, 6, — 74, 8.

— exclus dans certains cas, 73, 6.

— exclus des pâturages communaux, 78, 15.

Bêtes à cornes. — Vaine pâture, 74, 9.

Bêtes à laines.—Cantonnement des troupeaux. — Voyez *Cantonnement, parcage.*

— Nombre proportionnel pour la formation du troupeau, 74, 10.

Bois communaux.— Comment s'acquiert et se perd le droit à la communauté de l'affouage, 84, 19.

— des particuliers. — Délimitation. Epernaux, 85, 29.

— Distance des terres labourables, 91, 36.

— de haute futaie. — Droits de l'usufruitier, 84, 20.

— taillis. — Aménagement des coupes, 84, 20.

Boni dans la répartition du nombre proportionnel des moutons que chaque usager envoie à la vaine pâture, 74, 10.

Bornes. — La limite peut être indiquée par des bornes même lorsqu'elle est indiquée par des pieds corniers, 86, 29.

Branches qui avancent sur le fonds voisin. — A qui appartiennent les fruits, 89, 35.

C

Cantonnements. — Troupeaux de bêtes à laine. — En temps de parcage, pas observés, 72, 2.

— En tout autre temps, parcours interdit, 72, 3.

Chambres. — Mode de location, 111, 65.

Chantier. — Voyez *Magasin.*

Charge de l'usufruit. — Le paiement de l'impôt des digues et nocages, 82, 22.

Chevaux aux pâturages communaux. — Doivent être déferrés des pieds de derrière, 78, 15.

Chevaux entiers exclus du pâturage commun, 78, 15.

Clercs d'avoué, de notaire, d'huissier. — Usage contesté relativement au mode de congé, 119, 85.

Clés (Remise des) par le locataire sortant, 112, 71.

Cloaques. — Distance du fonds voisin, 93, 42.

Commerce (Maison à usage de) — Délai du congé, 110, 63.

Commis.—Délai du congé, 118, 83.

Communaux (Marais). — Mode de jouissance, 78, 79, 13, 14, 15.

Communaux (Prés). — Mode de jouissance, 80, 17.

Congé. — N'est astreint à aucune forme, 112, 71. — Voyez *Avertissement.*

— Aires hortillonnages. — Délai dans lequel il doit être donné, 100, 54.

— Maisons, granges, bâtiments, chambres, jardins, vergers, à la campagne. — Délai, 96, 48.

— Terres labourables. — Délai, 102, 56.

— Maison entière, dans la ville et les faubourgs d'Amiens, avec ou sans jardin. 110, 64.

— Maison, chambre, appartement garni, 112, 69.

— Magasin, écurie, hangard, chantier, 111, 68.

— Militaires en garnison, 112, 70.

— Employés des douanes et des contributions indirectes dans les ports de mer, 112, 70.

— Partie de maison, ville et faubourgs d'Amiens, 110, 65.

— Maison à usage de commerce, 110, 63.

Congé. — Maisons à la semaine à des ouvriers, 111, 66.

— Location en garni à des ouvriers, 111, 67.

— Terrains loués pour l'étente de la tourbe, 108, 61.

— Labours pour autrui, 119, 86.

Constructions nuisibles. — Distance des ouvrages intermédiaires, 93, 42.

Contre-mur. — Comment doit être établi, 93, 42.

Corvées. — Des moissonneurs loués à l'année, 116, 77.

Cours d'eau. — Usages du Liger, des Trois-Doms et de l'Encre, 82, 83, art. 23, 24, 25.

Coupes des bois taillis. — Epoque, 81, 20.

— des haies. — Périodicité, 91, 37.

Curage des fossés.—Est une charge de l'usufruit, 82, 22.

— des rivières. — Pourquoi a lieu en hiver, 84, 25.

— des Trois-Doms. — A la charge exclusive des usiniers, 83, 24.

— des mares communales, 84, 27.

D

Dames de comptoir et de magasin. — Mode du louage et délai du congé, 118, 83.

Délai de la garantie de la chose vendue, 96, 47.

— du congé. — Voyez *Congé.*

Délimitation. — Rideau, terme ou tertre, 86, 30.

— (Signes de la) dans les champs, 86, 29.

Dépôts de fumiers. — Distance du fonds voisin, 93, 42.

Desrang. — Moyen de marquer la ligne de séparation, à l'époque de la moisson, des pièces de terre contiguës qui sont couvertes de récoltes de même nature, 95, 44.

Dessolement. — Obligations du fermier à cet égard, 106, 58.

Digues du Marquenterre. — Entretien, syndicat, 85, 28.

Distance des plantations.— Arbres à haute tige, 89, 34.

— Haies vives, 90, 36.

— Bois contigus à des terres labourables, 91, 36.

— Egoût des toits en chaume, 92, 40.

— Fossés, 88, 32.

— Ouvrages intermédiaires, 93, 42.

— Pignons en chaume, 93, 40.

— Tourbières, 88, 33.

Domestiques attachés à la personne. — Mode de louage, 117, 79.

— de ferme. — Droits de vin et de queue, 122, 89.

Droit de marché dans le Santerre.
— Constatations des commissions cantonales à ce sujet, 104, 105 et 106, note de l'art. 55.
— de quatre au cent dû à l'acheteur. — De certaines denrées vendues par compte, 122, 90.
— de suite. — Essaim fugitif. — Voyez *Abeilles*.
— de l'usufruitier sur les bois de haute futaie, 81, 20.
— de vin et de queue, 122, 89.

Dunes (Plantation et fixation des), 85, 28.

Durée du bail verbal. — Location en garni à des ouvriers, 111, 67.
— Louage d'ouvrage. — Labours pour autrui, 119, 86.
— bail de magasin, écurie, hangard, chantier, 111, 68.
— de maison, chambre, appartement garni, 112, 69.
— bail à des militaires en garnison, 112, 70.
— bail des terres labourables, 101, 55.
— du bail d'animaux. — Vache, 108, 60.

E

Echantillonnement. — Opération d'arpentage pour déterminer la limite des propriétés closes par des haies, 86, 29.
Echenillage des arbres. — Charge de l'usufruit, 82, 22.
Ecriteau De l' à louer. — Quand il peut être apposé, 113, 71.
Ecurie. — Voyez *Magasin*.
Egoût. — Des toitures en chaume. — Distance du fonds voisin, 92, 42.
Elagage périodique. — Arbres montants, 82, 22.
— des haies vives, 98, 53.
Employés des douanes et des contributions indirectes. — Durée du bail. — Délai du congé, 111, 70.
— des maisons de commerce, commis, dames de comptoir. — Délai du congé, 118, 83.
Enclave. — Passage sur le fonds enclavant, 94, 44.

Enclave. — Passage sur une sole pour la culture ou la récolte d'une autre sole, 95, 44.
Encre. — Règlement de ce cours d'eau, 83, 25.
Entrée en service des valets de charrue, 113, 72.
— en service des bergers, 111, 75.
Epernaux dans les bois. — Distance par rapport à la limite, 85, 29.
— des propriétés closes, 86, 29.
Epines blanches. — Vieilles souches. — Dans les champs sont signes de délimitation, 86, 29.
Essaim fugitif. — Voyez *Abeilles*.
Etat comparatif des assolements dans les différents cantons, 104, note de l'art. 55.
Etentes. — Bail forcé des terrains voisins des tourbières pour y étendre et faire sécher la tourbe extraite, 108, 64.

F

Fanage. — Prairies communales, 80, 17.
Faucardement des rivières. — Est charge d'usufruit, 82, 22.

Fermier. — Dessolement pendant la durée du bail sans écrit, 106, 58.
— Récoltes intercalaires sur jachère, 107, 58.

Fermier. — Entrant et sortant, 107, 59.
— Obligation de fumer les terres, 107, 58.
Forain (Propriétaire). — Vaine pâture, 73, 7.

Fossés. — Distance, 88, 32.
Fosses d'aisances. — Distance, 93, 42.
Fruits des arbres dont les branches avancent sur le voisin, 89, 35.

G

Gages. — Bergers, 114, 75.
— Bergers pendant la durée du parcage, 115, 75.
— Valets de charrue. — Comment se divivent, 113, 72.

Garantie de la chose vendue, 96, 47.
Gouttière. — Toits en chaume. — Distance, 92, 40.

H

Haies mortes réputées membles, p. 121, 87.
— Id. — Distance du fonds voisin, 90, 36.
— vives séparatives. — Présomption de propriété, 91, 38.
— vives. — Plantation. — Distance, 90, 36.
— Id. — Hauteur, 91, 37, — 98, 33 note.
— Id. — Périodicité des coupes, 91, 37, 98, note de l'art. 53.
— Id. — Profit de l'usufruitier. — A quelle condition, 82, 22.
— Id. — Profit du preneur des héritages ruraux.—A quelle condition, 98, 53.
— plantées en équerre sur le voisin, 91, 38.

Haies mitoyennes.—Mode de jouissance, 92, 39.
Hangard. — Voyez *Magasin.*
Hauteur des haies vives.-V.*Haies.*
— du mur de clôture dans les villes et faubourgs, 93, 41, note.
Héritages ruraux. — Obligations du preneur par rapport aux arbres et aux haies, 98, 52, ibid. 53.
Herte. — Contingent proportionnel de chacun des associés au troupeau commun, 75, 11.
Hertiers. — Participants à la vaine pâture, 73, 7.
— paient le berger, proportionnellement au nombre des nuits de parc, 115, 75.
Hortillonnages. — Voyez *Aires et hortillonnages.*

I

Impenses sur le jardin. — Locataire sortant, 97, 50.
Impôt des digues et nocages. —

Charge de l'usufruit, 82, 22.
Irrigations. — Usage de la vallée du Liger, 82, 23.

J

Jachères.— Récoltes intercalaires. — Dessolement, 107, 58.
— Suppression progressive, 104, 55 note.
Jambes pendantes. — Délimita-

tion du rideau, 86, 30.
Jardin (Impenses sur le). — Voyez *Impenses.*
Journaliers. — Comment se règle leur salaire, 118, 80.

L

Labourage pour autrui. — Durée du bail, 119, 86.

— Premier sillon sur le voisin, 95, 45.

— Lisière de sole, 95, 46.

Liger. — Usage de ce cours d'eau pour les irrigations, 82, 23.

Ligne séparative des champs et des bois. — Comment elle s'établit, 86, 29.

— des bois, par les épernaux, 85, 29.

Locataire sortant. — Impenses sur le jardin. — Objet du bail, 97,50.

— Id. — Remise des clés, 112, 71.

Location. — Maison entière. — Délai du congé. — Durée du bail sans écrit, 108, 62.

— Maison dans les faubourgs, 110, 64.

— Id à usage de commerce, 110, 63.

— Partie de maison, chambre, pièce, 110, 65.

— Petites maisons à la semaine, 111, 66.

— Magasin, écurie, hangard, chantier, 111, 68.

Location. — Maison, chambre, appartement garni, 112, 69.

— à des militaires en garnison, à des employés de douanes et des contributions indirectes, 112, 70.

— à des ouvriers en garni, 111, 67.

Louage des bergers, 114, 75.

— Parcours. — Valets d'août, 114, 74.

— Servantes de basse-cour, 114, 73.

— Vachers, pâtres, 116, 67.

— Valets de charrue, 113, 72.

— Moissonneurs, 116, 77.

— Batteurs en grange, 117, 78.

— Domestiques attachés à la personne, 117, 79.

— Journaliers, 118, 80.

— des services en ville, 118, 81, — 119, 85.

— d'ouvrage. — Labourage pour autrui, 119, 86.

— de bestiaux. — Vache, 108, 60.

Loyers (Mode de paiement des) en ville et en bourg, 109, 62, — 110, 64. — 111, 66 et 68, — 112, 70.

M

Magasin, écurie, hangard, chantier. — Mode de location, 111, 68.

Maison de ville ou de bourg. — Mode de location. — Terme de loyers. — Délai du congé, 108, 62.

— de commerce, id., 110, 63.

— à usage d'auberge, 110, 63.

— entière dans les faubourgs, 110, 64.

— louées à la semaine, 111, 66.

— à louer. — Apposition de l'écriteau, 113, 71.

— Id. — Visite des lieux, 113, 71.

Marais communaux. — Ouverture et clôture de la dépaissance, 78, 14.

— Taxes de pâturages, 78, 13.

Mares communales. — Curage, 84, 27.

— des particuliers. — Distance du fonds voisin, 93, 42.

Marquenterre. — Digues à la mer. — Dunes, 85, 28.

Marques ou signes de défense, 73, 5.

Militaires en garnison, 112, 70.

Moissonneurs (Louage des), 116, 77.

Mode de paiement du loyer, locations en ville, 97, 49, — 109, 62. — 110, 64, — 111, 66 et 68, — 112, 70.

— de jouissance des haies mitoyennes, 92, 39.

— 329 —

Mur mitoyen. — Distance des ouvrages intermédiaires, 94, 42.

Mur de clôture (Hauteur du) dans les villes et faubourgs,93,41 note.

N

Nombre proportionnel.—Bêtes à laine.—Troupeau commun,74,10.

Nourrices (Louage des) à Amiens, 119, 84.

Nuits de parc. — Mode de distribution, 75, 12.

O

Obligations de l'usufruitier des héritages ruraux, 81, 82, art. 20, 21, 22.
— du fermier de fumer les terres, 107, 58.
— Id. — de respecter l'assolement dans la dernière année du bail, 106, 58.

Orientation. — Haie de clôture, 90, 36.

Ouvrages intermédiaires. — Distance du fonds voisin, 93, 42.
— adossés. — Mur mitoyen, 94, 42.

Oyats, plante aréneuse qui fixe les dunes, 85, 28.

P

Paiement des loyers. — Voyez *Loyers.*
Palis séparatif. — Présomption de propriété, 91, 38.
Parcage (En temps de). — Cantonnements pas observés, 72, 2.
Parc.— Salaire du berger, 115,75.
— Répartition des nuits, 75, 12.
Parcours — Valets d'août.— Mode de location, 114,74.
— des troupeaux, 71, 1er.
— vaine pâture. — Parcours d'une section sur une autre section, 72, 2.
Partie de maison (Bail de). — Voyez *Location.*
Passage pour cause d'enclave, 94, 44.
— pour réparer les bâtiments. — Voyez *Tour d'échelle.*
Pâtres et vachers.—Voyez *Louage.*
Pâturages communaux. — Ouverture et clôture de la dépaissance, 78, 14.
— Bestiaux exclus, 78, 15.

Pâturages. — Prés à foins. — Ouverture et clôture de la dépaissance, 79, 16.
Pépinières. — Droits de l'usufruitier, 82, 21.
Pieds corniers. — Signes de délimitation, 86, 29.
Pieds pendants. — Signes de délimitation, 87, 31.
Pignon en chaume. — Distance du rejet, 93, 40.
Plantation.—Haies vives et arbres à haute tige, 89, 34, — 91, 38.
Poulains mâles. — A quel âge sont exclus des pâturages communaux, 78, 15.
Prairies artificielles. — Vaine pâture, 72, 5.
— Id. — Dernière année du bail, 107, 58.
— communales. — Fanage, 80, 17.
— naturelles. — Vaine pâture, 74, 4.
Preneur à ferme. — Héritages ruraux, 98, 52-53.

Prés à foins communaux. — Mode de jouissance, 79, 16.

Présomption de propriété. — Haie vive, 91, 38.

— Id. — Palis séparatif, 91, 38.

— de durée. — Bail verbal. — Aires et hortillonnages, 100, 54.

— Ibid. — des terres assolées ou non, 101, 55.

— Ibid. — des maisons, granges, etc., 96, 48.

Prises d'eau. — Irrigations, 82, 23.

Propriétés closes. — Délimitation, 86, 29.

Puits privés. — Distance du fonds voisin, 93, 42.

— communaux et de quartier, 84, 26.

Q

Quatre au cent (Droit de) sur la vente des œufs, des fruits et den-

rées vendus par compte, 122, 90.

R

Récoltes intercalaires sur jachère, 107, 58.

Réparations des bâtiments. — Voyez Tour d'échelle.

— locatives, 97, 51.

Rideau. — Signe de délimitation, 87, 31 note.

Rivières. — Vallée du Liger. — Irrigations, 82, 23.

S

Salaire en nature des moissonneurs, 116, 77.

Sertes. — Périodes de services ruraux. — Voyez Service.

Servantes de ferme (Louage des), 114, 74.

Service d'été et d'hiver. — Voyez Bergers, Valets de charrue.

Signes ou marques de défense. — Voyez Marques de défense.

— de délimitation, 86. 29-30.

Sillon (Premier) de labour sur le voisin, 95, 43.

Sole. — Ne doit pas le passage pour la vidange d'une autre sole, 95, 44.

T

Tacite reconduction. — Terres labourables. — Délai du congé. — Bail écrit, 103, 57.

Taxes affouagères, 80, 18, — 81, 49.

— de pâturages communaux, 78, 13.

Termes des loyers, 108, 62.

Terres labourables. — Bail sans écrit. — Délai du congé, 102, 56.

Terres labourables assolées et non assolées. — Présomption de durée, 101, 55.

Toits en chaume. — Distance de la gouttière, 92, 40.

Tour d'échelle. — Droit réciproque pour la réparation des bâtiments entre voisins, 94, 43.

Tourbes. — Location forcée de terrains pour les étentes, 108, 61.

Tourbières. — Distance du fonds voisin, 88, 33.
— Communales. — Mode d'exploitation, 80, 18.
Trois-Doms (Rivière des). —

Curage, 83, 24.
Troupeaux communs. — Cantonnements, 72, 23.
— Nombre proportionnel, 74, 10.

U

Usages présentant un caractère de généralité, 72, 2 — 76, 12 — 78, 13 — 82, 22 — 87, 34 — 90, 35 — 92, 39 — 94, 43 — 95, 45 — 96, 48 — 97, 49 — 98, 52-53 — 107, 58 — 115, 72 — 114, 75 — 116, 77 — 122, 89-90.
Usufruitier.—Bois de haute-futaie, 84, 20.
— Arbres des haies. — Produit de l'élagage, 82, 22.
— Pépinières, id., 82, 20.

V

Vache louée. — Durée du bail, 108, 60.
Vachers et pâtres. — Mode de louage, 116, 76.
Valets d'août.—Voyez *Parcours*.
Valets de charrue. — Mode de louage, 113, 72.
Vaine pâture. — Lieux où elle s'exerce. — Prairies artificielles. — Marques de défense, 72, 4, 5, 6 — 74, 8.
— Espèces admises et exclues, 73, 6.
— Bêtes à cornes, 74, 9.
— Id. à laine, 74, 10 — 75, 11.
— Id. id. — Troupeaux communs. — Nombre proportionnel, 74, 10.
— — Cantonnements. — Suspendus en temps de parcage, 74, 2 — 72, 3.
— Nuits de parc. — Mode de répartition, 75, 12.
— Propriétaire forain, 73, 7.
Verdures sur jachère permises dans la dernière année du bail, 107, 58.
Villes et faubourgs. — Hauteur du mur de clôture, 93, 44 note.
Visite des lieux. — Maison, appartement à louer, 113, 74.

FIN DE LA TABLE ALPHABÉTIQUE.

Table générale des matières.

———•———

ESSAI D'APPLICATION DES USAGES LOCAUX DU NORD DE LA
FRANCE AU CODE RURAL.

	Pages
Avant-propos	V
Observations préliminaires	XXIX
Usages susceptibles d'être convertis en lois	XLII
Usages complémentaires de la loi	LXXXVII
Conclusion	LXLVIII

PREMIÈRE PARTIE.

Avertissement	CVII

ACTES OFFICIELS ET PROCÈS-VERBAUX RELATIFS A LA
VÉRIFICATION DES USAGES LOCAUX.

	Pages
Circulaire ministérielle du 26 juillet 1844	1
id. id. du 5 juillet 1850	3
id. id. du 15 février 1855	4
Arrêté préfectoral du 27 mars 1855 portant institution des commissions cantonales.	6
Arrêté préfectoral du 16 février 1856 qui institue la commission centrale	17
Première réunion de la commission centrale	19
Deuxième id. id.	21
Troisième id. Rapport de la commission.	23
Quatrième id. Résolutions, vœux.	61

USAGES LOCAUX ADMIS PAR LA COMMISSION CENTRALE.

Pages

Titre Ier. Parcours, vaine pâture 71

II. Biens et droits des communes.

Sect. 1. Marais communaux 78

Sect. 2. Prés à foins communaux 79

Sect. 3. Tourbières communales. 81

Sect. 4. Bois communaux 81

III. Droits et obligations de l'usufruitier . . . . ibid.

IV. Servitudes qui dérivent de la situation des lieux 82

V, Rapports de voisinage. 85

VI. De la garantie de la chose vendue 96

VII. Louage des choses.

Sect. 1. A la campagne . . . . ibid

Sect. 2. A ville. 108

VIII. Louage des services

Sect. 1. A la campagne. 113

Sect. 2. A la ville. 118

Sect. 3. Louage d'ouvrage à la campagne. . . 119

IX. Usages divers 121

PIÈCES JUSTIFICATIVES DES USAGES LOCAUX.

I. Pâturages communaux 123

II. Rivières, canaux et fossés : curage. 129

III. Digues et défenses contre la mer. 130

— Règlements du Marquenterre 132

— id. des bas-champs de St-Valery . 151

IV. Dunes 161

V. Puits et mares. 162

VI. Servitudes, clôtures, enclave 163

VII. Anciens règlements sur le louage des choses et des services. 165

Constatations des commissions cantonales sur le louage des valets de charrue, bergers et moissonneurs 170

SECONDE PARTIE.

RÉGIME DES EAUX.

Pages

Arrêté préfectoral du 12 mars 1857 portant institution d'une
commission consultative concernant les usages du régime
des eaux. 187
Première réunion de la commission générale 190
Première id. de la sous-commission. 191
Deuxième id. de la sous-commission 192
Programme des questions à résoudre 193
Circulaire préfectorale du 20 janvier 1858, aux maires du
département, contenant une série de questions sur les puits
et les mares communs 197
Troisième réunion. — Dépôt des mémoires contenant les réponses des membres de la commission aux dix-neuf premières questions du programme 199
Quatrième Réunion de la sous-commission 200
Deuxième et dernière réunion de la commission générale, 201
contenant :
1° L'exposé des travaux de la sous-commission 202
2° Le rapport sur les dix-neuf premières questions du programme 207
3° Le rapport sur les deux dernières questions relatives aux
puits et aux mares communs. 216
Résolutions et constatations de la commission générale . . 240
Etat des communes où les mares sont insuffisantes 262
Analyse des réponses aux dix-neuf premières questions. . . 271
Appendice 303

PROVERBES, DICTONS ET MAXIMES

DU

DROIT RURAL TRADITIONNEL,

Par J. L. ALEXANDRE BOUTHORS, Conseiller de Préfecture.

In–18. — Amiens. — 1858.

Chez Alfred Caron, imprimeur-libraire, rue des Trois-Cailloux, 54.

Edition presqu'épuisée. — Prix : 2 fr.

www.ingramcontent.com/pod-product-compliance
Lightning Source LLC
Chambersburg PA
CBHW060520220326

41599CB00022B/3375